Franz Beyerle (1885–1977)

# Rechtshistorische Reihe



Band 307

Peter Lang
Frankfurt am Main · Berlin · Bern · Bruxelles · New York · Oxford · Wien

Florian G. Dürselen

# Franz Beyerle (1885 – 1977)

## Leben, Ära und Werk eines Rechtshistorikers

Peter Lang
Europäischer Verlag der Wissenschaften

**Bibliografische Information Der Deutschen Bibliothek**
Die Deutsche Bibliothek verzeichnet diese Publikation in der Deutschen Nationalbibliografie; detaillierte bibliografische Daten sind im Internet über <http://dnb.ddb.de> abrufbar.

Zugl.: Frankfurt (Main), Univ., Diss., 2003

Diese Arbeit wurde von Herrn Professor Dr. Albrecht Cordes
zur Aufnahme in diese Reihe empfohlen.

D 30
ISSN 0344-290X
ISBN 3-631-53325-X



www.peterlang.de

*Gewidmet meiner Mutter*
*und in Gedenken meiner Großmutter*

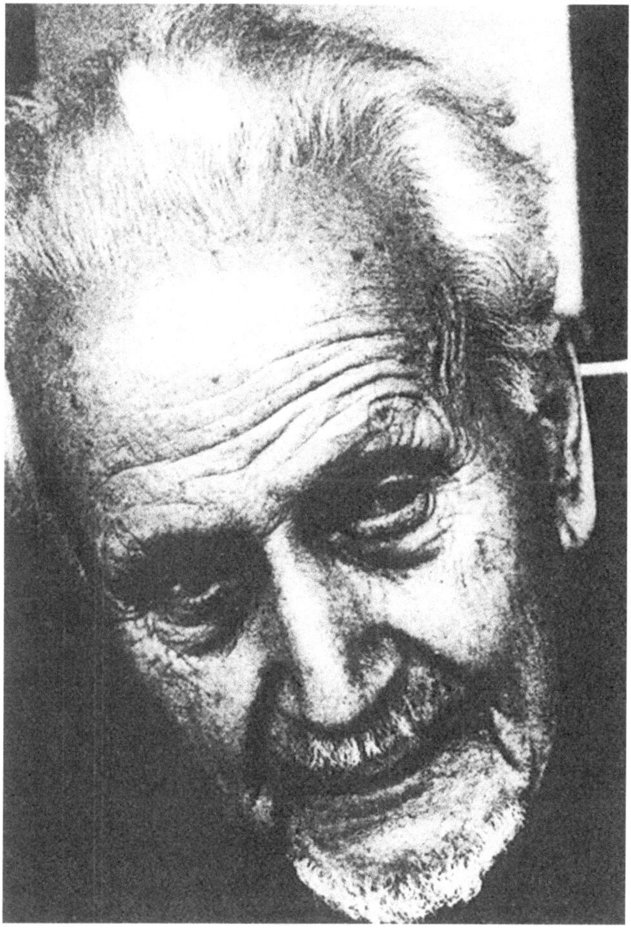

Franz Beyerle (1885 - 1977)

*„Wer das Recht auf der Grundlage seiner Geschichte*
*und in der Geschichte die Bewährung der Rechtsidee sieht,*
*dem wird es niemals mehr in wahrer Knechtgestalt erscheinen,*
*sondern als Herrscher im Reich der Freiheit und der Menschenwürde."*

(Heinrich Mitteis)

## Vorwort

Die vorliegende Arbeit wurde im Juni 2002 von der Fakultät für Rechtswissenschaften der Johann Wolfgang Goethe - Universität Frankfurt am Main als Dissertation angenommen.

Dieses Werk widme ich meiner lieben Mutter, die mir auf meinem Lebensweg stets und unermüdlich ihre größtmögliche Unterstützung zu Teil werden ließ. Meinem Stiefvater Herrn Dipl.-Ing. Richard A. Nix danke ich für dessen fürsorgliche Unterstützung und wichtigen väterlichen Rat.

Mein besonderer Dank gilt meinem Doktorvater, Herrn Prof. Dr. Albrecht Cordes M.A., für dessen hervorragende Betreuung. Ohne seine Anmerkungen und Ergänzungsvorschläge hätte die Arbeit nicht in dieser Form vorgelegt werden können. Herrn Prof. Dr. Dr. h.c. Bernhard Diestelkamp möchte ich für die zügige Erstellung des Zweitgutachtens und für weitere wichtige Hinweise danken.

Den Mitarbeitern der Deutschen Bibliothek in Frankfurt am Main, allen voran Herrn Anton Sauer, bin ich für die fortwährende Unterstützung bei meinen Recherchen dankbar. Danken möchte ich außerdem meinen lieben Freunden Dr. Alfons Kreissl und Dr. Otto Ziegelmeier für das Korrekturlesen der Arbeit.

Nicht zuletzt - und dafür besonders - möchte ich meiner Verlobten Isabelle Kessler für ihren aufmunternden Zuspruch und Ansporn in schwieriger Zeit danken.

Zürich, im September 2003 Florian G. Dürselen

## Inhaltsverzeichnis

# Einführung

Juristenbiografien haben in den letzten Jahren eine beachtliche Konjunktur erfahren. Sie stellen einen wichtigen Baustein der Wissenschaftsgeschichte dar. Bei günstiger Quellenlage erlauben sie Einsichten über Intentionen, Impulse, aber auch über externe Motive, die der Rechtswissenschaft zu ihren Themen und Gegenständen verhelfen. Besonders die Verwertung bisher unveröffentlichten Materials erlaubt es, neue und interessante Aspekte der Person und ihrer Hintergründe zu beleuchten.

Franz Beyerle war kein außerhalb seines Fachbereiches bekannter Rechtswissenschaftler. Er stand nicht im Mittelpunkt des gesellschaftlichen Interesses seiner Zeit, hatte dazu auch keine Ambitionen. Er verstand sich als unpolitischer Mensch und widmete seine Energie der Wissenschaft. Die germanischen Volksrechte und die Rechtsentwicklungen in der Markt-, Siedlungs- und Stadtgeschichte waren zeitlebens Kern seines wissenschaftlichen Interesses. Zu diesen Forschungsgegenständen kehrte er immer wieder zurück. Wenn Themen aus diesen Forschungsgebieten oder der neuen Privatrechtsgeschichte wissenschaftlich diskutiert werden, erscheint sein Name bis heute. Nicht selten kann er aufgrund seiner originellen, manchmal auch eigenwilligen Methoden sogar als Wegbereiter gelten.

Trotz seines rechtshistorischen Interessenschwerpunktes verlor Beyerle jedoch zu keiner Zeit den Kontakt zur Rechtswirklichkeit und den Belangen der Gesellschaft. Das Spektrum seiner juristischen Interessen reichte vom Strafrecht und insbesondere dem Strafvollzug über das Handelsrecht bis hin zu Reflektionen zur Systembildung im Privatrecht insgesamt. Sein Postulat einer Modifizierung des deutschen Zivilrechts und die scharfe Kritik am Pandektensystems und der herrschenden Begriffsjurisprudenz waren verbunden mit dem Ziel, ein sozialeres, heimisch gewachsenes, klares Recht zu erlangen. Aber auch die Verbesserung der Studienbedingungen an den deutschen Hochschulen gehörte stets zu seinen Anliegen.

Wie viele seiner Fachgenossen verfolgte auch Beyerle in den zwanziger und dreißiger Jahren des vergangenen Jahrhunderts die Vision einer Rechtserneuerung auf deutschem Boden und forderte eine „Germanisierung" des Rechts, ohne damit spezifisch nationalistische Absichten zu verfolgen. Er erhob diese Forderung vielmehr aus einer demokratischen Perspektive, wenn auch mit gewissen Spitzen gegenüber der egalitären Demokratie westeuropäischer Prägung. Dieser Sicht blieb er auch noch nach dem zweiten Weltkrieg treu. Seine Bemühungen um eine Revitalisierung germanischen Rechts unter der Betonung deutsch - völkischer Ideen verfolgten primär das Ziel einer Verbesserung des geltenden Rechts und insbesondere seiner praktischen Anwendung, ohne dass damit eine bestimmte politische Färbung verbunden gewesen wäre. Es ging ihm darum, das Zivilrechts generell transparenter zu machen und so die Rechtssicherheit der Bevölkerung zu verbessern. Leitbilder fand Beyerle im Naturrecht, aber auch in den Rechtssystemen europäischer Nachbarn, vor allem aber im schweizerischen ZGB.

Von diesem steten Kampf um eine Reform und Modernisierung des Privatrechts abgesehen gehörte sein Herz vom Anfang seiner wissenschaftlichen Tätigkeit an der Rechtsgeschichte. Seine in diesem Gebiet veröffentlichten Werke haben ihre Ausstrahlungskraft bis heute noch nicht verloren.

Franz Beyerle begann seine wissenschaftliche Karriere im ausgehenden Kaiserreich, wurde als Soldat im Ersten Weltkrieg schwer verwundet, und erreichte in der Weimarer Zeit, die er zum großen Teil in Basel verbrachte, den Höhepunkt seiner Schaffenskraft. Später durchschaute er als überzeugter Demokrat schon früh den Totalitarismus des Dritten Reiches. Nach anfänglicher gewagter und gefährlicher Insubordination zog er sich ab 1934 resignierend in das selbst gewählte geistige Exil seiner Forschungen zurück.

Nach der Zertrümmerung des „Dritten Reichs“ erlebte Beyerle die politische und geistige Befreiung des Landes als Mitglied einer Entnazifizierungskommission.

Noch lange nach seiner Emeritierung blieb er der Wissenschaft verbunden und hielt internationale Kontakte zu seinen Fachkollegen, nach Japan, England, Italien, Frankreich und in die Schweiz.

Franz Beyerle hat sich als Wissenschaftler, Gelehrter, aber vor allem als Mensch in einer schwierigen Zeit einen Platz in der Geschichte verdient. Dies zu belegen und zu unterstützen, ist - neben dem wissenschaftlichen Auftrag - Intention der vorliegenden Arbeit.

# 1. Teil Ziele und Methoden der Untersuchung

## I. Aufgabenstellung und Forschungsziel

Franz Beyerle soll als Mensch und Gelehrter in den verschiedenen Stationen seines Lebens und seiner Forschung, als Wissenschaftler und Hochschullehrer dargestellt werden. Darum werde ich auf das Umfeld von Franz Beyerle eingehen und Personen vorstellen, die ihn auf seinem Lebensweg begleiteten und Einfluss auf ihn hatten. Hier steht seine Familie im Vordergrund; allen voran der streng katholische Vater und sein Bruder Konrad als Mentor wie auch wissenschaftliches Leitbild. Daneben sollen weitere wissenschaftliche Förderer, Kollegen und Mitstreiter in der rechtshistorischen Forschung, die Einfluss auf seine Tätigkeiten ausübten, zu Wort kommen, ebenso Anhänger, aber auch Kritiker seiner Werke. Manipulative Elemente sollen analysiert werden samt deren Wirkung auf das Werk und die Person Franz Beyerle.

Dazu gehört auch die Religion als wichtiges Element in seiner Entwicklung, sein Verhältnis zur christlichen Kirche und der aufklärerischen Wissenschaft. Beyerle entwickelte sich vom frommen Klosterschüler zum „germanischen Heiden“, wie er sich selbst bezeichnete. Das soll gewissenhaft und lückenlos dargestellt werden. Seine Auseinandersetzung mit dem kirchlich-religiösen Weltbild nimmt einen signifikanten Platz in seinem Gelehrtenleben ein.

Politische und gesellschaftliche Umstände zur Zeit Franz Beyerles sollen näher beleuchtet werden, um Handlungsweise und Entscheidungen des Gelehrten verständlich zu machen, die für uns aus heutiger Sicht vielleicht nur schwer oder gar nicht mehr nachvollziehbar sind. Ich möchte den Leser wegführen aus der erhabenen Position des Wissenden, dem das Resultat aus der Geschichte bereits bekannt ist, ihm aktuelle Entscheidungsgrundlagen und Voraussetzungen der Zeit schildern und dadurch einen vorurteilsfreien Blick ermöglichen. Es wird nicht angeklagt oder entschuldigt, sondern den begrenzten Erkenntnismöglichkeiten der in ihrer Zeit lebenden Menschen ist Rechnung zu tragen. Aus zuverlässigen Quellen soll über Persönlichkeit und Werk berichtet werden.

Besonders interessant sind die Zeit des Ersten Weltkrieges und des „Dritten Reichs“. Die durch das totalitäre Regime verursachten grundlegenden Veränderungen in Forschung und Lehre, die Hoffnungen der Germanisten auf ihre rechtsdogmatische Sternstunde und eine germanisch fundierte Rechtsreform, machten eine gründlichere Behandlung dieser Zeiten notwendig. Beyerles gesellschaftspolitischer Standpunkt tritt dabei deutlich hervor. Dazu gehört auch die Situation an den deutschen Hochschulen als Forschungseinrichtungen des Reichs.

Franz Beyerle starb am 22. Oktober 1977 im Alter von 92 Jahren. Er durchlebte die wohl bewegtesten Epochen neuerer deutsch-europäischer Geschichte, wenn man die Wende von 1989 ausnimmt. Zu all dem stieß ich auf umfangreiches, unveröffentlichtes Material aus verschiedensten Archiven.

Außerdem sind Forschungsgebiete des Rechtshistorikers zu umreißen, Ergebnisse zu präsentieren, seine Motivation aufzuzeigen und seine Beiträge zu bewerten: Wann seine Arbeiten sich zu einem geschlossenen Denkansatz ausformten, ob sich Kontinuität in seinen Arbeiten fassen lässt oder ob es zu Brüchen kam. Auch hier wurde unveröffentlichtes Material berücksichtigt.

Parallel zu der Einordnung seiner wissenschaftlichen Arbeit wird auch sein Wirken als Universitätsprofessor dargestellt.

## II. Methode

Die Arbeit gliedert sich in insgesamt vier Teile. Der erste Teil legt die Ziele und Methoden der Untersuchung dar, der zweite beschreibt die frühe Entwicklung Beyerles in seiner streng katholischen Familie und den später ausbrechenden Konflikt mit der christlichen Kirche. Hier werden seine Jahre als Student und seine Entscheidung, sich als Hochschullehrer zu habilitieren, aufgearbeitet, seine nicht unproblematische Zuwendung zu der rechtshistorischen Forschung und seine ersten belangvollen Arbeiten auf diesem Feld.

Der dritte Teil behandelt die Jahre seines Wirkens. Die akademischen Stationen an den Hochschulen werden geschildert, wo Beyerle als Professor wirkte und durch seine wissenschaftliche Tätigkeit Ausstrahlungskraft gewann. Sein Werdegang wird aufgezeigt bis zum Höhepunkt seiner wissenschaftlichen Autorität als Mitglied der rechtshistorischen Forschergemeinschaft. Dabei wird auch auf seinen Bruder Konrad Beyerle eingegangen, der großen Einfluss auf das Leben von Franz Beyerle hatte.

Der vierte Teil schließt mit einer zusammenfassenden Schlussbetrachtung.

Beyerles Veröffentlichungen werden in einer anschließenden Bibliografie[1] zusammengestellt. Die verwendeten bisher unveröffentlichten Quellen werden im Anhang der Arbeit nachgewiesen.

## III. Material

Das Werk des Rechtshistorikers ist parallel zu den einzelnen Lebensabschnitten zu verfolgen, seine Publikationen und auch seine bisher unveröffentlichten Manuskripte. Interessen- und Forschungsschwerpunkte sind aufzuzeigen und Ergebnisse vorzustellen. Näher sollen diejenigen Werke Beyerles betrachtet werden, die als repräsentativ für seine Forschungsinteressen und vorbildlich für seine Methode angesehen werden können. Zu Vergleichen sind einschlägige Werke anderer heranzuziehen, auf denen Beyerle aufbaut oder die sich wiederum auf Beyerle beziehen bzw. auf seinen Arbeiten fußen. Es liegt auf der Hand, dass dabei die Literatur nur exemplarisch präsentiert und kommentiert werden kann, da sonst die Arbeit in Weitläufigkeit verschwimmen würde. Die exotisch anmutenden Spezialuntersuchungen[2] Beyerles, seine Übersetzungen und Deutungen der germanischen Volksrechte, die Sachkommentaren gleichkommen, mussten komprimiert werden. Anderes Material, welches mir für eine Werkanalyse geeigneter erschien, soll im Detail besprochen werden.

Der Aufbau der Arbeit wird durch die Chronologie geprägt. Die Einbeziehungen des gesellschaftspolitischen Umfeldes, der Begleiterscheinungen und Nebenwirkungen in der Wissenschaft hat zur Konsequenz, dass Leben und Werk nicht separat behandelt werden können. Allerdings wird bei der Werkanalyse wegen des sachlichen Zusammenhangs die Chronologie mitunter durchbrochen.

Wörtliche Zitate sollen Franz Beyerle direkt zu Wort kommen lassen, um dem Leser einen möglichst lebendigen Eindruck von seiner Denk- und Ausdrucksweise zu vermitteln und um den Gelehrten bei ihn besonders berührenden Themen persönlich zu Wort kommen zu lassen. Gleiches gilt für Freunde und Kollegen, mit denen er korrespondierte.

---

1 Diesem liegt das nahezu vollständige Verzeichnis der Schriften Franz Beyerles von Claudieter Schott zugrunde, in: ZRG GA, Bd. 97 (1980), S. 298 ff.

2 Karl Kroeschell, Franz Beyerle zum Gedenken, in: Freiburger Universitätsblätter, H. 59 (1978), S. 8.

## 1. Unveröffentlichte Quellen

Um ein möglichst genaues und vollständiges Bild über Leben und Werk Beyerles zu erhalten, wurde Material unterschiedlichster Art aus zahlreichen Bibliotheken wie auch Archiven zusammengetragen, bewertet und gegebenenfalls verwertet. Besondere Aufmerksamkeit erfuhren die unveröffentlichten Quellen.

### a. Lebenserinnerungen von Franz Beyerle

Nachdem ich über Professor Hatto Beyerle, den Sohn Franz Beyerles, Kontakt zur Familie aufnehmen konnte, wurden mir anlässlich eines Besuches in Ronneberg bei Hannover die Lebenserinnerungen von Franz Beyerle überlassen.[3]

Bei diesen autobiografischen Aufzeichnungen handelt es sich um ein Manuskript von ca. 200 Seiten. Die Chronik ist in zwei Teile gegliedert und reicht bis zu seiner Frankfurter Zeit (1934). Zur Zeit danach konnte nichts gefunden werden. Die Schrift ist außergewöhnlich gleichmäßig, präzise und dadurch sehr gut lesbar. Der Inhalt wurde vereinzelt durch Lichtbilder akzentuiert.

Begonnen hatte Beyerle mit der Aufzeichnung seiner Lebenserinnerungen 1944, nachdem Freiburg i. Br. von alliierten Bomberverbänden heimgesucht worden war. Davon berichtet Beyerle in seiner kurzen Einleitung.

Eine solche Quelle ist sicher mit Bedacht zu verwerten. Solche Aufzeichnungen sind stets kritisch zu bewerten, denn Lebensrückblicke dieser Art bergen die Gefahr von Entstellungen auf Grund verschiedener emotionaler Einflüsse oder durch schlichtes, der Realität entrücktes Wunschdenken. Eine Überprüfung ergab hier aber, dass Franz Beyerles autobiografische Aufzeichnungen sich fast immer mit Archivmaterialien, Berichten Dritter oder Korrespondenz decken, wann immer ein Vergleich möglich war. Das ist ein Indiz für Zuverlässigkeit der Quelle. Zu Zitierzwecken habe ich die Seiten paginiert.

---

3 Für das Überlassen dieser Lebenserinnerungen und für manch anderen wichtigen Hinweis schulde ich Professor Hatto Beyerle großen Dank. Es handelt sich bei den Erinnerungen um eine Kopie. Das Original befindet sich bei Herrn Burkhart Beyerle in Konstanz, dem ich an dieser Stelle ebenfalls für wertvolle Hinweise danke.

### b. Archivmaterialien

Weit über zwanzig Archive und Bibliotheken habe ich angeschrieben, um Bestände und Korrespondenz von und über Franz Beyerle zu erhalten. Das Ergebnis war mehr als zufrieden stellend:

Der private, umfangreiche Nachlass Franz Beyerles wird im Universitätsarchiv der Albert-Ludwig-Universität in Freiburg[4] verwahrt, aus dem viele bislang unveröffentlichte Materialien jeder Art der Arbeit zugute kamen.[5] Beurteilungen und Ausbildungszeugnisse, die uns ein Bild des jungen Juristen Beyerle ermöglichen, konnten im Generallandesarchiv in Karlsruhe eingesehen werden.[6]

Um Korrespondenz von und mit Beyerle einzusehen, mussten Nachlässe von Kollegen und Freunden aufgespürt und überprüft werden. Als besonders wertvoll erwies sich das Bundesarchiv in Koblenz. Nicht weniger Bedeutung kommt dem Stadtarchiv in Konstanz zu, dem Franz Beyerle seine Privatbibliothek vermachte und wo ich unter anderem weiteren, teilweise versteckten Schriftverkehr entdeckte.[7]

Im Bundesarchiv Berlin, im Staatsarchiv Basel (CH), in der Staatsbibliothek zu Berlin-Preußischer Kulturbesitz, ebenso in den Universitätsarchiven in Köln, Jena, Leipzig und Frankfurt fanden sich weitere Materialien.

So lassen sich nahezu alle bedeutsamen Stationen seines Lebens klar nachzeichnen. Einzige Ausnahme ist sein Aufenthalt in Leipzig. Seine autobiografischen Aufzeichnungen schweigen zu dieser Zeit und die amtlichen Dokumente dort gingen im Bombenangriff des letzten Weltkrieges verloren.[8]

---

4 Herrn Zahoransky, der mir über Wochen hinweg das Material zugänglich machte, möchte ich an dieser Stelle danken.

5 Besondere Erwähnung verdient die umfangreiche Korrespondenz in Briefen und Postkarten. Durch diese ist es möglich, neben den veröffentlichten Rezensionen auch private Meinungen zu den Werken Beyerles aufzuzeigen.

6 Herrn Professor Bernhard Diestelkamp bin ich für diesen Hinweis zu Dank verpflichtet.

7 Herr Professor Maurer ließ mir im Konstanzer Stadtarchiv während meiner Recherche alle Freiheiten. Ich bedanke mich für die vertrauensvolle Zusammenarbeit.

8 Mit Schreiben vom 25.02.2000 teilte mir das Universitätsarchiv Leipzig mit, dass die Personalakte und ein nicht näher bezeichneter Nachlass 1945 den Bomben des Zweiten Weltkrieges zum Opfer gefallen sind.

## 2. Zeitzeugen

Dieser Arbeit ist zudem das Glück beschieden, auch Meinungen und Erinnerungen lebender Zeitzeugen einbringen zu können. Zu diesen zählen Kollegen und Freunde des Gelehrten, Angehörige Franz Beyerles wie seine Söhne Burkhart, in Konstanz Architekt und Künstler, und Hatto Beyerle, Professor für Musikwissenschaften in Hannover. Hilfreich waren die Auskünfte seiner Kollegen und ehemaliger Assistenten wie der Professoren Werner Maihofer, Bernhard Diestelkamp, Karl Kroeschell, Günter Wüst, Claudieter Schott und der Philologin Frau Professorin Ruth Schmidt-Wiegand. Alle haben mich als Besucher freundlich empfangen und die Arbeit durch ihre Erinnerungen wesentlich bereichert.[9]

Auch ihre Aussagen sind sorgfältig zu überprüfen. Mündliche Aussagen sind kein vollwertiges Äquivalent zu einem schriftlichen Beleg, doch sind Zeitzeugen gerade bei biografischen Werken unerlässlich, und ihr Wert oft groß, denn häufig schweigen die schriftlichen Quellen bei aufklärungsbedürftigen Sachverhalten. Zweifel gegenüber berücksichtigten mündlichen Aussagen lassen sich jedenfalls dann zerstreuen, wenn vorhandene autobiografische Aufzeichnungen mit den Erinnerungen der Zeitzeugen übereinstimmen oder sich folgerichtig ergänzen. Von den acht Interviews wurden sechs auf Tonträger (Mikrocassette) aufgezeichnet und sind daher jederzeit zugänglich.[10]

---

9 Allen Genannten danke ich an dieser Stelle für ihre Unterstützung meiner Arbeit.

10 Lediglich von den Interviews mit Ruth Schmidt-Wiegand und Clausdieter Schott gibt es keine Tonträger-Aufzeichnung.

# 2. Teil Entwicklung Franz Beyerles bis zur ersten Professur

## 1. Kapitel Herkunft und Jugend

### I. Elternhaus

Franz Sales Nikolaus Beyerle erblickte am 30. Januar 1885 in Konstanz als Sohn von Karl und Clara Beyerle, geborene Eggler, das Licht der Welt.[11] Beide Eltern waren nichtehelich geboren. Als jüngstes Mitglied einer siebenköpfigen Familie verbrachte er hier am Bodensee und in dessen nächster Umgebung seine Kindheit gemeinsam mit seinen älteren Geschwistern Konrad, Hubert, Josef und Maria. In der Konstanzer Schottenstraße stand das streng nach katholischer Lehre geführte Elternhaus; die Erziehung der Kinder erfolgte nach christlichen Tugenden und Idealen.

Der Vater, frommer Katholik, angesehener Rechtsanwalt[12] und Organisator der Zentrumspartei in Konstanz,[13] trat in den Jahren des Kulturkampfes als Verteidiger der Kirche und ihrer Geistlichen hervor.[14] Er förderte das lokale katholische Vereinsleben und dessen sozial-karitative Anstalten.[15] Der an sich zurückhaltende, zugleich nüchterne und introvertierte Familienvater konnte sich nur hier, unter diesen christlichen Gefolgsleuten, frei entfalten.[16] Es passt daher sehr gut ins Bild, dass Karl

---

11 Lebenserinnerungen von Franz Beyerle, S. 1, Privatarchiv der Familie Beyerle; Personalakte von Franz Beyerle, Universitätsarchiv Freiburg, Sign.: B 24 250; zu den familiären Umständen weiterhin Adolf Laufs, Badische Biographien, NF, Bd. 1 (1982), S. 48; Hans Thieme, Franz Beyerle, in: ZRG GA 96 (1979), S. 19; Johannes Bärmann, Konrad Beyerle, in: Neue Deutsche Biographie, Bd. 2 (1955), S. 206. Zur Herkunft und den Familienverhältnissen von Karl Beyerle und Clara Eggler, verehelichte Beyerle, siehe Thomas Hense, Konrad Beyerle (2001), S. 19 f. Herrn Dr. Hense danke ich dafür, dass er mir sein Manuskript schon vor Erscheinen seines Buches überlassen hat.

12 Thieme (1979), S. 19; Kroeschell (1978), S. 7.

13 Adalbert Erler, Nachruf auf Franz Beyerle, in: Sitzungsberichte der wissenschaftlichen Gesellschaft an der Johann Wolfgang von Goethe Universität in Frankfurt a. M., Bd. XVII. (1980), S. 59; Christoph Weisz, Geschichtsauffassung und politisches Denken Münchner Historiker der Weimarer Zeit (1970), S. 42.

14 Adolf Laufs, Konrad Beyerle Leben und Werk, in: Gestalten und Probleme katholischer Rechts- und Soziallehre (1977), S. 21; Hense (2001), S. 19 f.

15 Laufs (1977), S. 21.

16 Lebenserinnerungen von Franz Beyerle, S. 16 f., Privatarchiv der Familie Beyerle.

Beyerle zuerst Katholische Theologie studierte, bevor er zur Rechtswissenschaft umsattelte, um schließlich Anwalt zu werden.[17] Ganz im Zuge seiner christlich-religiösen Verbundenheit schrieb er seinem ältesten Sohn Konrad zum Auszug aus dem Elternhaus in dessen Stammbuch: „Die Erde der Weg - der Glaube die Richtschnur - die Tugend das Steuer - der Himmel das Ziel“[18], als dieser sich anschickte, Rechtswissenschaft in Freiburg zu studieren.

Diese erzieherische Richtlinie war zugleich Lebensregel des Vaters, die sich auch auf seine Arbeitsmethode als Anwalt auswirkte. Nach Karl Beyerles christlich geprägter Lebensauffassung handelte es sich beim Anwaltsberuf um ein „nobile officium“, und schon deshalb war bei dem Erstellen von Rechnungsnoten gegenüber den Mandanten Zurückhaltung geboten.[19] Vor Gericht war er dafür bekannt, immer möglichst niedrige Streitwerte festsetzen zu lassen, um die Gerichtskosten für seine Klientel gering zu halten, was notgedrungen einen eigenen Ertragsverlust bedeutete.[20] Wenn er als Rechtsbeistand von einfachen Leuten wie Bauern aus der Umgebung aufgesucht wurde, nahm er ihnen höchst ungern eine Gebühr ab, meist nur eine „symbolische Mark“, oder er erließ den Landleuten seine Geldforderungen und nahm statt dessen, ihnen entgegenkommend, Naturalien als Zahlungsmittel an.[21] Selbst in anstehenden Strafverfahren verteidigte er seine Mandanten meistens auf Armenrecht, um zusätzliche materielle Belastungen seiner Klientel zu vermeiden.[22] Konsequenz dieser selbstlosen Rechnungsführung war eine stets angespannte, wenn auch zu keiner Zeit wirklich hoffnungslose finanzielle Lage im Hause Beyerle.[23]

---

17 Laufs (1977), S. 21; Hense (2001), S. 19.

18 Laufs (1977), S. 21; Hense (2001), S. 26 f.

19 Hierzu Hense (2001), S. 19.

20 Lebenserinnerungen von Franz Beyerle, S. 2, 50, Privatarchiv der Familie Beyerle.

21 Konrad Beyerle, Rechtsanwalt Karl Beyerle (1839 - 1915). Ein Bild aus dem politischen und geistigen Leben der Stadt Konstanz in den letzten fünfzig Jahren. Erinnerungen und Erinnerungsworte eines Sohnes, in einem Separatdruck aus den Schriften des Vereins für Geschichte des Bodensees, H. XLVI. (1917), S. 57 ff.; Lebenserinnerungen von Franz Beyerle, S. 2, Privatarchiv der Familie Beyerle.

22 Burkhart Beyerle in einem Gespräch vom 10.08.2000 in Konstanz; das damalige „Armenrecht“ ist vergleichbar mit der heutigen Form der Prozesskostenhilfe im Zivilrecht wie auch der Bestellung eines Strafverteidigers zum Pflichtverteidiger im Strafverfahren.

23 Hatto Beyerle in einem Gespräch vom 18.07.2000 in Ronneberg/Hannover.

Dabei hätten das Umfeld, der Bekanntenkreis und die Fähigkeiten Karl Beyerles als Voraussetzungen bei weitem ausgereicht, um sich von der Kleinwelt des anständigen Mittelmaßes abzusetzen und sich ein gutbürgerliches Dasein zu schaffen.[24] Schon bald wurde indessen klar, dass wegen dieser Begebenheiten nicht alle Kinder studieren konnten.

Beyerles Mutter Clara gehörte einer Familie an, die aus der Schweiz stammte und im 17. Jahrhundert nach Oberschwaben ausgewandert war.[25] Seiner Mutter attestierte Beyerle einen gesunden Menschenverstand, Humor und Herzenswärme.[26] Sie war der glückliche, herzliche Ausgleich für einen reservierten Vater, der von Natur aus Individualist und von großer Schüchternheit war.[27] Sie brachte das Künstlerisch–Intuitive in die Familie, von ihrer Seite stammte Franz Beyerles musikalische Begabung. In den frühen Jahren seiner Jugend stand die Musik im Vordergrund seiner Interessen, auch begeisterte er sich für Fremdsprachen.[28] Wenig später wuchs in dem jungen Franz eine weitere Neigung ganz anderer Art: Beeindruckt von den zu dieser Zeit noch regelmäßig stattfindenden Hinrichtungen in dem nahe des Elternhauses befindlichen Gefängnis entwickelte er Interesse am Strafrecht und begleitete in der folgenden Zeit seinen Vater zu Gerichtsverhandlungen, wenn dieser vor Gericht in Strafsachen eine Verteidigung zu führen hatte.[29] Offensichtlich wurde hier ein erstes Interesse am Strafrecht gesät, welches erst später, wie sich zeigen wird, aufkeimen sollte.

## II. Schulzeit in Konstanz

Im Frühjahr 1891 wurde Franz Beyerle in Konstanz eingeschult.[30] Dort besuchte er zuerst die Volksschule und zog anschließend in die Sexta des alten Jesuitenkollegs unter dem Münster ein, dem Heinrich-Suso-Gymnasium.[31] Zu seinen bevorzugten Schulfächern gehörten vor allem

---

24 Lebenserinnerungen von Franz Beyerle, S. 18, Privatarchiv der Familie Beyerle.

25 Lebenserinnerungen von Franz Beyerle, S. 1, Privatarchiv der Familie Beyerle.

26 Lebenserinnerungen von Franz Beyerle, S. 2, Privatarchiv der Familie Beyerle.

27 Lebenserinnerungen von Franz Beyerle, S. 16 f., Privatarchiv der Familie Beyerle.

28 Lebenserinnerungen von Franz Beyerle, S. 18, Privatarchiv der Familie Beyerle. Diese musikalische Begabung Franz Beyerles ging besonders deutlich auf seinen Sohn Hatto Beyerle über, der bis dato einen Lehrstuhl an der Musikhochschule in Hannover führt und zudem noch in Basel und Florenz unterrichtet.

29 Lebenserinnerungen von Franz Beyerle, S. 12, Privatarchiv der Familie Beyerle.

30 Lebenserinnerungen von Franz Beyerle, S. 14, Privatarchiv der Familie Beyerle.

31 Thieme (1979), S. 19; Lebenserinnerungen von Franz Beyerle, S. 14, Privatarchiv

Geschichte und Latein; Mathematik lag ihm gar nicht, was sich während seiner ganzen Schulzeit nicht mehr ändern sollte.[32] Er gehörte nie zu den Strebsamen, dessen ungeachtet jedoch stets zu den guten Schülern im Klassenverband.

Seine Freunde suchte er nicht nach Bildung oder gar Elternhaus aus, sondern grundsätzlich nach der Art und Beschaffenheit der Persönlichkeit, losgelöst von Ideologie oder Konfession, eine Eigenschaft übrigens, die sich bis zuletzt wie ein roter Faden durch sein Leben zog.[33]

Während der Schulzeit sorgten sich zunehmend die Geschwister, besonders Maria und Konrad, um das jüngste Familienmitglied, da der Altersunterschied zu seinen Eltern, besonders zu seinem Vater - 46 Jahre -, groß war und zu Komplikationen und Missverständnissen führte, sodass sein älterer Bruder Konrad die Rolle des Seniors übernahm. Auf diese Weise entfaltete Konrad Beyerle schon früh eine prägende Wirkung auf seinen jüngsten Bruder.

Durch ihn hatte Franz Beyerle auch den ersten Kontakt zur Rechtsgeschichte, denn er beschäftigte sich mit dem Konstanzer Stadtrecht und auch der damit zusammenhängenden Stadtgeschichte und der seiner Umgebung.[34] Unter Konrads Anleitung nahm Franz schon als Schüler an Ausgrabungen in der näheren Umgebung teil.[35]

Vor seine frühen historischen und juristischen Interessen schob sich erst einmal das Gefühl einer religiösen Vorbestimmung, welches keinen Platz für andere Neigungen ließ: Franz Beyerle wollte Mönch werden und als Geistlicher der Kirche dienen.[36] Quellen dieses Vorsatzes waren die religiöse Atmosphäre des Elternhauses und die gottesfürchtige Erziehung. Vom Klerus sprach man nur in höchster Achtung und Verehrung, viele Geistliche gehörten zum Freundes- und Bekanntenkreis der

---

der Familie Beyerle.

32 Lebenserinnerungen von Franz Beyerle, S. 13 f., 30, Privatarchiv der Familie Beyerle.

33 Lebenserinnerungen von Franz Beyerle, S. 11, Privatarchiv der Familie Beyerle. Bildung und Herkunft waren für Beyerle kein Kriterium. Allein der Mensch zählte, was besonders das spätere Verhältnis zu seinen Studenten und Kollegen prägte bis in die Zeit des Nationalsozialismus, wie sich noch zeigen wird. Von dieser typischen Eigenschaft wussten noch seine Söhne beispielhaft zu berichten: Hatto Beyerle in einem Gespräch vom 18.07.2000 in Ronneberg/Hannover und Burkhart Beyerle in einem Gespräch vom 10.08.2000 in Konstanz.

34 Ulrich Stutz, Konrad Beyerle, in: ZRG GA, Bd. 54 (1934), S. 320 ff.; Lebenserinnerungen von Franz Beyerle, S. 13, Privatarchiv der Familie Beyerle.

35 Lebenserinnerungen von Franz Beyerle, S. 15, Privatarchiv der Familie Beyerle.

36 Lebenserinnerungen von Franz Beyerle, S. 15, Privatarchiv der Familie Beyerle.

Familie Beyerle.[37] Seine Schwester Maria Beyerle besuchte bereits eine Klosterschule der Dominikanerinnen, und durch Konrads Freundeskreis kam er früh in Kontakt mit Kirchendienern wie z.B. dem späteren Freiburger Erzbischof Gröber.[38]

## III. Die Klosterschule in Seckau

Das entscheidende Ereignis, welches letztendlich die Absicht begründete, in das Kloster zu gehen, war ein Traum, in welchem Franz Beyerle unaufhörlich Mönchen begegnete, wohin er sich auch wendete.[39] Seine Mutter deutete diesen Traum als höhere Bestimmung, der man nicht aus dem Weg gehen könne und dürfe.[40] Darüber war Beyerle nicht unglücklich, denn er fühlte sich keiner zwanghaften Bestimmung ausgesetzt. Schon in seiner frühesten Jugend war er von den Baudenkmälern und Malereien der Mönche auf der Bodenseeinsel Reichenau begeistert.[41]

> *„Schon in früher Knabenzeit ins Herz gelegter Wunsch - ganz aus der damaligen Zeitromantik zu verstehen -, den alten Mönchen es in der Kunst Schaffen gleich zu tun, führte ihn, ehe noch die Mannbarkeit erwachte[42] in ein fernes Klosterinternat. Als Schwärmer für Kunst und Kunstschaffen war er, dreizehnjährig, hingekommen ( ...).“*[43]

Um im Kloster Beuron aufgenommen zu werden - dort wollte er hin - , musste er zunächst die Oblatenschule besuchen, welche die Beuroner Kongregation im Kloster von Seckau in der Steiermark unterhielt.[44]

Im Herbst 1898 zog Franz Beyerle mit 13 Jahren, begleitet von seinem Vater, der die Entscheidung seines Sohnes begrüßte, von Konstanz

37 Hatto Beyerle in einem Gespräch vom 18.07.2000 in Ronneberg/Hannover.

38 Lebenserinnerungen von Franz Beyerle, S. 6, Privatarchiv der Familie Beyerle; Hatto Beyerle in einem Gespräch vom 18.07.2000 in Ronneberg/Hannover.

39 Lebenserinnerungen von Franz Beyerle, S. 16, Privatarchiv der Familie Beyerle; auch seinem Sohn Hatto Beyerle berichtete er von diesem Traum, den er damals als seine Berufung ansah: Hatto Beyerle in einem Gespräch vom 18.07.2000 in Ronneberg/Hannover.

40 Lebenserinnerungen von Franz Beyerle, S. 16, Privatarchiv der Familie Beyerle.

41 Lebenserinnerungen von Franz Beyerle, S. 16, Privatarchiv der Familie Beyerle.

42 Die handschriftliche Notiz hat an dieser Stelle kein Komma; Hinweis des Verfassers.

43 Universitätsarchiv Freiburg, Sign.: C5 Nr. 102. Handschriftliche Notizen. Beyerle erzählt hier rückblickend über seine Beweggründe zur Wahl der Klosterschule.

44 Lebenserinnerungen von Franz Beyerle, S. 16, Privatarchiv der Familie Beyerle.

in das österreichische Seckau.[45] Für Beyerle begann hinter den Mauern des Klosters ein ungewisser Lebensabschnitt, geprägt durch Zucht, klösterliche Disziplin und Stille.[46] Das Tagewerk im Kloster wechselte zwischen Arbeit und Gebet, wobei ihn die Art und Weise beeindruckte, wie die Benediktiner ihre liturgischen Feiern streng nach den geschichtlichen Vorgaben und Riten zelebrierten.[47] Der Schulunterricht gefiel dem jungen Beyerle von wenigen Ausnahmen abgesehen. Der Klassenverband bestand aus 10 Schülern, mit denen er sich gut verstand; angezogen fühlte sich der Konstanzer von den musisch–künstlerisch talentierten Klosterschülern, mit denen er enge Freundschaft schloss.[48]

Aber genau dieses Zusammenfinden der Gleichgesinnten entsprach nicht dem Statut des Benediktiner-Ordens, weswegen Franz vom Prior streng abgemahnt wurde.[49] Dieser Zwischenfall hat sein Verhältnis zur Klosterschule gewiss getrübt, zumindest ist es nicht spurlos an ihm vorüber gegangen. Als Beyerle, mittlerweile siebzehnjährig, das Noviziat antreten sollte, um endgültig allem Weltlichen zu entsagen, bat er den Abt nach gewährter Bedenkzeit um die Entlassung aus dem Kloster, was ihm bewilligt wurde.[50] Kein religiös motivierter Vorsatz lag der Entscheidung zugrunde, sich gegen den Wunsch der Eltern und die selbst geglaubte Berufung zu stellen, sondern weltliche Beweggründe. Erst später äußerte er sich dazu eindeutiger:

> *„Die Lebensform, die hier gestaltet ist, hat nichts mit unsrer Gegenwart zu tun. Sie ist zeitlos, aber doch unzeitgemäß. Das Kloster ist ein Zufluchtsort, an den man sich zurückzieht, um nach der Unruhe des Strebens Ruhe in sich selbst zu finden. Es ist ein Sanatorium für reife Männer, die das Leben kennen und darunter leiden; es ist ein ungesundes Klima für die Jugend."*[51]

Beyerle hatte dieses lebensverneinende, auf das geistig-geistlich Wesentliche reduzierte Mönchsdasein und das Unterdrücken von Lebensfreude während der Jahre seines Klosteraufenthaltes abgeschreckt. Kritik oder

---

45 Lebenserinnerungen von Franz Beyerle, S. 16, Privatarchiv der Familie Beyerle.

46 Lebenserinnerungen von Franz Beyerle, S. 19, Privatarchiv der Familie Beyerle.

47 Lebenserinnerungen von Franz Beyerle, S. 19, 21-24, Privatarchiv der Familie Beyerle.

48 Lebenserinnerungen von Franz Beyerle, S. 26, Privatarchiv der Familie Beyerle.

49 Lebenserinnerungen von Franz Beyerle, S. 26, Privatarchiv der Familie Beyerle.

50 Lebenserinnerungen von Franz Beyerle, S. 28 f., Privatarchiv der Familie Beyerle.

51 Lebenserinnerungen von Franz Beyerle, S. 19, 20, Privatarchiv der Familie Beyerle.

gar Abneigung gegen die christliche Kirche oder an den christlichen Glauben kann hier, wie man vielleicht glauben mag, noch nicht erkannt werden. Zur Lossagung von der christlichen Kirche sollte es erst später kommen.

Das Verhältnis zu seinem Elternhaus war nach dem Austritt aus dem Kloster und der damit einhergehenden Abkehr von der vermeintlichen Berufung stark abgekühlt.[52] Nach Konstanz zurückgekehrt galt es, das Abitur zu bewältigen. Da das österreichische Schulsystem mit dem deutschen nicht ohne weiteres kompatibel war und Beyerle deswegen in Konstanz ein Schuljahr hätte nachholen müssen, entschloss er sich, zur Reifeprüfung als Externer nach Baden–Baden zu wechseln.[53] Ein halbes Jahr bereitete Beyerle sich autodidaktisch auf die Reifeprüfung vor, die ihm schließlich mit Erfolg in der Quellenstadt abgenommen wurde.[54]

## 2. Kapitel Studienjahre und Ausbildung als Rechtspraktikant

Um sich dem für ihn schwierigen Umfeld seines Elternhauses für einige Zeit zu entziehen, entschloss sich Beyerle, fern der Heimat in Breslau zu studieren. [55] Mit dieser Wahl begab er sich in den Wirkungskreis seines älteren Bruders Konrad, der dort bereits Rechtswissenschaften lehrte.[56] Beyerle konnte hier mit der gewohnten Unterstützung rechnen, zumal ihm selbst die notwendigen finanziellen Mittel fehlten, um sein Studium selbst zu bestreiten.[57] Von seinem Elternhaus war keine Unterstützung zu erwarten. Ob der Vater nun aus Enttäuschung über die eigene, rebellische Entwicklung seines Sohnes jegliche Unterstützung finanzieller Art einstellte[58] oder aufgrund der Tatsache, dass bei Beginn des Studiums die finanzielle Lage des Elternhauses eine Unterstützung des Sohnes nicht

---

52 Burkhart Beyerle in einem Gespräch vom 10.08.2000 in Konstanz; Lebenserinnerungen von Franz Beyerle, S. 29, Privatarchiv der Familie Beyerle.

53 Lebenserinnerungen von Franz Beyerle, S. 30, Privatarchiv der Familie Beyerle. Ein Mann der Kirche, der bereits genannte Gröber - später Freiburger Erzbischof und Freund seines Bruders - riet ihm zu diesem Schritt.

54 Lebenserinnerungen von Franz Beyerle, S. 31, Privatarchiv der Familie Beyerle; Bernhard Diestelkamp, in: Juristen an der Frankfurter Universität, hrsg. mit Michael Stolleis (1989), S. 148; Thieme (1979), S. 19; Erler (1980), S. 59.

55 Diestelkamp (1989), S. 148; ders. in: Drei Professoren der Rechtswissenschaften in bewegter Zeit (2000), S. 15.

56 Hense (2001), S. 34 ff.

57 Erler (1980), S. 59; Thieme (1979), S. 20.

58 Diese Auffassung teilen sich Erler (1980), S. 59 und Thieme (1979), S. 20.

zuließ,[59] kann dahin stehen. Letzteres ist wahrscheinlicher.[60] Tatsache bleibt, dass Beyerle ohne die finanzielle Hilfe seines Bruders nicht hätte studieren können. Wie sein Bruder trat Beyerle sogleich zu Beginn seines Studiums bei Winfridia Breslau ein, einer nicht schlagenden, Farben tragenden Studentenverbindung.[61] Unweit von der Wohnung seines Bruders bezog er Quartier und hatte zudem das Glück, als Professorenbruder keine Kolleggelder entrichten zu müssen, was seiner gespannten finanziellen Lage sehr entgegenkam.[62]

Das sich in Breslau nachhaltig manifestierende Abhängigkeitsverhältnis zu seinem älteren Bruder hatte nicht nur persönliche, sondern gerade auch fachlich entscheidende Auswirkungen: Beyerle, anfänglich noch unentschlossen, für welches Fach er sich immatrikulieren sollte, tendierte zum Journalismus. Allein durch das bestimmende Eingreifen seines älteren Bruders wurde dies verhindert.[63]

## I. Stationen des Studiums

### 1. Breslau

Nachdem Beyerle zunächst Vorlesungen der Fächer Philosophie, Psychologie und Nationalökonomie gehört hatte[64], immatrikulierte er sich schlussendlich 1903 für Rechtswissenschaften an der Universität in Breslau.[65] Den Plan, sich zusätzlich für Philologie einzuschreiben, gab er wegen der zu hohen Belastungen seines Doppelstudiums auf.[66]

Das rechtswissenschaftliche Studium begann mit Rechtsgeschichte und einem Praktikum im Bürgerlichen Recht für Anfänger.[67] Daneben mussten nach der damaligen Studienordnung je ein vierstündiges natio-

59 Burkhart Beyerle in einem Gespräch vom 10.08.2000 in Konstanz.

60 Hierfür sprechen die Ausführungen oben zur finanziellen Situation im Elternhaus, hierzu 2. Teil 1. Kapitel I.

61 Lebenserinnerungen von Franz Beyerle, S. 32, Privatarchiv der Familie Beyerle.

62 Lebenserinnerungen von Franz Beyerle, S. 32, 33, Privatarchiv der Familie Beyerle.

63 Lebenserinnerungen von Franz Beyerle, S. 32, Privatarchiv der Familie Beyerle.

64 Diestelkamp (1989), S. 150.

65 Zu den einzelnen Vorlesungen und Übungen: GLA Karlsruhe, Sign.: 234 / 3243; Diestelkamp (1989), S. 148; Thieme (1979), S. 19; Erler (1980), S. 16.

66 GLA Karlsruhe, Sign.: 234 / 3243, Studiennachweis zur Anmeldung zum ersten juristischen Staatsexamen vom 24. April 1906.

67 GLA Karlsruhe, Sign.: 234 / 3243; Lebenserinnerungen von Franz Beyerle, S. 34, Privatarchiv der Familie Beyerle.

nalökonomisches und philosophisches Kolleg gehört werden.[68] Römisches Recht schloss sich an und der Allgemeine Teil des Bürgerlichen Rechts, das er bei Otto Fischer[69] hörte und recht „ledern" fand.[70] Ebenso zäh empfand Beyerle Schuld- und Sachenrecht, das er bei Rudolf Leonhard und Paul Jörs hörte. Es folgten Vorlesungen im Römischen Zivilprozess, Deutschen Privatrecht und die Pandekten-Exegese.[71] Ähnlich trocken wie das Zivilrecht empfand Beyerle das Staats- und Verwaltungsrecht.[72] Neben der Rechtsgeschichte begeisterte sich Beyerle für das Strafrecht, das er bei Xaver Gretener hörte.[73] Vor allem für die besonders im Strafrecht zum Tragen kommenden philosophischen Momente entwickelte er wachsendes Interesse.[74] Neben den Rechtswissenschaften interessierte er sich für die Psychologie, die er bei Hermann Ebbinghaus hörte.[75] Die hier von Ebbinghaus vertretene Theorie des psychophysischen Parallelismus[76] war es unter anderem, die in Beyerle einen ersten Anflug von Zweifel an dem christlichen Glauben aufkommen ließ:

> *„Ich musste mir ja doch zugeben: er[77] hatte recht. Leib und Seele gehen so eng zusammen, sind so sehr voneinander abhängig, dass die Vorstellung von einer dem Leibe eingehauchten Seele doch unmöglich stimmen konnte. Man musste sehr gründlich über diese Frage nachdenken - man dachte wohl auch im Unterbewusstsein nach und hatte unterbewusst Einsichten aufgenommen, die mit der kirchlichen Lehre sich nicht einigen ließen."*[78]

---

68 GLA Karlsruhe, Sign.: 234 / 3243; Lebenserinnerungen von Franz Beyerle, S. 34, Privatarchiv der Familie Beyerle.

69 Otto Fischer (1853 – 1929).

70 Lebenserinnerungen von Franz Beyerle, S. 34, Privatarchiv der Familie Beyerle.

71 GLA Karlsruhe, Sign.: 234 / 3243.

72 Lebenserinnerungen von Franz Beyerle, S. 41, Privatarchiv der Familie Beyerle.

73 Lebenserinnerungen von Franz Beyerle, S. 35, Privatarchiv der Familie Beyerle.

74 Lebenserinnerungen von Franz Beyerle, S. 35, Privatarchiv der Familie Beyerle.

75 GLA Karlsruhe, Sign.: 234 / 3243; Diestelkamp (1989), S. 150.

76 Historisch geht diese Theorie auf G. Th. Fechner zurück, der mit seinen „Elementen der Psychophysik" (1860) den Beginn der experimentellen Psychologie markiert, hierzu Rainer Mausfeld, Psychophysischer Parallelismus, in: Wörterbuch der Kognitivwissenschaft, (1996), S. 553. Ausführlicher Arnim Regenbogen und Uwe Meyer, u.a. (Hrsg.), in: Wörterbuch der philosophischen Begriffe (1998), S. 535: hiernach geht der psychophysische Parallelismus von einem seelisch-körperlichen Gleichlauf aus. Auf diesem baut die Lehre auf, dass Bewusstseinserscheinungen und Gehirnvorgänge wie zwei parallele Geraden nebeneinander herlaufen und beide voneinander abhängig, also untrennbar sind.

77 Gemeint ist Ebbinghaus.

78 Ein erster Konflikt zur Religion zeichnet sich hier ab. Lebenserinnerungen von Franz Beyerle, S. 35, Privatarchiv der Familie Beyerle.

Durch seinen Bruder genoss Beyerle den Umgang mit namhaften Wissenschaftlern seiner Zeit.[79] Zu jenen zählte nicht zuletzt Felix Dahn, zu dem Konrad Beyerle ein etwas gespannteres Verhältnis hatte[80]. Zu dieser Gruppe gehörten weiterhin Herbert Meyer[81] und der zu dieser Zeit frisch habilitierte Justus Hedemann.[82] Persönlicher war das Verhältnis zu dem bereits erwähnten Strafrechtler Gretener, der aus Bern stammte und mit dem er sich interessiert austauschte.[83] Trotz mancher neuer, anregender Begegnungen an der Universität blieb Konrad unverrückbar die zentrale Figur, nicht nur als familiärer Förderer, sondern desgleichen als wissenschaftlicher Mentor:

> *„Von meinen Breslauer Lehrern muss ich vorweg Konrad erwähnen. Ich verdanke ihm meine rechtsgeschichtliche Schule, darüber hinaus die stets bereitwillig gewährte Bücherhilfe, vielfache Aussprache über Rechtsfragen und Vermittlung mancher wichtigen Bekanntschaft.“*[84]

Nach vier Semestern wechselte Franz Beyerle von der Hauptstadt Schlesiens in die Breisgaustadt Freiburg und damit zurück in die Nähe seiner alemannischen Heimat.

## 2. Freiburg

Der Wechsel nach Freiburg erfolgte aus taktischen, nicht aus persönlichen Gründen, um sich an einer badischen Universität die landesrechtlichen Vorschriften zu erschließen. In Freiburg schrieb er sich 1905 als ordentlicher Student ein.[85] Dort kam er ebenfalls bei Verwandten, bei seinem Onkel Gustav Eggler, unter.[86] Freundschaftlichen Anschluss fand Beyerle alsbald bei der Christlichen Verbindung Hercynia.[87]

---

79 Hense (2001), S. 34 ff.

80 Hense (2001), S. 34 ff.

81 Herbert Meyer (1875 – 1941).

82 Justus Wilhelm Hedemann (1878 – 1963); Lebenserinnerungen von Franz Beyerle, S. 37, 38, Privatarchiv der Familie Beyerle.

83 Lebenserinnerungen von Franz Beyerle, S. 38, Privatarchiv der Familie Beyerle.

84 Lebenserinnerungen von Franz Beyerle, S. 33, Privatarchiv der Familie Beyerle.

85 Universitätsarchiv Freiburg, Sign.: A 66 Nr. 10, Beyerle immatrikulierte sich unter der laufenden Nummer 465 zum Studium der Rechtswissenschaften; Lebenserinnerungen von Franz Beyerle, S. 41, Privatarchiv der Familie Beyerle; Thieme (1979), S. 21.

86 Lebenserinnerungen von Franz Beyerle, S. 41, Privatarchiv der Familie Beyerle.

87 Mit seinem Freiburger Freundeskreis unternahm Beyerle teilweise erfolgreiche

An der Freiburger Universität beeindruckte ihn ein Strafrechtler: Richard Schmidt[88], den er als glänzende Erscheinung der juristischen Fakultät bezeichnete.[89] Von den anderen Freiburger Lehrern nannte er noch Rosin, Merkel und Thoma sowie von Pohland, bei dem er Strafprozess hörte.[90] Rosin dozierte Handelsrecht, bei Merkel hörte er französisch-badisches Zivilrecht und Verwaltungsrecht bei dem sich zu diesem Zeitpunkt gerade habilitierenden Privatdozenten Thoma.[91] Sein rechtshistorisches Interesse wurde durch ein Seminar von Alfred Schulze[92] abgedeckt.[93] Vor allem aber war es die persönliche Begegnung, die Beyerle in dieser Zeit bewegt haben dürfte: Im August 1906 lernte er den bedeutenden Physiker Wilhelm Konrad Röntgen kennen, mit dem ihn eine herzliche Freundschaft bis zu dessen Ableben verband.[94]

Prägend für die Freiburger Zeit waren zudem seine heftigen religiösen Konflikte. Dieses interne weltlich-kirchliche Tauziehen endete schließlich mit der Lossagung von allen christlich-religiösen Idealen. Plötzlich, für alle völlig unerwartet, brach Franz Beyerle mit der christlichen Kirche und trat aus seiner christlichen Studentenverbindung CV Hercynia aus. Die Beweggründe dieser sowohl einschneidenden als auch das Leben nachhaltig verändernden Entscheidung, deren Ansätze schon in Breslau zu erahnen waren, sollen an anderer Stelle aufgezeigt werden, da es sich hier um eine entscheidende Entwicklungsphase in Beyerles Leben handelt.

Franz Beyerle zog sich aus Freiburg zurück und wechselte zu seinem Bruder nach Göttingen, der zwischenzeitlich dorthin einen Ruf angenommen hatte.[95]

---

archäologische Ausgrabungen in der Umgebung, hierzu Lebenserinnerungen von Franz Beyerle, S. 41 ff., Privatarchiv der Familie Beyerle.

88 Richard Schmidt (1862-1944).

89 Lebenserinnerungen von Franz Beyerle, S. 44, Privatarchiv der Familie Beyerle.

90 Lebenserinnerungen von Franz Beyerle, S. 44, Privatarchiv der Familie Beyerle.

91 Lebenserinnerungen von Franz Beyerle, S. 44, Privatarchiv der Familie Beyerle.

92 Alfred Schulze (1861-1949).

93 Lebenserinnerungen von Franz Beyerle, S. 41, Privatarchiv der Familie Beyerle.

94 Universitätsarchiv Freiburg, Sign.: C5 Nr. 11. Beyerle beschreibt seine Erfahrungen mit Röntgen in einem Vortrag zu dessen Ehren in „Erinnerungen an Wilhelm Konrad Röntgen“ von 1955. Beyerle zog die „Offenbarung geistiger Potenz und Ausgeformtheit“ eines Wissenschaftlers dieser Klasse an.

95 Hense (2001), S. 36ff.

### 3. Göttingen

Fernab jeder anfänglich befürchteten christlich-religiös motivierten Debatte in dem streng katholischen Hause seines Bruders fand er dort die gewohnte brüderliche Fürsorge, die er schon von Breslau her kannte. Mehr noch, Beyerle genoss das wissenschaftliche Umfeld seines mittlerweile in der Forschung etablierten Bruders:

> *„Jeder Wissenschaftler weiß, was diese aura academica bedeutet. Man lernt aus Büchern viel. Aber das eigentlich Lebendige, die geistige Augenblickslage: das lernt man besser aus Gesprächen. So waren mir denn diese Monate im Hause Konrads von unschätzbarem Wert."*[96]

Neben seinen Vorbereitungen für das Examen hörte er Kirchenrecht bei Schön, ein Praktikum im Bürgerlichen Recht absolvierte er bei Regelsberger, den er für seine Didaktik verehrte.[97] Bei seinen zivilrechtlichen Studien stellte Beyerle fest, dass er zur strikten Dogmatik des Bürgerlichen Rechts sowie zu dessen starren Methoden kein Verhältnis aufbauen konnte.[98] Die folgenden Examensvorbereitungen stellten aus seiner Sicht eher ein langweiliges Pauken als eine Meisterung des Stoffes zur Erreichung eines verbesserten Blicks auf die Wissenschaft dar.[99]

Die I. juristische Staatsprüfung wurde Beyerle 1907 in Karlsruhe abgenommen, wo zu dieser Zeit die juristischen Staatsexamen zentral für Baden abgehalten wurden.[100] Die Prüfung bestand aus 48 Klausuren zu je einer Stunde auf zehn Tage verteilt.[101] Trotz einer schweren Grippe und einem nicht befriedigenden schriftlichen Ergebnis konnte Beyerle nach einer gelungenen mündlichen Prüfung überzeugen.[102] Obwohl er das Ex-

---

96 Lebenserinnerungen von Franz Beyerle, S. 47, Privatarchiv der Familie Beyerle.

97 Lebenserinnerungen von Franz Beyerle, S. 48, Privatarchiv der Familie Beyerle.

98 Ferdinand Regelsberger (1831 – 1911); Lebenserinnerungen von Franz Beyerle, S. 48, 124, Privatarchiv der Familie Beyerle.

99 Lebenserinnerungen von Franz Beyerle, S. 48, Privatarchiv der Familie Beyerle.

100 Diestelkamp (1989), S. 150; Thieme (1979), S. 20; Erler (1980), S. 60; um die in der Literatur über den Prüfungsort bestehende Divergenzen auszuräumen: Beyerle war in Freiburg immatrikuliert, wechselte nach Göttingen, bereitete sich dort bei seinem Bruder auf das erste juristische Staatsexamen vor, welches ihm letztendlich in Karlsruhe abgenommen wurde; hierzu GLA Karlsruhe, Sig.: 234/3243.

101 Lebenserinnerungen von Franz Beyerle, S. 48, Privatarchiv der Familie Beyerle.

102 Die Note des Staatsexamens war „hinlänglich", er bestand als Zehnter von vierunddreißig Kandidaten; vgl. GLA Karlsruhe, Sig.: 234/3243. Anders in seinen Lebenserinnerungen, in denen Beyerle schrieb „und ging – als 12. oder 14. von einigen 30 oder 40 Kandidaten – aus der Prüfung hervor"; Lebenserinnerungen

amen bestanden hatte, kam keine Freude auf. Zu stark waren noch die Nebenwirkungen seines inneren, religiösen Konfliktes, der ihn zeitlebens nicht mehr loslassen sollte.

## II. Religion und wissenschaftliche Aufklärung im Weltbild Beyerles

Bisher spielten die christliche Religion und die Kirche eine zentrale Rolle in Beyerles Weltanschauung. Sein streng religiöses Elternhaus, die tief gottesfürchtige Erziehung und der von Haus aus regelmäßige Umgang mit Klerikern ließen keine andere Platzierung zu. Was konnte ihn bei einem solchen Fundament ernsthaft aus der vorgegebenen Bahn werfen? Sicherlich kein unvorhergesehenes Ereignis, sondern eine stetige Entwicklung: Vom Anbeginn seiner kritischen Grundeinstellung gegenüber der Kirche, die vermutlich seit dem Seckauer Erlebnis latent vorhanden war, entwickelte sich die Distanz bis hin zu dem antiklerikalen Weltbild, das in seinen Studienjahren im Lichte der freidenkerischen wissenschaftlichen Aufklärung heranwuchs und ihn schlussendlich zum Kirchenaustritt bewegte.

### 1. Erste Vorbehalte

Obgleich die Vermutung nahe liegt, in Beyerles Entscheidung, das Noviziat in Seckau nicht anzutreten, ein erstes kritisches Zeichen einer inneren Abkehr gegen die Kirche oder Konfession selbst erblicken zu können - diesem Schluss folgten nicht wenige -, so eindeutig muss dies nach ergangener Recherche verneint werden.[103] Es war vielmehr das oben schon aufgezeigte unglückliche Gemisch aus klösterlicher Zurückgezogenheit und der damit verbundenen Abkehr von allen weltlichen Freuden, das Beyerle zu seiner Entscheidung bewegte.[104]

> *„Der Jüngling, der den Heimweg aus den Klostermauern antrat, hatte sich aus der Welt der Unnatur befreit. Und dieses sichere Gefühl gab ihm*

---

von Franz Beyerle, S. 49, Privatarchiv der Familie Beyerle.

103 So z.B. Erler (1980), S. 59, Beyerle ist entgegen seiner Darstellung nicht im Anschluss des Klosteraustritts gleichmaßen aus der Kirche ausgetreten, sondern erst Jahre später nach dem Tod seines Vaters. Differenzierter hierzu Thieme (1979), S. 19.

104 2. Teil 2. Kapitel II. 2.

*die Zuversicht, auch all dem ganzen Missbehagen, der Betretenheit, dem stumm fragenden Blick des Elternhauses zu begegnen und ihn auszuhalten. In dieser Wahl gab es für ihn keine Zweifel mehr."*[105]

Diese Aussage lässt keine Kritik am Klerus selbst aufkommen, sie ist unabhängig von allen kirchlich-religiösen Bezügen. Insoweit wäre es auch inkonsequent, ihm bereits zu diesem Zeitpunkt einen grundlegenden Sinneswandel zu unterstellen und ungeachtet dessen seinen späteren Eintritt in eine katholische Studentenverbindung als nachvollziehbar hinzunehmen. Seine ersten Zweifel kamen später, als er in Breslau[106] studierte.

In der schlesischen Universitätsstadt traf er mit den ersten Dissidenten und Freidenkern zusammen, die letzten Endes an der Umgestaltung seines Weltbildes maßgeblichen Anteil hatten. Zu diesen gehörten insbesondere sein bester Freund Hugo Picard und ein Mediziner namens Tarnowsky, der Hausarzt Franz Beyerles.[107] Mit ihnen führte er die Auseinandersetzungen und Grundsatzdiskussionen, die letztendlich seine religiöse Grundfeste erschüttern sollten.[108] Es waren kumulativ diese Kontroversen im Bekanntenkreis in Verbindung mit der freidenkerisch-kritischen Wissenschaft an der Universität. Zu nennen sind die bereits erwähnten von Beyerle besuchten philosophischen und psychologischen Vorlesungen, insbesondere die dort vertretene Ebbinghausische Theorie des „psychophysischen Parallelismus", welche Beyerle im Grunde zusagte.

Nachdem Beyerle die zu dieser Zeit auf diesem Terrain wohl populärste wissenschaftliche Veröffentlichung von Ernst Haeckel,[109] „Die Welträtsel", studiert hatte, ein Werk, das sich gerade mit der wissenschaftlich-natürlichen Schöpfungsgeschichte auseinander setzt, wurde

---

105 Universitätsarchiv Freiburg, Sign.: C5 Nr. 102. Handschriftliche Notizen Beyerles.

106 Siehe 2. Teil 2 Kapitel I.2.

107 Hugo Picard war ebenfalls aus Konstanz und Sohn einer dort angesehenen jüdischen Familie. Von den Auseinandersetzungen mit ihm berichtete Beyerle noch in seiner Aufzeichnung über Erinnerungen an Konstanzer jüdische Bürger, die er Erich Bloch sandte: Erich Bloch, Geschichte der Juden von Konstanz im 19. und 20. Jahrhundert, 3. Aufl. (1996), S. 112 ff.; Tarnowsky wiederum beeindruckte Beyerle durch seine Diskussionskultur, hierzu die Lebenserinnerungen von Franz Beyerle, S. 35, Privatarchiv der Familie Beyerle.

108 Lebenserinnerungen von Franz Beyerle, S. 35, Privatarchiv der Familie Beyerle, „Sie können mir meinen Glauben nicht rauben"; so rettete sich Beyerle aus einer Diskussion mit Tarnowsky.

109 Ernst Haeckel (1834-1919). Philosoph und Naturwissenschaftler.

ihm klar, dass er eine Entscheidung zwischen Religion und Wissenschaft zu treffen hatte, da aus seiner Sicht beides unvereinbar war:[110]

> *„Immer dringlicher meldeten sich nun auch bei mir die religiösen Zweifel. Aber ich konnte nicht auf halben Weg stehen bleiben, wie die anderen; ich musste Klarheit haben."*[111]

## 2. Die Wende in der religiösen Weltanschauung

Der Wandel kam mit dem Versuch Beyerles einer Deutung der Religion unter Berücksichtigung der philosophisch-aufklärerischen Entwicklung. Mit dieser Anstrengung kam seine Erkenntnis:

> *„Das Judentum wie das Christentum (...) gingen von der Überzeugung aus, dass die Erde der Mittelpunkt der Welt sei. Es war klar, dass auch die Gottheit dieser Zentralbühne alles Lebens zugewandt sein musste. Als Keppler / Galilei diesen Irrtum aufdeckten und in der Folge Newton dem Kosmos sein wirkliches Gesicht ablas, war diese Vorstellung erledigt. Die Erde war ein unbedeutendes Teilchen unserer Welt geworden. Der Himmel, in den naive Vorstellung - über die Erdfläche gewölbt - die Gottheit versetzt hatte, war ein von Sternen und Sternsystemen erfüllter Raum, dessen Unendlichkeit wir uns ebenso wenig denken können, wie seine Endlichkeit mit einem raumlosen Nichts dahinter. Der jüdische Schöpfungsmythos zerbrach vor dieser Wirklichkeit ebenso wie jener der Gnosis.*[112] *Ob es einen Gott gibt, musste angesichts der Kant-Laplace`schen Theorie*[113] *ebenso zweifelhaft erscheinen, wie es ganz unglaubhaft erschien, dass der Weltall-Gott (wenn er überhaupt existierte) sich ausge-*

110 Hierzu Ernst Haeckel, Die Welträtsel, 11. Aufl., (1919), Nachdruck (1984), S. 101 ff.; Beyerle nimmt auf Haeckel Bezug in seinen Lebenserinnerungen, S. 46, Privatarchiv der Familie Beyerle.

111 Lebenserinnerungen von Franz Beyerle, S. 45, Privatarchiv der Familie Beyerle.

112 Die Gnosis ist gleichbedeutend mit der Lehre über die wahre Erkenntnis oder der Offenbarung, Peter Kunzmann, Gnosis, in: Metzlers Philosophie Lexikon, 2. Aufl. (1999), S. 216, 217.

113 Pierre Simon Laplace entwickelte das Modell einer „Weltmaschine", in der jeder Wirkung eine Ursache zugrunde liegt. Sein Ausspruch, dass er zur Erklärung der Welt die Hypothese eines Gottes nicht nötig hätte, ist Kern seiner These. Laplace tut dies in bewusster Übereinstimmung zu Immanuel Kant (1724-1804), der ebenfalls die Entstehungsgeschichte von Welt und Menschheit vor allem aus physikalischen Gesetzen ableitete, also wie Laplace losgelöst von allen religiösen Einflüssen; hierzu Wolfgang Meckl und Volker Gerhard, Kant, Immanuel, in: Metzler Philosophen Lexikon (1995), S. 304, 438 ff.

*rechnet durch Opferung seines Sohnes um die Erde und ihre Bewohner bemüht hatte."*[114]

Der Drang nach Aufklärung war in Beyerle stärker als die Akzeptanz von Unerklärbarem, wie sie meist von Gläubigen, weil von höherer Macht gewollt, ihrer Religion entgegengebracht wurde:

*„Ferner, wenn Gott allmächtig und zugleich allgut ist: wie konnte er eine Daseinsform schaffen, in welcher immer eine Art von Lebewesen auf Kosten anderer lebte! Welcher allgute Mensch würde dieses Lebensgesetz, wenn er allmächtig wäre, auch nur einen Tag zulassen. Wenn aber die Gottheit andere Maßstäbe hatte als die, die wir sittlich nennen: was hatte sie uns überhaupt noch zu sagen? (...). Eine Religion, die von ihren Jüngern etwas verlangte, was unerfüllbar war, was ewig unerreichbar blieb und gegen das natürliche Lebensgesetz verstieß (und das tat die Forderung von der Abkehr von der Welt wie das katholische Moralgesetz), kann nicht maßgeben. Denn jede Lebensnorm nimmt ihre Überzeugungskraft aus der Genugtuung, die ihre Einhaltung bei denen auslöst, die sie als verbindlich anerkennen. Diese Religion aber ließ ihre Getreuen immerwährend im Gefühl der Unzulänglichkeit und Sündigkeit; sie forderte Beichte und ständige Reue über begangenes Unrecht, sie erhob nicht, sondern drückte nieder."*[115]

Was Beyerle hier anprangerte, war die von der christlichen Kirche streng geforderte und für ihn unnatürliche Lebensführung, wie er sie selbst als Klosterschüler kennen gelernt hatte. In der christlichen Lehre sah Beyerle für sich keine Lösung:

*„Je mehr ich über alles nachdenke, um so klarer wird mir, wie völlig fremd mir das Christentum gegenübersteht. Ich wüsste überhaupt nicht, was sich damit anfangen sollte. Von all den Fragen, die mich innerlich angehen, findet keine im Christentum ihre Antwort."*[116]

Beyerle griff vor allem die Methoden der Kirche zu ihrer Machterhaltung an. Die Angst der Frommen vor Mangelhaftigkeit vor dem Schöpfer war über Jahrhunderte hinweg das Instrument der christlichen Kirche: die Angst vor dem jüngsten Gericht.

---

114 Lebenserinnerungen von Franz Beyerle, S. 45f., Privatarchiv der Familie Beyerle.

115 Lebenserinnerungen von Franz Beyerle, S. 46, Privatarchiv der Familie Beyerle.

116 Universitätsarchiv Freiburg, Sign.: C5 Nr. 68. Manuskript über die „Philosophie als Erkenntnis und Aufgabe", undatiert, aufgrund inhaltlich-aktueller Bezüge zum Nationalsozialismus ist der Zeitraum der Urheberschaft zwischen 1933-45 anzusetzen.

Dies kannte Beyerle nur allzu gut aus seinem eigenen Elternhaus: Vater und Mutter, beide aus unehelichen Lebensverhältnissen, fühlten sich angesichts dieses „Frevels“ für schuldig und fürchteten unaufhörlich und bis zum Tode die Konsequenzen.[117] Die allgegenwärtige Angst, der dadurch herrschende Druck und der bevormundende, autoritäre Dirigismus der Kirche genauso wie die Ablehnung des Metaphysischen an sich waren die Elemente, die Beyerles Abkehr letztendlich verursachten.

> *„Über dem Christentum steht das Wort 'Wer nicht glaubt, wird verdammt werden.' Man kann es für ein Glied der ganzen Offenbarungslehre halten und für irrig, wie diese. Aber es ist ein Sprung ins Ungewisse, der dem von frühster Kindheit an durch diese Religion Gebundenen sehr schwer wird. Um so schwerer, wenn rings die Umwelt fest auf diesem Boden steht. Doch je länger ich alles durchdachte, um so unhaltbarer erschien mir das, was ich von Kindheit an geglaubt hatte. Als ich aus dem sechsten Semester in die Ferien kam, hatte ich mit dem Christentum gebrochen."*[118]

Später trat er aus der Kirche aus[119], aber erst, wohl unter Rücksichtnahme auf seinen Vater, nach dessen Ableben.[120] Bis dorthin blieb sein Verhältnis zum Elternhaus kühl, nur zu seinen Geschwistern, besonders zu Konrad, blieb es ungeachtet dieser Entwicklung herzlich.[121]

### 3. Das Ergebnis: ein „Germanischer Heide“?

Fortan bezeichnete Beyerle sich als „Germanischer Heide“, und dies auch in amtlichen Formularen.[122] Glaube und Kirche standen dennoch zeitlebens im Brennpunkt seiner philosophisch–ethischen Auseinanderset-

---

117 Hatto Beyerle in einem Gespräch vom 18.07.2000 in Ronneberg/Hannover. Verbittert war Beyerle über die noch auf dem Totenbett anhaltenden Angstqualen seines strenggläubigen Vaters wegen der möglichen „Erbsünde“, Lebenserinnerungen von Franz Beyerle, S. 92, Privatarchiv der Familie Beyerle.

118 Lebenserinnerungen von Franz Beyerle, S. 47, Privatarchiv der Familie Beyerle.

119 Thieme (1979), S. 20.

120 Hatto Beyerle, in einem fernmündlichen Gespräch vom 04.04.2000.

121 Hiervon zeugt Schriftverkehr zwischen Konrad und Franz Beyerle, Universitätsarchiv Freiburg, Sign.: C5 Nr. 108 und Nr. 2.

122 Universitätsarchiv Freiburg, Personalakte Beyerles, Sign.: B 24 250: in dem Formular der „Standesliste“ bezeichnete sich Beyerle unter der Rubrik Konfession als „Deutschgläubig“ und fügte in Klammern „Germanischer Heide“ hinzu; Bundesarchiv Berlin Bestand: R 4901 (alt R 21), Sign.: 10.001 Personalbogen Franz Beyerles, auch hier bezeichnete sich Beyerle als „germanischer Heide“; Diestelkamp (1989), S. 148.

zungen.[123] Dies wird besonders in Beyerles dichterischen Beiträgen und Aphorismen über die Religion deutlich, in denen er eine eigene Definition sucht:[124]

*„Religion bezeichnet (...) keinen Bezirk normativen Inhalts, sondern eine innere Haltung, die Haltung der Selbsthingabe. Es gibt folglich keine `Religion` schlechthin, sondern nur eine, `Religion an` -, an die Sittlichkeit, an die Vernunft, an die Magie oder an die Schönheit (...).“*[125]

Quelle der Religion ist nach Beyerles Auffassung der Mensch selbst. Sie liegt allein in seiner Gemütskraft und Empfindung, ist Ausfluss seiner Wesensart. Hiernach richtet sich gleichsam die Intensität des Glaubens; Sie ist eben keine durch ein höheres Wesen verliehene Gabe.[126]

Die Eigengesetzlichkeit des Individuums erkannte Beyerle als ausschlaggebenden Faktor, welcher hauptsächlich von den Maßstäben und Wertvorstellungen des Einzelnen abhängt und sich damit einer religiösen Vorbestimmung entzieht. Deshalb lehnte er in aller Konsequenz die in der christlichen Lehre verhaftete These einer göttlichen Vorbestimmung ab:

*„Schicksal nennen wir den Zufall, dem wir dank unserer Eigengesetzlichkeit erliegen müssen.“*[127]

In der Mannigfaltigkeit der Natur sah Beyerle ebenso viel Religiöses wie in der christlichen Lehre selbst, wenn nicht gar mehr.[128] Diese Vielseitigkeit auf eine Ursache alleine, auf einen Schöpfer, zurückzuführen, das

123 Religion war ständig Gegenstand von Unterredungen nicht nur in der Familie, sondern auch mit Assistenten, Hatto Beyerle in einem Gespräch vom 18.07.2000 in Ronneberg/Hannover; Burkhart Beyerle in einem Gespräch vom 10.08.2000 in Konstanz; Werner Maihofer in einem Gespräch vom 15.08.2000 in Überlingen/Bodensee; Günther Wüst in einem Gespräch vom 26.02.2001 in Mannheim.

124 Universitätsarchiv Freiburg, Sign.: C5 Nr. 50, verschiedene Manuskripte Beyerles, unter anderem aphorismenartige Texte über die Religion.

125 Universitätsarchiv Freiburg, Sign.: C5 Nr. 50, Manuskript vom 25.01.1925 über die Religion.

126 Universitätsarchiv Freiburg, Sign.: C5 Nr. 50, Manuskript vom 25.01.1925.

127 Universitätsarchiv Freiburg, Sign.: C5 Nr.50, verschiedene Manuskripte Beyerles u.a. über die Religion.

128 Möglicherweise in Anlehnung an die religiöse Naturverbundenheit der Germanen, hierzu Wilhelm Grönbech, Kultur und Religion der Germanen, 1. Bd., 12. Aufl. (1997), S. 18 f.

widerstrebte ihm. Sein Glaube an die Wissenschaft, gleichermaßen an die Natürlichkeit der Dinge, ließ keinen Raum mehr für die christliche Konfession, in der oftmals Metaphysisches als Erklärung und Herleitung für manches Unergründliche herangezogen wurde.[129]

Seine lebenslange, unaufhörliche Auseinandersetzung mit diesem Themenbereich zeigt hingegen, dass er sich zu keiner Zeit völlig von der Religion frei machen konnte. Was hätte ihn sonst dazu gebracht, noch im fortgeschrittenen Alter nach Seckau zurückzukehren, um seine Klosterschule zu besuchen?[130] Nach meinem Dafürhalten war Beyerle kein Heide. Diese Annahme wird durch Aussagen Beyerles bestätigt, z.B.:

> *„Ich hatte mich zwar durch die Aufklärung aus der Befangenheit der Kirche des Kirchenglaubens befreit. Aber ich war kein Fanatiker der Aufklärung. In der kahlen Nüchternheit des Vernunftkults wäre mir nicht wohl gewesen."*[131]

Auch Schott stimmt dieser Einschätzung zu:

> *„Gott beschäftigte Beyerle bis zum Schluss. ... In fast jedem Gespräch kam er auf die Religion zu sprechen. ... Nein, Beyerle war sicher kein Heide, im Gegenteil, ich bin mir sicher, dass er gläubig war."*[132]

Ebenso urteilt Prälat Duft über seinen Freund Beyerle:

> *„Dem musst Du gar nicht glauben, der ist frommer als wir alle zusammen."*[133]

Nach außen wollte Beyerle aber seine Distanz zur Kirche als Organisation unmissverständlich dokumentieren.[134] Das „Neuheidnische" in ihm verkörperte seine Lebenslust und Daseinsfreude, losgelöst von Sündenangst und Höllenerwartungen, gleichermaßen von Himmelsfreuden, schlicht die Ernüchterung eines freien Geistes.[135] Er lehnte die Konfession strikt

---

129 Burkhart Beyerle in einem Gespräch vom 10.08.2000 in Konstanz; Werner Maihofer in einem Gespräch vom 15.08.2000 in Überlingen/Bodensee.

130 Burkhart Beyerle in einem Gespräch vom 10.08.2000 in Konstanz.

131 Lebenserinnerungen von Franz Beyerle, S. 65, Privatarchiv der Familie Beyerle

132 Clausdieter Schott im Gespräch am 10.09.2003 in Zürich.

133 Clausdieter Schott im Gespräch am 10.09.2003 in Zürich.

134 Hatto Beyerle in einem Gespräch vom 18.07.2000 in Ronneberg/Hannover; Burkhart Beyerle in einem Gespräch vom 10.08.2000 in Konstanz.

135 Werner Maihofer in einem Gespräch vom 15.08.2000 in Überlingen/Bodensee.

ab, nicht die Religion selbst.[136] Er glaubte, wenn auch nicht an eine höhere göttliche Gewalt, dann doch zumindest an die in der Natur, an die in jedem Wesen und in jeder Sache ruhenden Kräfte.

> *„Woran ich glaube, weiß ich mit Worten nicht zu sagen. Es ist das große Wunder, das hinter allem steht und das man nie begreift (...).“*[137]

Letztendlich wollte er den Anschauungen der katholischen Kirche seiner Zeit nicht folgen, tolerierte sie aber dennoch und schätzte ihre positiven Seiten. So pflegte er bis zuletzt Kontakte zu kirchlichen Würdenträgern, wie zum bereits erwähnten Freiburger Erzbischof Gröber und zum Bischof von St. Gallen.[138]

## III. Der Weg zur rechtshistorischen Forschung

Neben dieser persönlichen Entwicklung vollzog sich seine juristische. Nachdem er in Karlsruhe das erste Staatsexamen erfolgreich abgelegt hatte, kehrte Beyerle als Rechtspraktikant[139] in seine Heimatstadt am Bodensee zurück.

### 1. Ausbildung und Interessen als Rechtspraktikant

Der darauf folgende Dienst am Konstanzer Amts- und Landgericht forderte Beyerle nicht sonderlich. Im Gegenteil, was Beyerle an diesem Ar-

---

136 Universitätsarchiv Freiburg, Sign.: C5 Nr.: 50, verschiedene Manuskripte Beyerles unter anderem aphorismenartige Texte über die Religion. Eine eindeutig ablehnende Haltung zur Religion wird man nicht finden. So auch Burkhart Beyerle in einem Gespräch vom 10.08.2000 in Konstanz.

137 Universitätsarchiv Freiburg, Sign.: C5 Nr. 68.

138 Hatto Beyerle in einem Gespräch vom 18.07.2000 in Ronneberg/Hannover; Burkhart Beyerle in einem Gespräch vom 10.08.2000 in Konstanz; Günther Wüst in einem Gespräch vom 26.02.2001 in Mannheim; Staatsbibliothek zu Berlin, - Preußischer Kulturbesitz -, Sign.: Nachlaß 270 K. 3 Mp.7, Postkarte Franz Beyerles mit dem Motiv der Mühlhäuser Kirche, vom August 1936, an Georg Swanzenski, dem damaligen Direktor des Städelinstitutes in Frankfurt am Main. Beyerle schwärmte ungeachtet seiner heidnischen Anwandlung nach wie vor für die christliche Kirchenarchitektur.

139 Der damalige Rechtspraktikant entspricht dem heutigen Rechtsreferendar. Bei beiden handelt es sich um die weiterführende Ausbildung nach dem ersten juristischen Staatsexamen zur Vorbereitung auf das Assessorexamen zum Volljuristen.

beitsbereich kritisierte, war die schlechte praktische Ausbildung, da diese hauptsächlich aus „niederen Schreibarbeiten" wie dem Verfassen von Protokollen bestand.[140]

> *„Aber der badische Staat nutzte das Überangebot junger Juristen aus, um 'Aktuarstellen'[141] zu besetzen."*[142]

Das wissenschaftliche Arbeiten kam nach der Ansicht Beyerles während der Ausbildung viel zu kurz und wurde zudem jedem selbst überlassen.

## 2. Stationen der Ausbildung

Zwischen der ersten und der zweiten Amtsgerichtsstation war eine Ausbildung in einem Notariat eingeschoben, anschließend folgte eine Etappe auf dem städtischen Grundbuchamt. Obwohl Beyerle beides als lehrreich empfand, wurde ihm klar, dass diese Bereiche für seine spätere Berufswahl ausscheiden würden:

> *„Immerhin fühlte ich, dass mir die Kautelarjurisprudenz nicht lag. Der Richter konnte unmittelbar zur Gerechtigkeitsfrage vorstoßen; der Notar musste sich an die herkömmliche Rechtsprechung halten, wenn er die Parteien beim Aufsetzen von Verträgen beriet. Diese sekundäre Geisteshaltung widerstrebte mir. (...). Alle Eigenschaften, die hier nötig waren, gingen mir ab, und was meine Stärke war, das eigene Denken theoretischer Art, konnte man hier nicht gebrauchen."*[143]

Die mehr praxisorientierten Tätigkeiten während der sich anschließenden Verwaltungsstation, angefangen beim Bezirksamt, lagen ihm schon mehr:[144] Nach sieben Monaten verwaltungsrechtlicher Tätigkeit ging Beyerle für die restlichen fünf Monate zur Stadtverwaltung Konstanz. Hier kam er mit dem Oberbürgermeister Weber in Kontakt, der unter anderem die stadtgeschichtlichen Arbeiten seines Bruders Konrad wie

---

140 Lebenserinnerungen von Franz Beyerle, S. 51, Privatarchiv der Familie Beyerle.

141 „Gerichtsaktuar": zweiter Amtsrichter bzw. protokollierender Beisitzer, Protokollführer, siehe Deutsches Rechtswörterbuch (Wörterbuch der älteren deutschen Rechtssprache), Bd. 4 (1939-1951), S. 316.

142 Lebenserinnerungen von Franz Beyerle, S. 51, Privatarchiv der Familie Beyerle.

143 Lebenserinnerungen von Franz Beyerle, S. 54, Privatarchiv der Familie Beyerle.

144 Lebenserinnerungen von Franz Beyerle, S. 55, Privatarchiv der Familie Beyerle. Hier ging es lediglich um rein zweckentsprechende, sachdienliche Lösungen von Energie-, Versorgungsfragen sowie um bau- und feuerpolizeiliche Sachverhalte.

auch das Werk „Konstanzer Häuserbuch“ gefördert und mit finanziellen Mitteln der Stadt unterstützt hatte.[145] In der Stiftungsverwaltung, zu der er über die Stadtverwaltung gelangte, bekam er einen Überblick über das Stipendiatenwesen, sodass er später, während seiner Habilitation, eines davon für eine Studienreise nach England in Anspruch nehmen konnte.[146]

Während seiner Zeit als Rechtspraktikant hatte Beyerle Ausbildungsbeurteilungen bekommen. Diese reichten von „Beyerle verfügt über eine bedeutende juristische Darstellungsgabe, welche kurz und schlüssig das Wesentliche in logischer Form wiedergibt und nicht zu weitschweifig ist“ bis zu „Leistungen unregelmäßig, wenn Interesse vorhanden, gut“.[147] Seine juristische Gesamtleistung in diesem Ausbildungsabschnitt wurde mit „sehr gut“ benotet.[148] Außerdem wurden seine Privatstudien über das Gefängniswesen und den Denkmalschutz lobend erwähnt.[149]

### 3. Interessenkonflikt: Strafrecht oder Rechtsgeschichte?

Aller Wahrscheinlichkeit nach waren es seine freiwilligen Untersuchungen im Strafvollzug, die seinen Forschungstrieb in diese Richtung verstärkten. Zu dieser Zeit übten auf Beyerle die Strafrechtsgeschichte und das Strafrecht, hier besonders die staatliche Strafrechtspflege, eine zunehmende Faszination aus.[150] Beyerle war überzeugter Anhänger der Theorie des Besserungszwecks der Strafe.[151] Für die meisten strafrechtlichen Autoren zu jener Zeit stand das Sühneprinzip im Vordergrund. Denn der Strafvollzug diente primär der Vergeltung.[152] Diese Auffassung teilte Beyerle nicht, er wollte die Gesellschaft bei der Entgleisung einzel-

---

145 Lebenserinnerungen von Franz Beyerle, S. 56, Privatarchiv der Familie Beyerle.

146 Siehe 2 Teil 4. Kapitel I.

147 GLA Karlsruhe, Sign.: 234 / 3243, Dienstzeugnis vom 13.09.1907 sowie Dienstzeugnisse vom 01.10.1909 und 28.10.1910.

148 GLA Karlsruhe, Sign.: 234 / 3243, Zeugnis vom 13. 09.1907, S. 2.

149 GLA Karlsruhe, Sign.: 234 / 3243.

150 Diestelkamp (1989), S. 151: Es sei an dieser Stelle an seine Studienzeit in Breslau erinnert, wo ihn ausschließlich die Strafrechtsvorlesungen bei Gretener interessierten, 2. Kapitel I.1. und weiterhin die in seinen Dienstzeugnissen positiv hervorgehobenen Studien über das Gefängniswesen, GLA Karlsruhe, Sig.: 234 / 3243 insbesondere Dienstzeugnis vom 28.02.1910 und vom 25.12.1911.

151 Lebenserinnerungen von Franz Beyerle, S. 58, Privatarchiv der Familie Beyerle.

152 Herbert Schattke, Die Geschichte der Progression im Strafvollzug und der damit zusammenhängenden Vollzugsziele in Deutschland, Europäische Hochschulschriften Reihe II, Rechtswissenschaft, Bd./Vol. 202 (1979), S. 113.

ner Mitglieder aus dem Rechtssystem nicht aus der Verantwortung entlassen.

Beyerle dachte für seine Zeit sehr progressiv, indem er eine gewisse Mitursächlichkeit für eine Tat in den gesellschaftlich-sozialen Umständen des Täters erkannte und damit zum Anhänger eines moderneren Strafvollzugs wurde:

> *„Ich war überzeugter Anhänger des Besserungszwecks der Strafe. Wenn am Verbrechen zum guten Teil die sozialen Umstände schuld waren (Verwahrlosung und Not), dann hatte die Gesellschaft nicht den Sittenrichter zu spielen und für das geschehene Unrecht Vergeltung zu üben. Denn wer selbst Mitschuld hat, hat nicht zu richten. (...). Der Nachdruck der staatlichen Verbrechensbekämpfung lag bei der sozialen Hygiene. Man bessere die sozialen Umstände, und die Verbrechen werden von selbst verschwinden.“*[153]

Um sich von den tatsächlichen Methoden und Zielen des Strafvollzugs einen Einblick zu verschaffen, besuchte Beyerle die Justizvollzugsanstalt in Reichenau–Niederzell. Dort fand er seine Auffassung durch den zuständigen Direktor bestätigt und erhielt so weiteren Zündstoff für seinen strafrechtlichen Forschungstrieb.[154] Die Rechtsgeschichte stand sicherlich nicht weniger in seiner Gunst; das Strafrecht aber, besonders die praxisnahe Strafrechtspflege, faszinierte ihn. Was diese Faszination auslöste, die schon seit seiner Kindheit in ihm ruhte, kann heute nicht mehr sicher dargelegt werden. Möglicherweise wollte Beyerle eine eigene wissenschaftliche Basis schaffen und sich somit vom Einfluss seines Bruders lösen.

Da zur gleichen Zeit gerade die Vorbereitungen zu seiner Dissertation anliefen, galt es nun ein passendes Thema zu finden. Durch Beschäftigung mit strafrechtlichen Themen überlegte Beyerle, im Strafrecht zu promovieren. Dass er am Ende doch ein rechtshistorisches Thema für seine Doktorarbeit wählte, lag weniger daran, dass er in Folge einer Abwägung seiner Interessen sich für dieses Themengebiet entschieden hätte, sondern es handelte sich vielmehr um eine personengebundene Entscheidung:

---

153 Lebenserinnerungen von Franz Beyerle, S. 58, Privatarchiv der Familie Beyerle; später erkannte Beyerle, dass diese Betrachtungsweise zu einseitig war, um das Problem zu lösen. Seine Meinung über den Strafzweck aber behielt er bis zuletzt bei und blieb ein erklärter Gegner der Todesstrafe.

154 Lebenserinnerungen von Franz Beyerle, S. 58 f., Privatarchiv der Familie Beyerle.

> *„Dass sie[155] auf rechtsgeschichtlichem Gebiete liegen sollte, ergab sich daraus, dass mir ein strafrechtlicher Lehrer, zu dem ich noch Beziehung hatte, fehlte. (...). Schließlich war ich am ausgesprochensten doch Konrads Schüler; so war das rechtsgeschichtliche Thema vorgezeichnet."*[156]

Das Interesse am Strafrecht aber begleitete Beyerle, wie sich zeigen wird, noch ein ganzes Stück, bis er sich endgültig der rechtshistorischen Forschung als Mittelpunkt seines wissenschaftlichen Tätigkeitsfeldes zuwandte.

155 Die Dissertation.
156 Lebenserinnerungen von Franz Beyerle, S. 59, Privatarchiv der Familie Beyerle.

### Exkurs: Deutsches Stadtrecht im Mittelalter als früher Forschungsschwerpunkt

Mit seiner Entscheidung für die Rechtsgeschichte betrat Beyerle ein Forschungsgebiet, das ihn sein ganzes Leben beschäftigen sollte.

## IV. Promotion zur Freiburger Stadtrechtsgeschichte

Sein älterer Bruder und Lehrer beeinflusste ihn nicht nur bei der Entscheidungsfrage über das Rechtsgebiet sondern auch bei seiner Themenwahl. Derzeit war gerade von Christian Rhoder die Sammlung der Villinger Stadtrechtsquellen in den „Oberrheinischen Stadtrechten" erschienen. Beyerles Bruder Konrad schlug ihm vor, auf der Basis dieser Publikation das Privatrecht von Villingen herauszuarbeiten und darzustellen.[157] Als Vorbild und Rahmen sollte ihm Eugen Hubers „Geschichte des schweizerischen Zivilrechts" dienen. Eine Neigung zu stadtrechtsgeschichtlichen Forschungen hatte Beyerle schon in frühester Jugend in Konstanz durch seinen Bruder Konrad entwickelt, der ihn zu Archivbesuchen und Ausgrabungen in der unmittelbaren Umgebung mitgenommen hatte. Außerdem war Konrad auf diesem Gebiet Urheber einiger Veröffentlichungen und kannte sich in diesem Forschungsbereich aus.[158]

Der Empfehlung seines Bruders folgend begann Beyerle mit seiner Promotion in Göttingen bei Ferdinand Frensdorf mit dem Thema: „Privatrechtliche Studien zum Villinger Stadtrecht."[159] Für den Doktoranden schien sich seine Dissertation zum Villinger Stadtrecht zunächst zu einer reizlosen Zusammenstellung bereits bekannter Rechtsformen und Regelungen zu entwickeln, die er aus den Stadtordnungen, Urkunden und späteren Stadtbüchern von Villingen herauszulösen hatte.[160] Im Zuge dieser Ausarbeitung wurde es aber unumgänglich, auf die Zusammenhänge zwischen Villingen und Freiburg näher einzugehen, um hierbei vorhandene Gemeinsamkeiten freizulegen. In diesem Zusammenhang wurde vor allem der Ursprung des Freiburger Stadtrechts immer anziehender,

---

157 Lebenserinnerungen von Franz Beyerle, S. 59, Privatarchiv der Familie Beyerle.

158 Zu nennen sind hier auszugsweise von Konrad Beyerles stadtrechtshistorischen Arbeiten: Die Gründungsgeschichte der Stadt Konstanz, die Konstanzer Ratslisten, das Radolfzeller Marktrecht oder die Veröffentlichungen über die Abtei Reichenau.

159 Hense (2001), S. 36 ff.

160 Lebenserinnerungen von Franz Beyerle, S. 59, Privatarchiv der Familie Beyerle.

und so trat das ältere und interessantere Freiburger Material mehr und mehr in den Vordergrund:

> *„Für Freiburg lagen die Probleme auf der Straße. Joachim*[161] *hatte gerade die Gründung der Marktgemeinde Freiburg als Akt der Schwurverbrüderung behandelt, Rietschel*[162] *den Freiburger Stadtrodel*[163] *als Fälschung bezeichnet. In beidem war ich anderer Ansicht."*[164]

Über diesen Umweg entstand seine eigentliche Dissertation über die „Untersuchungen zur Geschichte der älteren Stadtrechte von Freiburg i. Br. und Villingen a. Schw."[165] Im folgenden Kapitel wird ein Einblick in den Inhalt seiner wissenschaftlichen Arbeit gegeben:

---

161 Hermann Joachim, Gilde und Stadtgemeinde in Freiburg i. Br., zugleich ein Beitrag zur Rechts- und Verfassungsgeschichte dieser Stadt, Festgabe für Anton Hagedorn (1906), S. 25 – 114.

162 Siegfried Rietschel, Neue Studien über die älteren Stadtrechte von Freiburg i. Br. Mit einer vergleichenden Ausgabe der lateinischen Stadtrechtstexte des 13. Jahrhunderts, in: Festgabe für F.v. Thudichum (1907), S. 15; ders., Die älteren Stadtrechte von Freiburg im Br., in: VSWG 3 (1905), S. 421 ff.

163 Der Freiburger Stadtrodel: Eine in Rollenform überlieferte Aufzeichnung Freiburger Stadtrechts, auf die noch an späterer Stelle detaillierter eingegangen wird.

164 Lebenserinnerungen von Franz Beyerle, S. 59, Privatarchiv der Familie Beyerle. Mit dieser These stand Beyerle nicht allein da, nur in der Begründung setzte er sich von seinen Mitstreitern ab, da er schon allein und unabhängig jeden weiterführenden rechtlichen oder paläographischen Deutungen in Bezug auf den Rodel die tatbestandlichen Voraussetzungen einer Fälschung als nicht gegeben erachtete; hierzu Fritz Rörig, Der Freiburger Stadtrodel. Eine paläographische Studie, in: Zeitschrift für die Geschichte des Oberrheins, NF, Bd. 26, H. 1, S. 39. Rörig widerlegt hier die These Rietschels, dass der Text des Stadtrodels zu Fälschungszwecken absichtlich archaisch gehalten wurde. Übersichtlich zur Entwicklung der Forschung zum Freiburger Stadtrodel: Alfred Schultze, Zur Textgeschichte der Freiburger Stadtrechtsaufzeichnungen, in: Zeitschrift für die Geschichte des Oberrheins, NF, Bd. XXVIII, H. 2 (1913), S. 189 f. Auf die Beiträge von Rietschel und Joachim wird im übrigen an anderer Stelle näher eingegangen.

165 Franz Beyerle, Untersuchungen zur Geschichte des älteren Stadtrechts von Freiburg i. Br. und Villingen a. Schw., in: Deutschrechtliche Beiträge, Bd. V., H. 1 (1910). Die nahezu vollständige Bibliographie zu Franz Beyerles Veröffentlichungen bei Schott (1980), S. 298; Diestelkamp (1989), S. 150.

## 1. Die Freiburger Stadtrechtsforschung

Die frühe Stadtgründung Freiburgs i. Br. durch die Zähringer wird noch heute von der Wissenschaft als „Markstein“ in der deutschen Stadtgeschichte angesehen.[166] Gerade weil die mittelalterliche Stadt mit ihrer Rechtsentwicklung als „Keimzelle des modernen Staates“ angesehen wird.[167] Hiervon zeugen die noch in jüngster Zeit publizierten Beiträge.[168]

Nicht zuletzt, weil Freiburg als unersetzbares Glied in der Beweiskette fungiert, die den Umbruch von den früheren Marktgründungen zum nun aufkommenden, sich anschließenden neuen Typ der deutschen Gründungsstadt zu Anfang des 12. Jahrhunderts dokumentiert.[169] Otto

---

166 Hense (2001), S. 123. Konrad Beyerle erblickte in den frühen Stadtrechtsurkunden und gerade in der Freiburger Handfeste sogar die Wiege der Grundrechte.

167 Universitätsarchiv Freiburg, Sign.: C5 Nr. 23. Vortrag von Beyerle vom 23.01.1927 über „Mittelalterliche Stadt und Recht“.

168 In diesem Zusammenhang sind besonders erwähnenswert die Beiträge von Walter Schlesinger, Das älteste Freiburger Stadtrecht. Überlieferung und Inhalt, in ZRG GA, Bd. 83 (1966), S. 63 ff., 68; Bernhard Diestelkamp, Gibt es eine Freiburger Gründungsurkunde aus dem Jahre 1120? Ein Beitrag zur vergleichenden Städtegeschichte des Mittelalters sowie zur Diplomatik hochmittelalterlicher Städteprivilegien (1973), S. 10, 18; Marita Blattmann, Die Freiburger Stadtrechte zur Zeit der Zähringer, Veröffentlichungen aus dem Archiv der Stadt Freiburg im Breisgau, hrsg. von Ulrich P. Ecker, Heiko Haumann, Hans Schadek, Bd. 1 (1991), S. 299 ff.

169 Georg v. Below, Die Stadtgründungen im Mittelalter mit besonderen Hinblick auf Freiburg i. Br. (1920), S. 7 ff.; Evamaria Engel, Die deutsche Stadt des Mittelalters (1993), S. 29; Blattmann (1991), S. 1 ff., 347. Wobei als kritischer Punkt weiterhin eine Unsicherheit darüber besteht, ob Freiburg i. Br. direkt als Stadt oder nicht doch erst als Marktort und erst später zu einer „civitas“ heranreifte. Zum Stadtgründungsvorgang: v. Below, Die Stadtgründung im Mittelalter mit besonderen Hinblick auf Freiburg i. Br. (1920), S. 7 ff.; Zum Charakter der Gründungshandfeste: Walter Schlesinger, Zur Gründungsgeschichte von Freiburg, in: Freiburg im Mittelalter, Vorträge zum Stadtjubiläum 1970, hrsg. von Wolfgang Müller (1970), S. 39; dies würde der von Otto Feger vertretenen Freiburger „Urknalltheorie“ der deutschen Städtegeschichte widersprechen: Otto Feger, Das älteste Freiburger Stadtrecht im Rahmen der südwestdeutschen Städtegründung, in: Schau-ins-Land 81 (1963), S. 21. Neben Schlesinger und Schwineköper ist es Blattmann, die annimmt, dass es sich bei der zähringischen Gündungshandfeste um ein Marktgründungsprivileg mit besonderen Zügen handelt, Blattmann (1991), S. 347 f. V. Below, vertrat die Ansicht, dass es sich bei der Gründung vorerst um einen sog. „Marktflecken“ handelte: v. Below (1920), S. 26; Mit einer gewissen Vorsicht kann man grob unterscheiden zwischen den stufenweisen topographischen Stadtentwicklungen, den „gewachsenen Städten“ und den „Gründungsstädten“, in denen sich allerdings ebenso ver-

Feger charakterisierte das Freiburger Gründungsereignis auf recht plastische Art:

> *„Mit dem Beginn des 12. Jahrhunderts setzt nun die gegründete Stadt ein. Und der Paukenschlag, mit dem dieser neue Abschnitt der südwestdeutschen Städtegeschichte beginnt, ist die berühmte Freiburger Stadtgründungsurkunde von etwa 1120.“*[170]

Die Bedeutung der Freiburger Gründung ist folglich an der Spitze der deutschen Stadtentwicklungsgeschichte anzusiedeln, was die verstärkte Forschungsintensität auf diesem Gebiet erklärt.[171] Da dieses dem folgenschweren Gründungsvorgang zugrundeliegende Dokument, eine so genannte Gründungshandfeste[172], nicht überliefert ist, gelten die wissenschaftlichen Anstrengungen auf diesem Gebiet allein der Rekonstruktion dieser angeblichen Urkunde.[173]

Die Ergebnisse unterscheiden sich gemäß der zugrundeliegenden Methoden und Arbeitstechniken. Dies macht die Forschung in diesem Teilbereich ebenso vielseitig wie spannend. Hierzu ein Überblick:

Die Stellung in der ersten Reihe der deutschen Stadtgründungen machte Freiburg zur Mutterstadt und zum stadtrechtlichen Vorbild nachkommender zähringischer Gründungen.[174] So wurde Freiburg nicht nur zum stadtrechtlichen Vorbild, sondern gerade auch zum städtebauli-

---

schiedene Entstehungsphasen vereinen können, hierzu Patze (1977), S. 164 ff.; zum Gründungsakt und der Freiburger Stadtplanung: v. Below (1920), S. 8, 10, 31 ff.

170 Feger (1963), S. 21. Kritisch hierzu: Berent Schwineköper, Zu den topographischen Grundlagen der Freiburger Stadtgründung, in: Freiburg im Mittelalter. Vorträge zum Stadtjubiläum 1970, hrsg. von Wolfgang Müller (1970), S. 23.

171 Schlesinger (1966), S. 64 f.; Blattman (1991), S. 1.

172 Peter Johanek, Handfeste, in: Lexikon des Mittelalters, Bd. 4 (1989), Sp. 1901f. Handfeste als Bezeichnung von Urkunden bereits in ahd. Glossen belegt (Wortgleichung für cyrographum, privilegium, testamentum). Damit wird offenbar die persönliche Beteiligung des Ausstellers hervorgehoben, die in lateinischen Texten mit Wendungen wie „manu propria firmavimus“ erscheint. Besonders häufig erscheint die Handfeste für Urkk. mit grundsätzlich verfassungsrechtlicher Bedeutung, insbesondere in stadtrechtlichen Zusammenhängen.

173 Zusammenfassend Diestelkamp (1981), S. 3.

174 Hans Planitz, Die Deutsche Stadt im Mittelalter (1997), S. 138; Die Gründung von Diessenhofen durch Graf Hartmann III. von Kyburg oder die von Flumet durch Aimon von Faucigny stellen nur eine Ausnahme bezüglich des Gründergeschlechts dar, nicht aber des Gründungsrechts, denn beide machten sich für ihren Gründungsakt das Freiburger Stadtrecht der Zähringer zu eigen, Beyerle (1910), S. 22 f.

chen Modell nachfolgender zähringischer Neugründungen.[175] Eine wenn auch nicht unumstrittene Inhaltsbestimmung der verloren gegangenen Freiburger Gründungshandfeste, sollte man überhaupt von der Existenz einer solchen ausgehen, konnte nun durch die vergleichsweise Heranziehung dieser jüngeren Stadtrechte - durch Rückschlüsse - hergeleitet werden.[176]

Zu diesen in Frage kommenden Tochterstädten gehörte Diessenhofen (1178), Bern (vermutlich von 1218), Flumet (1228), Freiburg im Üchtland (vermutlich 1249), Bremgarten (vermutlich 1258)[177], Kenzingen (1249), Breisach (vermutlich von 1275), Colmar (1278) und Murten (undatiert).[178]

---

175 Gemeinsamkeiten konnten nicht nur durch einen Rechtsvergleich entdeckt werden, sondern auch durch die Heranziehung und Gegenüberstellung der Stadtpläne, bzw. der Stadtgrundrisse, wobei charakteristische, vom Gründergeschlecht abhängige Merkmale deutlich werden, so z.B. das für zähringische Gründungen nicht unumstrittene Achsenkreuz in der Straßenanordnung oder die Traufenstellung der dicht aneinander gereihten Häuser, hierzu Karl Gruber, Südwestdeutsche Bürgerstädte, in: Zentralblatt der Bauverwaltung vereinigt mit der ZBauw., 57. Jg., H. 45 (1937), S. 1121 f. In der Literatur ist sogar von dem „Zähringer-Schema" die Rede, Jürgen Sydow, Bemerkungen zu den Anfängen des Städtewesens im südwestdeutschen Raum, in: Alemannisches Jahrbuch 1981/83 (1984), S. 131, 134; Berent Schwineköper, Beobachtungen zum Problem der „Zähringerstädte", in: Schau-ins-Land H. 84/85 (1966/67), S. 52, hier wird ein Idealschema einer Zähringerstadt gezeigt (Abb. 2). Zu den bauhistorischen Gründungsmerkmalen der Zähriunger: Franz Beyerle, Zur Typenfrage der Stadtverfassung, (Sonderdruck) (1930), S. 22 ff., auch abgedruckt in ZRG GA, Bd. 50 (1930), S. 1 – 114. Auf diesen Beitrag wird noch an anderer Stelle näher eingegangen werden; Stadtarchiv Konstanz Sign. Bey. 4 / 25: Korrespondenz zwischen Beyerle und dem Direktor des Freiburger Stadtarchivs Hamm vom 02.10. u. 23.11. 1929 über die Verortung und Umfang der Marktanlage des mittelalterlichen Freiburgs u.a. im Vergleich mit Konstanz, Strassbourg, Bern und Freiburg i. Ü.; siehe weiter zur Wertigkeit solcher topographischen Einordnungen: Planitz (1997), S. 134; Theodor Mayer, Zur Frage der Stadtgründungen im Mittelalter, in: Altständisches Bürgertum, Bd. 1, hrsg. von Heinz Stoob (1978), S. 128.

176 Blattmann (1991), S. 5; Diestelkamp (1981), S. 3.

177 In Bremgarten konnte zusätzlich über einen Bewidmungstext noch ein Pergamentblatt mit zahlreichen Sätzen Freiburger Rechts herangezogen werden. Dieses wird später bei der Deutung des Breisacher Stadtrechts eine größere Rollen spielen, siehe Beyerle, Das älteste Breisacher Stadtrecht, in: ZRG GA, Bd. 39 (1918), S. 319.

178 Planitz (1997), S. 134; Beyerle (1910), S. 16 ff.; Blattmann (1991), S. 5, 16 ff.; Diestelkamp (1973), S. 10 f.; vereinzelt abweichend Schlesinger (1966), S. 66 f., die Datierungen einzelner Urkunden sind bis heute nicht geklärt. Zur Berner

Zum anderen erfolgte die Wiederherstellung des Urtextes anhand von überlieferten, im Verlauf der Zeit mehr oder weniger modifizierten, teilweise umgestalteten „Abschriften“ des ursprünglichen Freiburger Stadtrechts. So sind sie zu finden z.B. im Korpus des Freiburger Stadtrodels, einer Rechtsaufzeichnung der Freiburger Bürgerschaft[179] vermutlich von 1218, und noch belangvoller in der Tennenbacher Handschrift (verfasst zwischen 1317 und 1341).[180] Letztere ist Ausgangspunkt und Basis des Rekonstruktionsvorhabens jener Freiburger Gründungshandfeste.[181] Das Textmaterial, das sich im Güterbuch des gleichnamigen, bei Freiburg gelegenen Klosters befindet, wurde noch im 19. Jahrhundert zu voreilig als „wahre Freiburger Gründungsurkunde“ gefeiert, bis dann deutlich wurde, dass es sich um verschiedene Textstufen handelte, die nachträglich übereinstimmend zusammengefügt wurden.[182] Dieser Makel schadete aber nicht der Annahme, dass man wenigstens den Inhalt (zumindest Teile des Urtextes) der Freiburger Gründungshandfeste in dieser Zusammenstellung verborgen glaubte, da der Gründungstext Konrads II. von Zähringen dem Verfasser, einem Tennenbacher Mönch[183], nachweislich als Vorlage diente und folglich wieder heraus gefiltert werden könnte.[184]

Durch einen Textvergleich vermochte man nun im Einzelnen zu ermitteln, welche Rechtssätze weitergegeben worden sind: Beinhaltet eine Tochterstadt einen aus den späteren Freiburger Aufzeichnungen ausgewiesenen Satz, so bedeutete dies in aller Konsequenz, dass dieser zum

---

Grundlage: Friedrich Emil Welti, Die Rechtsquellen des Kantons Bern, 1. Teil Stadtrechte, Bd. 1 u. 2.: Das Stadtrecht von Bern I und II (1971), S. 35 ff. Um die Authentizität der Berner Handfeste wird ebenfalls gestritten, ungeachtet dessen wird eingangs explizit auf das Freiburger Mutterrecht verwiesen, diesbezüglich Hans Strahm, Die Berner Handfeste (1953), S. 148 ff., 153. Zur Bewidmung Diessenhofens: Festschr. über „800 Jahre Stadtrecht Diessenhofen 1178–1978“, hrsg. von der Stadtgemeinde Diessenhofen, bearb. von Erwin Engeler u. a. (1978).

179 Der Stadtrodel, obwohl selbst undatiert, wird als die früheste Freiburger Rechtsaufzeichnung angesehen, die noch im Original erhalten ist.

180 Beyerle (1910), S. 16 ff.; Blattmann (1991), S. 5 ff., 31 f.; Diestelkamp (1973), S. 10 f.

181 Beyerle (1910), S. 16 ff.; Blattmann (1991), S. 14. Im Tennebacher Güterbuch ist das früheste Freiburger Stadtrecht von 1120 wohl am originellsten enthalten, weil dem Kompilator die später verschollen gegangenen Originaltexte vorlagen, hierzu: Max Weber, Das Tennenbacher Güterbuch (1317–1341), (1969), S. XVI-II.

182 Beyerle (1910), S. 16 f.; Schlesinger (1966), S. 66.

183 Weber (1969), S. XLI. Verfaßt wurde es von dem Geistlichen Johann Zenlin.

184 Schlesinger (1966), S. 80; Blattmann (1991), S. 281 f.

Zeitpunkt der Niederschrift des Tochterrechts schon in der Mutterstadt vorgelegen haben musste, erst recht dann, wenn der jeweilige Abschnitt partiell in der gleichen Reihenfolge wiedergeben wurde.

Wenn auf der anderen Seite diverse Bewidmungstexte, voneinander unabhängig, die gleiche Norm enthielten, diese aber in der Tradierung der jüngeren Aufzeichnung des Tennenbacher Kodexes nicht (mehr) erschien, so war zu prüfen, inwieweit es sich doch um eine Filiation handeln könnte, die später bei der schriftlichen Fixierung, aus welchen Gründen auch immer, nicht berücksichtigt wurde. Dies konnte zum Beispiel dadurch verursacht worden sein, dass bestimmte Regelungsinhalte hinfällig wurden oder der ursprüngliche Rechtssatz mit dominanten lokalen Rechtsgewohnheiten kollidierte. In anderen Fällen geschah eine Außerachtlassung einzelner Passagen schlichtweg durch Reproduktionsfehler der Kopisten bzw. Kompilatoren.[185]

Bei einer solchen anscheinend ausgedehnten Quellengrundlage könnte man annehmen, die Rekonstruktion einer Freiburger Gründungsurkunde sei gar nicht so schwierig. Doch der Schein trügt, denn die Achillesferse dieses Forschungsgebietes ist der Umstand, dass keine der zum Vergleich herangezogenen Stadtrechtsdokumente in ihrer Authentizität unbestritten geblieben ist.

Ebenso verhindert eine fehlende genaue Datierung der Schriften die Zuordnung in eine Stammabfolge, was eine Zurückführung auf den Ausgangs- bzw. Urtext maßgeblich erschwert.[186] Fragen über die Originalität, Filiations- und Ableitungsvarianten einzelner Normen wurden hierdurch aufgeworfen und konzentrierten sich auf die grundlegende Frage, welcher Rechtssatz, welche Norm zuerst da gewesen war. Die Forscher wurden gezwungen, den sicheren Boden der wissenschaftlichen Beweisführung zu verlassen, um sich notgedrungen Spekulationen hinzugeben. Alle Referenten versuchten durch logische Schlussfolgerungen eine Entwicklung nachzuzeichnen, die damals wie heute nur selten einer sicheren Beweisgrundlage zugänglich war. Solange Indizienbeweise für die Existenz zähringischer Rechtsurkunden über formale Kriterien erschlossen werden konnten, bewegten sich die Wissenschaftler auf recht sicherem Boden, denn diese konnten nachvollziehbar eingeordnet werden.[187] Dort aber, wo der Textbefund mit äußerlichen Ereignissen in Beziehung gesetzt werden musste, um diesen einer unerlässlichen, zeitli-

185 Weitere Ursache von Verzerrungen und Irreführungen bei der Zusammenstellung von Rechtssätzen waren sprachliche Hindernisse; Blattmann (1991), S. 393 ff.

186 Diestelkamp (1973), S. 12; Blattmann (1991), S. 5 ff.; Schlesinger (1966), S. 66 ff.

187 Schlesinger hat sich später mit dieser Methode durchgesetzt.

chen Einordnung zugänglich machen zu können, musste sich der jeweilige Verfasser für eine von mehreren Wahrscheinlichkeiten entscheiden, und dies geschah häufig in einer überschießenden Subjektivität des jeweiligen Gutachters.[188] Diese Unbestimmtheit förderte bis zuletzt nachhaltig die Meinungsverschiedenheiten in der Freiburger Stadtrechtsforschung. Die Differenzen reichten von zufälligen, rein philologischen Auslegungsunterschieden in Teilbereichen, bisweilen zu den eine Rekonstruktion fundamental in Frage stellenden Zweifel über Umfang und Datierung, bis zu Bedenken hinsichtlich der Glaubwürdigkeit des beanspruchten Urkundenmaterials.[189]

Diese Stadtrechtsforscher lassen sich grob in zwei Hauptlager einteilen: solche, welche das Vorhandensein einer Freiburger Gründungsurkunde grundsätzlich verneinen, und solche, die von der vormaligen Existenz und der nunmehr zumindest inhaltlichen Nachweisbarkeit einer Freiburger Gründungshandfeste ausgehen.

Zu den zuletzt in ihrem Beitrag am ausgeprägtesten und persönlich signifikantesten Vertretern der ersten Gruppe gehört Bernhard Diestelkamp. Dieser hatte in seinem Vortrag während eines Festaktes der Albert-Ludwig-Universität am 13. Juni 1970 anlässlich des 850jährigen Jubiläums der Stadt Freiburg, ungeachtet des zum Anlass feierlich gestimmten Auditoriums, mit dem Mythos der Freiburger Gründungsurkunde kräftig aufgeräumt, indem er diese freiweg als Fälschung bezeichnete.[190] Vor ihm bezweifelten zwar schon Heinrich Maurer[191] und Johan-

188 Nicht nur Beyerle geriet für seine als „weit hergeholte“ Auslegungsmethode in das Visier einiger Kritiker, Diestelkamp (1973), S. 18; heftig wendet sich schon Rietschel in seiner Rezension zum Erstlingswerk Beyerles gegen seine Methode, Siegfried Rietschel, in: ZRG GA Bd. 31 (1910), S. 568 f. Später wird darauf noch näher einzugehen sein.

189 Blattmann (1991), S. 1 ff.; Schlesinger (1966), S. 64 f.

190 Diestelkamp (1973), S. 8, 44 ff., 58 f. Diestelkamp vermutet die Freiburger Bürgerschaft als wahre Urheber des angeblich von Konrad ergangenen und ratifizierten Gründungsprivilegs der Stadt. Der Bewegrund, der zum Erstellen dieses Falsifikates führte, war die Aufforderung der zähringischen Tochterstädte, ihnen das Freiburger Stadtrecht mitzuteilen, um es übernehmen zu können. Da ein solches nicht vorlag, verfaßten sie nach Auffassung Diestelkamps eines, wohl um sich gleichermaßen auf diesem Weg eigene, garantierte Rechte zu verbriefen und somit schriftlich abzusichern. Mit seiner Fälschungsthese zur Freiburger Gründungsurkunde hatte Diestelkamp Aufsehen und teilweise auch Ärgernis erregt. In seinem Vortrag zum 50jährigen Habilitationsjubiläum von Hans Thieme in Freiburg i. Br. am 22. Juni 1981 stellte Diestelkamp klar, dass die Ablehnung der Authentizität einer Gründungsurkunde von 1120 nicht mit einer Infragestellung des Gründungs-

nes Bärmann[192] die Authentizität der frühen Freiburger Gründungshandfeste, wohl aber fand deren Ablehnung ein ungleich leiseres Echo in der rechtshistorischen Forschung. Während Maurers Standpunkt, wie man heute weiß, auf einem Übersetzungsfehler fußte,[193] führte Bärmann eine, sich an äußeren Umständen orientierende, zugkräftigere Argumentationslinie ins Feld.[194] Dieser Beweisführung schloss sich Diestelkamp im Großen und Ganzen an und verstärkte diese noch durch eigene Bedenken gegen die Annahme der Existenz einer Freiburger Gründungsurkunde.[195] Die von Diestelkamp angeführten Bedenken einer bedingungslosen, unkritischen Akzeptanz einer solchen Gründungshandfeste sind nicht einfach von der Hand zu weisen. Gerade seine begründeten Bedenken, dass Inhalte derselben im Widerspruch chronologischer Zusammenhänge stünden, überzeugen und rufen berechtigte Zweifel hervor.[196]

Diesem ablehnenden Lager steht jene Mehrheit von Forschern gegenüber, die den Quellenstatus nutzte, um hieraus die ursprüngliche Gründungshandfeste herauszuschälen. Vorbildlich geschah dies vor allem durch Georg von Below[197], Hermann Joachim[198] und Franz Beyerle[199], die ein solches Gründungsprivileg aus dem Quellenbestand erfasst haben wollten und sich hierin bestätigt sahen.[200] Der Weg zu diesem überein-

---

Infragestellung des Gründungsjahres an sich gleichzusetzen sei. Hierzu Diestelkamp, in: Die Freiburger Gründungsurkunde von 1120. Zum Stand der Diskussion, in: Alemannisches Jahrbuch 1979/80 (1983), S. 1 ff.

191 Heinrich Maurer, Kritische Untersuchungen der ältesten Verfassungsurkunden der Stadt Freiburg i. B., in: ZGO Bd. 40, NF 1 (1886), S. 170 ff., 198 f.

192 Johannes Bärmann, Die Städtegründungen Heinrichs des Löwen und die Stadtverfassung des 12. Jahrhunderts (1961), S. 81 ff., 87.

193 Hierzu näher Blattmann (1991), S. 37.

194 Bärmann (1961), S. 87.

195 Diestelkamp (1973), S. 35 ff., 44 ff. Besonders beachtlich ist seine gegenüberstellende pro und contra Abwägung, die ihn zu seinem Ergebnis führt. Später führte Diestelkamp zusammenfassend aus, dass er die von Schlesinger zuvor genutzte historisch-diplomatisch (formale) Methode zur Überprüfung einer möglichen Rekonstruktion als „die einzig richtige“ übernommen hatte und kommt aufgrund einer konsequenteren Anwendung derselben zu dem Ergebnis, dass diese so gewonnene Textmasse gerade nicht mit unwiderleglicher Sicherheit als eine auf 1120 / 1122 zu datierend Urkunde anzusehen sei; Diestelkamp (1981), S. 3 f., 6.

196 Diestelkamp (1981), S. 6 ff., 18.

197 v. Below (1920), S. 3 f.

198 Joachim in seinem Beitrag (1906), S. 25 – 114.

199 Beyerle in seiner ausgewiesenen Dissertation.

200 Für die nachfolgende Zeit seien an dieser Stelle nochmals die exemplarischen Beiträge von Walter Schlesinger und Marita Blattmann erwähnt, die ein Stadt-

stimmenden Resultat ist allerdings, selbst im Kreise der Befürworter, alles andere als übereinstimmend. In Teilbereichen bestehen nach wie vor Unstimmigkeiten, die auf Differenzen in den Untersuchungen einzelner Textabschnitte bis zu Deviationen in der Auslegung von Rechtssätzen zurückzuführen sind. Selbst über die Konnotation der Gründung herrscht, wie gezeigt, keine Einigkeit.[201]

Näher auf diese Einzelheiten einzugehen, lohnt sich indessen nicht. Die genannten Werke, auf die ich an dieser Stelle explizit Bezug nehme, beschäftigten sich detailliert mit diesen Problemkreisen und erforschten das Gebiet in materieller wie formeller Sicht ausgiebig.[202] Jede weitere Teilnahme wäre wohl oder übel eine Wiederholung oder zusätzliche Beteiligung an Spekulationen aufgrund mangelnder Quellensicherheit. Beides gilt es zu vermeiden. Ob eine Gründungsurkunde besteht oder nicht, ist Sache des Betrachters und dessen Standpunktes; für beide Ansichten lassen sich gute Argumente finden. Eine über alle Zweifel erhabene Lösung zu dieser Thematik wird sich mit Sicherheit nicht finden lassen, es sei denn, die authentische Gründungshandfeste würde aus der Versenkung auftauchen, um den Meinungsstreit in die Bedeutungslosigkeit zu verbannen.

Das folgende Kapitel über die Methode und Wirkung soll zugleich den Forschungsbeitrag von Franz Beyerle beleuchten:

## 2. Methode und Wirkung der Erstausgabe Beyerles

Mit den Ergebnissen seines ersten Werkes in der rechtshistorischen Forschung hat Beyerle großes Aufsehen erregt, was allein durch die für eine Dissertation beachtliche Anzahl von Rezensionen belegt wird.[203] Des wei-

---

gründungsvorrecht entschlüsselt haben wollten, hierzu Schlesinger (1966), S. 64 ff.; Blattmann (1991), S. 413.

201 Teilweise wird in diesem Akt tatsächlich eine erste Stadtgründung vermutet, partiell will man hierin die Gründung eines Marktortes erkennen, der sich erst später zur Stadt entwickelte, oben S. 34 f.; wobei ich ganz im Sinne der zähringischen Siedlungspolitik des ausgehenden 11. und anbrechenden 12. Jahrhunderts eine taktische Stadtgründung Freiburgs als südlichsten Punkt des Einflußgebietes der Zähringer vermute, vor allem gegen das benachbarte konkurrierende, gegnerische Bistum Basel.

202 Unstimmigkeiten herrschen vor allem im Bereich der philologischen Untersuchungen der Bewidmungstexte besonders über Satzergänzungen, Satzerweiterungen und deren zeitlichem Ursprung.

203 Der zweite Teil in Beyerles Arbeit über das ältere Villinger Stadtrecht und des-

teren spricht für eine wissenschaftlich zentrale Bedeutung allein die Tatsache, dass nachfolgende Autoren einschlägiger Beiträge eine Bezugnahme, wenn auch nicht selten unkritisch, auf Beyerles Werk nicht vermeiden wollten bzw. konnten.[204]

Was aber machte Beyerles Erstlingswerk so außergewöhnlich?
Vor Beyerle hatte sich bereits 1906 der erwähnte Hermann Joachim[205] mit dem Freiburger Gründungsprivileg auseinander gesetzt. Er glaubte entdeckt zu haben, dass dieses in dem Tennenbacher Kodex eingewoben sei. Er untermauerte seine Folgerungen ausschließlich mit dem klösterlichen Güterbuch. Siegfried Rietschel folgte 1907 mit seiner Studie über die älteren Freiburger Stadtrechte, wobei er schon in dieser auf die besondere Bedeutung des Bremgartner Rechts hinwies und damit einen ersten rechtsvergleichenden Schritt wagte.[206] Nur ein Jahr später hat Friedrich Emil Welti[207] mit dem entscheidenden Fingerzeig jene Grundlage geschaffen, die Beyerle zwei Jahre später in seiner Arbeit aufgriff, erweiterte und am Ende effizienter umzusetzen vermochte.

Welti war der Erste, der anhand einer übergreifenden und vergleichenden Methode das Gründungsprivileg durch eine Textabwägung und

---

sen Bezug zum Freiburger wurde in Forscherkreisen weitgehend unkritisch zur Kenntnis genommen. Ganz anders der erste Teil, der schon vom Umfang her deutlich macht, wo Beyerle in seiner Arbeit Schwerpunkte setzte. Der erste Teil wurde erwartungsgemäß zum Reizthema. Erwähnt seien hier beispielgebend die erwähnten Besprechungen von Rietschel (1910), S. 561 ff., Johannes Lahusen, in: Göttingische Gelehrten Anzeigen 2 (1912), S. 122 ff., Fritz Rörig, in: Historische Vierteljahresschrift, Bd. 13 (1910), S. 521 ff.

204 Das trifft für neuere wie für ältere Publikationen zu, die diese Thematik berühren: Die zuvor zitierten neuen Beiträge von Schlesinger (1966), Diestelkamp (1973), Blattmann (1991) wie auch ältere Abhandlungen: beispielsweise von Richard Behn, Über die Voraussetzungen des Bürgerrechtserwerbs in den deutschen Städten des Mittelalters (1911); v. Below (1920), S. 2 ff.; ders. (1920); ders., Über die Freiburger Vierundzwanziger und das Unternehmerkonsortium als Ratsursprung, in: ZGBGFrei 39/40 (1927), S. 109 ff.; Siegfried Bader, Stadtrecht und Bürgerfreiheit im alten Villingen, Vortrag vom 30. September 1951 bei der Tagung des Vereins für Geschichte und Naturgeschichte der Baar in Villingen (1952), S. 5 f. Gerade in Hinblick auf Beyerles Gründungsunternehmertheorie der 24 conjuratores fori: Fritz Rörig, Die Gründungsunternehmerstätte des 12. Jahrhunderts, in: „Altständisches Bürgertum", Bd. 1., hrsg. von Heinz Stoob (1978), S. 93 ff., 114.

205 Joachim (1906), S. 25 – 114.

206 Rietschel (1907).

207 Friedrich Emil Welti, Beiträge zur Geschichte des älteren Stadtrechts von Freiburg im Üechtland, Abhandlungen zum schweizerischen Recht 25 (1908).

Gegenüberstellung mittels überlieferter Texte, wenn auch nicht alle Tochterstadtrechte beinhaltend, rekonstruieren wollte.[208] Überraschenderweise blieb Welti - trotz überzeugender Ergebnisse - eine konkret ausformulierte Version seiner rechtsvergleichenden Arbeit im Gegensatz zu Beyerle schuldig.[209]

Beyerle, von der Methode Weltis inspiriert, legte für seine Rekonstruktionsmethode die ausgewiesenen Tochterstadtrechte - in Hinblick auf den Gründungsvorgang Freiburgs - ausführlich zugrunde und leistete auf diese Weise Pionierarbeit für die Stadtrechtsforschung.[210] Anders als vorangegangene Bearbeiter wollte Beyerle den Text des klösterlichen Güterbuchs in Tennenbach zwar als Ausgangsbasis aktzeptieren, jedoch nicht als inhaltlich unantastbar:[211]

> *„(...). Ist die Aufzeichnung danach inhaltlich von großem Werte, so ist ihre diplomatische Aufmachung nicht allzu vertrauenerweckend. (...). In diesen Rahmen sind zeitlich weit auseinanderfallende Rechtsaufzeichnungen des 12. und 13. Jahrhunderts ungeschieden eingefügt, so dass das Ganze auf den ersten Blick den Eindruck einer einzigen Urkunde, eben des Gründerbriefes, erweckt. Es liegt nahe, an eine Fälschung zu denken, wenngleich dieser Gedanke bis heute nicht ausgesprochen ist.“*[212]

Beyerle vermisste dort eindeutige, für einen Gründungsakt relevante Rechtssätze, die er im Gegensatz dazu in den Bewidmungstexten von Flumet und Diessenhofen zu finden glaubte.[213] Andere Regelungen wiederum, die in dem klösterlichen Kodex enthalten waren, hielt er für ein mittelalterliches Stadtgründungsverfahren verzichtbar. Im Rekonstruktionsverfahren galt es dann, diese auszusondern.

Beyerle präsentierte im Ergebnis eine Freiburger Gründungsurkunde, die sich aus Segmenten des Tennenbacher Kodexes, des Freiburger Stadtrodels sowie aus Passagen der Tochterstadtrechte von Flumet und Diessenhofen zusammensetzte. Außerdem musste sie nach seiner Auffassung zusätzlich durch den zeitgemäßen Regelungsinhalt eines mit-

---

208 Zu Weltis Fassung des Gründungsprivilegs zusammenfassend Blattmann (1991), S. 38 f.; wobei Welti das Stadtrecht von Flumet zum Vergleich heranzog, da die Quelle des Flumeter Stadtrechts das seinerseits nicht überlieferte Gründungsrecht von Freiburg i. Ü. darstellte; hierzu Welti (1908), S. 115.

209 Beyerle (1910), S. 76 ff.

210 Beyerle (1910), S. 15 ff.; anerkennend hierzu Diestelkamp (1973), S. 11.

211 Beyerle (1910), S. 75 ff.

212 Beyerle (1910), S. 17.

213 Exemplarisch hierzu Beyerle (1910), S 38 f., 75 ff., 83 ff.

telalterlichen Stadtgründungsprozesses gekennzeichnet sein.[214] Mit dieser gänzlich neu nachgebildeten Freiburger Gründungshandfeste überraschte er die Fachwissenschaft ungleich heftiger als alle seine Vorgänger.

Dass nicht alle Forscher mit Beyerles Arbeitstechnik übereinstimmten, was den Inhalt einer aus seiner subjektiven Sicht „zeitgemäßen" Normung eines mittelalterlichen Stadtgründungsvorganges betrifft, liegt auf der Hand. Zu seinen härtesten Kritikern gehörte Rietschel.[215] Zwar würdigt Rietschel die hinter dem Werk stehende Intension und seine Ausstrahlungskraft:

> *„(...). In der Tat ist es eine Schrift, die nicht nur nach ihrem Umfang, sondern auch nach ihrem Inhalt weit über das hinausreicht, was wir in Erstlingsarbeiten gewohnt sind, eine Arbeit, die einen selbständigen Geist, sowie treffliche rechtshistorische Bildung verrät und die besten Hoffnungen für die Zukunft erweckt."*[216]

Aber letztendlich greift er die Methode Beyerles in aller Schärfe an:

> *„ (...). Demnach bleibt von den Versuchen Beyerles, die alte Handfeste Konrads zu rekonstruieren, kaum etwas übrig. Trotz alles aufgewandten Scharfsinns mußten sie scheitern, weil sie sich auf eine falsche Methode gründeten. (...) anstatt an dem Grundsatz festzuhalten, daß man am überlieferten Wortlaut nur dann rütteln darf, wenn zwingende Gründe mitsprechen, hat Beyerle sich rein theoretisch eine Vorstellung darüber gebildet, was eigentlich in einem Stadtgründungsprivileg stehen darf und nicht stehen darf, und nun dieser Vorstellung zuliebe die überlieferte Handfeste Konrads rücksichtslos einzelner Stellen beraubt und aus anderen Quellen ergänzt. Ich verstehe sehr wohl, daß diese Methode auf scharfsinnige und phantasiebegabte Forscher einen großen Reiz ausübt (...)."*[217]

Rietschel erkennt zwar an, dass die von Beyerle vorgestellte Gründungshandfeste logischer aufgebaut ist als jene, die sich aus dem Tennenbacher Kodex herausschälen und einen kategorischeren Inhalt erkennen

---

214 Diesbezüglich Beyerle (1910), S. 75 ff.

215 Rietschel in seiner Besprechung von Beyerles Werk in der ZRG GA, Bd. 31 (1910); nicht zuletzt wohl deswegen, da Rietschels Forschungsergebnisse von Beyerle verworfen wurden, hierfür beispielhaft Beyerle (1910), S. 29,71 f.

216 Rietschel (1910), S. 561.

217 Rietschel (1910), S. 569. Das Prädikat „phantasiebegabt" wird in Bezug auf Beyerles Forschungsarbeiten nicht das letzte Mal von Forscherkollegen vergeben werden.

lässt, den man in einer Gründungsurkunde erwartet. Alleine darauf dürfe man aber nicht vertrauen, da Rechtsüberlieferungen dieser Zeit nicht selten eine logische Gedankenführung gänzlich vermissen ließen.[218]

Der Kritik Rietschels näherte sich Johannes Lahusen an, der Beyerles Erstlingswerk aus gleich gelagerten Gründen als zu künstlich und damit der Wahrheit entstellt einordnete.[219] Man kann sich des Eindrucks nicht erwehren, dass es dem Forscherdebütanten Beyerle verübelt wurde, mit seiner ersten Arbeit die „heilige Kuh" der frühen deutschen Stadtrechtsgeschichte in Gestalt des Tennenbacher Kodexes geschlachtet zu haben, und damit erstmals das in Frage gestellt zu haben, was sich zuvor keiner in Frage zu stellen gewagt hatte.[220]

Ungeachtet seiner wissenschaftlichen Widersacher hielt sich Beyerles Ergebnis über ein halbes Jahrhundert - genauer 56 Jahre - als das bedeutsamste in diesem rechtshistorischen Bereich. Seine Dissertation war schlichtweg das autoritative Werk auf dem Gebiet der Freiburger Stadtrechtsforschung.[221]

Erst 1966, als Walter Schlesinger durch sein neues Rekonstruktionsergebnis auf sich aufmerksam machte und die Fachwelt von seinem Resultat überzeugen konnte, trat Beyerles Variante der Gründungsurkunde in den Hintergrund.[222] Schlesinger ging zwar, wie schon zuvor Beyerle, von der Existenz einer zähringischen Gründungsurkunde aus, gegenständlich aber weicht er dann von dem Beyerleschen Verfahren programmatisch ab. Anders als Beyerle stellt er formale Kriterien als Leitgedanken seiner Erhebungen in den Vordergrund und gewährt diesen gegenüber den inhaltlichen Gesichtspunkten klaren Vorrang.[223] Schlesinger greift hierbei vor allem Beyerles zeitliche Subsumtion einzelner Rechtsbestimmungen in den Bewidmungstexten an. Er erklärt, dass sich eine derartige Einteilung nicht beweisen lasse, da an irgendeiner Stelle Rechtssätze immer das erste Mal auftauchen müssten, und es sei

218 Rietschel (1910), S. 564 f.

219 Lahusen (1912), S. 122 ff.; gleichermaßen war v. Below - (1920), S. 3, 11 ff. - von der Zusammenstellung der Rechtssätze und der Auslegung durch Beyerles nicht überzeugt. Er nannte es aber allein den Verdienst von Beyerle, auf diese Weise aufzuzeigen, was überhaupt als mögliche Ableitung Freiburger Stadtrechts angesehen werden konnte.

220 Während Beyerle anders als Rietschel dem Freiburger Stadtrodel die tatbestandlichen Voraussetzungen einer Fälschung absprach, hielt er den Tennenbacher Kodex für ein Falsifikat: Beyerle (1910), S. 17 ff., 29.

221 Blattmann (1991), S. 39.

222 Blattmann (1991), S. 39; Diestelkamp (1973), S. 14; Diestelkamp (1981), S. 3.

223 Schlesinger (1966), S. 68. Damit kritisierte er zugleich die Methode von Beyerle.

nicht auszuschließen, dass gerade in einem solchen Fall die Norm als unzeitgemäß eliminiert werden soll.[224]

Schlesinger präsentierte eine eigene Variante einer Freiburger Gründungshandfeste, indem er - um zur ältesten Textschicht durchzustoßen - als Maßstab seiner objektiveren Methode die Bezeichnung des Stadtherrn - mit oder ohne Herzogtitel – anlegte, mit welcher sich dieser in den Urkunden legitimierte.[225] Außerdem übernahm er konsequent solche Rechtssätze, die mindestens in einer Vergleichsquelle wiederholt vorkamen.[226] Andere Rechtsnormen, die nur in einem Tradierungszweig erschienen und ansonsten nicht mehr nachweisbar waren, wurden bei der Rekonstruktion ausgesiebt.[227] Nach Schlesinger, dessen wissenschaftliche Vorgehensweise im Übrigen ebenfalls in die Kritik geriet,[228] waren es zuletzt die zuvor erwähnten Autoren Diestelkamp und Blattmann, die Beyerles Ergebnisse angriffen.[229]

Einige Gelehrte standen Beyerle aufgrund seiner Deutungsweise und seines eigenwilligen Auswahlverfahrens eher ablehnend gegenüber. Auf der anderen Seite verhalf ihm gerade diese zwanglose Art und sein beeindruckender Einfallsreichtum zu Anhängern. Unter den Befürwortern der Beyerleschen Stadtrechtsforschung ist beispielhaft Fritz Rörig zu

224 Stellt somit eine Komponente der Beyerleschen Methode grundlegend in Frage: Schlesinger (1966), S. 68. Angespielt wird hier auf die rigorosen Streichungen, die Beyerle bei der Erstellung seines Gründungsprivilegs vornahm; so auch Blattmann (1991), S. 304: „ (...) eine Rekonstruktion nicht auf der Basis strenger Textkritik, sondern geleitet von der Vorstellung, wie dieser Text nach Wahrscheinlichkeitserwägungen gewesen sein müßte, wäre ein Rückfall." Gleicher Auffassung ist Patze (1977), S. 168, „Man kann nicht die erste einer Reihe gleichartiger Erscheinungen als falsch verdächtigen, nur weil sie die erste ist; schon um der damit an erster Stelle rückenden zweiten nicht, die nun ihrerseits zu beweisen hätte, daß sie nicht falsch ist."

225 Zu dieser Methode siehe Heinrich Büttner, Zum Städtewesen der Zähringer und der Staufer, in: Altständisches Bürgertum, Bd. 1., hrsg. von Heinz Stoob (1978), S. 258.

226 Schlesinger (1966), S. 96.

227 Schlesinger (1966), S. 68.

228 Diestelkamp (1973), S. 18, 27, 35 f.; Blattmann (1991), S. 42; sie erklärt, dass die Methode Schlesingers dann scheitern muss, wenn man es mit Rechtssätzen zu tun hat, die explizit für die Freiburger Gründung maßgeschneidert waren, sich selbstverständlich insofern bei Bewidmungsgründungen nicht wiederfinden und deshalb nicht übernommen wurden.

229 Aber auch Diestelkamps Beitrag über die Existenz einer Freiburger Gründungsurkunde geriet in die Kritik nachfolgender Publikationen, Blattmann (1991), S. 51, 343 ff.; weiterhin Patze (1977), S. 169.

nennen.[230] Die quellenkritischen Erörterungen Beyerles zu den älteren Rechtsaufzeichnungen und seine Interpretationen fanden in Rörigs Besprechung Anerkennung:

> *„(...). Wenn dieses Referat eine ungewöhnliche Länge angenommen hat, so darf ich vielleicht zur Entschuldigung auf die große Bedeutung hinweisen (...). (...), da sich ihr Verfasser bestrebt hat, über die große Zahl der umstrittenen Einzelprobleme hinweg zu einer abgerundeten, zusammenfassenden Darstellung fortzuschreiten. Und wenn ihm das im großen und ganzen gelungen ist, so ist das für ein Erstlingswerk gewiss ein schöner Erfolg."*[231]

Rörig stand mit seiner Ansicht nicht allein da, was eine gehörige Anzahl von nachfolgenden städterechtlichen Publikationen verdeutlicht, die auf Beyerles Werk aufbauten.[232]

Beyerle durchbrach den bestehenden Eklektizismus auf diesem Forschungsgebiet, um den Versuch einer Verdeutlichung seiner Wirkung zu unternehmen. Dabei kommt die für ihn typische Genialität zum Vorschein, die wir noch in seinen anderen Werken sehen werden, die, gepaart mit seiner quellennahen Vorgehensweise, jeden seiner Fachkollegen überraschen musste. Sein schöpferischer Einfall, neben dem vergleichenden Heranziehen der Freiburger Tochterstadtrechte auch solche Rechtssätze in seine Interpretation einer Gründungshandfeste aufzunehmen, die Gründungscharakter aufweisen, bleibt - auch bei berechtigter Kritik - allein sein Verdienst.

Promoviert wurde Beyerle schlussendlich 1909, nachdem er zuvor in Göttingen die mündliche Prüfung mit dem Gesamtprädikat „magna

---

230 Hierzu Fritz Rörigs Besprechung, in: Historische Vierteljahresschrift 13 (1910), S. 521 ff.; Diesbezüglich im Universitätsarchiv Freiburg, Sign.: C5 Nr. 108: Bereits Konrad Beyerle schrieb am 24.06.1910 seinem Bruder, dass Rörig über das Erstlingswerk innerhalb eines Seminars referieren möchte und von der Arbeit „entzückt" sei und diese gleichfalls in der historischen Vierteljahresschrift besprechen möchte. Es findet sich hier weiterer beifälliger Schriftverkehr zu Beyerles Arbeit: Richard Schröder aus Heidelberg (Postkarte vom 12.09.1910), A. Schulte (Brief vom 23.10.1910 aus Bonn) und Alfred Schultze (Brief vom 31.12.1910 aus Freiburg). Beyerles Werk hatte indessen über die akademischen Grenzen hinaus Anklang gefunden. Dies belegt z.B. ein Brief eines Vertreters des Freiburger Stadtrats vom 19.07.1910, der die Zusage einer finanziellen Unterstützung in Höhe von 250,- RM in Form des Ankaufs von 25 Exemplaren der Dissertation beinhaltet.

231 Rörig (1910), S. 531.

232 Zu diesen gehören nicht abschließend genannt: Behn (1911); v. Below (1920), S. 2 ff.; ders. (1920); ders. (1927), S. 109 ff.; Bader (1952), S. 5 f.

cum laude“ absolviert hatte. Somit verdiente er sich die Voraussetzungen für seine spätere Habilitation.[233] Die sich hieran anschließende Assessorprüfung führte Beyerle wieder zehn Tage nach Karlsruhe, wo er diese erfolgreich absolvierte.[234] Nach Beendigung der mündlichen Prüfung wurde der frisch gebackene Volljurist vom Präsidenten des Prüfungsausschusses Dorner zu seinem weiteren beruflichen Werdegang befragt. Beyerle äußerte sich bei dieser Gelegenheit erstmals nachweislich dahingehend, dass er die akademische Laufbahn einzuschlagen gedenke.[235]

## V. Weitere Forschungsarbeiten Beyerles zur frühen deutschen Stadtrechtsgeschichte

Mit dem Abschluss seiner Dissertation verließ Beyerle nicht den Forschungsbereich der mittelalterlichen Stadtgründungsgeschichte.[236] Im Gegenteil, Beyerle stellte bald weitere und teilweise überraschende Ergebnisse vor.

### 1. Untersuchungen zum Breisacher Stadtrecht

Einer weiteren vergleichenden Sondierung zu den frühen mittelalterlichen Stadtgründungsrechten Beyerles ist es zu verdanken, dass die bereits bekannten Tochterstadtrechte Freiburgs um eine zusätzliche über-

233 Universitätsarchiv Freiburg, Sign.: C5 Nr. 108: Brief von Konrad Beyerle vom 27.02.1909, der seinen Bruder darauf hinweist, dass Frensdorf seine Note „ohne nennenswerte Debatte“ durchgesetzt hat, obwohl nicht alle Fakultätsmitglieder - namentlich u.a. Schön und Detmold - der gleichen beifälligen Auffassung waren; Lebenserinnerungen von Franz Beyerle, S. 60, Privatarchiv der Familie Beyerle.

234 GLA Karlsruhe, Sign.: 234 / 3243, Ernennungsurkunde zum Gerichtsassessor vom 13.03.1911.

235 Lebenserinnerungen von Franz Beyerle, S. 67, Privatarchiv der Familie Beyerle.

236 Weitere Publikationen zur Stadtrechtsgeschichte folgten: Neben seiner Ausarbeitung zum ältesten Breisacher Stadtrecht (1918) folgten - hier nur beispielhaft aufgezählt - seine Arbeiten über „Marktfreiheit und Herrschaftrecht in den oberrheinischen Stadtrechtsurkunden“ in der Festgabe für Paul Speiser (1926). Später veröffentlichte Beyerle seine Ausarbeitung zur Typenfrage in der Stadtverfassung (1930). Abgerundet wurde seine Tätigkeit auf diesem Gebiet mit dem in diesem Bereich zuletzt erschienen Beitrag über den Siedlungsgrundriß des älteren Konstanz (1959) in „Der Konstanzer Almanach“. Um eine Auflösung der Analyse auf diesem Themengebiet zu verhindern, sollen losgelöst aus der chronologischen Führung weitere außergewöhnliche Publikationen Beyerles auf diesem Gebiet vorgestellt werden.

einstimmende Kodifikation mit Zähringer Rechtssätzen erweitert werden konnten, der bisher kaum Beachtung geschenkt wurde:[237] das Breisacher Stadtrecht. Zwar umgab Breisach wegen seiner Verortung stets der Schimmer zähringischer Provenienz, tatsächlich aber gehörte Breisach in das Einflussgebiet der verfeindeten Staufer.[238] Und eben wegen seiner exponierten Lage war der Ort Brückenkopf des staufischen Hoheits- bzw. Einflussgebietes und damit eine ständige Bedrohung zähringischer Interessen. Nur in einem verhältnismäßig kleinen Zeitfenster von 1198 - 1215 beherrschten die Zähringer Breisach, welches ihnen von den Staufern aufgrund eines Vergleichs über den Verzicht zähringischer Ansprüche auf die Thronfolge überlassen werden musste.[239] Dieser Umstand sowie die selbstständig-unabhängig anmutende Verfassung der Stadt und die relativ späte Verbriefung Breisacher Rechts von 1275 waren wohl maßgebliche Ursache für die bisherige Außerachtlassung der Stadt im Zusammenhang mit den Untersuchungen zu den Freiburger Tochterrechten.

Beyerle hingegen nahm sich dieses Gründungsrechts explizit an. Mit seiner anschließenden Arbeit über „Das älteste Breisacher Stadtrecht"[240] gelang es Beyerle, unverkennbare Einflüsse Freiburger Ursprungs freizulegen.[241] Als Vergleichsgrundlage zog Beyerle einmal mehr den Korpus des Tennenbacher Kodexes sowie den Rumpftext Freiburger Rechts aus Bremgarten heran.[242] Ihm gelang es, bei einer Gegenüberstellung dieser Rechtsquellen eine klare Beziehung zum Freiburger Stadtrecht herzuleiten, indem er die Bewidmungswege Freiburger Rechts nachvollzog und Verbindungen bis Breisach offen legte.[243] Eine Abkunft vom Freiburger Stadtrecht glaubte Beyerle vor allem im Breisacher

237 Hierzu 2. Teil 3. Kapitel II.

238 Zur Machtpolitik und der Herrschaftsverhältnisse der Zähringer am Oberrhein: Heinrich Büttner, Zum Städtewesen der Zähringer und der Staufer, in: Altständisches Bürgertum, Bd. I., Herrschaft und Gemeinverfassung, hrsg. von Heinz Stoob 1978 (1928), S. 256 ff. Auf die Ansprüche des Bistums Basel auf Breisach aufgrund eines Vertrages mit den Staufern von 1185 soll nicht näher eingegangen werden, zumal dieser vorerst keine Wirkung entfalten konnte.

239 Franz Beyerle, Das älteste Breisacher Stadtrecht, in: ZRG GA, Bd. 39 (1918), S 323.

240 Beyerle (1918), S. 318 – 345.

241 Beyerle (1918), S. 327 ff.

242 Beyerle (1918), S. 319: Von diesem mit Freiburger Stadtrecht beschrifteten Pergamentblatt, das in Bremgarten gefunden wurde, war bereits die Rede, gerade auch im Hinblick auf das später zu erörternde Breisacher Recht, 1. Teil, 3. Kapitel, II. 2.

243 Beyerle (1918), S. 333.

Weichbildstrafrecht[244] zu erkennen, genauer im Friedensrecht, im Huldverlust sowie im Waffenrecht.[245]

Beyerle kam nach einem tabellarischen, gegenüberstellenden inhaltlichen Vergleich der Rechtssätze von Breisach, Tennenbach, Bremgarten und des Freiburger Stadtrodels zu dem Ergebnis, dass es sich bei der typologischen Einordnung des Breisacher Rechts um eine Art „Zwischenstufe“ handeln musste.[246] Das Resultat seiner inhaltlichen Analyse ergab nämlich, dass bei der Verfassung des Breisacher Rechts weder der Freiburger Stadtrodel noch das ausgewiesene Fragment Freiburger Rechts aus Bremgarten vorliegen konnte, sondern ausschließlich der frühe 1. Teil des Tennenbacher Kodexes.[247] Die Rechtsaufzeichnung von Breisach stellte damit aus seiner Sicht ein Bindeglied zwischen Tennenbach I. und Bremgarten dar, da es noch vor der Gesamtdokumentation des Freiburger Stadtrechts durch die Fertigstellung des Tennenbacher Kodexes in seiner Gänze, verfasst wurde. Nach Beyerles Vermutung würde man dann in der Breisacher Aufzeichnung einen Text erblicken können, der neben den bisher erschlossenen Quellen weitere wichtige Hinweise über den Stand der Freiburger Rechtsentwicklung in dieser Zeitspanne geben könnte. Die Nichtberücksichtigung einzelner Tennenbacher Kodifikationen hingegen führt Beyerle auf einen Vorsatz des Gesetzgebers zurück.[248]

Im Endergebnis ergab die Summe der in Beyerles Herleitungsverfahren gewonnenen Indizien jene Attribute, welche eine Entstehungszeit des Breisacher Rechts zwischen 1185 und 1196 aus seiner Sicht hinreichend vermuten lassen.[249]

---

244 Weichbild: Heute „Außenbezirke, die zu einer Stadt gehören“. Dieser umgangssprachlichen Bedeutung geht eine rechtssprachliche Entwicklung voraus. Weichbild hatte zunächst die Bedeutung von „Ortsrecht“, die bald nach 1200 auf „Ortsbezirk in dem dieses Recht gilt“ erweitert wurde. Als ein Quellenbegriff besonderer Art ist Weichbild mit seinen semantischen Nuancierungen, die sich aus dem Übergang des Wortes auf neue Sachverhalte ergeben haben, allein historisch zu verstehen und der jeweiligen Quellenlage entsprechend zu interpretieren, hierzu Ruth Schmidt-Wiegand, Weichbild, in: HRG, Bd. 5 (1998), Sp. 1209 ff.

245 Beyerle (1918), S. 333 ff.

246 Beyerle (1918), S. 340, 342.

247 Beyerle (1918), S. 345.

248 Beyerle (1918), S. 345.

249 Beyerle (1918), S. 345.

## 2. Ergebnisse und Kritiken

Was an Beyerles Datierung des Ursprungszeitpunkts des Breisacher Rechts geradezu verwundert, ist die Tatsache, dass er kurz vor der dynastischen Herrscherzeit der Zähringer liegt, die bekanntermaßen erst 1198 einsetzte. Zwar wurde schon an den Beispielen von Diessenhofen und Flumet[250] erkannt, dass eine Rechtsbewidmung unabhängig des Herrschergeschlechts erfolgen kann. Aber wird man das gleichermaßen für konkurrierende, ja verfeindete Herrscherhäuser annehmen können?

Sollte dies tatsächlich der Fall sein, so hätte man hier einen eindeutigen Beweis für die Musterhaftigkeit und Vollkommenheit des frühen Freiburger Stadtrechts. Hier kommen Zweifel auf.

So verwundert es nicht, dass Beyerles Einschätzung über den Entstehungszeitpunkt der Breisacher Kodifizierung und seine These einer direkten Entlehnung vom Freiburger Recht gerade in der neueren Stadtrechtsforschung wieder auf Kritik stieß.[251] Wieder ist es Blattmann, die Beyerles Herleitungsmethode des Breisacher Rechts auf Freiburger Wurzeln als nicht haltbar erachtete. Dies konnte sie schlüssig an verschiedenen Beispielen von Beyerles Rekonstruktionsversuchen aufzeigen.[252] Im Mittelpunkt der Kritik stand erneut Beyerles Rekonstruktionsmethode, wie wir sie schon bei den Untersuchungen zur Freiburger Gründungshandfeste kennen gelernt haben. Beyerle verlässt bei seinen Breisacher Forschungen - wie zuvor in seiner Abhandlung über Freiburger Gründungsrecht - die Basis einer strikten Textanalyse und gibt sich Wahrscheinlichkeitserwägungen hin. Im Mittelpunkt stand für ihn die Frage „wie es gewesen sein müsste“ und nicht, was konkret nachweisbar ist.[253] Dies machte sein Forschungsergebnis verwundbar. Letztendlich erkannten auch Beyerles Kritiker, dass Parallelen zwischen Freiburger und Breisacher Recht existierten, deren Wandlungen und Entwicklungen ließen sich aber ihrer Meinung nach nicht mehr auf einer sicheren wissenschaftlichen Basis herleiten.[254]

Als mögliche Ursachen Freiburger Einflusses auf das Breisacher Recht kam zum einen die enge geografische Lage der beiden Städte in Frage und zum anderen die schon angesprochene Herrschaftszeit der Zähringer in Breisach. Gerade aber dieser offensichtliche, ja denknot-

---

250 Zu den Gründergeschlechtern von Diessenhofen und Flumet siehe 2. Teil 3. Kapitel I.1.

251 Blattmann (1991), S. 299 ff.

252 Blattmann (1991), S. 301 ff.

253 Blattmann (1991), S. 304.

254 Blattmann (1991), S. 304.

wendige Umstand für eine zähringische Einwirkung würde aber letztendlich mit dem von Beyerle angenommenen Entstehungszeitpunkt der Breisacher Rechtsaufzeichnung - wie oben gezeigt – kollidieren. Nach Beyerles Einschätzung lag dieser nach der Niederschrift des Breisacher Rechts.[255] Der Zeitpunkt, wann das Freiburger Stadtrecht nach Breisach kam und dort die Normierung beeinflusste, kann objektiv gesehen genauso wenig nachvollzogen werden wie die damalige Rechtskonstellation. Beides entzog sich einem sicheren Beweisverfahren.

Einmal mehr - und wie sich zeigen wird nicht zum letzten Mal, - steht Beyerles unorthodoxe Auslegungsmethode in diesem Zusammenhang in der Kritik.[256] Dabei wird scheinbar von den Rezensenten und Kritikern Beyerles seine Intention, die in diesen Beiträgen steckt, verkannt. Zu keinem Zeitpunkt und an keiner Stelle erhebt Beyerle den Anspruch auf Allgemeingültigkeit seiner Ausarbeitungen. Beyerle will mit seiner Interpretation der Quellen Lösungsvarianten zur Diskussion stellen. Alles andere wäre bei einer derart unsicheren Quellenlage schier vermessen wie auch unsinnig und darf ihm schon deshalb nicht unterstellt werden.

Natürlich lassen sich derartige Beiträge, die von der Quelle entrückt in den Bereich der Wahrscheinlichkeitserwägungen hineingleiten, leicht zurückweisen. Letztendlich aber sind es Forscher wie Beyerle, die sich von einer unsicheren Quellenlage nicht beeindrucken lassen, um durch kreative, wenn auch nicht streng wissenschaftliche Lösungsansätze bestehende Lücken zu schließen. So schlug Beyerle vor:

*„Ihr müsst Ideen haben und dann die Quellen suchen!“*[257]

---

255 Entstehungszeitpunkt Breisacher Rechtsaufzeichnungen nach Beyerles Auffassung war zwischen 1185-1196. Die Herrschaftszeit der Zähringer in Breisach lag dem gegenüber zwischen 1198-1215.

256 Schmidt–Wiegand in einem Gespräch vom 27.10.`01 in Marburg. Kritisiert wurde Beyerle vor allem von den klassischen Philologen. Begegnen werden einem diese Beanstandungen vor allem bei Publikationen Beyerles, in denen er sich inhaltlich philologischen Herleitungs- und Auslegungstätigkeiten widmet. Einen überzeugenden Beleg für Beyerles teilweise merkwürdigen Denotationen zeigt Albrecht Cordes, in: Stuben und Stubengesellschaften (1993), S. 12. Dass auch brauchbare Ergebnisse aus Beyerles philologischen Übersetzungsarbeiten entsprangen, zeigt sich unter anderem in: Universitätsarchiv Freiburg, Sign.: C5 Nr. 2. Brief von Egon Weiss vom 03. 05. 1928. Weiss, derzeit selbst Rechtshistoriker in Prag, wollte hier die Genehmigung Beyerles einholen, eine seiner Wortdeutungen verwenden zu dürfen, die er für nahezu „genial“ befunden hatte. Letztendlich bleibt es eine Frage der Methode.

257 Claudieter Schott zitiert Beyerle im Gespräch am 10.09.2003 in Zürich.

Dementsprechend sind es gerade solche Anregungen, die im Mittelpunkt des Forschungsinteresses und in der Diskussion standen.

Trotz aller, sicher teilweise berechtigten Beanstandungen erkannten seine Kritiker, dass es allein Beyerles Verdienst war, bestehende Parallelen zwischen Breisacher und Freiburger Stadtrecht erkannt und herausgearbeitet zu haben.[258]

## VI. Verfassungs- und wirtschaftspolitische Aspekte in der mittelalterlichen Stadtrechtsforschung Beyerles

Neben dem Versuch der Rekonstruktion früher Stadtgründungsrechte rückten unübersehbar verfassungsrechtliche Aspekte und wirtschaftliche Faktoren in den Mittelpunkt seiner Untersuchungen zu den frühen deutschen Stadtgründungen.

Bereits in seiner Dissertation hatte Beyerle die Bedeutung wirtschaftlicher Kriterien in dem mittelalterlichen Stadtgründungsverfahren herausgearbeitet.[259] Nun wendete er sich diesem Phänomen explizit zu und untersuchte gerade die Wechselwirkung sowie die Abhängigkeit zwischen autokratisch territorialen Besitzansprüchen der Grundherren auf der einen und der sich stetig entwickelnden, nach einer Entledigung aller autoritären Barrieren strebenden, ökonomischen Strukturen auf der anderen Seite.

### 1. Der Konflikt: Grundherrschaft und Marktfreiheit

Die Interessenkollision zwischen repressiven grundherrlichen Machtansprüchen und dem zunehmend aufkommenden Drang nach wirtschaftspolitischer Selbstbestimmung arbeitete Beyerle an dem Beispiel oberrheinischen Stadtrechtsurkunden heraus.[260] Mehr als an anderen Orten

---

258 So Blattmann (1991), S. 302.

259 Beyerle (1910), innerhalb des 2. Kapitel, sowie S. 123 ff. Auf die These eines kapitalistischen Gründerkonsortiums im Rahmen der „Freiburger 24“ wird an anderer Stelle noch gesondert eingegangen. Hauptanliegen seiner Dissertation blieb jedoch die Rekonstruktion der Gründungshandfeste.

260 Franz Beyerle, Marktfreiheit und Herrschaftsrechte in oberrheinischen Stadtrechtsurkunden, in: Festgabe Paul Speiser (1926), S. 39 – 82, abgedruckt auch in: Altständisches Bürgertum I (1978), S. 39 – 76; Zu erwähnen ist die von Bey-

fand Beyerle das Ringen um diesen Konflikt in den jungen Städten am Oberrhein. Daher versuchte er, mit Hilfe dieser Dokumente diese freiheitliche Entwicklung darzustellen.[261] Dies bewerkstelligte er durch eine gegenüberstellende Darstellung der mittelalterlichen Verfassungen der Städte Allensbach, Arbon, Winterthur, Klingenau und Radolfzell und verfolgte mittels seiner schon bekannten vergleichenden Methode den Gang der verschiedenartigen Entwicklungsstadien dieses wirtschaftlichen Entfaltungsprozesses.

### a. Anlehnung an die hofrechtliche Theorie

Beyerle unterscheidet in seinen Ausführungen grundsätzlich zwischen „angelehnten" und „eigenwüchsigen" Märkten.[262] Während sich die „angelehnten“ Märkte sich durch grundherrschaftliche Zwänge wie Banne, Zölle oder andere, aufgrund grundherrlicher Bedürfnisse ergangener repressiver Beschränkungen, auswiesen, waren die „eigenwüchsigen“ Märkte das Ergebnis einer Entwicklung, die zugunsten einer freiheitlichen wirtschaftlichen Selbstbestimmung erfolgte, welche durch liberale Herrscher gefördert wurden. Die Motivation dieser progressiven Ober-

---

erle 1925 und 1926 veröffentlichte Arbeit über die „Grundherrschaft der Reichenau“, in: Die Kultur der Abtei Reichenau, hrsg. v. Konrad Beyerle, Bd. 1 (1925), S. 452 ff. Beyerle setzte sich schon hier mit dem mittelalterlichen, hofrechtlichen System auseinander. Er ging hier nicht nur auf rechtshistorische Aspekte ein. Mit seiner Darstellung des Übergangs von der „Bedarfsdeckung“ zur Rentenwirtschaft bewegte er sich vor allem auf wirtschaftshistorischen Boden. Die Arbeit fand einigen Anklang, vgl. die Korrespondenz im Universitätsarchiv Freiburg, Sign.: C5 Nr. 2. Dies wird auch belegt durch die Zuschriften von Ullrich Stutz (Postkarte vom 05.10.1926), Arthur Schmidt (Postkarte vom 13.01.1927), R. Hübner (Postkarte vom 04.08.1926), Molitor (Schreiben vom 06.11.1926) u.a.

261 Beyerle (1926), abgedruckt 1978, S. 39.

262 Der „eigenwüchsige“ Markt ist eine Wortschöpfung Beyerles, hierzu Beyerle (1926), abgedruckt 1978, S. 40; Karl A. Eckhardt kritisiert diesen Begriff, da er der Auffassung war, dass man die ursprüngliche grundherrliche und erst später gefreite Marktsiedlung schlecht als „eigenwüchsig“ betrachten könne; hierzu Karl August Eckhardts Rezension zu Beyerles Beitrag über Marktfreiheit und Herrschaftsrechte, in: Oberrheinischen Stadtrechtsurkunden in Göttingischen gelehrten Anzeigen, Nr. 9-10 (1927), S. 382 ff., 384; v. Below hingegen, der Beyerles Ausarbeitung im übrigen heftig kritisiert, übernimmt den Begriff des „eigenwüchsigen“ Marktes, Georg v. Below, Die Erneuerung der hofrechtlichen Theorie, in: Vierteljahresschrift für Sozial- und Wirtschaftsgeschichte, Bd. 20 (1927), S. 110.

häupter war sicher nicht ein der Bevölkerung entgegengebrachtes Wohlwollen, sondern vielmehr die Erkenntnis, selbst vom hierdurch geförderten wirtschaftlichen Wachstum profitieren zu können.

Diese Entwicklung vom eingeschränkten zum freiheitlichen Markt stellte einen Kompromiss zwischen Marktfreiheit und Herrschaftsrechten dar: Einerseits wird der Markt dem Grundherrn ein Bedürfnis, sobald der Ertrag seiner Villikationen[263] die Grenze des Eigenbedarfs überschreitet und er den Überschuss veräußern möchte,[264] auf der anderen Seite aber erträgt kein Markt die Lebensgesetze der Grundherrschaft.[265] Denn die Funktion des Marktes und damit des Marktrechts war letztendlich die Ausbildung eines den Verkehr in Gütern sichernden Rechtsfriedens.[266] Ein Entgegenkommen beider Seiten war unausweichlich, wobei die Grundherren sicher den größeren Schritt zu machen hatten. Und dieser kostete viel Überwindung.

Die Ursache hierfür lag in ihrer Angst vor dem Aufweichen des bestehenden Machtgefüges. Abgesehen von dem sicheren Verlust unmittelbarer Herrschaftsgewalt war sie schon aus rein sachenrechtlichen Aspekten durchaus begründet. Denn das von den Oberhäuptern zwecks Errichtung eines Marktes bestimmte Land war heimfallfrei, vererblich und veräußerlich, herrschaftliches Villikationsland hingegen nicht.[267] Marktland zu schaffen bedeutete, eingeräumte Privilegien abzuschaffen, direkte Herrschaftsrechte aufzugeben, um dem Handel Entfaltungsraum zu gewähren. Im Gegenzug konnten die Grundherren am Markt teilnehmen und Wohlstand schöpfen.[268]

Florierende Märkte bedeuteten wirtschaftliche Macht und diese brachte wiederum politischen Einfluss mit sich. Durch die gewährte Marktfreiheit und dem damit verbundenen Verzicht auf lokale Herr-

---

263 Die Villikation ist eine untergeordnete Organisationseinheit der Grundherrschaft. Jede Villikation bestand aus einem Fronhof und einer Mehrzahl ihm zugeordneter Bauernhöfe. Diese wurden von den Verwaltern der Fronhöfe geführt, die direkt dem Grundherrn unterstanden. Die Grundherrschaft als übergeordneter Begriff konnte aus mehreren Villikationen bestehen. Hierzu Gerhard Theuerkauf, Villikation, in: HRG Bd. 5 (1998), Sp. 919 f.

264 Beyerle (1926), abgedruckt 1978, S. 39.

265 Beyerle (1926), abgedruckt 1978, S. 39.

266 Universitätsarchiv Freiburg, Sign.: C5 Nr. 93. Vorlesungsmanuskript Beyerles „Geschichte des deutschen Privatrechts“, II. Teil, § 5 Stadtrechtskreis.

267 So zum Beispiel in Arbon und Winterthur, diesbezüglich: Beyerle (1926), abgedruckt 1978, S. 51.

268 Nicht nur durch die Teilnahmen am Handel selbst, sondern natürlich auch durch Abgaben, welche die Händler zu entrichten hatten (Marktgeld, Zoll und oder Laubenzins).

schaftsrechte konnten die Herrscher aufgrund einer hervorgehobenen wirtschaftlichen Machtposition zu überregionaler Wirkung gelangen. Dieses neue sich entwickelnde politische Bewusstsein wurde Antrieb vieler neuer Gründungen und rief einen Wettbewerb ins Leben. In dessen Verlauf versuchten neuere Plätze, den älteren den Rang abzulaufen durch großzügigere und rechtlich ungezwungenere Entgegenkommen.[269]

Beyerle versuchte anhand der Untersuchungen von Markturkunden, diesen Liberalisierungsprozess aufzuzeigen. Während er in den Markturkunden von Allensbach, Arbon, Winterthur und Klingenau keine oder nur eine verschwindend geringe Liberalisierung der Verfassungen zugunsten eines freiheitlichen Handelsverkehrs erkennen konnte, machte hingegen Radolfzell eine wirkliche Ausnahme.[270] Bei der Gründung des Radolfzeller Marktes um 1100 wurden erstmals deutlich tolerante Grundsätze formuliert.[271]

In der Gründungsurkunde von Radolfzell vereinten sich erstmals grundherrliche Interessen und Ansätze von Marktfreiheit. Durch dieses Dokument wurde den Händlern ein zum Ausüben ihrer Tätigkeiten notwendiges Marktgelände und auch der Mitgenuss an der Hofallmende garantiert. Ferner wurde ein eigens für diesen Markt zuständiges Marktgericht eingerichtet als ausschließliche Instanz für Streitsachen der Marktsiedler und Kaufleute.[272] Trotz etwaiger Überbleibsel hofrechtlicher Fesseln und anderer subtilerer Beschränkungen war doch das derzeitige Radolfzeller Marktrecht in seiner Freizügigkeit im Deutschen Südwesten unübertroffen.[273] In diesem Marktrecht erkannte Beyerle erstmals jene Begriffsnormen, die eine liberalisierende Entwicklung im Stadtrecht markierten.[274] Die Vorstellung dieser Termini, die eine Liberalisierung charakterisierten, traf auf wissenschaftliche Anerkennung. Der weiterführende Versuch der für ihn schon mittlerweile typisch gewordenen philologischen Auslegung stieß jedoch auf Kritik.[275]

---

269 Als Beispiel hierfür können die Gründungen der Zähringer im Südwesten Deutschlands genannte werden, Beyerle (1926), abgedruckt 1978, S 40 f., S. 73.

270 Beyerle (1926), abgedruckt 1978, S. 42 f., 45, 48 ff., 50.

271 Beyerle (1926), abgedruckt, 1978, S. 51; Es handelt sich bei der Radolfzeller Markturkunde eben um jene, die sein Bruder Konrad selbst entdeckt hatte.

272 Beyerle (1926), abgedruckt 1978, S. 52 ff.

273 Hierzu im einzelnen Beyerle (1926), abgedruckt 1978, S. 54 ff., 73.

274 Beyerle (1926), abgedruckt 1978, S. 54 ff.: Als maßgeblich erachtete Beyerle den Passus: „Hoc etiam constituismus, ut idem forum s u b n u l l o d i s t r i c t u constaret, sed iustitiam et libertatem (...). S u b n u l l o b a n n o (...).“

275 Während in den Termini „n u l l o d i s t r i c t u“ und „n u l l o b a n n o“ Beyerle die Befreiung vom grundherrlichen Gewerbebann vermutete und hierin zugleich einen notwendigerweise einhergehenden Verkaufs- und Abnahme-

Diese unbestrittenen freizügigeren Neuregelungen, wie sie in Radolfzell vorlagen, waren allerdings mit Problemen verbunden, da dieser neu hervorgebrachte Rechtskreis nicht mit dem Wirkungsbereich älteren Rechts ohne weiteres vereinbar war. Tatsächlich hatte man durch diese Liberalisierung einen neuen Rechtskreis der Händler und Kaufleute geschaffen. Kamen diese Rechtsbereiche in Berührung, so entstand ein rechtliches Vakuum. Beyerle zeigte dies anhand der gerichtlichen Zuständigkeitsproblematik von freien Marktsiedlern und Hörigen.[276] Unfreie und Hörige konnten am Handel teilnehmen, im Streitfall war aber für sie gerade nicht das Marktgericht zuständig, da für sie weiterhin das Hofrecht Anwendung fand, was gewisse Rechtsunsicherheiten mit sich brachte.[277]

Diese bestehende Unsicherheit hätte man durch den Versuch einer Angleichung der beiden Systeme beheben können. Gegen eine solche Koexistenz der beiden Systeme standen die Interessen der Grundherren, da über allem fortschrittlichen und entgegenkommenden Handeln der Gedanke der Aufrechterhaltung des alten Rechtszustandes prangte.[278] Anstatt aber auf Dauer diese wirtschaftliche Entwicklung kontrollieren zu können, wohl um eine Liberalisierung anderer politischer Ebenen entgegenzuwirken, förderten diese aus eigenen Interessen gemachten Zuge-

zwang erblickte, hielt Eckhardt diese Auslegung für zu eng und übersetzte die Termini ins deutsche als gerade im alemannischen Raum weit verbreitete Regelung des „Zwing und Bann", die in der Forschung unumstritten Umschreibung für Ortsgewalt. Es geht also allein um die Herrschaftsgewalt des Grundherrn, wobei die Aufhebung der Gewerbebänne eine Frucht hiervon wäre, hierzu: Eckhardt (1927), S. 385 f. Auch v. Below sah in Beyerles begrifflicher Interpretation eine „viel zu enge Begrenzung", v. Below, Erneuerung der hofrechtlichen Theorie (1927), S. 116.

276 Hörige sind Angehörige eines Fronhofsverbandes, die dem Inhaber der Grundherrschaft als Grund- oder Leibherrn verpflichtet waren. Der Fronhofsverband entstand in dem Typus der Grundherrschaft in der Gutsherrschaft (Eigenbewirtschaftung des Nutzlandes durch den Gutsherrn) und Lehens- oder Rentengrundherrschaft (Fremdbewirtschaftung und Nutzung gegen Abgaben oder Dienste) vermischt waren. Eine so angelegte Grundherrschaft wurde durch einen Fronhofsverband oder -verbände untergliedert und verwaltet, hierzu G. Theuerkauf, Fronhof, in: HRG Bd. 1 (1971), Sp. 1309 f.

277 Beyerle (1926), abgedruckt 1978, S. 53. Später wurde diesem unsicheren, gemischten Status abgeholfen, indem durch eine räumlich getrennte Einteilung klare marktrechtliche Zuständigkeit geschaffen wurde.

278 Beyerle glaubte nicht an eine solche Koexistenz der Rechtskreise im Unterschied zu Georg v. Below, Die Erneuerung der hofrechtlichen Theorie (1927), S. 109 ff.; v. Below geht gerade von einem „Nebeneinander" der Rechtskreise aus und widersprach damit dem Kern der hofrechtlichen Theorie.

ständnisse der Grundherren das Zusammenwachsen von Fronhof[279] und Markt.[280] Die Radolfzeller Entwicklung, so kann man zusammenfassend feststellen, kam man der Marktfreiheit schon ein gutes Stück entgegen. Ihr Durchbruch vollzog sich aber an einem hier bereits besprochenen Ort: Freiburg im Breisgrau.

Einmal mehr - oder gerade wegen seiner freiheitlichen Gründung von 1120 - markiert Freiburg i. Br. den Wendepunkt in dieser Entwicklung. Hier erkannte Beyerle im direkten Vergleich zum ersten Mal die örtliche „Freiung" von allem Hofrecht.[281] Der Typus des „eigenwüchsigen Marktes" konnte sich durch eine vom Marktherrn gefreite Bevölkerung an diesem Ort erstmals durchsetzen.[282] Die Zähringer verzichteten von vornherein auf repressive Beschränkungen, erkannten die Freizügigkeit an und gaben ihre grundherrlichen Bannrechte preis, gestatteten die freie Ämterwahl und traten somit gestärkt in den Wettbewerb mit den älteren Marktplätzen.

Beyerle konnte in seinem Beitrag herausstellen, dass dieses langsame und mühsame, wenn auch stetige Durchdringen der bestehenden grundherrlichen Strukturen durch wirtschaftsrechtliche[283] Innovationen und liberale Zugeständnisse gelang. Dies hat er beispielhaft aufgezeigt durch die Entwicklung vom aufgelockerten Marktrecht von Radolfzell von 1100 zur freiheitlichen, von allem Hofrecht gelösten Gründung von Freiburg um 1120.[284] Mit seinen Ausführungen zur Marktfreiheit sei die

---

279 Der Fronhof ist das Zentrum eines Fronhofsverbandes. (Haupt-, Amts- oder Oberhof), Theuerkauf (1971), S. 1309.

280 Beyerle (1926), abgedruckt 1978, S. 53.

281 Beyerle (1926), abgedruckt 1978, S. 73. Auf erbrechtliche Besitzansprüche der zähringischen Grundherrn wird gänzlich verzichtet. So wird z. B. die „Ungenossenehe" den Marktsiedlern freigegeben. Zwischen zähringischen Vogt- und Eigenleuten wird nirgends ein Vorbehalt gemacht. Außerdem herrschte freie Ämterwahl bis hin zum Pfarrer und zum Schultheiß. Auch kein stadtherrliches Bannrecht belastete die Gründung. Aller Handel ist frei von Anbeginn, ohne Beschränkungen. Dies bedeutete die Möglichkeit, tägliche Märkte einzurichten. Die Bürger sind auch zum Alimentgenuß zugelassen. All diese geschah unter dem Grundsatz „sine banno", ohne jegliche Bannunterworfenheit. Der Radolfzeller Urkunde mangelt es an einer solchen Tragweite. Sie markiert insoweit aber ein Übergangsstadium zwischen dem angelehnten und dem eigenwüchsigen Märkten.

282 Beyerle (1926), abgedruckt 1978, S. 73.

283 Wenn man überhaupt so weit gehen kann, von einem „Wirtschaftsrecht" zu sprechen. Gemeint ist in diesem Zusammenhang das Marktrecht mit seinen gesellschaftspolitischen Auswüchsen.

284 Anfangs wurden die Marktplätze und Marktansiedlungen der Städte noch durch hofrechtliche Instrumentarien gegängelt: Gewerbe- und Verkaufsbanne (mit ih-

Stadtrechtsforschung „wieder einmal ein erhebliches Stück vorwärts gekommen", so Eckhardt in seiner Rezension.[285]

Beyerle zog die Schlussfolgerung, dass sich die städtische, freie Bevölkerung im Wesentlichen aus dem stadtherrlichen Fronhof durch das Abstreifen grundherrlicher Fesseln entwickelt hat. Er trat somit in die Reihe der Vertreter der „hofrechtlichen Theorie".[286] Dieses erneute Aufgreifen und Wiederbeleben dieser Theorie durch Beyerle stieß auf harte Kritik, da diese den neu gewonnenen Erkenntnissen aus der jüngeren Stadtrechtsforschung entgegenstanden.[287] Georg v. Below machte in seinem Beitrag unmissverständlich klar, dass dem nicht zustimmen konnte.[288] Er begründete seine abweichende, ja gegensätzliche Auffassung damit, dass er die von Beyerle, in Anlehnung an die hofrechtliche Theorie streng gezogene Trennlinie zwischen angelehntem und eigenwüchsigem Markt nicht akzeptieren könne.[289] Georg v. Below sieht in dem mittelalterlichen Markt eher eine Mischung aus hofrechtlichen, also privatrechtlichen, und öffentlich-rechtlichen Rechtsgrundlagen, die dort in einer Koexistenz wirkten, genauso wie Freie und Unfreie Teilnehmer an der Marktstätte miteinander lebten.[290] Allein aus diesem Grund hält v. Below die hofrechtliche Theorie für unzutreffend, da diese Theorie in dem freien - mit Beyerles Worten „eigenwüchsigen" - Markt das Ergebnis einer freiheitlichen Entwicklung - aus einer strengen hofrechtlichen Sphäre in

ren Unterbrechungen durch Jahr- bzw. Wochenmärkte), Vorkaufsrechte, Verkaufs- und Abnahmezwänge, Einschränkung der Handelswaren (Gewerbezwang und Handelsmonopole, wie z.B. das Salz- oder Kornmonopol) sowie andere einschneidende erbrechtliche Regelungen zugunsten des Stadtherrn.

285 Eckhardt (1926), S. 385.

286 Nach der Hofrechtstheorie soll sich die Städteverfassung aus derjenigen des Fronhofs herleiten; das Stadtrecht wäre demnach ein gemildertes Hofrecht, hierzu A. Erler, Hofrechtstheorie, in : HRG Bd. 2 (1978), Sp. 215. Diese hofrechtliche Theorie galt schon zu diesem Zeitpunkt aus der Sicht der herrschenden Meinung als widerlegt, hierzu v. Below, Erneuerung der hofrechtlichen Theorie (1927), S. 124; Beyerle stand mit seinem Zugeständnis an die „Hofrechtliche Theorie“ nicht allein da. Hierzu im Universitätsarchiv Freiburg, Sign.: C5 Nr. 2. Ein Brief von Fritz Rörig vom 12.10.1926. Rörig zitierte Beyerle in einem Vortrag, an dem auch v. Below anwesend war, und löste so einen Disput aus. Auch Eduard His erklärte Beyerle (mittels Postkarte vom 22.10.1926), dass man mit der völligen Ablehnung der Hofrechtstheorie wohl zu weit gegangen sei, da das „grundherrschaftliche Element in unseren oberrheinischen Städten eine viel größere Rolle spielte als man gewöhnlich meinte.“

287 v. Below, Erneuerung der hofrechtlichen Theorie (1927), S. 109 ff.

288 v. Below, Erneuerung der hofrechtlichen Theorie (1927), S. 124.

289 v. Below, Erneuerung der hofrechtlichen Theorie (1927), S. 112 f., 117.

290 v. Below, Erneuerung der hofrechtlichen Theorie (1927), S. 126.

eine ungezwungene liberale Marktordnung - belegte. Folgende Beispiele sind am besten geeignet, die gegensätzlichen Standpunkte der beiden Forscher zu verdeutlichen. Als typisches Merkmal eines angelehnten Marktes nimmt Beyerle einerseits die persönliche Unfreiheit der Marktansiedler an, andererseits die individuelle Selbstständigkeit der Ansiedler für den eigenwüchsigen Markt.[291] Besonders deutlich erkannte Beyerle eine hörige Bewohnerschaft als Beispiel für einen angelehnten Markt in der Urkunde von Allensbach:

> *„(...) die bürgerliche Freiheit eigenwüchsiger Märkte hat hier nie geblüht. (...).“*[292]

Nach Beyerles Einschätzung stand am Gegenbeispiel einer freiheitlichen Gründung wie Freiburg die persönliche Unabhängigkeit im Vordergrund:

> *„Der Typus des eigenwüchsigen Marktes mit seiner vom Marktherrn gefreiten Bevölkerung setzt sich – wie früher erwähnt – am Oberrhein erstmals bei den zähringischen Gründungen durch. (...). (...), so wird bei ihnen auch zum ersten Male die örtliche Freiung von allem Hofrecht vollzogen (...).“*[293]

Beides versuchte v. Below zu verwerfen, indem er aufzeigte, dass zum einen bei Allensbach derzeit eine Freiung der Bürger noch gar nicht möglich gewesen sei, da die hierfür ausschlaggebende Rechtsgrundlage „Stadtluft macht frei“ sich zu diesem Zeitpunkt noch gar nicht ausgebildet und durchgesetzt hätte.[294] Zum anderen sei schon im Freiburger Stadtrecht von dort lebenden „Unfreien“ die Rede.[295]

Bei dem Freiungsvorgang der Unfreien handele es sich nach der Ansicht v. Belows um eine sich langsam vollziehende Entwicklung, die von den Stadtgründungsvorgängen maßgeblich beeinflusst und vorangetrieben worden sei, und nicht um eine politische Entscheidung der Grundherren.[296]

---

291 So am Beispiel von Allensbach und Freiburg, hierzu Beyerle (1926), abgedruckt 1978, S. 42 f., 73 ff.

292 Beyerle (1926), abgedruckt 1978, S. 43 f.

293 Beyerle (1926), abgedruckt 1978, S. 73.

294 v. Below, Erneuerung der hofrechtlichen Theorie (1927), S. 112. Zu dieser naturalistischen Symbolik - wie „Stadtluft macht Frei“ in der älteren deutschen Rechtssprache - siehe Beyerle, Sinnbild und Bildgewalt im älteren deutschen Recht, in: ZRG GA Bd. 58 (1938), S. 788 ff., 799.

295 v. Below, Erneuerung der hofrechtlichen Theorie (1927), S. 112.

296 Schon allein deshalb, weil die Stadtgemeinden befürchten mußten, dass durch

Während Beyerle in vielerlei, in den freien Verlauf der Marktwirtschaft eingreifenden Maßnahmen grundherrlich-hofrechtliche Banne erkennen will, spricht v. Below von schlichten, eigentlich zwanglosen Verkaufsregelungen.[297] Diese unterschiedliche Betrachtungsweise der beiden Wissenschaftler findet ihren Ursprung in einer gänzlich verschiedenen Rechtseinordnung grundherrlicher Instrumente. Indem Beyerle die Banne einem grundherrlich-hofrechtlichen Fundament zuordnet, gibt v. Below zu bedenken, dass diese vielmehr öffentlich-rechtlichen Charakters sind.[298]

Nach v. Belows Einschätzung handelt es sich bei dem grundherrlichen Markt - nicht etwa wie Beyerle vermutete - um eine ausschließlich vom Grundherrn genutzte Plattform, um Überschussprodukte der eigenen Wirtschaft (Villikation) zu denen dort eigens gestellten grundherrlichen Bedingungen zu verkaufen.[299] Das Wesentliche dieser Märkte lag in dem Einziehen von Gebühren in Form von Zöllen und Marktgeldern.[300]

Am deutlichsten werden die divergierenden Standpunkte der beiden Forscher bei der Einordnung der Wirkung einer freiheitlichen Marktentwicklung, die unbestritten vorlag. Beyerle sah durch die Freiung zu Marktrecht einen Einbruch ins Hofrecht.[301] Ein zeitlich beschränkend wirkender Verkaufsbann war demnach ein Überbleibsel hofrechtlicher Vergangenheit.[302] Georg v. Below sah es genau umgekehrt: Gemäß seiner Ansicht störte das Hofrecht nur ein „klein wenig" den Markt.[303] Da weiterhin Beyerle erklärte, dass zur Marktzeit[304] das Hofrecht schweige[305], erwiderte v. Below, dass nicht das Hofrecht schweige, sondern das Inte-

---

die Abhängigkeit des Unfreien aufgrund durchgreifender Ansprüche des auswärtigen Rechtsinhabers (Forderung des Sterbfalls vom Leibeigenen durch den Herrn, usw.) Vermögen unkontrolliert aus der Stadt verschoben werden könnte; hierzu v. Below, Erneuerung der hofrechtlichen Theorie (1927), S. 112.

297 Beyerle (1926), abgedruckt 1978, S. 55 ff.; v. Below, Erneuerung der hofrechtlichen Theorie (1927), S. 120 f.

298 Beyerle (1926), abgedruckt 1978, S. 58; v. Below, Erneuerung der hofrechtlichen Theorie (1927), S. 121.

299 Beyerle (1926), abgedruckt 1978, S. 39; Universitätsarchiv Freiburg, Sign.: C5 Nr. 93. Vorlesungsmanuskript Beyerles zur „Geschichte des deutschen Privatrechts", Beyerle sieht gerade in der Überschußverwertung der Grundherrschaft das Fundament eines mittelalterlichen Marktes.

300 v. Below, Erneuerung der hofrechtlichen Theorie(1927), S. 122.

301 Beyerle (1926), abgedruckt 1978, S. 58

302 Beyerle (1926), abgedruckt 1978, S. 58.

303 v. Below, Erneuerung der hofrechtlichen Theorie (1927), S. 117.

304 Also zu den jeweils eingerichteten Jahr- bzw. Wochenmärkten.

305 Beyerle (1926), abgedruckt 1978, S. 59.

resse der Stadtgemeinde, insbesondere das Interesse der städtischen Gewerbetreibenden, die ungern den gewerbetreibenden Gast als Konkurrent in der Stadt duldeten.[306]

Während Beyerle hinter dem autoritären Handeln durch die Aktivierung repressiver Instrumente wie des Bannes grundsätzlich privatrechtliche, also hofrechtliche Interessen der Grundherren allein vermutete, glaubte v. Below hinter diesen nicht individuelle Interessen, sondern eine Interessengemeinschaft zu erblicken. Daher sah v. Below das Bannrecht als öffentlich-rechtlich an.

Georg v. Below wollte keinen so gravierenden Unterschied zwischen den von Beyerle noch unter dem hofrechtlichen Joch stehenden Städten - wie Allensbach, Arbon, Winterthur oder Radolfzell - und den vom Hofrecht verschonten Neusiedlungen wie Freiburg i. Br. erkennen.[307] Folglich lehnte er die Einordnungsmethode Beyerles in solche vom Hofrecht bestimmte, zumindest aber stark beeinflusste und hiervon gänzlich verschonte Städtegruppen in aller Konsequenz ab. In der Stadtgründung sah v. Below jeweils einen Kompromiss zwischen einem das nötige Land stiftenden Grundherrn und einer nach einer öffentlich-rechtlich gesicherten Verfassung strebenden Ansiedlerschaft, die losgelöst von jeder trennenden Unterordnung leben konnte.[308]

> *„Wir können das Nebeneinander der verschiedenen Kreise gut beobachten; von einer Vermischung ist nicht die Rede."*[309]

Was aber war eigentlich die Ursache für diese bedeutsame Meinungsverschiedenheit der beiden Forscher?

Diese unterschiedliche Sichtweise hat ihren Ursprung in einer differenzierten Einordnung der rechtlichen Verhältnisse und allgemeiner Lebenssachverhalte in der mittelalterlichen Stadt. Ein weiterer Grund liegt in den gänzlich verschieden angewandten Maßstäben. Während Beyerle beinahe völlig losgelöst für die Zuordnung eines privatrechtlichen (hofrechtlichen) oder eben öffentlich-rechtlichen Ursprungs in der

---

306 v. Below, Erneuerung der hofrechtlichen Theorie (1927), S. 117.

307 Beyerle (1926), abgedruckt 1978, S. 73; v. Below, Erneuerung der hofrechtlichen Theorie (1927), S. 112 ff.

308 v. Below, Erneuerung der hofrechtlichen Theorie (1927), S. 126, 129f. Die besonderen freizügigen, damit abweichenden Regelungen in Freiburg erklärt v. Below damit, dass - im Gegensatz zu anderen Siedlungen - die Zähringer in Freiburg i. Br. selbst nie ansässig waren und damit - im Gegensatz zu stets anwesende Grundherrn -überhaupt kein Interesse an einer schärferen Regelungen hatten.

309 v. Below, Erneuerung der hofrechtlichen Theorie (1927), S. 126.

Hauptsache rein wirtschaftliche Abgrenzungskriterien als Maßstab anlegte, spielten diese bei v. Below - wenn überhaupt - nur eine untergeordnete Rolle. Über der Einordnung v. Belows standen die verschiedenartigen rechtlichen Interessensphären der an dem Gründungsvorgang mitwirkenden Parteien.

Dass man im Zuge des mittelalterlichen Entwicklungsprozesses von dem angelehnten bis zum eigenwüchsigen, selbstständigen Markt vorerst wohl eher ein Nebeneinander der rechtlichen Sphären annehmen könnte als ein Hintereinander - eingeleitet durch eine progressive Gründungspolitik -, scheint mir allerdings verständlicher, ohne an dieser Stelle eine Wertung vornehmen zu wollen.[310] Durch Gründungen wie Freiburg i. Br. wurde die Messlatte für freiheitliche Marktansiedlungen angehoben. Das genau war der Zweck der Gründung.[311] Hierdurch sollten Kaufleute und Händler (aus dem Kölner Raum) angelockt werden, die sicher keinen Grund gehabt hätten, dem Ruf der Zähringer ohne eine Verbesserung ihrer derzeitigen Situation zu folgen.[312] Freiburg i. Br. sollte somit nicht als allgemein gültiger Maßstab angenommen werden, sondern stellt tatsächlich eine Ausnahme in der deutschen Stadtgründungsgeschichte dar. Ausnahmen aber können nach meinem Verständnis nicht für den Nachweis einer Theorie innerhalb einer Allgemeinentwicklung herhalten, da sie eben nicht als typisches, repräsentatives Beispiel aufgeführt werden können.

### b. Die These von den Freiburger Gründungsunternehmern

Zur Untermauerung seiner Ausführungen zu der Entwicklung der Marktfreiheit in den herrschaftsrechtlichen Marktanlagen verweist Beyerle unter anderem auf seine Ausführungen zu den Freiburger „Vierundzwanziger“[313] und knüpft damit an die von ihm in seiner Dissertation vertretene

---

310 Entsprechend der These v. Belows.

311 2. Teil 3. Kapitel I.

312 Während Beyerle aufgrund des Verweises der Zähringer auf Kölner Kaufmannsrecht davon ausging, dass es sich deshalb auch bei den herbeigerufenen Kaufleuten um solche aus Köln handeln musste, ist Nehlsen der Auffassung, dass ein solcher Rechtszug noch nicht über die Identität oder Herkunft der Händler aussagen muss: Herrmann Nehlsen, Cives et milites de Friburg. Ein Beitrag zur Geschichte des ältesten Freiburger Patriziates, in: Schau-ins-Land 84/85 (1966/67), S. 97, 118.

313 Beyerle (1926), abgedruckt 1978, S. 63.

These eines Freiburger Gründungskonsortiums an.[314] Diese stand ebenso im Kern wissenschaftlicher Auseinandersetzungen über das mittelalterliche Stadtrecht wie die hofrechtliche Theorie. Während das Gründungsmotiv der Zähringer in Freiburg i. Br. als unstreitig erachtet wurde, bestanden über den Gründungsakt selbst Meinungsverschiedenheiten.

Nach Beyerles Auffassung wurde die Eröffnung und Errichtung des Marktes im Zuge einer Schwurverbindung namhafter Kaufleute, der so genannten 24 „coniuratio fori", vollendet.[315] Diesen Akt muss man sich als eine Art Treuegelöbnis vorstellen.[316] Der Grundherr sichert dem Markt seine neuen Freiheiten zu, stellt entsprechendes Land zur Verfügung und gewährte den Marktansiedler seinen Schutz. Diese versprachen ihm, im Gegenzug die Treue zu halten und unterstellten sich damit seiner direkten Herrschaftsgewalt.[317] Indessen herrschte bereits bei den Vertretern einer Freiburger Gründungsunternehmertheorie über die Anzahl der am Schwurakt beteiligten Kaufleute keine Einigkeit:

Während Gothein in der Zahl 24 nicht die Gesamtzahl der Kaufleute erkennen wollte, sondern eine Art „Elite“, wurde nach Joachims Beurteilung die Zahl XXIV erst später in die Quellen aufgenommen, als diese Gruppe bereits Behördentätigkeiten wahrgenommen hatte.[318]

Beyerle hingegen belegte seine These der XXIV Gründer einmal mehr mittels eines Vergleiches mit den Freiburger Tochterstadtrechten: Schon in Freiburg i. Ü. ist ebenfalls von 24 Gründern die Rede und in Flumet von 12, was beweisen sollte, dass bereits beim Gründungsvorgang selbst Personengruppen eine besondere Rolle spielen mussten.[319] Zumindest aber wurde unwahrscheinlich, dass diese erst später nach Aufnahme von etwaigen Verwaltungstätigkeiten in die Quelle aufgenommen wurden.[320]

---

314 Beyerle (1910), S. 123.

315 Beyerle (1910), S. 124 ff.

316 Beyerle (1910), S. 124. Weitere wertvolle Hinweise zu Beyerles Einschätzung gesellschaftlicher Strukturen der mittelalterlichen Stadt finden sich im Universitätsarchiv Freiburg, Sign.: C5 Nr. 93. Manuskript über die Geschichte des älteren deutschen Privatrechts II. Teil § 5 Stadtrechtskreis, Gesellschafts- und Güterordnung der Stadt. „Die Bürgerschaft besteht aus einer Vielfalt von Unternehmern: Kaufleuten und Gewerbetreibenden.“

317 Für die Marktansiedler bedeutete dies, dass sie sich der Markt-, Zoll- und Abgabenordnung der Zähringer unterwarfen.

318 Joachim (1906), S. 74 ff.; Gothein, Wirtschaftsgeschichte des Schwarzwaldes und der angrenzenden Landschaften, Bd. I. Städte- und Gewerbegeschichte (1892), S. 92; Beyerle (1910), S. 125 ff.

319 Beyerle (1910), S. 128.

320 Wonach Joachims These durch Beyerle widerlegt wurde.

Georg v. Below hingegen war der Auffassung, dass hinsichtlich der eventuellen Mitwirkung bei einer Gründung überhaupt nicht eine Mehrzahl von Unternehmern notwendig war.[321] Es hätte durchaus auch ein einzelner Unternehmer sein können.[322] Ferner ließ sich nach seiner Auffassung keineswegs nachweisen, dass die Zahl der Unternehmer mit der Größe der zu begründenden Gemeinde in einem Verhältnis stehen müsse, da die Einwohnerzahlen der Gründungsstädte des 12. und 13. Jahrhunderts nicht so unterschiedlich waren.[323]

Weiterhin gibt v. Below zu bedenken, dass oftmals nur ein Unternehmer bei einer derartigen Marktgründung tätig wurde, man könne also wie Beyerle behaupten, die Städte seien durch Unternehmerkonsortien ins Leben gerufen worden. Denn um von einem Konsortium oder gar einer Gilde ausgehen zu können, werde eine Person nicht reichen.[324] Außerdem stellt v. Below fest, dass es in der Stadtgeschichte niemals zuvor eine so große Gründerzahl von 24 Personen gegeben hat.[325]

Beyerle hingegen leitete seine 24 Gründer aus der Gesamtheit der Quellenbelege ab.[326] Über Flumet, Freiburg i.Ü. bis zu dem Tennenbacher Kodex wird die Brücke zu den späteren XXIV der frühen zähringischen Stadtrechte geschlagen.[327] Alleine die Erwähnung der XXIV in dem Tennenbacher Kodex, die Fortführung im Gründungsrecht von Freiburg i. Ü. und die Nennung derselben im Stadtrodel lassen einen ununterbrochenen Zusammenhang zwischen den „coniuratores fori" des Stiftungsbriefes und den XXIV, die in der Markt- und Stadtverfassung der späteren

321 Georg v. Below, Über die Freiburger Vierundzwanziger und das Unternehmerkonsortium als Ratsursprung, in: Zeitschrift der Gesellschaft für Beförderung der Geschichts-, Altertums- und Volkskunde von Freiburg, dem Breisgau und den angrenzenden Landschaften, Bd. 39/40 (1927), S. 110.

322 Dies wird im übrigen von den Vertretern der Gründungsunternehmertheorie gar nicht bestritten. Es handelt sich hier um die autoritär hofrechtlichen Gründungen, hierzu später Franz Beyerle, Zur Typenfrage in der Stadtverfassung (1930), S. 3.

323 v. Below, Über die Freiburger Vierundzwanziger (1927), S. 110.

324 v. Below, Über die Freiburger Vierundzwanziger (1927), S. 110. Vermutlich meint v. Below den Grundherrn als Gründer eines Marktortes selbst ohne Beteiligung der Ansiedler.

325 v. Below, Über die Freiburger Vierundzwanziger (1927), S. 112. Wobei dieses Argument schon in der Freiburger Stadtrechtsforschung zu recht angegriffen und als nicht haltbar erachtet wurde, denn demnach wäre jede Ergebnispremiere in der Geschichtsforschung ohne weitere Begründung angreifbar.

326 Beyerle (1910), S. 128.

327 Beyerle (1910), S. 128.

Quellen verankert waren, erkennen.[328] Rörig trat der Theorie Beyerles von einer Gründungsunternehmerstadt bei, indem er im Wiener Stadtrecht ebenfalls die Zahl 24 in Form der dort allerdings erst in späterer Zeit genannten 24 „jurati" aufzeigte und daraus herleitete, dass im ältesten Wiener Stadtrecht wie auch in Freiburg eine Gründergruppe existierte:[329]

> *„Unter Gründungsunternehmerstädte verstehe ich jene Städte, bei deren Entstehung die Tätigkeit einer Gruppe von Unternehmern bürgerlicher Lebensführung entscheidend mitgewirkt hat."*[330]

Im Vordergrund standen hier wirtschaftlich starke Unternehmerfamilien, die ihren Einfluss dahingehend geltend machten, dass diese über vorerst privilegierende Befugnisse allmählich sich zum Stadtrat entwickelten.[331]

Am Beispiel von Freiburg erklärte Rörig übereinstimmend mit Beyerle, dass sich in Freiburg zum Zwecke der Gründung 24 Unternehmer zusammentaten. Ihrem Ursprung nach sind es angesehene Kaufleute, mercatores personati, die sich in einer Schwurgemeinschaft zusammenfanden.[332] Dieses Gründungskonsortium übernahm in erster Linie Verwaltungsangelegenheiten, die in dieser Zeit in anderen Städten der Rat zu übernehmen hatte. [333] Mit dem Unterschied, dass die XXIV nicht wie ein städtischer Rat als Ergebnis der sich entwickelnden Ausgestaltung kommunalen Rechts, sondern explizit durch Gründungsrecht der Zähringer ins Leben gerufen wurden.[334] Somit könnten die XXIV direkt

---

328 Beyerle (1910), S. 141, 143.

329 Rörig (1928), S. 94, 114; Universitätsarchiv Freiburg, Sign.: C5 Nr. 2. Postkarte von Fritz Rörig vom 07.04.1930. Rörig zeigte für Beyerles „Typenfrage in der Stadtverfassung" Zustimmung, ohne allerdings näher auf diese einzugehen. Siehe zur Relevanz und zum Quellenwert der Postkarten 1. Teil III. b. dieser Arbeit.

330 Rörig (1928), abgedruckt 1978, S. 77. Damit unterstreicht Rörig den gesellschaftlich-sozialen Charakter dieser Gründung.

331 Rörig (1928) abgedruckt 1978, S. 86.

332 Rörig (1928), abgedruckt 1978, S. 93.

333 Beyerle (1910), S. 130, 134 f., 137. Die Funktion dieses Gründerkonsortiums bestand primär in der Aufbewahrung erblosen Nachlasses bis zum Ablaufe der Verschweigungsfrist von einem Jahr. Fernerhin sollten sie als Marktpolizei über Lebensmittel und Geldverkehr wachen, später zudem die Initiativgewalt beim Erlassen gewerbepolizeilicher Statuten ausüben, bis hin zur Wahrung der öffentlichen Ordnung und der Schöffengewalt bei Gerichtsverfahren.

334 Beyerle (1910), S. 137.

auf die Wurzeln der zähringischen Markt- und Stadtverfassung zurückgeführt werden.[335]

Die marktpolizeilichen Funktionen der XXIV wurden im Freiburger Stadtrodel so gestaltet, dass diese sich in Form der geschworenen Einung betätigen sollen.[336] Damit sind die XXIV nach Beyerles Auffassung zum Initiativorgan der gewerblichen Rechtsschöpfung geworden, da sie sich auf ein bestimmtes Gewerbe eidlich verpflichteten, wie später die Handwerker in ihren Innungen und Zünften.[337]

Die Schwurgründung dieser Gruppe, die Aufgabenverteilung und gewährte Rechte begründen letztendlich die von Beyerle vertretene Gildetheorie in der zähringischen Stadtrechtsforschung.[338] Mit der Kompetenzerweiterung von einer bescheidenen Marktpolizei zur einer allgemeinen Verwaltungsbefugnis bildet sich dann die Unternehmergilde schließlich zum Rat um.[339]

Georg v. Below war hingegen der Auffassung, dass es bei dieser Herleitung Beyerles an Grundlagen fehle, da alleine die Erwähnung eines Eides noch keine Gilde entstehen lasse.[340] Der Eidschwur und die Nennung von Ämtern spielten im Mittelalter eine solch mannigfaltige Rolle, dass man vom Entstehen einer Gilde nur bei entsprechend klarer Quellenaussage ausgehen könne. Und dies sei hier gerade nicht der Fall.[341]

Im Kern handele sich hier, so v. Below, um die Behauptung des Hervorgehens eines politischen (kommunalen) Organs aus einem sozialen Körper.[342] Und das sei eben der Hauptfehler der Gildetheorie, dass sie zu leichtfertig das Hervorheben von staatlichen oder gemeindlichen Verfassungskörpern aus sozialen Vereinigungen behaupte.[343] Die Politisierung dieser sozialen Gebilde wie die Zünfte sei durch die Aufnahme derselben in den regierenden Stadtrat oder durch die Einräumung etwaiger Kontrollfunktionen geschehen.[344] Wenn diese Besitzergreifung gewiss als eine Eroberung des Stadtstaates durch soziale Körper gewertet werden

335 Beyerle (1910), S. 137.
336 Beyerle (1910), S. 131.
337 Beyerle (1910), S. 130.
338 Beyerle (1910), S. 141, 143
339 Rörig (1928), abgedruckt 1978, S. 93. Dieser Ansicht ist auch Gothein (1892), S. 92 ff.; Beyerle sah dementsprechend in der Ausbildung der Gewerbepolizei durch die Freiburger Stadtverfassung den Hauptanstoß für die Entwicklung des Freiburger Zunftwesens; Beyerle (1910), S. 132.
340 v. Below, Über die Freiburger Vierundzwanziger (1927), S. 111.
341 v. Below, Über die Freiburger Vierundzwanziger (1927), S. 111.
342 v. Below, Erneuerung der hofrechtlichen Theorie (1927), S. 132.
343 v. Below, Erneuerung der hofrechtlichen Theorie (1927), S. 132.
344 v. Below, Erneuerung der hofrechtlichen Theorie (1927), S. 132.

könne, so habe sich auch die Übernahme der Regierung durch die Zünfte nicht in der Form vollzogen, dass etwa die Zunftvorstände ohne weiteres den Stadtrat gebildet hätten.[345]

Nach v. Below würde es eine Art der Ignorierung der Selbstständigkeit und Eigenart des Staats darstellen, wenn man ohne Bedenken, wie es vorhin geschildert wurde, soziale Organisationen unmittelbar zu Staats- oder Gemeindeorganisationen werden lasse.[346]

Es wurde deutlich, dass v. Below sich für die Einhaltung klarer Grenzen zwischen Staats- und Gemeindeverband einsetzte und allein deswegen gegen die eine solche Grenzen verwischende „Gildetheorie" kämpfte. Beyerle und die übrigen Anhänger der Gildetheorie hingegen sahen in der Schwurgründung durch die Kaufleute und die Übernahme von höheren Verwaltungsfunktionen durch dieselben eine beabsichtigte Transformation einer sozialen Gruppe in ein politisches Verwaltungsorgan der Stadt.

Um hier zu einem Ergebnis zu kommen, ist es notwendig, sich mit dem Wesen diesen Gründungsaktes selbst, seiner rechtlichen Zuordnung und seiner beabsichtigten Rechtsfolge zu befassen. Betrachtet man sich die Umstände des Freiburger Gründungsvorganges genauer, so könnte man annehmen, es handelte sich hierbei nicht um einen einseitig, herrschaftlichen Gründungsakt des Zähringers, sondern vielmehr um einen Gründungsvertrag. Vertrag deswegen, da beide Seiten gleichermaßen mit Rechten und Pflichten ausgestattet wurden. Der Grundherr garantierte den zum Ansiedeln herbeigerufenen Kaufleuten ein freiheitlich-liberales Siedlungs- bzw. späteres Stadtrecht, stellte Marktland zur Verfügung, richtete den Kaufleuten eine eigene Gerichtsbarkeit ein und gewährte militärischen Schutz vor etwaigen externen Übergriffen. Ansonsten wären die Kaufleute wohl kaum der Einladung der Zähringer gefolgt, durch den Umzug musste eine Verbesserung ihrer Lage eingetreten sein. Die Marktansiedler hatten sich auf der anderen Seite der Abgabenordnung des Grundherrn zu unterwerfen, ließen ihn am Markt partizipieren und verpflichteten sich im Übrigen zu einem loyalen Verhalten. Der Grundherr überließ den Ansiedlern alle Bewegungsfreiheit und Kompetenzen, die sie für ein freiheitliches Wirtschaftsleben benötigten, und zog sich

---

345 v. Below, Erneuerung der hofrechtlichen Theorie (1927), S. 132.

346 v. Below, Erneuerung der hofrechtlichen Theorie (1927), S. 133. Er führte als Beispiel an, dass die Personalunion zweier Ämter allein deren Charakter nicht verändert, wenn ein staatliches und ein privates (grundherrliches) Amt sich in einer Person vereinigte. Das Mittelalter hatte einen feinen Sinn für diese Unterschiede und so konnte dieselbe Person Richter in einem staatlichen, einem grundherrlichen und in einem Gemeindegericht tätig sein.

zurück. Tatsächlich stellte dies ein sehr progressiv liberales Verhalten dar. Da die Zähringer selbst in Freiburg nicht residierten, hatten sie beim Zeitpunkt der Gründung auch keine Bedenken ob eines unmittelbaren Machtverlusts wegen dieser Großzügigkeit. Es kam ihnen allein auf die regelmäßigen Abgaben der Siedler an. Und da lag auch die Besonderheit in Freiburg i. Br. Die bei der Schwurgründung beteiligten Kaufleute hatten auf diese Weise derart viel Kompetenzen übertragen bekommen, dass sie gar nicht umhinkamen, staatliche Verwaltungsaufgaben wahrzunehmen. Der Grund lag allein in der zwingenden freiheitlichen Gestaltung dieses Paktes, denn ein grundherrlicher Verwalter fehlte. Im Übrigen wiederholte sich dies in den schon benannten Tochterstädten, die wie „kaufmännische Filialen" nach dem gleichen freiheitlichen Muster gegründet wurden.

Grund dieses Gründungsereignisses war sicherlich die Bindung der Kaufleute an den Grundherrn. Dies geschah vornehmlich zu dieser Zeit durch den gegenseitigen Schwur.[347] Ein Treueschwur hatte in diesem Zusammenhang aber nur dann einen Sinn, wenn hierdurch entgegengebrachtes Vertrauen abgesichert werden sollte. Dies gibt wiederum Grund zu der Annahme, dass den Unternehmern bei der Gründung tatsächlich derart viele Freiheiten bis hin zu Selbstverwaltungstätigkeiten überlassen wurden, sodass sich der Grundherr absichern und die Kaufleute an sich binden wollte.

## 2. Typus und Entwicklung der mittelalterlichen Stadtordnung

Später, 1930, greift Beyerle erneut seine These eines kaufmännischen Gründungskonsortiums bei den zähringischen Hervorbringungen auf, versuchte aber nunmehr die Wurzeln dieses Verfahrens zu erforschen.[348] Hier stößt er im Zuge seiner vertragstypologischen Ausführungen über burgundische Bischofsstädte - wie z.B. bei Besançon, Lyon, Genf - schließlich auf Lausanne.[349] In Lausanne glaubte Beyerle, endlich die Wiege der zähringischen Unternehmergründungen gefunden zu haben:

> *„Nach all dem hat das Bourg de Lausanne mehr als nur ortsgeschichtliche Bedeutung. In dieser Bischofsstadt Burgunds hat die Anlage eines*

347 Der Schwur oder ein Versprechen standen zu dieser Zeit in ihrer Wertigkeit über dem protokollierten, schriftlichen Vertrag.

348 Franz Beyerle, Zur Typenfrage in der Stadtverfassung (1930), S. 2, 44 ff.

349 Beyerle (1930), S. 22, 24, 29, 44.

*Neumarktes*[350] *den Typus einer Unternehmergründung Gestalt gewinnen lassen. Eine Gründung, deren Erstsiedler eine Art Lokatorenrolle übernehmen: durch Gewährung von Unterkunft an den zureisenden Händler und durch Anbringung von Auslagetischen oder Lauben an der Marktstraße. Diese `Burgenses de Borgo`, wie sie später zwiefach bezeichnet wurden, haben den Bürgerbegriff neuen Stils verkörpert; sie haben ihn auch, (...), 1120 an das südwestdeutsche Nachbargebiet vermittelt.*"[351]

Dass der „Prototyp" einer Gründungsunternehmerstadt aus Burgund stammte und von dort seinen Weg nach Freiburg fand, war nach der Ansicht Beyerles das Resultat anhaltender, guter Beziehungen der Zähringer nach Burgund.[352] Diese übernahmen nicht nur das freiheitliche System, sondern auch die Bezeichnung „bourg". Bourg de Lausanne, der Markt (bzw. Marktansiedlung) zu Lausanne, wurde zum Vorbild des zähringischen Freiburg i. Br. und damit auch seiner Tochterstädte. Dass diese Beziehungen der Zähringer zu den Burgundern zu diesem Zeitpunkt nicht ganz unkritisch angenommen werden dürfen, zeigt Diestelkamp, indem er zu bedenken gibt, dass erst im Jahre 1127 die Zähringer durch eine Erbschaft und einen hoheitlichen Akt des Kaisers das Rektorat über Burgund erlangten.[353]

Dass „bourg" im welschen Sprachgebrauch eine Marktstätte oder auch Kaufmannssiedlung bedeutet und nicht wie im Germanischem Wehranlagen, wurde bereits erwähnt.[354] Dieser Sprachgebrauch drang nun in das deutsche Grenzgebiet ein. Zuerst durch die Gründung Frei-

---

350 Zu der Abgrenzung Neumarkt und Altmarkt, wie auch zu den anderen noch unbesprochenen Begriffen wird an anderer Stelle näher eingegangen.

351 Beyerle (1930), S. 44.

352 Beyerle (1930), S. 39.

353 Diestelkamp (1983), S. 14. Allerdings sollte man nicht, wie hier Diestelkamp, ein tatsächliches Herrschaftsverhältnis der Zähringer über Burgund als Voraussetzung wirkungsvoller burgundischer Einflüsse auf die Zähringer fordern. Erst recht dann nicht, wenn wie hier zwischen diesen beiden Herrschaftshäusern familiäre Bande bestanden haben.

354 Ein Burgum zeichnete sich dabei durch seine geschlossene Bauweise aus. Es waren zumeist sogenannte Neumärkte vor den Toren der Stadt, die sich durch ihre gut zu verteidigende Bauweise auszeichneten. Es handelte sich hier um Gebäude, welche die zur Stadt durchführende Straße lückenlos rechts- und linksseitig nach außen wirkungsvoll abgrenzten, oftmals ohne Fenster und Türen an der Außenseite des Hauses. Der Zugang am Anfang der Straße wurde meist durch ein Tor oder einen Graben gesichert. In Italien war diese Bauweise ebenfalls unter den Namen „Borgo" bekannt, hierzu Gruber (1937), S. 1123; Beyerle (1930), S. 28.

burg i. Br., es folgte Freiburg i. Ü., dann Neuenburg am Rhein, um nur einige Beispiele zu nennen.[355] Was für die Theorie Beyerles zur Übernahme des burgundischen Wortsinns durch die Zähringer spricht, ist zudem die Tatsache, dass die Zähringer den Namenszusatz „-burg“ unabhängig von der Existenz einer Befestigungsanlage, also von dem Bestehen einer Burg, vergaben.[356]

Beyerle untermauerte seine These von einer Lausanner Musterfunktion bei den Zähringern, indem er auf Gemeinsamkeiten innerhalb der Stadtplanung von Lausanne und Freiburg i. Br. hinwies und hier gerade auf das Straßensystem.[357] Beyerle forschte ganz in seinem Stil ohne weitere Hinzuziehung von Spezialisten - wie Bauhistorikern oder Philologen - bei seinen Überlegungen zum Vorbild der Lausanner Marktanlage oder bei der sprachwissenschaftlichen Einschätzung der Entwicklung und Rezeption des Wortstammes „burgum, bourg oder borgo“ in dem deutschen Sprachgebrauch. Selbst die Ausarbeitung nahezu aller zum Vergleich herangezogener Stadtpläne erstellte er in eigener Regie:

> *„Die Ausführung der Pläne verdanke ich der hilfsbereiten Mitarbeit meiner Frau; auf geometrische Genauigkeit ist nirgends Anspruch erhoben.“*[358]

Und eben gerade dieses typisch unkonventionelle Vorgehen Beyerles stieß einmal mehr auf Kritik:

> *„So geistvoll und anziehend diese letzten Ausführungen Beyerles sind, scheinen sie mir, wenigstens vorläufig, zunächst noch als Hypothese bewertet werden zu müssen und noch weiterer Untersuchungen zu bedürfen. (...). Zur Frage der Übernahme des welschen Sprachgebrauchs von burgum = Markt in die mit –burg gebildeten Städtenamen des 12. Jahrhunderts werden sich wohl auch die Philologen äußern müssen. (...). Zur Annahme Beyerles, dass das bourg de Lausanne das Vorbild für die Marktanlage in Freiburg i. Br. abgegeben habe, muss jetzt auf die einge-*

355 Beyerle (1930) S. 32 ff. Weiterhin nannte Beyerle Judenburg a. d. Mur, ferner die als Burgum Bauzani (1208) und burgum novum Bocense (1293) bezeichneten Marktstraßen in Bozen (Südtirol, Italien). Ferner weist Beyerle darauf hin, dass Heinrich V. dem Erzbischof von Salzburg ein Stapelrecht für sein „burgum“ Mühldorf i. J. (1120) verlieh und dass sich der Bamberger Markt als burgum belegen lässt.

356 So die Gründung Freiburgs i.Ü. durch Berthold V., der diesen Markt auf dem Grund und Boden der Abtei Payerne gründete, ohne dass hier eine zähringische Burg als Ausgangspunkt belegbar war; Beyerle (1930), S. 32.

357 Beyerle (1930), S. 41.

358 Beyerle (1930), S. 1.

*henden bauhistorischen Untersuchungen (...) über die Topographie des Freiburger Marktes verwiesen werden. Sie haben keine Stütze dafür ergeben (...).“*[359]

Außerdem bemängelte Gross an dem Beyerleschen Vergleich der burgundischen Städte - wie Genf, Lyon und schließlich dem viel später gegründeten Bourg von Lausanne - das Außerachtlassen dieser Tatsache und den hiermit wahrscheinlich sich unterscheidenden Gründungsumständen und deren Voraussetzungen.[360] Die Kritik von Gross hatte ihre Berechtigung, denn der Bauhistoriker Ernst Hamm widersprach der These Beyerles, in Bourg de Lausanne das Vorbild des Freiburger Marktes zu erblicken, indem er erklärte, dass sich baugeschichtlich für Freiburg die Annahme eines solchen Stadtkerns nicht stützen, bzw. beweisen lasse.[361]

Was aber letztendlich trotz aller verständlicher Kritik an diesen umstrittenen Teilen der Arbeit fasziniert, sind die von ihm hervorgebrachten neuen Perspektiven in der Stadtforschung und seine hierbei anerkannten Ergebnisse. Auch wenn es an einer wissenschaftlich philologischen Herleitung bezüglich der Sinndeutung des Begriffs „bourg" mangelt, so wurde doch durch Beyerles intensive Forschung und seine dargestellten Beispiele klar, dass in den lateinischen Urkunden des 12. Jahrhunderts in deutschen Sprachgebieten das Wort burgum im Sinne

---

359 L. Gross, Rezension zu Beyerles Typenfrage in der Stadtverfassung, in: Mitteilung des Institutes für Öst. Geschichtsf., Bd. 48 (1932), S. 134. Gross spielt auf die Untersuchungen von Ernst Hamm an, in: Die Städtegründung der Herzöge von Zähringen in Südwestdeutschland, Freiburg i. Br. (1932).

360 Gross (1932), S. 134.

361 Hamm (1932), S. 33, 67 f.; Stadtarchiv Konstanz Sign. Bey. 4 / 25: Hiervon zeugte bereits die ein Jahr vor Beyerles Veröffentlichung geführte Korrespondenz zwischen Beyerle und dem Direktor des Freiburger Stadtarchivs Hamm vom 02.10. u. 23.11. 1929 über die Verortung und Umfang der Marktanlage des mittelalterlichen Freiburgs. Hamm kommt auf S. 2 seines Briefes vom 13.11.1929 an Beyerle zu dem Ergebnis: „(...) Der Gründer hatte also m. E. Umriß u. Straßenschema (Straßenkreuz & Aufteilungsstraßen der Stadt oder richtiger der Marktsiedlung (forum!) und den Markt (in der Marktgasse) festgelegt, den Ausbau im Einzelnen aber der Zukunft überlassen. Die Ausgabe von Hofstätten von einem ganz bestimmten Ausmaß scheint bei Stadtgründungen nicht die Regel gewesen zu sein. Es ist sehr, sehr schwer heute von einer Stadt, für welche in der Gründungsurkunde keine Belege vorhanden sind, behaupten zu wollen, sie hätten kleine oder große Hofstätten gehabt. In Freiburg würde man darin auch einen Trugschluß verfallen, wenn man von den späteren Hofstätten auf die ursprünglichen schließen wollte. (...).“

von Markt gebraucht wurde.[362] Im Übrigen nicht die letzte rechtshistorische Wirkung Beyerles auf philologischem Gebiet.[363]

Selbst die von Beyerle vorgenommen Ausflüge auf bauhistorisches Territorium waren fruchtbar und standen für weitere Veröffentlichungen dieser Art Pate.[364] Obwohl Kritiker, wie bereits gezeigt, an der fachlichen Kompetenz zweifelten, gelang es Beyerle anhand einer vergleichenden Untersuchung zur Architektur der Marktanlagen neue Erkenntnisse über die Bebauungsart der mittelalterlichen Märkte dieser Region zu gewinnen.[365] 1937 wurde Beyerles Arbeit aufgrund seiner bauhistorischen Ergebnisse in dem „Zentralblatt der Bauverwaltung" durch Karl Gruber als eine „für den Forscher deutschen Städtebaus wichtige Schrift" gewürdigt:

> *„Die neue wirtschaftsgeschichtliche Forschung hat nun in die historischen Zusammenhänge Licht gebracht. In seiner für den Forscher deutschen Städtebaus wichtigen Schrift (...) hat Franz Beyerle nachgewiesen, dass den burgundischen Bischofsstädten, z. B. Lausanne und Besançon, schon im 10. und 11. Jahrhundert geschlossen bebaute Märkte von Gewerbetreibenden angegliedert werden, die in den Urkunden burgum genannt werden, während die Altstadt civitas und deren Markt forum heißen."*[366]

Einige von Beyerle auf sachfremden Gebieten vorgenommenen Sondierungen waren demnach für sachverständige Forscher dieses Bereichs von großem Nutzen, sie stellten die Ergebnisse des Juristen nicht in Frage.[367]

---

362 Gross (1932), S. 134. Hierzu Beyerle (1930), S. 51 ff., im Anhang befinden sich hier die Belege und einschlägigen Urkunden abgedruckt.

363 Franz Beyerle, Süddeutschland in der politischen Konzeption Theoderichs des Großen, in: Grundfragen der alemannischen Geschichte (1952), S. 73 f. Beyerle brachte Licht in die Stadtrechtsgeschichte von Sülchen, indem er es als das bei dem Geographen von Ravenna um 500 n. Chr. beschriebenen „Solih" entschlüsselte. Ebenso wie Beyerles Ortsnamenforschung im süddeutschen Raum, wo er eine Beziehung zwischen solchen Ortsnamen festgestellt hat, die mit Personennamen gebildet wurden; Franz Beyerle, Ortsnamen der Landnahmezeit und karolingische Personennamen als sozialgeschichtlicher Anschauungsstoff, in: Festschr. für Karl Haff (1950), S. 65 ff. Heinrich Dittmaier nimmt auf diese Arbeit Beyerles Bezug, in: Die stabreimenden Ortsnamen auf –inghausen zwischen Rhein und Weser, in: Rheinisches Jahrbuch für Volkskunde, 3. Jg. (1952), S. 120.

364 Unter anderem sichtbar in Beyerles Arbeit über „Ulm und die Reichenau", in: ZGO 79 NF 40 (1926), S. 559.

365 Hierzu Beyerle (1930), S. 29 ff.

366 Gruber (1937), S. 1123.

367 Den Nachweis hingegen, dass Lausanne tatsächlich den Zähringern als städtebauliches Vorbild ihrer Gründung diente, konnte hingegen Beyerle nicht erbringen. Hierzu Hamm (1932), S. 33, 67.

Zu diesen bedeutenden sprachwissenschaftlichen wie auch bauhistorischen Ausführungen gelangte Beyerle über seine eigentliche Untersuchung über das Verhältnis der Lebensmittelgewerbe zum Markt und deren weitere Entwicklung. Er knüpfte mit dieser Arbeit unverkennbar an seine Arbeit über die „Marktfreiheit und Herrschaftsrechte in oberrheinischen Stadtrechtsurkunden" an. Er hatte dort - wie gezeigt - in der Hauptsache den Unterschied zwischen angelehnten Märkten grundherrlichen Genres und den liberalen eigenwüchsigen Märkten unterschieden, in denen die grundherrlichen Instrumente wie „Zwang und Bann" ihre repressive Wirkung nicht entfalteten.[368]

In den Mittelpunkt seiner Untersuchungen rückten nun die genannten burgundischen Bischofsstädte, in denen er - wie schon zuvor in seinen Untersuchungen zu den oberrheinischen Stadtrechten[369] - die Situation der Märkte aufzeigte. Beyerle gelingt es hier nachzuweisen, dass in diesen Bischofsstädten das Lebensmittelgewerbe - in Form von Backhäusern, Tavernen (Schänken) und den Metzgern in so genannten Metzig(en)[370] - noch streng unter grundherrlichen Einfluss stand.[371] Die Backhäuser und Tavernen bestanden sogar selbst als grundherrliche Anlagen, in denen die Grundherren einen Wein- und Backhauszwang ausübten.[372] Eine Ausnahme in Beyerles Nachweis bildeten die Metzger, da eine genauere Überlieferung der dortigen Umstände nicht gegeben war.[373] Aufgrund einer stetigen Gleichbehandlung dieser drei Lebensmittelbereiche dieser Epoche lässt hier Beyerle eine Analogie zu und kommt zu dem Ergebnis, dass sich in diesen Städten das eigentliche Lebensmittelgewerbe erst im Anschluss an die Anlagen und Gewerbslehen der Grundherren frei entwickeln konnte.[374] Markt und Lebensmittelanlagen waren in diesen Städten streng getrennt. Beyerle führte

---

368 Der Grund lag in dem Motiv des Stadtherrn, die geldwirtschaftlichen Vorteile dank eines florierenden, freien Marktes durch Marktzölle zu erwirtschaften, ohne den Wirtschaftskreislauf weiter beeinflussen zu wollen, siehe oben 2. Teil 3. Kapitel III. 1.

369 Hierzu Beyerle, Marktfreiheit und Herrschaftsrechte in oberrheinischen Stadtrechtsurkunden, in: Festgabe Paul Speiser (1926), S. 39 – 82, abgedruckt auch in: Altständisches Bürgertum I (1978), S. 39 – 76.

370 Cordes (1993), S. 89. Lichtbildnachweis einer solchen Metzig in Molsheim (Elsaß). Die Fleischverkaufsstände waren hier im offenen Erdgeschoss in einem Kreuzgewölbe untergebracht.

371 Beyerle (1930), S. 6 ff.

372 Beyerle (1930), S. 10 ff.

373 Beyerle (1930), S. 14.

374 Beyerle (1930), S. 14 f. Das beweisen auch die zahlreichen Belege im Anhang der Untersuchung Beyerles, S. 52 ff.

dies auf die unterschiedliche Wirtschaftsgesinnung zurück, denn am Markt selbst galt freier Wettbewerb bei den Lebensmittlern hingegen Zwangswirtschaft.[375]

Der Grund für diese ungewöhnliche Steuerung und Trennung des Lebensmittelgewerbes vom eigentlichen Markt lag in der Absicht der Grundherren, ihre eigene als auch die Grundversorgung der Bevölkerung mit Nahrungsmitteln selbst zu steuern und nicht in den offenen Wirtschaftskreislauf einfließen zu lassen.[376]

Beyerle hatte damit den Unterschied zwischen diesen - um seine Worte zu benutzen - unter der Aufsicht der Grundherren stehenden, „angelehnten" Märkten der burgundischen Bischofsstädte und mit denen der zähringischen Gründungsmärkte herausgearbeitet. Nach Feststellung dieses Kontrasts wollte Beyerle anschließend an diesem Beispiel, wie schon in seiner Forschungsarbeit zu den oberrheinischen Stadtrechtsurkunden, eine mögliche liberalisierende Entwicklung der Märkte aufzeigen.

Diese Problemstellung führte ihn zur Frage nach dem Wesen und Bedeutung von Alt- und Neumarkt und deren Entwicklung in der burgundischen Städteordnung.[377] An den bereits oben angedeuteten Beispielen von Besançon, Lyon, Lausanne, Chur und Grenoble erkannte Beyerle, dass erst die Neumärkte hier als eigentliche Kaufmannssiedlungen gelten könnten und nicht der in den Stadtgrenzen liegende Altmarkt.[378] Eben diese Neumärkte, die eine in sich geschlossene Stadterweiterung darstellten, die sich vor den Toren der jeweiligen Stadt entlang der Straße entwickelten, erkannte Beyerle als burgum, bzw. bourg oder auch borgo.[379] Alleine die Bewohner des Neumarktes, als „burgensis“[380] bezeichnet, konnten sich innerhalb dieser liberalen Ordnung bewegen. Die Stadtmauer bildete die Grenze.

Mit seiner These, dass sich eine freiheitliche Entwicklung der Wirtschaft in diesen burgundischen Bischofsstädten erst in den Grenzen des

375 Beyerle (1930), S. 19.

376 Universitätsarchiv Freiburg, Sign.: C5 Nr. 8. Vortragsmanuskript „Rechtsformung aus dem Ethos der Stände.“ Nach dieser These Beyerles hätte man in den burgundischen Bischofsstädten des Mittelalters eine Schnittstelle von einer Art Planwirtschaft (bzgl. der Grundversorgung mit Lebensmitteln) und einer aufkommenden Marktwirtschaft (hinsichtlich der bannfreien Güter).

377 Beyerle (1930), S. 21.

378 Beyerle (1930) S. 23 f.

379 Ich verweise hier auf die oben getätigten Ausführungen zu Beyerles bauhistorischen Untersuchung und seiner These bzgl. der Sprachentwicklung des Wortes „burgum“.

380 Beyerle (1930), S. 38.

außerhalb der Stadt liegenden Neumarktes vollzogen hatte, also nicht durch eine sich langsam entwickelnde Liberalisierung in der Stadt selbst, brach Beyerle mit den Voraussetzungen der hofrechtlichen Theorie, der er zuvor gefolgt war.[381] Entgegen dem Ergebnis seiner vormals angestellten Untersuchungen über die oberrheinischen Stadtrechtsurkunden - wo Beyerle glaubte, die Bevölkerung habe in einem Entwicklungsprozess die hofrechtlichen Fesseln abgestreift und gelangte dann auf diese Weise vom grundherrlichen Fronhof zu einem liberaleren Stadtrecht -, erkannte jetzt Beyerle in seiner neueren Untersuchung, dass sich erst durch die Gründung der Neumärkte vor den Toren der Stadt eine hofrechtliche Befreiung vollzogen hatte. Damit stimmte Beyerle nunmehr v. Below zu, der schon in seiner Kritik zu Beyerles Forschungsarbeit über die oberrheinischen Stadtrechtsurkunden und entgegen der dort von Beyerle vertretenen These, ein Nebeneinander - und kein Nacheinander - dieser Rechtskreise vermutet hatte.[382] Ein gutes Stück freiheitlichen Fortschritts des frühen deutschen Städtewesens erkannte Beyerle nunmehr durch den Einfluss moderner Siedlungsgebiete, die sich an die grundherrlichen Altsiedlungen anlehnten. Ein Ergebnis, das ihm deutlich positive Resonanz bescherte.[383]

Sollte man der nunmehr im Raum stehenden These Beyerles folgen, dass die Zähringer sich das fortschrittliche Marktmodell der Burgunder in Lausanne tatsächlich zu eigen gemacht hätten, um ganz nach diesem Muster Freiburg i. Br. zu gründen[384], so wäre das Resultat eine sprunghafte Modifikation in einem Gründungsverfahren und nicht das Ergebnis eines anhaltenden Entwicklungsprozesses aus dem Fronhof heraus. Denn Basis dieser Stadtordnung wären dann die freiheitlich-

381 Beyerle (1926), abgedruckt 1978, S. 73.

382 v. Below, Erneuerung der hofrechtlichen Theorie (1927), S. 126.

383 Universitätsarchiv Freiburg, Sign.: C5 Nr. 65. Brief von Luise von Winterfeld, Mitarbeiterin des Stadtarchivs Dortmund vom 21.05.1933. Sie glaubte, dass Beyerle mit dieser These ein neues Gebiet einleuchtend eröffnete. Weitere positive Resonanz folgte mittels einer Postkarte vom 21.05.1930 von seinem Bruder Konrad aus München und von Paul Rehme vom 29.05.1930 aus Leipzig. Heinrich Mitteis schreibt in einem Brief vom 27.07.1930 aus Heidelberg: „(...). Sie haben eine fabelhafte methodische Gabe, aus kleinen Einzelbeobachtungen plötzlich ein ganzes System (...) herauszuentwickeln. Genauso ist es in Ihrem Aufsatz (...), den ich heute zum – ich weiß nicht wievielten male – wiederum gelesen habe und der doch vielleicht die germanistische Spitzenleistung der letzten zehn Jahre ist (...), wenn es nicht der über die Bürgschaft ist.“ Auf Beyerles Untersuchungen zur Bürgschaft wird an anderer Stelle genauer eingegangen werden; siehe 3. Teil 3. Kapitel II. 1.

384 Beyerle (1930), S. 39 ff.

liberalen Zusicherungen des Grundherrn auf der einen und das Treueversprechen der Kaufleute sowie die Akzeptanz der Abgabenordnung des Gründers auf der anderen Seite. Dies würde zwar der Gründungsunternehmertheorie Rörigs und Beyerles nicht widersprechen, wohl aber einen Bruch mit der von Beyerle wiederbelebten hofrechtlichen Theorie darstellen, da hier gerade keine Fortentwicklung aus einem grundherrlichen Fundament vorliegt, sondern vielmehr eine Parallelentwicklung.

Beyerle hatte sich damit bereits drei Jahre nach seiner Anlehnung an die Hofrechtstheorie von dieser wieder entfernt.[385] Seine Ausführungen zu der Lage der Lebensmittler und die Entwicklung des Lebensmittelgewerbes in den burgundischen Bischofsstädten fanden hingegen in der Forschung nicht zuletzt aufgrund eines erstaunlich umfangreichen Beleganhanges große Beachtung.[386] Diese Bewunderung erhielt auch seine überzeugende Darstellung über die Entstehung und Bedeutung der Neumärkte als Stadterweiterungen und die hiermit in direkter Verbindungen stehenden Überlegungen auf philologischer und bauhistorischer Basis.[387]

Zwei Jahre nach seiner Arbeit zur mittelalterlichen Stadtverfassung legte er in einem weiteren Beitrag auf diesem Gebiet die rechtlichen Grundlagen der vorkommunalen städtischen Befestigung offen und veranschaulichte die Wehrorganisation der Städte.[388] Auch diese Publikation erhielt positive Resonanz.[389]

---

385 Es liegt nahe, dass Beyerle nun die Entwicklung des Stadtrechts vielmehr mit dem Marktrecht und dem Kaufmannsrecht in Beziehung setzte. Damit näherte er sich der am Ende des 19. Jahrhunderts entwickelten Marktrechtstheorie an, die verabsolutierend den Ursprung von Stadt und Stadtrecht im Markt sah, dieses aber nicht mit dem Kaufmannsrecht verband, sondern einseitig als königliche Rechtssetzung verstand. Zur Markttheorie: Rolf Sprandel, Markt, in: Lexikon des Mittelalters, Bd. 6 (1993), Sp. 309.

386 Hierzu Gross (1932), S. 132 f.

387 Gruber (1937), S. 1122 f.; Gross (1932), S. 134.

388 Franz Beyerle, Zur Wehrverfassung des Hochmittelalters, in: Festschr. für Ernst Mayer (1932), S. 31 ff.

389 Universitätsarchiv Freiburg, Sign.: C5 Nr. 2. Briefe an Beyerle zur „Wehrverfassung des Hochmittelalters. Schreiben vom 01.02.1932 von Luise v. Winterfeld, Historischer Verein für Dortmund und die Grafschaft Mark: „Danke für die Aufsätze, denen ich vielfache Belehrung und Anregung verdanke.“ Brief vom 31.01.1932 von Aloys Schulte. „Mit größten Nutzen habe ich Ihre feine weithin aufklärende Abhandlung gelesen. Das ist ein Treffer. (...).“

## Exkurs: Umwege zum Quellenkreis der germanischen Volksrechte

Zurück zu Beyerles Lebensweg. Nach seiner Promotion zur Stadtgeschichte wurde Beyerle klar, dass er wie sein Bruder Konrad die akademische Laufbahn einschlagen würde. Um seine Absicht verwirklichen zu können, nahm er einen Kredit auf.[390] Mit einem Budget von 2000 Mark und einem bewilligtem Urlaub bis zum 01.10.1911 zog Beyerle erneut zu seinem Bruder nach Göttingen, wohl um sich wieder die Anregungen zu holen, die er im weiteren Verlauf der Planung und des Ausbaus seines eigenen wissenschaftlichen Weges benötigte.[391]

In Göttingen bekam er den einen oder anderen Impuls für ein rechtshistorisches Thema. Er profitierte wieder von dem regen wissenschaftlichen Umgang im Hause seines Bruders, in dem sich Habilitanden, Privatdozenten und Professoren die Klinke in die Hand gaben. In dieser Zeit lernte er den Privatdozent Otto Schreiber kennen, mit dem er seine Habilitationspläne diskutierte.[392]

## VII. Strafrechtliche Intentionen

Vorerst sollte ihn aber schon wieder ein gänzlich anderes, wohl aber alt bekanntes Rechtsgebiet beschäftigen: das Strafrecht. Sein schon in der Zeit als Rechtspraktikant vorhandenes Interesse an praktischen Strafrechtsstudien schlug nun voll durch: Beyerle hatte beschlossen, sich in Strafrecht und Rechtsgeschichte zu habilitieren.[393] Zu diesem Zweck bewarb er sich zum 01.10.1911, also direkt nach Beendigung seines Urlaubs, für eine Verwendung in einem Gefängnis, um dort seine Studien durchführen zu können.[394] Das Ministerium in Karlsruhe wies Beyerle dem Landgerichtsgefängnis in Mannheim zu, welches zu diesem Zeitpunkt die modernste Zentralstrafanstalt Badens war.

In Mannheim wollte Beyerle mittels einer Kartei eine „Motivationsstatistik" anfertigen. In diese sollten eingetragen werden: das Motiv der

---

390 Lebenserinnerungen von Franz Beyerle, S. 67, Privatarchiv der Familie Beyerle.

391 Lebenserinnerungen von Franz Beyerle, S. 67 ff., Privatarchiv der Familie Beyerle.

392 Lebenserinnerungen von Franz Beyerle, S. 70, Privatarchiv der Familie Beyerle.

393 Lebenserinnerungen von Franz Beyerle, S. 71, Privatarchiv der Familie Beyerle; GLA Karlsruhe, Sig.: 234 Nr. 3243; Diestelkamp (1989), S. 151.

394 GLA Karlsruhe, Sig.: 234 Nr. 3243. Gesuch Beyerles vom 29.03.1911, Erlaß vom 20.04.1911.

Tat, die sozialen Daseinsbedingungen des Täters, der Eindruck und die Wirkung der Strafe auf den Täter.[395] Diese umfassende Vorgehensweise erwies sich jedoch als ungeeignet. Daher konzentrierte er sich auf eine „Anzahl bemerkenswerter Erstbestrafter sowie über den Eindruck der Freiheitsstrafe auf die Straftäter".[396]

Mitte November, Beyerle stand mitten in seinen Untersuchungen, bekam er eine schwere Gelbsucht. Diese zwang ihn, seine Forschungen abzubrechen und sich in seinem Elternhaus auszukurieren.[397] Nach einer längeren Genesungszeit von ca. 6 Wochen kehrte er nicht mehr nach Mannheim zurück. Noch im Dezember desselben Jahres erklärte er, dass er nunmehr mitten in einer prozessgeschichtlichen Arbeit stehe und deshalb aus dem Justizdienst entlassen werden wolle. Dies wurde ihm zum 23.12.1912 gewährt.[398] Warum er so plötzlich seine strafrechtlichen Studien und Untersuchungen abbrach, kann nur vermutet werden. Hier liegt es nahe anzunehmen, dass möglicherweise die vielen Zellenbesuche, die für das Sammeln der Daten nötig waren, und der damit einhergehende Umgang mit den Inhaftierten, ihn abschreckten.[399] Auch über die Ursache des Gelbsuchtanfalls[400] wird nichts bekannt. Es ist denkbar, dass diese leidvollen Erfahrungen seine Pläne über den Haufen geworfen haben dürften, die strafrechtliche Untersuchung zu Ende zu führen.

Wahrscheinlich hatte er sich deshalb kurz darauf entschlossen, der Empfehlung seines Bruders zu folgen, sich in Rechtsgeschichte zu habilitieren.[401] Dazu hatte er sich zum ersten Januar 1912 erneut ein Jahr Urlaub genommen.[402] Die strafrechtlichen Studien waren somit für seine

---

395 Lebenserinnerungen von Franz Beyerle, S. 71, Privatarchiv der Familie Beyerle; GLA Karlsruhe, Sig.: 234 Nr. 3243, Mitteilung Beyerles vom 12.12.1911.

396 GLA Karlsruhe, Sig.: 234 Nr. 3243.

397 Lebenserinnerungen von Franz Beyerle, S. 71, Privatarchiv der Familie Beyerle; GLA Karlsruhe, Sig.: 234 Nr. 3243: Schreiben vom 12.12.1911 von Franz Beyerle an das Justizministerium mit Begründung des Abbruchs seiner Studien im Strafvollzug.

398 GLA Karlsruhe, Sig.: 234 Nr. 3243. Entlassungsgesuch vom 19.12.1912.

399 Lebenserinnerungen von Franz Beyerle, S. 71, Privatarchiv der Familie Beyerle. Deutlich wird dies von Beyerle nicht geäußert. Ein solcher Rückschluß läßt sich jedoch aus dem Gesamtzusammenhang herleiten.

400 Dass eine Kausalität zwischen dem Ausbruch dieser Krankheit und seinen Forschungsarbeiten in der Strafvollzugsanstalt bestehen könnte, ist mehr als wahrscheinlich. Dies würde seinen plötzlichen und unerwarteten Abbruch seiner bereits begonnenen Forschungsarbeit erklären.

401 Thieme (1979), S. 20. Thieme nimmt an, dass der Einfluss seines Bruders für die Wahl dieses Forschungsgebietes entscheidend gewesen ist.

402 Lebenserinnerungen von Franz Beyerle, S. 71, Privatarchiv der Familie Beyerle.

wissenschaftliche Karriere obsolet geworden. Dass er nunmehr dem Strafrecht als Forschungsgegenstand den Rücken zukehrte und sich ganz der Rechtsgeschichte zuwandte, zeigt einmal mehr den Einfluss seines Bruders Konrad.[403] Zudem wurde Beyerle die berufliche Perspektive klar:

> *„Meine strafrechtlichen Pläne hatte ich zögernd und nicht leichten Herzens aufgegeben. Die Verbindung von Rechtsgeschichte mit Strafrecht – nur einmal unter Binding verwirklicht – wäre ganz nutzlos gewesen, derartige Professuren gab es nirgends mehr.“*[404]

Das Strafrecht, insbesondere der Strafvollzug, behielt noch einige Zeit seine Anziehungskraft auf Beyerle. So besuchte er 1913 auf einer Englandreise das „Dartmoore Prison“.[405] Beyerle setzte sich dort mit der englischen Justizvollzugsanstalt in Organisation und Aufbau detailliert auseinander. So beschrieb er Architektur wie auch Interieur akribisch und fügte einen Plan über den Tagesablauf bei.[406] Es war Beyerles offensichtlicher Hang zu sozial relevanten Forschungsarbeiten, der ihn nicht ohne weiteres das Interesse am Strafrecht erlöschen ließ. Im Gegenteil, zeitweise keimte es wieder auf. So hielt Beyerle, nur um ein weiteres Beispiel zu geben, noch am 6. Februar 1926 einen Vortrag in Basel über die Todesstrafe und diskutierte die damit zusammenhängende Problematik.[407] Aber als Gegenstand wissenschaftlicher Untersuchungen zog ihn das zeitgenössische Strafrecht nicht mehr an.

---

403 Seine Pläne, sich möglicherweise im Strafrecht zu habilitieren, hatte er somit aufgegeben.

404 Lebenserinnerungen von Franz Beyerle, S. 75, Privatarchiv der Familie Beyerle

405 Universitätsarchiv Freiburg, Sign.: C5 Nr. 47, Notizheft über die Englandreise (1913).

406 Universitätsarchiv Freiburg, Sign.: C5 Nr. 47, Notizheft über die Englandreise (1913).

407 Universitätsarchiv Freiburg, Sign.: C5 Nr. 76, Vortragsmanuskript über „Die Todesstrafe“, gehalten am 06.02.1926 im Jugendzirkel „Ring“ in Basel. Beyerle war ein Gegner der Todesstrafe, da er die Verantwortung an dem begangenen Unrecht nicht nur an dem Täter selbst festmachte, sondern die Ursachen auch in den gesellschaftlichen Missständen sah. Er knüpfte hier sichtlich an seine Vorstellungen eines moderneren, nicht auf Vergeltung ausgerichteten Strafvollzuges an; hierzu 2. Teil 2. Kapitel III. 2.

## VIII. Habilitationsschrift über „Das Entwicklungsproblem im germanischen Rechtsgang“

Nach einem bereits zuvor ergangenen Vorschlag seines Bruders sollte Beyerle den Gottes- und Landfrieden zur Thematik seiner Habilitationsschrift machen.[408] Anfänglich, wie bei seiner Dissertation, war Beyerle von dem Thema recht unbeeindruckt, näherte sich aber im Zuge der Forschungsarbeiten Fragestellungen, die ihn schließlich selbst interessierten.[409] Er erkannte, dass er die Zusammenhänge über die Neuerungen, wie sie sich zur Zeit der Landfrieden anbahnten, nur erschließen und beurteilen konnte, wenn er den germanischen Rechtsgang klar überblickte:

> *„Ich sollte nach dem Vorschlag meines Bruders die Gottes- und Landfrieden behandeln. Aber es ging mir wieder wie bei der Dissertation: ich tastete mich selbst zu Fragen durch, die mich interessierten. Man konnte die Neuerungen des Übersiebnens, wie sie die Zeit der Landfrieden anbahnt, doch erst beurteilen, wenn man den altgermanischen Rechtsgang klar übersah. So fing ich denn an, mich erst einmal mit diesem zu befassen, und dabei blieb ich hängen. Aus der Landfriedensstudie wurde `Das Entwicklungsproblem beim germanischen Rechtsgang`.“*[410]

Tatsächlich stellte Beyerles Habilitationsschrift das III. Kapitel des ersten Teiles seiner umfassenden Schrift über das „Entwicklungsproblem im germanischen Rechtsgang“ dar, welches in den „Deutschrechtlichen Beiträgen“ veröffentlicht wurde.[411] Seine Habilitationsschrift lag in nur etwas veränderter Gestalt vor, allerdings nicht unter der Titulatur des III. Kapitels „Die Beweisverteilung im Bußverfahren“, sondern unter der veränderten Überschrift „Die Beweisverteilung im gerichtlichen Sühneverfahren der Volksrechte“ 1913 zur Begutachtung vor.[412]

Beyerle hatte somit bei der Wahl seines Habilitationsthemas einen Kompromiss gefunden, indem er sich im weitesten Sinne die Strafrechtsgeschichte zum Forschungsschwerpunkt wählte. So vereinte er seine strafrechtlichen Neigungen mit denen zur Rechtsgeschichte, wo er sich auf mittlerweile festen Boden bewegen konnte. Konrads wertvolle Unter-

---

408 Lebenserinnerungen von Franz Beyerle, S. 69, Privatarchiv der Familie Beyerle.

409 Lebenserinnerungen von Franz Beyerle, S. 69, Privatarchiv der Familie Beyerle.

410 Lebenserinnerungen von Franz Beyerle, S. 69, Privatarchiv der Familie Beyerle.

411 Franz Beyerle, Das Entwicklungsproblem im germanischen Rechtsgang (1915), in: Deutschrechtliche Beiträge Band 5, H. 2., S. 195 – 602. Das 3. Kapitel über „Die Beweisverteilung im Bußverfahren“, seine eigentliche Habilitationsschrift, umfasst die Seiten 365 – 579.

412 Beyerle (1915), in seinem Vorwort S. 199 f.

stützung war Beyerle auf diesem Wege gewiss, da er mit dieser Wahl in den Forschungsbereich seines Bruders eindrang.[413]

Sein erster Ausflug zu den frühen germanischen Volksrechten führte Beyerle auf ein rechtshistorisches Territorium, das zu einem Schwerpunkt seiner Forschungsarbeiten werden sollte. Da dieses erste Werk Beyerles zu den umfangreicheren und bedeutungsvolleren Publikationen in diesem Forschungsbereich gehört und die typische Vorgehensweise Beyerles aufweist, soll im Folgenden darauf näher eingegangen werden.

### 1. Progressive Methode Beyerles

Beyerle ging es in seiner Arbeit um die Darstellung der Grundlage und der Fortbildung des germanischen Rechtsganges. Die zeitliche und räumliche Grundlage seiner Untersuchung waren die frühen germanischen Volksrechte, die - wenn es ihm sinnvoll erschien - vergleichend analysiert wurden.[414] Beyerle beschränkte sich hierbei auf die prozessualen Formen des germanischen Strafprozesses. Parallele zivilrechtliche Entwicklungen wurden hingegen unberücksichtigt gelassen.[415]

Ebenfalls wurden von Beyerle nur teilweise auf Grund „methodischer Bedenken" die nordischen Quellen herangezogen; man könnte fast

---

413 Konrad Beyerles unterstützende Wirkung kann in Verbindung der ersten Forschungsarbeiten Beyerles gar nicht deutlicher hervorgehoben werden als es Franz Beyerle im Vorwort seines Werkes über „Das Entwicklungsproblem im germanischen Rechtsgang" selbst tat. Er schrieb hierzu:„(...). Endlich und im besonderen Maße bin ich meinem lieben Bruder, Prof. Dr. Konrad Beyerle in Göttingen, zu Dank verpflichtet, der auch diese Arbeit wiederum von ihren ersten Anfängen bis zum Abschlusse mit Rat und Tat deutlich gefördert hat." Beyerle (1915), S. 200.

414 Einbezogen wurden die westgotischen, burgundischen, alemannischen und angelsächsischen Volksrechte, ebenso die Lex Salica, Lex Ribuaria, Lex Frisionum und das langobardische Recht.

415 Entgegen der Meinung einer - vom heutigen Standpunkt aus gesehen selbstverständlichen - Trennung dieser Rechtsgebiete, konnte diese aufspaltende Methode bei den germanischen Volksrechten nicht anstandslos vorausgesetzt werden, da die Systematik des germanischen Volksrechts diese Aufspaltung nicht kannte. Denn die frühmittelalterlichen Volksrechte der Germanen vereinten in ihren Gesetzestexten straf- und zivilrechtliche Regelungsinhalte. Eine Trennung in bürgerliche, peinliche und gemischte Sachen erfolgte erst später im Zuge von Reformen im 13. und 14. Jahrhundert; hierzu Claus-Peter Martin, Das Sühneverfahren vor dem Schiedsmann in Strafsachen (1988), S. 66.

annehmen, dass sie nur „hilfsweise" einbezogen wurden.[416] Diese von Beyerle recht schroffe Abwendung von dieser, noch zu dieser Zeit als wesentlich eingestuften Quellengrundlage in der germanischen Rechtsgeschichte, blieb nicht ohne Gegenwehr.[417] In seiner Besprechung machte v. Schwerin deutlich, dass die nordischen Quellen dem Bereich der germanischen Rechtsquellen angehören, und deshalb hätten sie von Beyerle berücksichtigt werden müssen:

> *„(...), dass sie dem Bereiche der germanischen Rechtsquellen angehören. Von da aus ergibt sich zwingend, dass wer germanische Rechtsgeschichte schreiben will, sie im vollem Umfange berücksichtigen muss."*[418]

Beyerles Methode, auf die skandinavische Quellenbasis kaum zurückzugreifen, sollte sich in der Forschung auf lange Sicht gesehen durchsetzten. Eine sich bis heute noch im Vordringen befindliche vertretene Auffassung sieht die nordischen Quellen als eine eigenständig unabhängig entwickelte Grundlage an.[419]

Wie bei seinen Untersuchungen zum Freiburger Gründungsrecht hatten sich Beyerles Rekonstruktionsbemühungen als Erfolg versprechend herausgestellt. [420] In seiner Arbeit zum Entwicklungsproblem im

416 Beyerle (1915), S. 199. Mit den nordischen Quellen sind die frühen skandinavischen Rechte gemeint.

417 Claudius Freiherr v. Schwerin, Besprechung von Beyerles Entwicklungsproblem im germanischen Rechtsgang, in: ZRG GA Bd. 36 (1915) S. 503. Schon zu dieser Zeit wurde deutlich, dass die nordischen Quellen in ihrer Wirkung auf die germanische Rechtsgeschichte womöglich überschätzt wurden. Eine derartige Abwendung von dieser Quelle, wie sie Beyerle vollzog, war dann doch revolutionär.

418 v. Schwerin (1915), S. 503.

419 Die nordischen Quellen und deren Bedeutung wurden am 23.10.`01 Gegenstand einer Diskussion innerhalb eines rechtshistorischen Seminars zur Handelsrechtsgeschichte an der J.W. Goethe – Universität in Frankfurt am Main, ausgerichtet von Prof. Dr. Albrecht Cordes. Im Ergebnis wurde der eigenständige Charakter der skandinavischen Rechtsquellen deutlich.

420 Deswegen hatte Beyerle schon bei seiner Rekonstruktion der Freiburger Gründungshandfeste zu einer umfassenden Quellenanalyse aller Tochterstadtrechte tendiert. Die Nichtbeachtung von Teilen der skandinavischen Quelle wäre folglich, so könnte man jedenfalls meinen, eine Änderung seiner bisherigen Methode. Genau betrachtet ist das nicht der Fall. Beyerle hatte schon bei seiner Stadtrechtsforschung innerhalb der Filiationen jene Passagen herausgenommen, die seiner Ansicht nach in die Gründungszeit und -akt selbst passten, um auf diese Weise seine Variante einer zeitgemäßen Handfeste zu rekonstruieren. Diese Vorselektion nahm er bei seinen Untersuchungen zu den germanischen Volksrechten ebenso vor. Eine Technik, die aufgrund ihres subjektiven Schwerpunk-

germanischen Rechtsgang versuchte Beyerle mittels einer Analyse, dies verrät schon der Titel der Arbeit, die inhaltliche Bedeutung der Begriffe Sühne, Rache und Preisgabe und deren Wirkung auf den Strafprozess der germanischen Volksrechte zu untersuchen. Auf diese Weise sollten die Verbindungen zwischen einem noch kaum ausgeprägten und deshalb zu dieser Zeit sich erst langsam entwickelnden staatlichen Rechtsschutz aufgezeigt werden. Dies sei bedingt durch ein unterentwickeltes Staatswesen auf der einen Seite und dem aufblühenden Selbstschutz in Form der gesellschaftlich geduldeten, ja notwendigen Fehde oder Rache auf der anderen Seite.[421]

Im weiteren untersuchte Beyerle, inwieweit diese Selbsthilfeverfahren - als im weitesten Sinne subsidiäre Rechtsmittel - den Strafprozess der Volksrechte beeinflussten, bzw. möglicherweise dessen Aufbau mitbestimmt haben. Mit anderen Worten: Im Mittelpunkt seiner Untersuchung stand die Frage, in welcher Gestalt und in welchem Umfang die Selbsthilfemechanismen als Ausgangspunkt des volksrechtlichen Verfahrens gelten könnten.[422]

### 2. Vorgehensweise und Ergebnisse der Untersuchung

Beyerle betrachtete bei seinen Untersuchungen den von einer herrschenden Auffassung favorisierten „Friedensverband“ als soziale Basis der germanischen Volkseinheit, die diesem Verband zugrundeliegende allgemeine Friedensordnung und den diese störenden Friedensbruch. Die Beziehungen zwischen Fehde und Sühne untersuchte Beyerle ebenso wie das Verhältnis zwischen Fehde und Buße.[423] In diesem Zusammenhang versuchte er, die Wirkung und Bedeutung der Fehdesühne auf die Gestaltung des Bußverfahrens aufzuzeigen.[424] Danach wandte er sich dem Beweisrecht im germanischen Strafrecht zu[425]: Er prüfte dazu erst die Be-

---

tes oft kritisiert wurde. Letztendlich aber ist kein Bruch in der Beyerlischen Methode sichtbar geworden; siehe hierzu Beyerle (1910), S. 75 ff.

421 Beyerle (1915), S. 205 f.

422 Beyerle (1915), S. 206, 208.

423 Beyerle (1915), Erster Teil, 1. Kapitel, Vorfragen S. 215 ff.

424 Beyerle (1915), Erster Teil, 2. Kapitel.

425 Das strafrechtliche Beweisverfahren stand nicht allein in seinem Interesse. Später trat zudem das Beweisrecht bei Vertragsabschluß im mittelalterlichen Rechtsverkehr in den Vordergrund. Hierzu eine kurze Überschau: In „Weinkauf und Gottespfennig an Hand westdeutscher Quellen“, in: Festschrift für Alfred Schulze (1934), S. 251 ff., ging Beyerle auf die reiche Formensprache des mittelalterlichen Rechtsverkehrs ein. Nach dem Abschluß von Kaufverträgen über

weisverteilung innerhalb des Bußverfahrens[426], dann das Rache- und Handhaftverfahren.[427] Zuletzt beleuchtete er die Verfahren des Sippeausschlusses und der Preisgabe.[428]

Mit dieser Vorgehensweise wollte Beyerle die Normen und Formen des altgermanischen Rechtsganges - insbesondere innerhalb des Beweisrechtes - vorstellen, die sich nicht aus logischen Forderungen prozessualer Anspruchsverwirklichung herleiten lassen. Solche Regelungsinhalte, sollten sie denn nachweisbar sein, könnten nach der Vorstellung Beyerles aus der ursprünglichen Gestalt der Rechtsverfolgung abgeleitet werden, nämlich aus dem durch das staatliche Gewaltmonopol verdrängten Selbsthilfeverfahren. Auf diesem Wege wollte Beyerle nachweisen, dass die Selbsthilfe als älteste Form eines Rechtszwanges eine rechtsgestaltende Einflussnahme auf den germanischen Strafprozess ausübte.

### a. Ein germanischer Friedensverband als Ausgangspunkt der Rechtsentwicklung?

Bedeutend waren Beyerles Ausführungen zum Verhältnis zwischen der Fehde und Sühne zur Friedlosigkeit.[429] Seine Überlegungen läuteten eine Diskussion ein, die letztendlich grundlegende Auffassungen zum frühen germanischen Staats- und Strafrecht in Frage stellen sollte.[430] Dreh- und Angelpunkt der bisherigen herrschenden Lehre im germanischen Straf-

---

Vieh oder Grundstücke wurde das dort anfallende Handgeld mit dem bestellten Zeugen dieses Rechtsgeschäfts vertrunken, deshalb „Weinkauf" oder unverzüglich an die Armen verschenkt, deswegen „Gottespfennig" (S. 252). Bisweilen ist auch vom Zeugenwein die Rede (S. 257). Diese hierfür „gezogenen" Zeugen schuldeten, anders als der Zufallszeuge, der Partei den Zeugeneid. Der „Weinkaufszeuge" ging dem Parteieid vor und war deshalb nicht ablehnbar (S. 267 f.). Mit der Kollektivierung der kaufmännisch orientierten Schichten erfuhr dieses Beweisrechts eine Umgestaltung (S. 269). Durch die „Vergildung" entstand das Zeugnisvorrecht und sein Gegenstück die Zeugnispflicht eines ganzen Kollegiums. Der Weinkauf wurde damit zum Rechtsanspruch örtlicher Verbände oder engerer Gremien (S. 272).

426 Beyerle (1915), Erster Teil, 3. Kapitel.

427 Beyerle (1915), Zweiter Teil.

428 Beyerle (1915), Dritter Teil.

429 Beyerle (1915), S. 215 ff.

430 Beyerle richtete damit gegen die Auffassung von Wilda, v. Amira, Künßberg und Schröder. Die Friedlosigkeit als Rechtszustand im germanischen Recht wurde schlichtweg nicht mehr in Frage gestellt, sondern als selbstverständlich angesehen.

recht war der Gedanke eines allgemeinen Volksfriedens, der durch einen Friedensverband getragen wurde. Die Folge einer Verletzung war Friedlosigkeit.[431] Die Friedlosigkeit stellte den Ausstoß des Verbrechers aus dem schützenden Friedensverband dar. Dies war die Konsequenz seines den Frieden störenden Verhaltens.[432] Der jetzt friedlos gewordene Täter untersteht nicht mehr dem Schutz der Gemeinschaft, was den Weg für jeden Angriff auf die Rechtsgüter des Täters als entsprechende Reaktion ermöglichte.[433] Der Volksfrieden und die aus einem Verstoß gegen denselben resultierende Friedlosigkeit des Delinquenten wurden folglich als Basis jeder strafrechtlich sanktionierter Wirkung betrachtet.

Entgegen dieser herrschenden Auffassung sah Beyerle nicht den Friedensverband mit einer allgemein verhängten Friedlosigkeit als Reaktion der Gesamtheit als Ausgangspunkt aller strafrechtlichen Reaktionen, sondern das Fehde- Sühneverfahren der Parteien.[434] In aller Konsequenz folgte er dann auch nicht der sich aus dieser Sichtweise weiterführenden Einteilung nach einer allgemeinen und einer relativen Friedlosigkeit. Die allgemeine Friedlosigkeit sei dem Friedensstörer widerfahren, wenn Rechtsgüter des Volkes und des Staates selbst verletzt worden seien. Besonders bei Kultdelikten[435] oder Hochverrat, Landesverrat bzw. Heerflucht sei dies der Fall.[436] Dabei sei es der Sippe des Täters nicht mehr möglich gewesen, sich für ihren Angehörigen einzusetzen:[437] Er war „vo-

---

431 Hierzu: Ekkehard Kaufmann, Zur Lehre von der Friedlosigkeit im Germanischen Recht. Beiträge zur Rechtsgeschichte. Gedächtnisschrift für Herrmann Conrad. Rechts- und Staatswissenschaftliche Veröffentlichungen der Görres-Gesellschaft. NF. H. 34 (1979), S. 329, 332; Mitteis (1938), S. 859; Schöder/v. Künßberg, Lehrbuch zur deutschen Rechtsgeschichte (1932), S. 31, 81 ff.

432 v. Schwerin (1915), S. 505; Heinrich Mitteis/Heinz Lieberich, Deutsche Rechtsgeschichte (1992), S. 24; Karl Kroeschell, Friedlosigkeit, in: Lexikon des Mittelalters, Bd. IV. (1989), Sp. 930.

433 Hierzu v. Schwerin (1915), S. 505; Mitteis/Lieberich (1992), S. 38.

434 Beyerle (1915), S. 217 ff.

435 Zu diesen zählten Tempelraub, Leichenraub, Schadenszauber, Mord (insofern ein Kultdelikt, als der Tote „gemordet“ d.h. versteckt und dadurch dem Totenkult entzogen wurde), hierzu Mitteis/Lieberich (1992), S. 40; Rudolf His, Die Geschichte des Deutschen Strafrechts bis zur Karolina (1967), S. 49, 55. Zu unterscheiden ist grundsätzlich zwischen dem weltlichen und dem sakralen germanischen Strafrecht. Letzteres tritt nur bei schweren Friedbrüchen in Kraft und wurde immer mit der Todesstrafe geahndet, wobei der Delinquent den Göttern geopfert wurde.

436 Mitteis/Lieberich (1992), S. 40 f. Die Friedlosigkeit wird zur „Acht“ (=Verfolgung) und damit traten zur negativen Wirkung der Entrechtung noch positive Aspekte (Nachstellung und Tötung).

437 Mitteis/Lieberich (1992), S. 41.

gelfrei“ und damit völlig entrechtet.[438] Während sich die relative Friedlosigkeit alleine auf das Verhältnis zwischen den fehdeführenden Parteien ausgewirkt habe, sei die Einschränkung der rechtliche Stellung nur gegenüber der jeweilig gegnerischen Partei wirksam geworden. Die Allgemeinheit als Friedensverband bliebe hierbei unparteiisch.

Beyerle erteilte der herrschenden Auffassung, wonach ein Friedensverband aller Volksgenossen als Basis bestanden haben sollte, eine klare Absage.[439] Er bezeichnet diese Konstruktion als Trugschluss, denn aus der „Erscheinung einer allgemeinen Friedlosigkeit gewisser Verbrechen folgt natürlich keineswegs, dass das Volk jedem, der jener Friedlosigkeit nicht verfiel, den Frieden auch tatsächlich garantierte“.[440]

Die Vorstellung, dass die Friedlosigkeit Voraussetzung aller strafrechtlichen Reaktionen sei, und daher die Fehde oder die Rache außerhalb der Friedlosigkeit nicht habe anerkannt werden können, hielt er für ein künstlich geschaffenes Gebilde.[441] Schon die Einteilung nach einer absoluten und einer relativen Friedlosigkeit[442] erschien Beyerle mehr als eine rechtsdogmatische Charakterisierung denn ein tatsächliches, geschichtliches Entwicklungsbild.[443]

Nach Beyerles Einschätzung war die Rache als tatsächliche Handlung in all ihren Gestalten als vorstaatliche Reaktion auf begangenes Unrecht vor die Friedlosigkeit zu stellen, - und nicht anders herum.[444] Fehde und Sühne standen nach Beyerle in keinem Abhängigkeitsverhältnis zur Friedlosigkeit und konnten daher hiervon getrennt behandelt werden.

### b. Auswirkungen des Fehdesühneverfahrens auf den germanischen Rechtsgang

Damit steht für Beyerle als Ausgangspunkt eines sich entwickelnden Prozesses das Fehdesühneverfahren fest, bei dem die Parteien eine primäre

438 Der Totschlag an einem vogelfreien Menschen wurde nicht sanktioniert; Mitteis/Lieberich (1992), S. 41.

439 Beyerle (1915), S. 218.

440 Beyerle (1915), S. 218.

441 Beyerle (1915), S. 217 f.; ebenso Kaufmann (1979), S. 346.

442 Wie sie u.a. v. Schwerin vertreten und später von Thieme übernommen wurde in: v. Schwerin/Thieme, Grundzüge der deutschen Rechtsgeschichte (1950), S. 29.

443 Beyerle (1915), S. 218. Da Beyerle schon das Bestehen einer absoluten Friedlosigkeit in Frage stellte, konnte er sich ohnehin nicht auf das Bestehen einer relativen Friedlosigkeit einlassen.

444 Beyerle (1915), S. 220 f.

und die staatlichen Organe eine sekundäre Funktion ausüben. Von dieser Basis aus wollte Beyerle nun die weitere Entwicklung in diesem Rechtsgang untersuchen. Im weiteren Verlauf zeigte Beyerle das Verhältnis zwischen Fehde und Buße auf und erkannte nach einer vergleichenden Gegenüberstellung der verschiedenen Anlässe, dass der typische Ausgangspunkt der Bußfälle die Fehdefälle sind.[445] Auf diese Erkenntnis aufbauend beweist Beyerle, dass der Bußprozess selbst wesentliche Formen aus dem außergerichtlichen Fehdesühneverfahren übernommen hat.[446] Mit einer Umgestaltung des Privatsühneverfahrens wurde ebenso der Bußprozess maßgeblich verändert. Die Lösungsmöglichkeit des Befehdeten wird zur Bußschuld, auf die der Verletzte ein Anrecht hat. Die Fehde hat aufgehört, die Grundlage des Sühneanspruchs zu sein. An die Stelle der Sühne trat die Klage auf Buße. Das Bußverfahren wurde nach Beyerles Untersuchungen zu einem Verfahren um Schuld.[447] Im Vordergrund des sich entwickelnden Strafverfahrens standen sich nunmehr zwei Elemente gegenüber: Die Sühne und die Bußklage.[448]

Beyerle hatte mit seiner Forschungsarbeit die elementare Stellung des Fehdesühneverfahrens im germanischen Rechtsgang als ausschließliche Angelegenheit der betroffenen Parteien – und nicht des Volksverbandes[449] - herausgearbeitet und sich damit gegen die bis dato nicht angezweifelte herrschende Lehre gestellt. Dass seine Ergebnisse auf Widerstand stoßen mussten, war klar. Um so beachtlicher ist aber, wenn man feststellt, dass die anfangs noch geäußerten sachlichen wie auch methodischen Bedenken seiner Kritiker im weiteren Verlauf der wissenschaftlichen Fortentwicklung in Zustimmung umschlugen oder gar übernommen wurden.[450] Die von Beyerle bekämpfte herrschende Lehre von einer Friedlosigkeit als unmittelbare Folge der „Missetat“ - unter Voraussetzung eines bestehenden intakten Volksfriedens - befindet sich seit

445 Beyerle (1915), S. 235 ff.

446 Beyerle (1915), S. 364.

447 Beyerle (1915), S. 364.; Kritisiert wurde diese Entwicklungsvariante hauptsächlich durch v. Schwerin (1915), S. 513.

448 Beyerle (1915), S. 365.

449 Beyerle (1915), S. 524. Diese Auffassung teilte nicht v. Schwerin; v. Schwerin (1915), S. 325.

450 So wie v. Schwerin, der die Außerachtlassung der nordischen Quellen durch Beyerle kritisierte und später doch zugeben musste, dass diese wohl überschätzt wurden, Freiherr Claudius v. Schwerin: Rechtshistoriker während dreier Epochen deutscher Geschichte (Rechtshistorische Reihe, Bd. 84) Frankfurt a.M., Bern, New York, Paris 1991, S. 493. Das gilt auch für die von Beyerle gezeigte ablehnende Haltung gegenüber der Friedlosigkeit als Basis einer germanischen Verfahrensentwicklung; hierzu Mitteis (1938), S. 859 ff.

dem auf dem Rückzug.[451] Seine Darlegung eines, den germanischen Rechtsgang beeinflussenden, privaten Fehdesühneverfahrens erlangte damit einen zentralen Stellenwert in der rechtshistorischen Wissenschaft.[452] Buße und Fehde sowie die Anfänge des gerichtlichen Prozesses hat Beyerle mit dieser Arbeit bis heute „grundlegend aufgehellt".[453]

## IX. Sachkommentare und Interpretationsarbeiten zu den germanischen Volksrechten im Überblick

Beyerle eröffnete mit seinem Entwicklungsproblem eine Reihe volksrechtlicher Arbeiten, welche in ihrer Wirkung und Methode zugunsten einer verständlicheren Darstellung nur kurz, ihrem Kern nach, vorgestellt werden sollen.[454] Denn bezüglich dieser „Spezialuntersuchungen" bzw. Forschungsarbeiten Beyerles[455] herrscht bis heute keine übereinstimmende Meinung unter den Wissenschaftlern. Philologen, Historiker und Rechtswissenschaftler versuchen als Spezialisten ihres Faches, die im stark vulgarisierten Latein überlieferten frühen germanischen Volksrechte zu deuten. Dass die frühen germanischen Volksrechte im Schnittpunkt dieser wissenschaftlichen Disziplinen anzusiedeln sind, erschwerte die Forschungsarbeit erheblich. Die Quellenlage selbst war und ist zu dünn, bzw. vorhandenes Material zu lückenhaft oder meist auslegungsbedürftig, was die Forschungsbeiträge auf diesem Gebiet zwangsläufig in das Spekulative führen musste.

Die Fragestellungen der rechtshistorischen Forschung auf dem volksrechtlichen Terrain waren zumeist nach Datierung, Entstehungs-

451 Hierzu Kaufmann, Acht, in: HRG, Bd. 1 (1971), Sp. 27; Hans Thieme, Friede und Recht im mittelalterlichen Reich. Leipziger Universitätsreden, H. 12 (1945), S. 4. Thieme, ein Schüler Beyerles, wies in seiner Rede vom 30. Januar 1945 in der Aula der Universität Leipzig wie selbstverständlich darauf hin, dass die Germanen am Anfang ihrer Geschichte überhaupt keinen Volksfrieden kannten, sondern nur einen innerhalb ihrer Sippe.

452 Mitteis (1938), S. 860 ff.

453 Kroeschell, zitiert nach Thieme (1979), S. 27.

454 Im Vordergrund stehen die Forschungsarbeiten Beyerles zu den frühen alemannischen, burgundischen, langobardischen und fränkischen Volksrechten. Die Editionen Beyerles auf diesem Gebiet haben den Charakter eines Sachkommentars. Neben den Übersetzungen aus einem stark vulgarisierten und germanisierten Latein ins Deutsche und der damit verbundenen speziellen Auslegungen von Begriffen finden sich Ausführungen zur Datierung und Systematisierung dieser Rechtsquellen.

455 Kroeschell (1978), S. 8.

zeitpunkt und Zusammensetzung der Texte. Damit eng verbunden standen mit im Vordergrund die Probleme über Beeinflussungen und Entstellungen des Urtextes durch andere Rechtsquellen. Übersetzungs- und oder Überlieferungsfehler erschwerten die Herleitung des Urtextes genauso wie Fälschungen.

Mit Beiträgen zur Lex Salica, dem legislativen Werk des fränkischen Reichsgründers Chlodwig (481 - 511), machte Beyerle bereits mit seiner 1924 erschienen Arbeit über die „Normtypen und Erweiterungen der Lex Salica" auf sich aufmerksam.[456] Für Beyerle schien die Lex Salica schon deshalb von Bedeutung, da er in diesem Gesetzeswerk den Zeitpunkt des Überganges vom Stamm - mit seinem geschilderten Fehdewesen - zu einem Staat mit einer eigenen Rechts- und Friedenssicherung vermutete. Allein hierfür könnte schon der Aufbau dieses Gesetzeswerkes zeugen. Beyerle erkannte, dass die Lex Salica zwei ungleiche Normtypen aufwies und unterschied hier zwischen Bußtiteln und Konstitutionen.[457] Während die Bußtitel den Rechtsfrieden und die Unantastbarkeit der Rechtsgüter gewährleisten sollten, indem diese den Sühneanspruch gegen den Rechtsverletzer benannten, gestalteten die Konstitutionen den Rechtsweg selbst.[458] Die Bußtitel, in einem abschließenden Katalog gefasst, zeigten erstmals das Gesicht eines systematisierten Strafrechts. Sie hatten in der hierdurch geschaffenen Verallgemeinerung des Strafanspruchs in dieser Entwicklung einen klaren Vorteil erlangt:[459] zum einen den Vorzug der Allgemeingültigkeit und zum anderen den einer generellen Verbindlichkeit innerhalb eines umfassenden Anwendungsbereiches.[460] Man war vom speziellen Einzelfallstrafrecht abgekommen und bei einem allgemeinen Verhaltensstrafrecht angekommen.

Die Konstitutionen, die sich vornehmlich in der zweiten Hälfte der Lex Salica befanden, regelten in der Hauptsache Prozess- und Privatrecht.[461] Beyerle machte deutlich, dass es im Gegensatz zu den Bußtiteln den Konstitutionen an einer Systematik der Stoffanordnung mangelte.[462] In Zusammenarbeit mit der Philologin Schmidt-Wiegand sollte eine

---

456 Franz Beyerle, Ueber Normtypen und Erweiterungen der Lex Salica, in: ZRG GA 44 (1924), S. 216-261.

457 Beyerle (1924), S. 220.

458 Beyerle (1924), S. 221 ff.

459 Beyerle (1924), S. 221.

460 Ein Regelwerk also, welches eine eigene Rechts- und Friedenswahrung zum Gegentand hatte. Das private Fehdewesen schien damit obsolet und endlich abgelöst.

461 Beyerle (1924), S. 221.

462 Beyerle (1924), S. 222.

kommentierte Herausgabe des fränkischen Rechts - im Stile seiner Editionen zum langobardischen Recht oder zur Lex Ribuaria - bewerkstelligt werden. Die Arbeit sollte so aufgeteilt werden, dass Beyerle eine erste Analyse des Textes liefern sollte. Schmidt-Wiegand sollte diese durch eigene Beobachtungen ergänzen und dabei realphilologische wie linguistische Kenntnisse einfließen lassen.[463] Die Zusammenarbeit scheiterte jedoch und mit ihr das Vorhaben einer Edition der Lex Salica.[464]

Ungeachtet dessen hatte Beyerle noch mit einer seiner letzten Veröffentlichungen, seinem Aufsatz über die „Malberg-Glossen" an seinen Forschungen zur Lex Salica angeknüpft.[465] Mit seinem Beitrag über „Die beiden süddt. Stammesrechte"[466] und der erst später folgenden Schrift

---

463 Universitätsarchiv Freiburg, Sign.: C5 Nr. 89. Bericht Beyerles vom 9.12.1958 an die Deutsche Forschungsgemeinschaft in Bad Godesberg; Schmidt-Wiegand hatte Beyerle bereits bei der Erstellung des Registers der Lex Ribuaria Edition maßgeblich unterstützt; hierzu Universitätsarchiv Freiburg, Sign.: C5 Nr. 9. Brief Beyerles an Eckhardt vom 14.01.1955.

464 Schmidt-Wiegand in einem Gespräch vom 27.10.`01 in Marburg. Die gemeinsame Forschungsarbeit der Philologin mit Beyerle zu dem salischen Volksrecht wurde im beiderseitigen Einvernehmen eingestellt. Aus sprachwissenschaftlicher Sicht konnten die Übersetzungen und Deutungsversuche Beyerles teilweise nicht mehr wissenschaftlich sicher belegt werden. Der Grund für Beyerles unorthodoxe Methode war offensichtlich die aus seiner Sicht gewünschte Allgemeinverständlichkeit der Texte. Hierzu Universitätsarchiv Freiburg, Sign.: C5 Nr. 30. Brief von Beyerle vom 16.03.1963 (Empfänger unbekannt): „Die Verdeutschung habe ich ziemlich frei gestaltet, damit der ohnehin trockene Text für interessierte Laien überhaupt genießbar ist." Brief Beyerles vom 18.10.1963 an Schmidt-Wiegand: „Sie werden aber doch daraus ersehen, dass es mir letztlich immer um eine lebensvollere Wiedergabe geht, nicht ums Rechthaben wollen." Brief vom 04.11.1963 an Schmidt-Wiegand: „Ich weiß, ich mache Ihnen mit der Glossendeutung viel Mühe. Aber finden Sie selbst nicht auch, dass damit noch mehr Farbe in das Bild der Salica und ihrer Welt gekommen ist? Oder ist es verpönt, zugleich linguistisch und volkskundlich literarisch mitzuschwingen?" Brief vom 28.03.1966 an Schmidt-Wiegand „(...) der Philologe, der an solche Glossen herantritt, darf nicht primär von der sprachlich nächstliegenden Form ausgehen (...)." Letztendlich konnten die Differenzen nicht mehr überwunden werden. Beyerle vermutete, Schmidt-Wiegand wolle ihn widerlegen (Brief Schmidt-Wiegands vom 22.03.1966 an Beyerle), was diese bedauerte. Die Zusammenarbeit stand vor zu großen Hindernissen und scheiterte.

465 Beyerle, Die Malberg–Glossen der Lex Salica : ZRG GA Bd. 89 (1972), S. 1 – 32. Im Vordergrund stehen hier sprachwissenschaftliche Deutungsversuche dieser altfränkischen Quelle.

466 Franz Beyerle, Die süddeutschen Leges und die merowingische Gesetzgebung. Volksrechtliche Studien II, in: ZRG GA 29 (1929), S. 264 - 432.

über das „Kulturporträt der beiden allam. Rechtstexte“[467] wandte er sich dem frühen alemannischen Volksrecht zu.

Aus dem mit dem alemannischen Recht verwandten Bruderrecht, der Lex Bajuvariorum, leitet Beyerle die Entstehungszeit der Lex Alamanorum ab. Er gelangte auf diesem Weg zu einer schichtweisen Entstehung dieses Gesetzeswerkes in der Zeit zwischen dem Anfang des 6. Jahrhunderts bis zum Beginn des 8. Jahrhunderts.[468] Beyerles weiterführende These, dass die süddeutschen Leges des 8. Jahrhunderts wahrscheinlich eine Neufassung eines älteren, verschollenen Textes seien, konnte sich hingegen nicht durchsetzen.[469]

Die Rechtsaufzeichnung des alemannischen Stammes umfasste zwei gänzlich verschiedene Redaktionen, Pactus und Lex Alamannorum.[470] Da die erste Niederschrift nur bruchstückhafte Einblicke gewährte, konzentrierte sich Beyerle auf die besser ausgestattete Lex Alamannorum.[471] Mittels dieses Rechtstextes zeichnete Beyerle ein umfassendes Bild über die gesellschaftlichen Zusammenhänge dieser Zeit. Er deutete Verfahrensstrukturen des Gerichts und stellte einen strafrechtlichen Normenkatalog mit einem erstaunlich sorgfältigen Kompensationssystem vor.[472]

Bei der Datierungsfrage dieser Rechtsquelle kam es zu einem Methodenstreit zwischen Beyerle und Krusch.[473] Während Krusch als Historiker und vor allem als Sprachwissenschaftler auf die formale Philologie und die textkritischen Grundsätze zurückgriff, kam es Franz Beyerle auf

467 Franz Beyerle, Das Kulturporträt der beiden alamannischen Rechtstexte: Pactus und Lex Alamannorum, in: Hegau, H. 2 (1956), S. 93 – 108, und in: Zur Geschichte der Alemannen, Wissenschaftliche Buchgesellschaft Darmstadt (1975), S. 126 – 150.

468 Beyerle in einer Besprechung zu Bruno Krusch, Die Lex Bajuvariorum (1924), in: ZRG GA Bd. 45 (1925), S. 449.

469 Beyerle (1929), S. 264 ff.

470 Beyerle (1956), S. 93 f.

471 Beyerle (1956), S. 107.

472 Beyerle (1956), S. 95 ff.

473 Zwischen Krusch und Beyerle entfachte sich wegen der deutlichen Unterschiede in der Methode ein langwieriger Disput. Zusammenfassend hierzu Beyerle, Die Lex Ribuaria. Volksrechtliche Studien I., in: ZRG GA Bd. 48 (1928), S. 266 ff. Die Meinungsverschiedenheiten der beiden Forscher wuchsen im Laufe der Zeit zu einer wissenschaftlichen Fehde; hierzu: Beyerle, Das Formelbuch des westfränkischen Mönchs Markulf und Dagoberts Urkunde für Rbais (1951), S. 44. „(...). Es ist kennzeichnend für die gedanklichen Kurzschlüsse, die Krusch bei allem Wissen gelegentlich passieren (...).“

die Bewertung der inhaltlichen Merkmale als Hauptkriterium an.[474] Beyerles Methode und zeitliche Einordnung fand reichlich Anerkennung.[475]

Mit seinem Werk „Die Gesetze der Langobarden“ wandte sich Beyerle nun dem oberitalienischen Raum zu.[476] Hier führt er chronologisch vom Edikt des Königs Rothari von 643 n. Chr. - welches die Grundfassung, das älteste langobardische Recht, darstellte - zu den nachfolgenden Regenten, die während ihrer Herrschaft Einfluss auf das langobardische Recht nahmen.[477] Nach Rothari folgten die Neusatzungen des Königs Grimwalts (668 n. Chr.), die Ergänzungen durch Liutprand (713 – 735 n. Chr.), die von Ratchis (745 – 746 n. Chr.), Aistolf (750 – 755 n. Chr.) und die Gesetze der Fürsten zu Benevent.[478] Beyerle zeichnete auf diese Weise den Entwicklungsgang dieses Rechts vom ersten Edikt mit seinen Modifizierungen und Einschüben bis zur letzten Fassung. Die Sorgfalt, mit der die Langobarden ihr Recht überlieferten, wie sie Veränderungen oder Einschübe datierten, kam Beyerles Forschungsarbeit sehr entgegen und ist wohl einzigartig unter den germanischen Volksrechten.[479]

In bewährter Methode hatte er den abgedruckten und im stark vulgarisierten Latein verfassten Text der Quelle seiner Übersetzung gegenübergestellt. Dazu hatte er den Inhalt Kapitel für Kapitel und Passus für Passus übersetzt. Ein sich als Anhang befindliches lombardisch-deutsches Glossar lieferte dazu weitergehende, sprachliche Aufhellung.[480]

Beyerle hatte sich auf diesem Themengebiet – wie schon erwähnt - besonders mit der Lex Ribuaria beschäftigt. Im Rahmen der „Volksrechtlichen Studien I.“ hatte Beyerle 1928 die „Lex Ribuaria“ herausgegeben. In der volksrechtlichen Reihe folgte 1935 eine Abhandlung über das „Gesetzbuch Ribvariens“. 1954 widmete sich Beyerle nochmals und diesmal mit einer umfassenden Arbeit diesem germanischen Recht.[481] Die Lex Ribuaria besaß einen Sonderstatus unter den frühen germanischen Volksrechten. Es handelte sich hierbei nicht um ein germanisches Stammesrecht, wie die vorangegangen, sondern um ein merowingisches Regel-

---

474 Beyerle (1925), S. 441, 456.

475 Universitätsarchiv Freiburg, Sign.: C5 Nr. 2. Brief von K. H. Burkhardt vom 07.10.1925. „Die Art, wie sie Krusch widerlegen, hat mich in helle Begeisterung versetzt.“

476 Beyerle, Die Gesetze der Langobarden (1947).

477 Beyerle (1947), S. 2ff.

478 Beyerle (1947), S. 161 ff., 169 ff., 337 ff.

479 Beyerle (1947), Einleitung S. X.

480 Beyerle (1947), S. 497 ff.

481 Beyerle, Lex Ribuaria, Volksrechtliche Studien I., in: ZRG GA Bd. 48 (1928), S. 264 ff.; Beyerle, Das Gesetzbuch Ribvariens, Volksrechtliche Studien III., in: ZRG GA Bd. 55 (1935), S1 ff.; Beyerle, Lex Ribvaria (1954), Nachdr. (1965).

werk, welches auf dem Fundament salischen Rechts stand und für die Franken im Land Ribuaria Anwendung fand.[482] Das Einflussgebiet der Lex Ribuaria lag im niederrheinischen Raum, schwerpunktmäßig innerhalb des Terrains der ehemaligen römischen civitas Köln.[483]

Beyerle ging von einer Kodifizierung des Rechts im 7. Jahrhundert - während der Regierungszeit Dagoberts I. (623 - 639 n. Chr.) - aus. Als Anlass für die Verfassung dieses Gesetzeswerkes wird die Gründung eines Kleinreichs für einen unmündigen Sohn Dagoberts I., Sigibert III., in den Jahren 633/34 n. Chr. angenommen.[484] Sigibert III., als Kind noch nicht zur Regentschaft fähig, wurde durch die hoheitlichen Beamten Adalgisel und Kunibert vertreten.[485] Mit der ribuarischen Kodifikation sollte die Eigenständigkeit dieses Unterkönigtums betont und die Verbundenheit zum fränkischen Großreich unter Beweis gestellt werden.[486] Denn die Rechtsaufzeichnung stellte gleichzeitig eine Absicherung gegen die eingesetzten Reichsstatthalter dar, da die Lex Ribvaria explizit den Missbrauch der Amtsgewalt sanktionierte.[487]

Der Einfluss der Lex Salica war quer durch den ribuarischen Text zu erkennen, besonders markant tritt dieser beim Buß- und Wergeldkatalog der Lex Ribuaria zutage, der besonders stark an dem salischen Gegenstück angelehnt ist.[488] Die in der Gesamtschau des Textes auftretenden Widersprüche in der Überlieferung sind durch die schicht-, bzw. stufenweise Entstehung dieses Gesamtwerkes zu erklären.[489] Damit stellte sich Beyerle erneut gegen Krusch, der den Text der Lex Ribuaria als einmalige Schöpfung aus einem Guss ansah.[490]

---

482 Das ribuarische Terrain hatte seinen Schwerpunkt im Gebiet der römischen civitas Köln.

483 Beyerle (1928), S. 346 f.

484 Beyerle (1928), S. 342, 349; Beyerle (1935), S. 6. Hierzu weiterhin Beyerle, Zum Kleinreich Sigibert III. und zur Datierung der Lex Ribuaria, in: Rheinische Vierteljahresblätter 21 (1956), S. 357 ff. Beyerle hatte hier in Anlehnung an die These Ernst Mayers die Auffassung vertreten, die Lex Ribuaria sei als rechtliche Festlegung des dem Kinde Sigibert bzw. seinen Reichsverwesern Kunibert und Adalgisel eingeräumten Unterkönigtums erlassen worden.

485 Beyerle (1928), S. 349.

486 Beyerle (1928), S. 347.

487 Beyerle (1935), S. 11.

488 Beyerle (1928), S. 271 ff., 276; Beyerle (1935), S. 4. Es fehlt dem ribuarischen Bußkatalog ein eigenständiger Charakter.

489 Beyerle (1935), S. 57 ff. Besonders deutlich wird dies bei nachträglichen Einfügungen zur Deckung nach der Urfassung aufkeimender Regelungsbedürfnisse, wie z.B. beim Mundlingsrecht.

490 Beyerle (1928), S. 269.

Nach der Einschätzung Beyerles handelte es sich bei der Lex Ribuaria um ein Gesetzbuch, in welches ältere Texte übernommen und rein äußerlich angeglichen wurden, um eine stimmige Textsammlung zu erhalten, ohne dabei inhaltlich Rücksicht auf die verschiedenen Entwicklungsabschnitte genommen zu haben.[491] Für diese Auffassung spricht die unbestrittene Tatsache, dass die Lex Ribuaria die Sprache des 8. Jahrhunderts aufweist und sich dennoch inhaltliche Anhaltspunkte finden, die aus dem 7. und 6. Jahrhundert stammen.[492] Mithin lag eine sprachliche, also eine formale Überarbeitung der althergebrachten Gesetzesabschnitte vor, ohne den Inhalt zu verändern, wohl aber - wo es nötig erschien - zu ergänzen. Beyerle erhielt bereits mit seiner ersten Arbeit zum salischen Recht einige Wertschätzung seitens der Forschungsgemeinschaft.[493] In seiner ersten Arbeit zur Lex Ribuaria beschäftigte sich Beyerle hauptsächlich mit der Untersuchung der Textgestaltung mittels eines Vergleichs zur Lex Salica und bezog Stellung zur Datierung und zur Geografie. In seiner 1935 veröffentlichten Forschungsarbeit stand die Analyse etwaiger sprachlicher Einflüsse - aber auch inhaltliche Veränderungen und Besonderheiten - im Vordergrund. Als wichtiges Ergebnis stellte Beyerle fest, dass das „Mundlingsrecht" - als besonderes Recht der Königs- und Kirchenleute - im Grundtext der Lex Ribuaria nicht enthalten war, sondern erst nachträglich eingebracht wurde.[494]

Was Beyerle an der Forschungsarbeit zu den frühen germanischen Volksrechten schätzte, war sicherlich die ihm hier überlassene unorthodoxe Methode: seine Übersetzungen, Textauslegungen und Denotationen. Die von einer zwangsmäßig erhöhten Objektivität geprägten Arbeitsabschnitte lagen ihm hingegen gar nicht.[495]

---

491 Beyerle (1928), S. 268 ff., 384 f. Anders Bruno Krusch, Neue Forschungen über die oberdeutschen Leges Baiuvariorum, Alamannorum, Ribuariorum, Göttinger Abhandlungen, NF 20,1 (1927).

492 Beyerle (1928), S. 299.

493 Universitätsarchiv Freiburg, Sign.: C5 Nr. 2. Korrespondenz zu Veröffentlichungen Beyerles. Postkarte von Paul Rehme vom 10.06.1928, „ (...). Schon wieder haben Sie uns eine ganz prächtige Arbeit beschert. Welche ungemein scharfe Beobachtungen haben Sie gemacht (...)." v. Künßberg ließ Beyerle durch Karte vom 21.06.1928 wissen: „(...). Da ist Ihnen wieder einmal ein meisterhaftes Werk gelungen (...)."

494 Beyerle (1935), S. 40 ff.; Rudolf Buchner, Textkritische Untersuchungen zur Lex Ribvaria (1940), Nachdr. (1952), S. 141 f.

495 Universitätsarchiv Köln, Sign. Zug. 287/2. Brief von Beyerle an Planitz von 1953, „(...). Ich sitze wieder an der Lex Ribuaria, d.h. am sachlichen Apparat dazu. Mir liegt so etwas nicht und ich bereue es längst, dass ich von Heymann mich ungefragt habe vorschlagen lassen. Aber es muss halt geschafft werden."

## 3. Kapitel Privatdozent in Jena und der Erste Weltkrieg

### I. Erlangung der venia legendi

Zurück zu Beyerles Bemühungen, den Anforderungen einer akademischen Laufbahn gerecht zu werden. Seine große Untersuchung über „Das Entwicklungsproblem im germanischen Rechtsgang" hatte Beyerle im Herbst 1912 fertig gestellt. Sie konnte jetzt zur Eröffnung des Habilitationsverfahrens eingereicht werden. Konrad Beyerle riet seinem Bruder, eine Laufbahn in Berlin zu versuchen. Daraufhin nahm er Kontakt mit Heinrich Brunner[496] und Otto von Gierke[497] auf. V. Gierke hatte seit 1887 einen Lehrstuhl für Rechtsgeschichte an der Universität zu Berlin und galt als einer der großen Kenner früher germanischer Volksrechte.[498] Beide Wissenschaftler machten es Beyerle schwer, einander näher zu kommen. Die Gespräche waren höflich, aber unterkühlt.[499] Mit v. Gierke hatte es Beyerle am schwersten, dennoch war dieser bereit, die Arbeit Beyerles durchzusehen.[500]

Er beanstandete Beyerles Arbeit und verlangte Nachbesserung. Weiteren Aufschub durch eine entsprechende Umarbeitung größeren Umfangs konnte sich Beyerle aber nicht leisten, denn die finanziellen Reserven waren aufgebraucht. Neue Finanzen zu erschließen, war ihm nicht möglich.[501]

Konrad Beyerle, der die Arbeit unterstützt hatte, war über das Ergebnis bestürzt und schlug als Alternative Herbert Meyer in Breslau oder Alfred Schulze in Freiburg vor.[502] Aber auch diese Versuche scheiterten: Schulze war bereits mit einer Habilitation belegt und Meyer

---

496 Heinrich Brunner (1840 - 1915): 1896/97 Rektor an der Humboldt-Universität Berlin.

497 Otto von Gierke (1841- 1921).

498 Hierzu Gerhard Dilcher, Otto von Gierke, in: Juristen. Ein biographisches Lexikon, 2. Aufl. (2001), S. 240 ff.; v. Gierke gilt als der „letzte große Germanist" in der Tradition der historischen Schule Savignys und Eichhorns. Mit seinen Werken wie „Das Wesen der menschlichen Verbände" und „Recht und Sittlichkeit" gelang es ihm, nicht nur Rechtsgeschichte, Rechtsdogmatik, sowie Rechtspolitik zu vereinen, sondern auch in seine Darlegungen und Begründungen noch philosophische Aspekte mit einzubeziehen. Erik Wolf zu Otto v. Gierke in: Grosse Rechtsdenker der Deutschen Geistesgeschichte, 4. Aufl. (1963), S. 669 ff.

499 Lebenserinnerungen von Franz Beyerle, S. 72, Privatarchiv der Familie Beyerle.

500 Lebenserinnerungen von Franz Beyerle, S. 72, Privatarchiv der Familie Beyerle.

501 Lebenserinnerungen von Franz Beyerle, S. 72, Privatarchiv der Familie Beyerle.

502 Konrad Beyerle hatte die Arbeit selbst durchgesehen und hatte nichts zu beanstanden. Später klärte Otto Schreiber den Franz Beyerle auf, dass man für seinen Bruder in Berlin „keine Sympathien übrig hatte" und deshalb auch ihm ge-

Schulze war bereits mit einer Habilitation belegt und Meyer musste ablehnen, nachdem seine Fakultät sich gegen eine Annahme ausgesprochen hatte.[503]

Beyerle wandte sich daher wieder an v. Gierke in Berlin, um sich seiner Kritik zu stellen und dieser abzuhelfen. Aber nach der mittlerweile verstrichenen Zeit ging ihm endgültig der „finanzielle Atem" aus.[504] In dieser misslichen Lage traf ein Schreiben von Karl Rauch[505] aus Jena ein, der sich mit Konrad Beyerle einst überworfen hatte. Nun wollte er den Streit beilegen. Er schrieb in dem Brief, dass er von den Habilitationsabsichten gehört habe und ihn gerne annehmen würde.[506] Nach kurzer Verhandlung ließ die Berliner Fakultät Franz Beyerle aus der Pflicht.

Im Frühjahr 1913 wurde Beyerle in Jena bei Karl Rauch mit einer Arbeit über „Beweislastverteilung im gerichtlichen Sühneverfahren der Volksrechte", die das 3. Kapitel seiner umfassenden Schrift über den „Germanischen Rechtsgang" darstellte, habilitiert.[507] Der gesamte erste Teil des Werkes sollte später in den Deutschrechtlichen Beiträgen, deren Mitherausgeber Konrad Beyerle war, veröffentlicht werden.

Die Prüfung verlief recht gut. Nach vorheriger Abstimmung mit Rauch wurde Beyerles venia legendi zunächst auf Deutsche Rechtsgeschichte und Deutsches Privatrecht beschränkt. Später sollte diese um das Bürgerliche Recht erweitert werden.[508] Das Prüfungscolloquium bewegte sich ausschließlich auf rechtshistorischem Gebiet. Es wurden vor-

---

genüber eine gewisse Voreingenommenheit bestand. Hierzu Lebenserinnerungen von Franz Beyerle, S. 72, Privatarchiv der Familie Beyerle. Die ablehnende Haltung v. Gierkes könnte zumal dadurch hervorgerufen worden sein, da Franz Beyerle sich mit seiner neuen Einschätzung der „Friedlosigkeit" im germanischen Recht in seiner Habilitationsschrift deutlich gegen Gierke wandte, der ein Verfechter und Anhänger des preußischen Geistes war.

503 Lebenserinnerungen von Franz Beyerle, S. 72, Privatarchiv der Familie Beyerle.

504 Lebenserinnerungen von Franz Beyerle, S. 73, Privatarchiv der Familie Beyerle.

505 Karl Rauch (1880 - 1953); Rauch und Meyer waren seit ihrer Breslauer Zeit miteinander eng befreundet. Es ist anzunehmen, dass Meyer es war, der Rauch auf die Habilitationsversuche von Beyerle hinwies. Meyer selbst lernte F. Beyerle durch K. Beyerle in Breslau kennen, der zu diesem ein freundschaftlich-kollegiales Verhältnis hatte.

506 Lebenserinnerungen von Franz Beyerle, S. 73, Privatarchiv der Familie Beyerle.

507 Diestelkamp, Juristen (1989), S. 151; Kroeschell (1978), S. 8; Erler (1980), S. 60; Universitätsarchiv Jena Sign.: 1548/58 – 1958, (D 202 K 389). Manuskript über Lebensskizzen der Dozenten und Professoren der Universität. Hier Vorgang um die Erteilung der „venia legendi", die Zulassung zur Habilitation mit ausführlichen Gutachten von Eduard Rosenthal und Karl Rauch, sowie die Ankündigung einer Probevorlesung.

508 Lebenserinnerungen von Franz Beyerle, S. 76, Privatarchiv der Familie Beyerle.

rangig die verschiedenen Theorien über den Ursprung der deutschen Stadtgemeinde zur Sprache gebracht.

Nach kurzer Beratung wurde Beyerle vom Dekan das positive Ergebnis mitgeteilt.[509] Beyerle hatte somit sein Berufsziel als Wissenschaftler und Hochschullehrer erreicht. Er war - wie schon einige Male zuvor - den Fußspuren seines Bruders gefolgt.[510]

## II. Erste Lehrtätigkeiten an der Jenaer Universität

Mit Jena als Hochschulort hatte Beyerle unverhofft eine gute Wahl getroffen, denn die Universität war mit ihrer jungen rechtswissenschaftlichen Fakultät für ihre Zeit sehr fortschrittlich. Den Unterschied zu dem ihm gut bekannten und konservativen Göttingen empfand Beyerle als gravierend:

> *„Man konnte sich im damaligen Deutschland keinen stärkeren Unterschied der aura academica denken, als er zwischen dem 'geheimrätlichen' Göttingen und dem jugendlichen Jena bestand. (...) Man fühlte sich in Jena als Exponent der Jugend und des Fortschritts in der Wissenschaft. Dieses Selbstvertrauen gab den jungen Ordinarien einen starken Auftrieb; (...).“*[511]

Er war daher äußerst dankbar, ausgerechnet hier seine ersten Gehversuche als Hochschullehrer machen zu können. Die Fakultät selbst bestand zumeist aus jüngeren Hochschullehrern. Beyerle erwähnte hier vor allem Gerland[512], Hedemann[513], Lehmann und natürlich seinen späteren Lehrer Karl Rauch.[514] Die Genannten bildeten den „Jenaer Kreis“, der vor allem

---

509 Lebenserinnerungen von Franz Beyerle, S. 76, Privatarchiv der Familie Beyerle.

510 Diestelkamp, Juristen (1989), S. 152.

511 Lebenserinnerungen von Franz Beyerle, S. 75, 76. Privatarchiv der Familie Beyerle.

512 Heinrich Gerland (1874 - 1944), Hervorzuheben ist sein Werk „Der deutsche Strafprozeß“, das er in Jena verfaßte.

513 Auch Hedemann hatte F. Beyerle während seiner Studentenzeit in Breslau durch seinen Bruder K. Beyerle kennengelernt, s.o. 2. Teil I. 1.

514 Rauch war nur fünf Jahre älter als Beyerle. Rauch hatte die Jenaer Zeit als eine der reichsten und schönsten seines Lebens empfunden. Es herrschte unter den Dozenten ein enges und gesellschaftlich-kollegiales Verhältnis, geprägt durch die künstlerischen, besonders auch musikalischen Neigungen einiger Kollegen. Davon berichtete Walter Schmidt-Rimpler in: Walter Schmidt-Rimpler, Karl Rauch. Rede bei der Rechts- und Staatswissenschaftliche Fakultät der Universität Bonn am 17. Juli 1953 veranstalteten Gedenkfeier, Bonn 1953, S. 8.

der neueren soziologisch-wertungsjuristischen Richtung der Rechtswissenschaften sehr aufgeschlossen gegenüberstand oder führend an ihr beteiligt war.[515]

Dabei ging es vor allem darum, die engen Beziehungen zwischen Wirtschaft und Recht darzustellen. In dieser recht fortschrittlich geprägten Fakultät bescheinigte Beyerle vor allem Hedemann, der in dieser Zeit das Institut für Wirtschaftsrecht leitete, eine Führungsrolle. Besonders beeindruckend muss für Beyerle Hedemanns Auffassung gewesen sein, dass das Recht sich an den wirtschaftlichen Bedürfnissen auszurichten habe, diese nicht doktrinär „vergewaltigen" dürfe.[516] Dies entsprach Beyerles sich entwickelnder Meinung, dass das Recht sich - neben den wirtschaftlichen - vor allem an den sozialen Bedürfnissen orientieren müsse. Das Recht müsse also eine gewisse Volksnähe aufweisen.

Rauch hatte als Lehrer des Handelsrechts glänzende Erfolge.[517] Für ihn waren Zusammenhänge zwischen „Recht und Wirtschaft" gar keine Überraschung. Hier in Jena hatte auch der später bekannte Wirtschafts- und Arbeitsrechtler Hans Nipperdey[518] seine erste Ausbildung erhalten.

Eine weitere Forschergestalt, die Beyerle besonders in Erinnerung geblieben war, ist Rosenthal, der sich damals schon im fortgerückten Alter befand. Beyerle zählte ihn zu den Altehrwürdigen, Edelgesinnten. Er beschrieb ihn als „unter den Jungen jung und voll gütigen Verstehens", der in die jugendliche Atmosphäre der Fakultät sehr gut hineinpasste.[519] Außerdem verband ihn ein freundschaftliches Verhältnis mit dem jüdischen Privatdozenten Franz Jerusalem.[520]

Das Haus seines Lehrers in Jena stand Beyerle zu jeder Zeit offen. Hier ging er nicht nur als Schüler, sondern als befreundeter Gast ein und aus. Auf diese Weise fand er den akademischen Umgang, den er bei sei-

515 Schmidt-Rimpler (1953), S. 7, 8. Es drängt sich auf, dass Rauch und Hedemann, die beide F. Beyerle in Breslau in dem Umfeld von Konrad Beyerle kennen gelernt hatten, diesen für den richtigen Mann für die Jenaer Fakultät hielten. Explizit genannt wird dies nicht.

516 Lebenserinnerungen von Franz Beyerle, S. 74, Privatarchiv der Familie Beyerle.

517 Hiervon zeugen seine wirtschaftswissenschaftlichen Werke wie „Kapitalerhöhung aus Gesellschaftsmitteln" oder seine Arbeit über die „Grenzen der negativen Publizität des Handelsregisters", hierzu Schmidt-Rimpler (1953), S. 17.

518 Hans Nipperdey (1895 - 1965); Schmidt-Rimpler (1953), S. 7.

519 Lebenserinnerungen von Franz Beyerle, S. 74, Privatarchiv der Familie Beyerle.

520 Franz Jerusalem (1883 - 1979), wurde später selbst Professor der Rechtswissenschaften.

nem Bruder so schätzen gelernt hatte. Hans Fehr[521] lernte Beyerle dort kennen, dessen Professur Rauch seinerzeit übernommen hatte.

Weitere prägende Bekanntschaften machte Beyerle auf dem alljährlichen Gelehrtentreffen der drei Universitäten Jena, Leipzig und Halle in Bad Kösen. Dabei lernte er unter anderen Hans Planitz[522] kennen, der 1913 einen Ruf nach Basel angenommen hatte.[523] Ferner verkehrte Beyerle in dem Haus von Hermann Nohl[524], einem Philosophen, dessen Gesellschaft er als eine der am geistig anregendsten betrachtete.[525]

Beyerle lebte in Jena ein sorgenfreies Leben mit geregeltem Einkommen, weit ab jeder finanziellen Not. Somit konnte er sich seiner Wissenschaft und der Muse hingeben. Letztere fand er vor allem in der Umgebung Jenas, die er durch ausgedehnte Spaziergänge schätzen lernte.[526]

Die Zeit in Jena war für Beyerle rückblickend in zweierlei Hinsicht entscheidend: Zum einen fiel hier endgültig die Entscheidung, sich als Forscher der Rechtsgeschichte hinzugeben, und zum anderen erfuhr er hier erstmals die Vorteile einer jungen, unvoreingenommenen Fakultät. Diese positiven Erfahrungen beeinflussten ihn sicherlich, als er sich später für eine ähnlich junge Universität entschied und einen Ruf nach Frankfurt am Main annahm.[527] Doch bevor Beyerle sich endlich als ordentlicher Professor beweisen durfte, musste er einen unangenehmen Umweg gehen.

---

521 Hans Fehr (1874 - 1961).

522 Hans Planitz (1882 - 1954). Mit seinen Werken wie „Die deutsche Stadt im Mittelalter", „Das deutsche Grundpfandrecht" oder „Deutsches Privatrecht" und mit der „Deutschen Rechtsgeschichte" fand er einen Platz in der Reihe der wegweisenden Rechtshistoriker in Deutschland.

523 Lebenserinnerungen von Franz Beyerle, S. 80, Privatarchiv der Familie Beyerle.

524 Hermann Nohl, (1897 - 1960), Philosoph und Pädagoge.

525 Lebenserinnerungen von Franz Beyerle, S. 84, Privatarchiv der Familie Beyerle.

526 Beyerle schrieb hierüber: „Für die Umgebung Jenas hatte ich große Vorliebe. (...) den ganzen Zauber deutscher Romantik in sich." Lebenserinnerungen von Franz Beyerle, S. 84, Privatarchiv der Familie Beyerle.

527 In Frankfurt/Main wie in Jena erkannte er die Vorteile einer jungen und dadurch unvoreingenommenen Fakultät. Universitätsarchiv Freiburg, Sign.: C5 Nr. 40, Beyerle erläutert in einem Brief vom 23.02.1931 eben solche Motive für einen Wechsel nach Frankfurt.

## III. Am Vorabend des Ersten Weltkrieges

Beyerles Karriere begann zu einer gesellschaftspolitisch sehr bewegten Zeit. Der erste Weltkrieg stand vor seinem Ausbruch und die deutsche Gelehrtenschaft schaltete sich in dieser Krise maßgeblich in die politischen Debatten ein. Hervorgerufen wurde dieser Beteiligungsdrang an der Politik nicht zuletzt von einem ausgeprägten Selbstbewusstsein, hervorgerufen durch die wissenschaftlichen Erfolge dieser Zeit und dem damit eng verknüpften wirtschaftlichen Aufschwung.[528] Das hohe Niveau in der deutschen Forschung wurde auch dadurch dokumentiert, dass von zweiundvierzig vergebenen Nobelpreisen, die bis zum ersten Weltkrieg verliehen wurden (1901 – 1914), allein vierzehn an deutsche Gelehrte vergeben wurden.[529]

Die Professoren waren von ihrer politischen Verantwortung überzeugt, zumal sie an der Spitze der akademischen Hierarchie, in einem System von sorgfältig abgestuften öffentlichen Rangplätzen fast der Stellung von Ministern im regulären Staatsdienst gleichkamen.[530] Schon wegen dieser herausgehobenen sozialen Stellung waren die Hochschullehrer in der Lage, das politische Meinungsspektrum der Bevölkerung zu beeinflussen. Anders als die Politiker aber waren die Hochschullehrer weder an Leitsätze von Parteien gebunden, noch wurden sie von Aufsichtsgremien kontrolliert. In ihren rein akademischen Angelegenheiten waren sie, wie auch in ihren Verwaltungstätigkeiten, frei und ungebunden.[531] Auf dieser Plattform konnten sie ungehindert ihren politischen Aktivitäten nachgehen. Sie verstanden sich als über den Parteien stehend, denn allein das Wohl der Gesamtnation zählte bei ihnen und keine Sonderinteressen.[532] Sie waren die politischen Mentoren des Volkes und das „öffentliche Gewissen“, um stets das Gute und das Böse in der Politik

---

528 Fritz K. Ringer, Die Gelehrten. Der Niedergang der deutschen Mandarine (1983), S. 47 ff.; Karl Erich Born, Von der Reichsgründung bis zum Ersten Weltkrieg, in: Gebhardts Handbuch der deutschen Geschichte, Bd. 16, 14. Aufl. (1991), S. 68.

529 Lothar Burchhardt, Naturwissenschaftliche Universitätslehrer im Kaiserreich, in: Deutsche Hochschullehrer als Elite 1815 – 1945, Büdinger Forschung zur Sozialgeschichte, hrsg. von Klaus Schwabe (1988), S. 152; Forscher wie Robert Koch, Hermann Helmholtz, Wilhelm Conrad Röntgen, der mit Franz Beyerle befreundet war (2. Teil 2. Kap. I. 2), oder Max Planck.

530 Ringer (1983), S. 44.

531 Ringer (1983), S. 42.

532 Klaus Böhme, Aufrufe und Reden deutscher Professoren im Ersten Weltkrieg (1975), S. 5.

herauszustellen.[533] Die Hochschullehrer beteiligten sich am politischen Tagesgeschäft mit teils stark emotionalen Reden[534], Aufrufen[535] und schriftlichen Erklärungen. Ein Verfasser solcher Schriften war auch Konrad Beyerle, der mit seinen Reden und Publikationen politisch besonders hervortrat.[536] Zudem war er Mitglied im ständigen „Arbeitsausschuss zur Verteidigung deutscher und katholischer Interessen im Weltkriege".[537]

Die politisierenden Hochschullehrer ließen sich grob in zwei Hauptlager einteilen: Gemäßigte und Radikale. Letztere waren eigentlich Imperialisten und wurden deshalb auch Annexionisten genannt. Während die Gemäßigten die Zukunft in dem inneren Ausbau des Reiches sahen und für eine Rezeption westeuropäischer demokratischer Ideale[538] eintraten, wollten die Radikalen eine äußere Expansion des Reiches. Wenn nötig sollte dies auch mit militärischen Mitteln geschehen, um Deutschland einen Platz unter den Wirtschafts- und Weltmächten auf Dauer zu sichern.[539] Die Hörsäle der Universitäten wurden zum Austragungsort der Streitigkeiten zwischen den beiden rivalisierenden Gruppen, denen es maßgeblich um politischen Einfluss ging.

### 1. Beyerles politische Überzeugung

Wer sich wie Beyerle in diesen gerade hochschulpolitisch äußerst bewegten Tagen dazu entschloss, selbst an einer Universität zu lehren, konnte sich kaum diesen politischen Auseinandersetzungen entziehen. Beyerle

---

533 Böhme (1975), S. 4.

534 Zu erwähnen sind hier die Reden von Otto v. Gierke mit „Krieg und Kultur", Adolf v. Harnack mit „Was wir schon gewonnen haben und was wir noch gewinnen müssen" und Hans Delbrück mit seiner Rede „Versöhnungsfriede. Machtfriede. Deutscher Friede", alle abgedruckt in Böhme (1975), S. 64 ff., 88 ff. u. 198 ff.

535 Wie z.B.: Aufruf an die Kulturwelt vom 04.10.1914, Erklärung der Hochschullehrer des Deutschen Reiches vom 16.10.1914, Aufruf Bonner Historiker vom 01.09.1914, Kundgebungen deutscher Universitäten vom Oktober 1914; abgedruckt ebenso in Böhme (1975), S. 47 – 65.

536 Hense (2001), S. 36 ff.

537 Kurt Töpner, Gelehrte Politiker und politisierende Gelehrte. Veröffentlichungen der Gesellschaft für Geistesgeschichte (1970), S. 143.

538 Klaus Schwabe, Wissenschaft und Kriegsmoral. Die deutschen Hochschullehrer und die politischen Grundfragen des Ersten Weltkrieges (1969), S. 27.

539 Ein „strammer Annexionist" war im übrigen v. Below; hierzu Dieter Krüger, Gerhart v. Schulze – Grävernitz als liberaler Gelehrtenpolitiker, in: Gelehrtenpolitik und politische Kultur in Deutschland 1830 – 1930 (1986), S. 144.

war ein erklärter Gegner preußisch-militärischer Expansionspolitik. So darf schon an dieser Stelle vorweggenommen werden, dass er kein Anhänger des aufkommenden Annexionismus, kein Imperialist war. Dem Lager der Gemäßigten stand Beyerle näher. Wie weit er ihren innenpolitischen Reformvorstellungen folgte oder gar an weitergehende Erneuerungen dachte, soll im Folgenden erörtert werden. Hier liefert Beyerles Herkunft Hinweise:

Als Konstanzer fühlte sich Beyerle noch zu dieser Zeit eher Vorderösterreich zugehörig und war allein schon deshalb von der Bismarckschen Lösung der Reichsgründung zum Vorteil Preußens nicht überzeugt.[540] Noch beeinflusst von der über 250 Jahre andauernden österreichischen Herrschaft hätte er einer Gründungsvariante des Deutschen Reiches mit Österreich einer solchen mit Preußen den Vorzug gegeben.[541] In Gesprächen wies Beyerle immer wieder darauf hin, dass seine Vorfahren als Konstanzer eigentlich Vorderösterreicher waren. Sein Vater hatte noch österreichisches Amtsdeutsch gesprochen.[542] Beyerle grenzte sich bewusst ab vom herrschenden Preußentum. Für den preußischen Wilhelm II. hatte er keine Sympathien, die preußische Dominanz empfand er störend.[543] Dem Großherzog von Baden stand Beyerle näher. Er pflegte zeitlebens einen gesunden Patriotismus zum badischen und alemannischen Raum. Dem süddeutschen Raum fühlte er sich verbunden und zugehörig.[544] Als Dummheit und großes Unglück bezeichnete er den preußischen Militarismus, von dem er glaubte, dass dieser über kurz oder lang die Deutschen ins Verderben stürzen werde.[545] Dennoch hoffte

---

540 Konstanz wurde durch die rund 250 Jahre andauernde österreichische Herrschaft geprägt. Erst 1805 - durch den militärischen Erfolg Frankreichs im dritten Koalitionskrieg - zerbrach Österreichs Position im deutschen Südwesten. Im Friedensvertrag von Preßburg musste Österreich am 26. Dezember 1805 die gesamte südwestdeutsche Provinz an Baden, Württemberg und Bayern abtreten. Am 12. Januar 1806 nahm der badische Geheimrat Maler Konstanz für das neue Großherzogtum in Besitz und beendete die zweieinhalb Jahrhunderte andauernde vorderösterreichische Epoche; hierzu Wolfgang Zimmermann, Geschichte der Stadt Konstanz, Bd. 3, Konstanz in der frühen Neuzeit (1991), S. 448 f.; Gert Zang, Konstanz in der Großherzoglichen Zeit (1994), S. 9 ff.

541 Hense (2001), S. 19ff. Karl Beyerle empfand herzliche Sympathien für Österreich; Gespräch mit Hatto Beyerle vom 18.07.2000 in Ronneberg/Hannover; Gespräch mit Burkhart Beyerle vom 10.08.2000 in Konstanz.

542 Gespräch mit Hatto Beyerle vom 18.07.2000 in Ronneberg/Hannover.

543 Gespräch mit Hatto Beyerle vom 18.07.2000 in Ronneberg/Hannover; Gespräch mit Burkhart Beyerle vom 10.08.2000 in Konstanz.

544 Gespräch mit Hatto Beyerle vom 18.07.2000 in Ronneberg/Hannover.

545 Gespräch mit Burkhart Beyerle vom 10.08.2000 in Konstanz.

er auf Frieden und setzte bis zuletzt auf die Vernunft und den Friedenswillen der politischen Führung.[546]

Beyerle war nicht wie die meisten Kollegen seiner Zeit ein bedingungsloser Befürworter der Monarchie.[547] Seine politische Entwicklung wurde schon als Heranwachsender durch die Nähe der demokratischen Schweiz beeinflusst und geprägt. Die Sympathie für die Schweiz kam nicht zuletzt von seinem Vater, der ihm früh von den Vorteilen des demokratischen Systems der Schweiz berichtet hatte.[548]

Diese frühe Prägung durch ein demokratisch gesinntes Elternhaus ließ ihn später selbst Anhänger der Volksgewalt werden. Er betonte aber stets, dass eine Demokratie nur dann Sinn hat und einem Volk nützlich ist, wenn sie auf einem gesunden und gewachsenen Fundament ruht. Insofern hegte er Zweifel an einer demokratische Zukunft der Deutschen nach westlichen Vorgaben und forderte eine eigenständige deutsche Lösung.[549] An eine gesunde Zukunft glaubte Beyerle nur dann, wenn diese durch Veränderungen getragen würde, deren Anstöße aus der Mitte des Volkes kämen.[550]

## 2. Motive zur freiwilligen Kriegsteilnahme

In Jena spürte man, wie im ganzen Reich, bereits im Sommer 1914 die bevorstehende militärische Auseinandersetzung. Im August wurde der Zustand drohender Kriegsgefahr verkündet.[551] Es erfolgte eine umfangreiche Mobilmachung durch Aushebung und Einberufung der ersten waffenfähigen Jahrgänge. Die Universität Jena und ihre Mitarbeiter gerieten ebenfalls in den Sog der Maßnahmen, die zur Unterstützung des Auf- und Ausbaus der erhöhten Kriegstauglichkeit des Reiches getroffen wurden. Die rechtswissenschaftliche Fakultät machte da keine Ausnahme.

Dann brach der Krieg aus. Die heftigen innenpolitischen Auseinandersetzungen, die - wie gezeigt - von der Professorenschaft maßgeblich mitgetragen wurden, schlugen in ein starkes „Wir-Gefühl" um. Die aufkommende Gefahr einer innenpolitischen Eskalation im Reich wurde

546 Lebenserinnerungen von Franz Beyerle, S. 85, Privatarchiv der Familie Beyerle.
547 Gespräch mit Burkhart Beyerle vom 10.08.2000 in Konstanz.
548 Davon berichtete Franz Beyerle noch seinem Sohn. Gespräch mit Hatto Beyerle vom 18.07.2000 in Ronneberg/Hannover.
549 Gespräch mit Burkhart Beyerle vom 10.08.2000 in Konstanz; Lebenserinnerungen von Franz Beyerle, S. 114 f., Privatarchiv der Familie Beyerle.
550 Lebenserinnerungen von Franz Beyerle, S. 115, Privatarchiv der Familie Beyerle.
551 Lebenserinnerungen von Franz Beyerle, S. 85, Privatarchiv der Familie Beyerle.

somit schließlich durch den Ausbruch des Krieges gebannt. Was die Politiker über Jahrzehnte nicht erreichten, gelang dem Krieg auf Anhieb: Die entschlossene Einheit durch alle sozialen Schichten des Deutschen Volkes, um die Feinde „abzuwehren".[552]

Karl Rauch übernahm am Anfang des Krieges eine kriegswirtschaftliche Verwaltungstätigkeit.[553] Zu diesen Verwaltungstätigkeiten gehörte die Betreuung eines Lazarettzuges, den die Stadt Jena stellte und der an die Ostfront fuhr, um Verwundete aufzunehmen und zu versorgen. Beyerle, der als Verwaltungsmitarbeiter Rauchs mitreisen durfte, erhielt hier einen ersten Eindruck von dem ungeahnten Ausmaß dieses Krieges.[554]

Franz Jerusalem, Beyerles freundschaftlicher Fakultätskollege, hörte unterdessen in Weimar, dass sein und damit auch Beyerles Jahrgang zum Kriegsdienst eingezogen werden würde.[555] Bevor ihn der Einberufungsbescheid erreichen konnte, stellte sich Beyerle als Kriegsfreiwilliger zur Verfügung.[556] Denn Freiwillige wie Beyerle konnten sich als Offiziersanwärter melden; hierin sah Beyerle einen Vorteil.[557] Ein weiterer Grund für die freiwillige Kriegsteilnahme ist den gesellschaftspolitischen Umständen der Zeit zu entnehmen. Zum einen war das Verhältnis der Bevölkerung zum Militär ganz anders, als wir es heute kennen.[558] Die Interessen des Heeres waren die des Volkes: Somit schien es selbstverständlich, sich als Freiwilliger für die eigene Sache zu melden. Man war zu dieser Zeit davon überzeugt, dass es um das Überleben der eigenen Kultur ging, sah sich als Verteidiger und nicht als Aggressor.[559] Der Krieg wurde schließlich ungemein verherrlicht. Man sprach von einem „Augusterlebnis", von einem „Wunder des Augustes 1914".[560] Der Krieg sei ein „reinigendes Gewitter mit läuternder Wirkung"[561], ein „Stahlbad", in

552 Hans Peter Bleuel, Deutschlands Bekenner. Professoren zwischen Kaiserreich und Diktatur (1968), S. 74 f.

553 Schmidt-Rimpler (1953), S. 8; Lebenserinnerungen von Franz Beyerle, S. 86, Privatarchiv der Familie Beyerle.

554 Lebenserinnerungen von Franz Beyerle, S. 86, Privatarchiv der Familie Beyerle.

555 Lebenserinnerungen von Franz Beyerle, S. 86, Privatarchiv der Familie Beyerle.

556 Universitätsarchiv Freiburg, Sign.: C5 Nr. 15. Biographische Daten. Im Frühjahr 1915 meldete sich F. Beyerle als Freiwilliger bei der Reichswehr in Konstanz.

557 Gespräch mit Burkhart Beyerle vom 10.08.2000 in Konstanz.

558 Klaus Schwabe, Wissenschaft und Kriegsmoral. Die deutschen Hochschullehrer und die politischen Grundfragen des Ersten Weltkrieges (1969), S. 24.

559 Bleuel (1968), S. 72.

560 Böhme (1975), S. 12.

561 Jansen (1992), S. 127; Schwabe (1969), S. 38.

welches das Reich eintauchen werde, um sich zu verjüngen.[562] Der Griff zu den Waffen erschien damit allen mehr als gerechtfertigt.[563]

Der bereits mehr der Politik zugeneigte Konrad Beyerle konnte sich dem vorherrschenden Enthusiasmus in der Bevölkerung nicht entziehen.[564] Er meldete sich nach Kriegsausbruch für eine ehrenamtliche Tätigkeit in einem Kriegsgefangenenlager in Göttingen, wo er sich vornehmlich mit gebildeten Flamen beschäftigte, um ihnen das „deutsche Wesen" näher zu bringen.[565] Später, am 01.02.1917, ging er zum deutschen Generalgouvernement nach Brüssel.[566]

Nachdem Franz Beyerles Bemühungen gescheitert waren, in Karlsruhe bei den Fernmeldern unterzukommen, da dort kein Bedarf mehr vorhanden war, meldete er sich kurzerhand bei einer Maschinengewehr-Kompanie im heimischen Konstanz.[567]

## IV. Der Krieg und seine Folgen

In Konstanz begann im Frühjahr 1915 seine Rekrutenausbildung.[568] Die Ausbildung und der militärische Tagesablauf waren ihm in allen Einzelheiten zuwider, er vermisste jeglichen geistigen Anspruch und Esprit.[569] Das in der Bevölkerung herrschende Empfinden, alles Soldatische sei heldenhaft und die Vollendung deutscher Pflichtauffassung[570], teilte Beyerle nicht. Als Gegner des Militarismus konnte er mit der stumpfsinnigen, kurzsichtigen Betrachtungsweise eines irrationalen Idealismus genauso wenig anfangen wie mit dem religiösen Unerklärbaren.[571]

Im Mai 1915 kam Beyerle als Unteroffizier zur Westfront.[572] In dem dort verhärteten, festgefahrenen Grabenkrieg gegen die Franzosen befeh-

562 Böhme (1975), S. 17.
563 Fritz Fischer, Griff nach der Weltmacht, die Kriegszielpolitik des kaiserlichen Deutschland 1914/18 (1984), S. 133; Schwabe (1969), S. 28; Bleuel (1968), S. 74.
564 Hense (2001), S. 41.
565 Hense (2001), S. 41.
566 Hense (2001), S. 51 ff.
567 Lebenserinnerungen von Franz Beyerle, S. 86, Privatarchiv der Familie Beyerle; hierzu Universitätsarchiv Freiburg, Sign.: C5 Nr. 15.
568 Lebenserinnerungen von Franz Beyerle, S. 87, Privatarchiv der Familie Beyerle; hierzu Universitätsarchiv Freiburg, Sign.: C5 Nr. 15.
569 Lebenserinnerungen von Franz Beyerle, S. 87, Privatarchiv der Familie Beyerle.
570 Bleuel (1968), S. 116.
571 Gespräch mit Hatto Beyerle vom 18.07.2000 in Ronneberg/Hannover.
572 Universitätsarchiv Freiburg, Sign.: C5 Nr. 15.

ligte er eine Maschinengewehrstellung.[573] Während eines Offiziersausbildungskurses im September des gleichen Jahres, den Beyerle als „Lichtblick“ bezeichnete, da hier etwas anspruchsvollere Instruktionsstunden in Taktik gelehrt wurden, ereilte ihn mit dem plötzlichen Tod seines Vaters ein schwerer Schicksalsschlag.[574] In Konstanz nahm er tief bewegt von seinem Vater Abschied.[575]

Im Frühjahr 1916 wurde die Kompanie Beyerles an die Ostfront nach Russland verlegt, wo sie am Naroczsee Stellungen bezog.[576] Am 27. September, während der Schlacht um Kowel–Swininschy, wurde Beyerle durch eine Gewehrkugel am linken Bein schwer verletzt. Jakob Picard, ein Freund aus Konstanz und Bruder Hugo Picards, stoppte die starke Blutung und rettete Beyerle so das Leben.[577] Beyerle selbst erhielt noch auf dem Verbandsplatz an der Front eine Auszeichnung.[578] Es folgten mühsame, schwere Operationen, bei denen einige Knochensplitter entfernt wurden, die Beyerle seit dieser Zeit in einem Glas sammelte, welches er später auf seinem Schreibtisch aufbewahrte.[579]

Im Frühjahr 1917 wechselte Beyerle, nachdem im heimatlichen Konstanz selbst kein Platz mehr frei war, in ein Lazarett nach Friedrichshafen am Bodensee. Damit war er zumindest wieder in seiner alemannischen Heimat.[580] Später wurde er auf Betreiben von Hugo Picard, der mittlerweile selbst Truppenarzt war, zur besseren Behandlung nach Ettlingen überwiesen.[581] In Ettlingen hatte Beyerle freundschaftlichen Umgang mit Picard und er lernte v. Künßberg kennen, der dort als Lehrer in

573 Universitätsarchiv Freiburg, Sign.: C5 Nr. 24. Brief Beyerles an Frau Schaeffer vom 30.11.1943. Beyerle schilderte in diesem Brief seine Kriegserlebnisse; Lebenserinnerungen von Franz Beyerle, S. 87, Privatarchiv der Familie Beyerle.

574 Lebenserinnerungen von Franz Beyerle, S. 90, Privatarchiv der Familie Beyerle.

575 Lebenserinnerungen von Franz Beyerle, S. 92, Privatarchiv der Familie Beyerle.

576 Universitätsarchiv Freiburg, Sign.: C5 Nr. 15; Lebenserinnerungen von Franz Beyerle, S. 93, Privatarchiv der Familie Beyerle.

577 Lebenserinnerungen von Franz Beyerle, S. 100, Privatarchiv der Familie Beyerle; Gespräch mit Burkhart Beyerle vom 10.08.2000 in Konstanz; F. Beyerle berichtete darüber in seiner Aufzeichnung „Erinnerungen an Konstanzer jüdische Bürger“, die er Erich Bloch übersandte, Bloch (1996), S. 112 ff.

578 Beyerle erhielt hier das Eiserne Kreuz zweiter Klasse (kurz: EK II.), was er nie mehr erwähnte.

579 Lebenserinnerungen von Franz Beyerle, S. 107, Privatarchiv der Familie Beyerle; Auch Erler war von dem besagten Glas auf Beyerles Schreibtisch beeindruckt; Erler (1980), S. 59 f.

580 Universitätsarchiv Freiburg, Sign.: C5 Nr. 15; Lebenserinnerungen von Franz Beyerle, S. 107, Privatarchiv der Familie Beyerle.

581 Lebenserinnerungen von Franz Beyerle, S. 108, Privatarchiv der Familie Beyerle; Universitätsarchiv Freiburg, Sign.: C5 Nr. 15.

einer Schule tätig war. In dieser Zeit gelang es Beyerle, einen Teil der Bibliothek aus dem Nachlass Richard Schröders zu erwerben, bei dem sein Bruder Konrad promoviert hatte.[582]

Der Kriegsausgang wurde mittlerweile durch den Eintritt der Vereinigten Staaten von Amerika und dem damit einhergehenden Nachschub an Mensch und Material entschieden.[583] Neben der militärisch desolaten Lage entwickelten sich innenpolitische Spannungen: Die Marine rebellierte, die Bevölkerung war erschöpft. Im August wurde die Handlungsunfähigkeit des Deutschen Heeres festgestellt.[584]

Am 09. November veröffentlichte der Reichskanzler Max von Baden die Erklärung, dass der Kaiser und König abgedankt haben. Noch am selbem Tag rief Philipp Scheidemann die Republik aus.[585] Am 11. November 1918 unterzeichnete die Deutsche Delegation unter der Führung von Matthias Erzberger die Waffenstillstandsbedingungen der Siegermächte in Versailles. Der Krieg war zu Ende.

Sein ganzes Leben beschäftigten Franz Beyerle seine Erfahrungen aus dem Ersten Weltkrieg.[586] Neben den politischen Nachwirkungen waren es vor allem die körperlichen Kriegsfolgen, die Beyerle zeitweise das Leben schwer machten. Die Beeinträchtigungen durch die Folgen der Kriegsverletzung waren zeitweise so eklatant, dass er aufgrund von ungünstigen Lebensbedingungen (z.B. Straßenverhältnisse) in Leipzig später um die Entpflichtung aus der Fakultät bitten musste.[587]

Schon bald war Beyerle auf Dienstfahrzeuge angewiesen, um sich überhaupt am Ort fortbewegen zu können. Er war gezwungen, über Se-

---

582 Universitätsarchiv Freiburg, Sign.: C5 Nr. 114. Aus einem Briefwechsel zwischen Beyerle und Stutz vom 16.02.1918 ist ersichtlich, dass Beyerle v. Künßberg in Ettlingen beim Erwerb von Büchern aus dem Nachlaß von Richard Schröder behilflich war.

583 Arthur Rosenberg, Entstehung und Geschichte der Weimarer Republik, hrsg. von Kurt Kersten (1988), S. 204 ff.; Eduard Bernstein, Die deutsche Revolution von 1918/19, hrsg. von Heinrich August Winkler (1998), S. 35 ff.

584 Bernstein (1998), S. 42 ff.; Wolfgang Sauer, Das Scheitern der parlamentarischen Monarchie, in „Vom Kaiserreich zur Weimarer Republik", hrsg. von Eberhard Kolb (1972), S. 92 f; Weiterhin Gerhard Ritter, Die Niederlage des Militärs, in: Vom Kaiserreich zur Weimarer Republik, hrsg. von Eberhard Kolb (1972), S. 44 ff.

585 Bleuel (1968), S. 95; Eberhard Kolb, Die Weimarer Republik (1998), S. 4, 6.

586 Universitätsarchiv Freiburg, Sign.: C5 Nr. 53. Beyerle beschäftigte sich in einem Manuskript mit den Perspektiven der Jugend in der Nachkriegszeit.

587 Universitätsarchiv Freiburg, Sign.: B 24 250, Personalakte von Franz Beyerle: Gesuch von Beyerle an den Rektor der Universität Leipzig seiner Entpflichtung aus gesundheitlichen Gründen nachzukommen.

mester hinweg Vorlesungen ausfallen zu lassen.[588] Diese Umstände werden in einem Antrag Beyerles zu seiner Freiburger Zeit deutlich, der die Bitte um Bereitstellung eines Dienstwagens zum Gegenstand hat:

> *„(...). Begründet ist mein Antrag aber aufgrund meiner Gehbehinderung infolge schwerer Kriegsverletzung (Lähmung des linken Fußes, Knieversteifung, Atrophie des linken Beines), welche, wie sich im letzten Trimester 1939 zeigte, zu einer vollen Überanstrengung des Beines und damit zum tatsächlichen Totalausfall meiner Bewegungsfähigkeit führen kann.“*[589]

Der Missstand, seinen wissenschaftlichen Tätigkeiten nicht vollumfänglich nachzukommen, griff Beyerles Psyche zunehmend an. Der behandelnde Arzt Schön teilte dem Dekan der Universität Freiburg mit Schreiben vom 25.06.1943 mit, dass Beyerle aufgrund einer „Erschöpfungsdepression“ vorübergehend stationär versorgt werden müsse.[590] Die Kriegsverwundung war immer wieder Grund für Ausfälle und Beeinträchtigungen seines Wirkens.

---

588 Universitätsarchiv Freiburg, Sign.: B 24 250, Personalakte von Franz Beyerle: Schreiben des behandelnden Arztes, Krieg, vom 30.03.1943. Franz Beyerle war aus gesundheitlichen Gründen nicht mehr in der Lage, die Vorlesungen während des Sommersemesters 1943 zu halten.

589 Universitätsarchiv Freiburg, Sign.: B 24 250, Personalakte von Franz Beyerle.

590 Universitätsarchiv Freiburg, Sign.: B 24 250, Personalakte von Franz Beyerle: Schreiben vom 25.06.1943.

# 3. Teil Professorenjahre

## 1. Kapitel Basel (1918 – 1929)

Noch im Lazarett in Ettlingen erhielt Beyerle Anfragen von Universitäten, die sich für ihn interessierten. Zuerst bemühten sich Prag, Straßburg und Basel.[591] Beyerle entschied sich für Basel und begründete seine Wahl wie folgt:

> *„Ich ließ mich von dem Gefühl leiten, dass ich im alamannischen Raum am rechten Fleck sei und gab Basel positiven (...) Bescheid."*[592]

Beyerles Verbundenheit zum alemannischen Raum ließ vorerst keine andere Wahl zu. Im September 1918 überquerte er in Konstanz - Kreuzlingen die Schweizer Grenze und ging nach Basel. [593]

### I. Anlaufschwierigkeiten in der Schweiz

Am 01.10.1918 trat Beyerle sein Amt als ordentlicher Professor an der Universität Basel an und lehrte dort Deutsche Rechtsgeschichte, Deutsches Privatrecht und Schweizer Zivilrecht.[594] Seine Antrittsvorlesung über den „Ursprung der Bürgschaft", die er 1919 hielt, fand nicht nur Anerkennung bei seinen Kollegen in der Schweiz, sondern gleichermaßen in Deutschland.[595]

Der Anfang war schwer. Aufgrund gesundheitlicher Beeinträchtigungen musste der Beginn seiner Vorlesungen verschoben werden. Zudem wurde Beyerle die lange Entwöhnung vom Lehrbetrieb zum Starthindernis.[596] Der Mangel an Lehrbüchern für das Schweizer Zivilrecht,

---

591 Lebenserinnerungen von Franz Beyerle, S. 112, Privatarchiv der Familie Beyerle.

592 Lebenserinnerungen von Franz Beyerle, S. 112, Privatarchiv der Familie Beyerle.

593 Lebenserinnerungen von Franz Beyerle, S. 116, Privatarchiv der Familie Beyerle.

594 Staatsarchiv Basel, Sign.: FG. 2. Personalkarte für Dozenten der Universität Basel vom 03. März 1923; Edgar Bonjour, Die Universität Basel. Von den Anfängen bis zur Gegenwart 1460 - 1960, 2. Aufl. (1971), S. 565.

595 Beyerles Antrittsvorlesung wurde später veröffentlicht in: ZRG GA 47 (1927), S. 551 - 563; Nachdruck mit einem Vorwort von H. R. Hagemann, Wissenschaftliche Buchgesellschaft Darmstadt (1971). Auf diesen richtungsweisenden Beitrag wird später im Zusammenhang mit seiner Arbeit über „Die Treuhand im Grundriß des deutschen Privatrechts" (1932) näher eingegangen werden (3. Teil, 3. Kapitel II.).

596 Lebenserinnerungen von Franz Beyerle, S. 117, Privatarchiv der Familie Beyerle.

der ihn zum Studium von Kommentaren und anderen Gesetzesmaterialien zwang, sowie die anfänglichen Schwierigkeiten, sich als Deutscher nach dem verlorenen Krieg im Ausland zurechtzufinden, erschwerten ihm die Eingewöhnung.[597] Den Deutschen gegenüber war man misstrauisch geworden. Daran konnte zum Erstaunen Beyerles auch die Tatsache nichts ändern, dass nach 1918 die Demokratie in Deutschland ihren Einzug hielt.[598]

> *„Eine der größten Überraschungen nach 1918 war es für mich zu sehen, wie wenig Echo die politische Neuausrichtung Deutschlands bei den Schweizern fand. (...). Nun hatten die `Schwaben`[599] doch endlich ihre Demokratie. Musste das nicht die beiden Länder einander näher bringen?“ (...) Aber dass dann auch in der Folge keine wärmeren Töne nach Deutschland hin erklangen, das rührte doch mit daher, dass man die deutsche Republik als etwas Fremdes als ein Asphaltprodukt empfand, dem kein völkisches Eigenleben aus demokratischem Geist entsprach.“*[600]

Beyerle überwand diese Anlaufschwierigkeiten schnell. Als Demokrat aus dem Süddeutschen Raum lag ihm die Basler Mentalität. Sogar den Basler Dialekt, das „Baselditsch“ eignete er sich an und verschaffte sich eine etablierte, angesehene Position in der Gesellschaft. Davon zeugt der Vorschlag seitens der Schweizer an Beyerle, sich einbürgern zu lassen.[601]

Der Mann, der den Ruf Beyerles an die Universitätsstadt am Rhein veranlasste, war Andreas Heusler.[602] Seinen Lehrstuhl in Basel übernahm Beyerle.[603] Heusler war in seiner direkten Art und mit seinem Urteil über

---

597 Lebenserinnerungen von Franz Beyerle, S. 117, Privatarchiv der Familie Beyerle.

598 Lebenserinnerungen von Franz Beyerle, S. 115, Privatarchiv der Familie Beyerle.

599 Der Schweizer bezeichnet in seiner Umgangssprache den Deutschen generell als „Schwaben“, unabhängig der tatsächlichen Herkunftsregion.

600 Lebenserinnerungen von Franz Beyerle, S.115, Privatarchiv der Familie Beyerle.

601 Lebenserinnerungen von Franz Beyerle, S. 153, Privatarchiv der Familie Beyerle.

602 Andreas Heusler I. war lange Zeit Mitglied der Kuratel, ein dreiköpfiger Ausschuß des Erziehungsrates der Universität Basel. Zu dessen Hauptpflichten gehörten die Überwachung des Studienganges und die Vorbereitung der Professorenwahlen. Heusler war zwar zum Zeitpunkt der Berufung Beyerles selbst nicht mehr in dem Kuratorium, verfügte aber innerhalb der Universität weiterhin über starken Einfluß; Bonjour (1971), S. 353. Heusler war von Beyerles „Entwicklungsproblem im germanischen Rechtsgang“ überzeugt worden, hierzu Lebenserinnerungen von Franz Beyerle, S. 120, Privatarchiv der Familie Beyerle.

603 Hierzu die Basler Zeitung vom 02. November 1977 (Nr. 270), S. 33, in dem Nachruf Beyerles.

Mitmenschen und Kollegen gnadenlos.[604] Der Umgang mit ihm war sicher nicht einfach. Und doch hatte Beyerle in ihm einen wertvollen Mentor gefunden. Trotz Widerstand und Vorbehalten Schweizer Kollegen setzte Beyerle die Errichtung einer eigenen Abteilung für Rechtsgeschichte im juristischen Seminar durch.[605]

Eine innige Freundschaft verband ihn mit Andreas Heusler jun., der gerade von Berlin nach Basel zurückkehrte und Beyerles Nachbar wurde.[606] Mit ihm tauschte Beyerle sich gerade auch wissenschaftliche gerne aus.[607]

## II. Die wissenschaftliche Atmosphäre an der Universität

Die Schwierigkeiten, die anfangs zum einen durch das fremde Schweizer Zivilrecht und zum anderen durch die Entwöhnung von der Lehrtätigkeit bestanden, machten schon bald positiven Erfahrungen Platz. Beyerle empfand den herrschenden intimen Kreis der Basler Gelehrten als großen Vorteil gegenüber den unpersönlichen, weil meist viel größeren deutschen Fakultäten. Beyerle konnte hier freier agieren, ohne beengende Vorgaben wie sie in Deutschland üblich waren.

> *„Aber wichtiger war, dass ich hier Abstand zu den Maßstäben bekam, mit denen man an deutschen Universitäten misst. Es gibt hinsichtlich des Lehrstoffs sowohl wie hinsichtlich der Lehrweise bei uns in Deutschland viel zu viel Schematisches. In Basel war man freier. (...). Weder die Stundenzahl der einzelnen Vorlesung noch die Auswahl des Lehrstoffs war reglementiert."*[608]

Vergleichbar unorthodox und dadurch nach Ansicht Beyerles ebenso von Vorteil war die Art und Weise, wie man in Basel den Studenten die Zusammenhänge und die Methodik der Rechtswissenschaften erschloss:

---

604 Lebenserinnerungen von Franz Beyerle, S. 122, Privatarchiv der Familie Beyerle.

605 Lebenserinnerungen von Franz Beyerle, S. 121, Privatarchiv der Familie Beyerle.

606 Lebenserinnerungen von Franz Beyerle, S. 135 ff., Privatarchiv der Familie Beyerle.

607 Universitätsarchiv Freiburg, Sign.: C5 Nr. 72. Korrespondenz mit Andreas Heusler.

608 Lebenserinnerungen von Franz Beyerle, S. 128, Privatarchiv der Familie Beyerle.

*„Vor allem hielt man es dort nicht für erforderlich, den jungen Leuten den gesamten Rechtsstoff der Gesetzgebung in Vorlesungen einzutrichtern. Der angehende Jurist sollte sich ein judicium erwerben, die rechtliche Argumentierweise erlernen, kurz, die Methode sich aneignen, mit der er dann auch solche Gesetze anging, die auf der Universität nicht Gegenstand von Vorlesungen bildeten.“*[609]

Die wissenschaftliche Atmosphäre war demnach ungezwungen und ohne beengende Reglementierung. Der Umgang unter den Professoren war freundlich, kollegial und fernab jeglicher konkurrenzhafter Reibung. Obwohl das Interesse an deutschen Universitäten, Beyerle als Lehrer zu gewinnen, schon gleich nach dem Krieg vorhanden war, schien Basel außerhalb jeder Konkurrenz.[610] Selbst Rufe an renommierte Universitäten wie Heidelberg lehnte er ab.[611] Die Rücksicht und das Verständnis, das man ihm in der Schweiz wegen seiner schweren Kriegsverletzung entgegenbrachte, beeindruckte Beyerle sichtlich:

*„Ich werde den Baslern für das menschliche Verstehen, das sie meiner gesundheitlichen Verfassung entgegenbrachten, zeitlebens dankbar sein. Ohne die Rücksicht, die ich dort fand, wäre ich wohl nicht über den Graben gekommen. (...). Das Schicksal wollte es, dass gerade in diese Zeit einer langsamen Gesundung mehrfach deutsche Rufe fielen. Der erste kam aus Königsberg, ein weiterer aus Frankfurt, eine Anfrage aus Jena u., wenn ich mich recht entsinne, eine solche auch aus Bonn. Ich konnte nicht daran denken, anzunehmen; der Beanspruchung einer deutschen Professur mit ihren Prüfungspflichten wäre ich gesundheitlich nicht gewachsen gewesen.“*[612]

---

609 Lebenserinnerungen von Franz Beyerle, S. 128, Privatarchiv der Familie Beyerle.

610 Universitätsarchiv Köln, Sign.: Zug. 17/5912. Beyerle wurde bereits am 04. Juli 1919 für eine ordentliche Professur für Deutsches Recht (Deutsche Rechtsgeschichte, Deutsches Privatrecht, Deutsches Bürgerliches Recht) - neben v. Schwerin und Planitz - durch Beschluß vorgeschlagen. Hierzu Universitätsarchiv Köln, Sign.: Zug. 306/1. Protokoll der Sitzung vom 30.06.1919.

611 Einen Ruf nach Heidelberg, was zu dieser Zeit als wissenschaftliche Auszeichnung galt, lehnte Beyerle ab. Wobei anzunehmen ist, dass er dies neben den Gründen seines Basler Engagements auch aus Rücksicht auf seinen Bruder tat, der sich in dieser Zeit gerade auf diesen Lehrstuhl Hoffnungen machte. Hierzu: Lebenserinnerungen von Franz Beyerle, S. 153 f., Privatarchiv der Familie Beyerle.

612 Lebenserinnerungen von Franz Beyerle, S. 153, Privatarchiv der Familie Beyerle.

## 1. Studenten- und Professorenschaft

Die Auditorien an der Basler Universität waren generell nicht groß. Es herrschten kleine akademische Verhältnisse.[613] Die Hörer, meist Söhne von angesehenen Bürgern oder Professoren, waren anspruchsvoll und auffallend fleißig.[614] Im Gegensatz zu ihren deutschen Kommilitonen kam den Studenten in der Schweiz nie eine Ausnahmestellung zu. Der Basler Student betonte auch nicht seinen akademischen Stand, wie es der Deutsche tat. Er mied auch das in Deutschland vorhandene „wilde studentische Gebaren", wie man es bei den studentischen Korporationen fand.[615] Das Bestreben der Studierenden, sich als arbeitendes Glied in das bürgerliche Gemeinwesen einzufügen, zeigte sich gerade in der von Beyerle so geschätzten Arbeitseinstellung.

Außerdem waren die Schweizer Studenten unpolitisch und deshalb schon umgänglicher.[616] Die Basler Professorenschaft war ebenfalls im Gegenzug zu den deutschen Hochschullehrern nahezu gänzlich unpolitisch. Von ihnen gingen keinerlei Impulse auf die Studenten über, es mangelte aber auch an einem adäquaten Anlass. Die Professoren pflegten einen guten Kontakt zu den Bürgern der Universitätsstadt, was durch einen überschaubaren und offenen Studienbetrieb gefördert wurde.[617]

Beyerle pflegte regen fakultätsübergreifenden Umgang mit seinen Kollegen an der Universität. Neben dem akademischen Verwandtenkreis um das Haus Heusler, zu dem Jacob Wackernagel zählte, mit dem er sich gut verstand, da auch er Rechtsgeschichte lehrte, hielt Beyerle zu deutschen wie zu schweizerischen Kollegen aller Fakultäten rege Verbindung.[618] Eine Ausnahme bildete der Kriminalist und ältere Kollege August Schoetensack, der auf eine Empfehlung Bindings von Würzburg nach Basel berufen wurde, lehrte schon seit 1880 hauptsächlich Straf- und Strafprozess.[619] Zu ihm konnte Beyerle keinen näheren Kontakt aufbauen.[620] Schoetensack verließ 1923 Basel und ging nach Tübingen.[621] Mit

613 Bonjour (1971), S. 490.
614 Lebenserinnerungen von Franz Beyerle, S. 128, Privatarchiv der Familie Beyerle.
615 Bonjour (1971), S. 481.
616 Bonjour (1971), S. 488.
617 Bonjour (1971), S. 490.
618 Lebenserinnerungen von Franz Beyerle, S. 122 f., Privatarchiv der Familie Beyerle.
619 Bonjour (1971), S. 567.
620 Lebenserinnerungen von Franz Beyerle, S. 122, Privatarchiv der Familie Beyerle.
621 Bonjour (1971), S. 568.

seinem Nachfolger Arthur Baumgarten, der später wie Beyerle nach Frankfurt/Main gehen sollte, hatte er einen weitaus verbindlicheren Umgang. Gerade Baumgartens geistige Lebendigkeit, sein Ethos wie auch seine philosophischen Interessen verbanden ihn mit Beyerle. Unter den Fakultätskollegen war Carl Albert Wieland der Älteste. Wieland, der selbst noch ein Schüler Iherings war, lehrte das Schweizer Privatrecht.[622] Unter den jüngeren Kollegen standen Eduard His und August Simonius Beyerle am nächsten.[623] Simonius, Schüler von Mitteis, selbst Basler, lehrte 40 Jahre in seiner Heimatstadt vorwiegend Schweizer Recht. Ein übergreifendes wissenschaftliches Interesse ließ ihn noch Rechtsphilosophie, allg. Rechtslehre und vergleichende Rechtskunde streifen.[624] His lehrte Kantonales Staats- und Verwaltungsrecht, Steuerrecht und Geschichte des Schweizer Öffentlichen Rechts.[625] Mit den beiden Kollegen hatte Beyerle ein außerordentlich gutes Verhältnis.[626] Über seinen Schweizer Kollegen His schrieb er später:

> *„Sein offenes Wesen war mir ungemein sympathisch auch wo er deutsche Gepflogenheiten und Personen (wie die schweizerischen) kritisch gegenüber stand. Was uns verband, war ein lebendiges geschichtliches Interesse.“*[627]

Öfter war Beyerle noch mit Erwin Ruck zusammen, der aus Tübingen gerufen wurde. Er erhielt einen Lehrauftrag in Basel für Allgemeines und Schweizerisches Staats- und Verwaltungsrecht.[628] Fritz Goetzinger gehörte auch zum engeren Kreis um Beyerle. Er war der hauptamtliche Präsident des Appellationsgerichts und lehrte neben Wieland hauptsächlich das Zivil- und Zivilprozessrecht.

Von seinen Schülern, die er seinerzeit in Basel um sich sammelte, erwähnte Beyerle vor allem Hans Oppikhofer, Hans Peter Zschokke und

---

622 Lebenserinnerungen von Franz Beyerle, S. 123, Privatarchiv der Familie Beyerle; hierzu Bonjour (1971), S. 557 f.

623 Universitätsarchiv Freiburg, Sign.: C5 Nr. 62. Manuskript mit biographischen Notizen zu Beyerles Zeit in Basel.

624 Lebenserinnerungen von Franz Beyerle, S. 124, Privatarchiv der Familie Beyerle; Bonjour (1971), S. 548.

625 Bonjour (1971), S. 556.

626 Lebenserinnerungen von Franz Beyerle, S. 124 f., Privatarchiv der Familie Beyerle.

627 Universitätsarchiv Freiburg, Sign.: C5 Nr. 62. Manuskript mit biographischen Notizen zu Beyerles Zeit in Basel.

628 Lebenserinnerungen von Franz Beyerle, S. 127, Privatarchiv der Familie Beyerle; Bonjour (1971), S. 556.

Hans Thieme.[629] Oppikhofer empfahl Beyerle nach seiner Promotion an den Lehrstuhl von Otto Schreiber nach Königsberg, wo er sich schließlich auch habilitierte.[630] Zschokke wurde Syndikus bei Geigy, einem großen schweizer Chemieunternehmen.[631] Thieme gehörte zu den wenigen deutschen Hörern von Beyerle. Er war nach Basel gekommen, weil er hier Verwandte hatte.[632] Thieme sollte später Beyerles Nachfolger in Freiburg werden.[633] In Basel pflegte Beyerle den Umgang mit anderen Fakultäten, die gerade für seinen Forschungsbereich von Wichtigkeit waren. So verstärkte er die Zusammenarbeit mit Geschichtsforschern und Sprachwissenschaftlern. Bei den Historikern und Philologen fand er das Fachwissen, das von den Rechtswissenschaften nicht abgedeckt wurde:

> *„In anderen Fakultäten fand ich mehr das, was ich suchte (...). Wohl für nicht wenige unter uns Rechtshistorikern bedeutet der geistige Austausch mit der Sprachwissenschaft und Geschichte Entscheidendes. Mich hat zudem von Jugend auf eine zwar nicht gepflegte, aber doch stark empfundene Neigung zur Linguistik für einen solchen Umgang über die Fachschranken hinweg bes. empfänglich gemacht."*[634]

Hier wird deutlich, woher Beyerles Motivation zu seinen Übersetzungsarbeiten zum frühmittelalterlichen Recht herrührte. Beyerle faszinierte die Sprache und ihre variantenreichen Interpretationen. Zudem hatte er ein großes Interesse an der volkstümlichen Geschichte. Neben seinem Freund Andreas Heusler Junior waren es dann vor allem Philologen, mit denen sich Beyerle austauschte.[635] Namentlich waren es Eduard Hoffmann–Krayer, der eine Professur für Fonetik, schweizerische Mundarten und Volkskunde hatte, und Peter von der Mühll, der den Lehrstuhl für griechische Sprache und Literatur führte.[636] Zu diesem Kreis der Philolo-

---

629 Lebenserinnerungen von Franz Beyerle, S. 130, Privatarchiv der Familie Beyerle.

630 Neue Zürcher Zeitung vom Montag, den 23. Oktober 1950, (Bl. 4). Bericht zur „Abdankungsfeier" für Hans Oppikhofer von der Universität Zürich. Es wird hier beschrieben, dass Beyerle ihn auf die Lehrlaufbahn gebracht habe.

631 Lebenserinnerungen von Franz Beyerle, S. 130, Privatarchiv der Familie Beyerle.

632 Lebenserinnerungen von Franz Beyerle, S. 130, Privatarchiv der Familie Beyerle.

633 3. Teil 6. Kapitel.

634 Lebenserinnerungen von Franz Beyerle, S. 139, Privatarchiv der Familie Beyerle.

635 Lebenserinnerungen von Franz Beyerle, S. 137, Privatarchiv der Familie Beyerle.

636 Lebenserinnerungen von Franz Beyerle, S. 137, Privatarchiv der Familie Beyerle; siehe Bonjour (1971), S. 665.

gen um Beyerle gehörten noch Kurt Latte, dessen Hauptforschungen auf dem Gebiet des Griechischen lagen, der aber auch schon im Lateinischen selbstständig gearbeitet hatte, und Günther Jachmann, der als Latinist den Lehrstuhl vor Latte geführt hatte.[637]

Im gleichen Jahr - 1918 - der Berufung Beyerles nach Basel erfolgte auch die von Ernst Walser, der den Lehrstuhl für italienische Literatur erhielt. Mit ihm pflegte Beyerle kollegialen Umgang wie auch mit Rudolf Tschudi, der ab 1922 für den Lehrstuhl der Orientalischen Philologie zuständig war.[638]

Mit den Theologen hatte Beyerle in Basel weniger Kontakt. Eine Ausnahme machte hier nur Albrecht Bernoulli, der Historische Theologie lehrte, aber nicht weiter erwähnt wird.[639] Kontakt nahm Beyerle auch mit Medizinern auf. Dabei entwickelte sich zwischen ihm und dem Pathologen Robert Rössle eine anhaltende Freundschaft.[640]

## 2. Interessensgrupen und Arbeitskreise außerhalb der Hochschule

Beyerle verbrachte 11 Jahre in Basel. In dieser Zeit pflegte er neben seinem wissenschaftlichen Umgang auch Kontakt zu Studenten und Baseler Bürgern. Umgang hatte Beyerle gleich zu Anfang mit Deutschen am Ort, mit denen er musizierte.[641] Unterstützt wurde die Gesellschaft von der Tochter des ehemaligen Baseler Konzertdirigenten Reitter, einer 70 Jahre alten Dame, die Beyerle für diese Sache gewinnen konnte.[642] Zu diesem Kreis gehörte vor allen der nach Basel berufene Dermatologe Felix Lewandowski.[643]

Zusammen mit Vater und Sohn Heusler und dem damit zusammenhängenden Kreis, von dem bereits die Rede war, wurde Beyerle Mitbegründer eines Symposiums in einem Basler Restaurant. Teilnehmer

---

637 Bonjour (1971), S. 649.
638 Lebenserinnerungen von Franz Beyerle, S. 137, Privatarchiv der Familie Beyerle; siehe Bonjour (1971), S. 677, 656.
639 Lebenserinnerungen von Franz Beyerle, S. 141, Privatarchiv der Familie Beyerle.
640 Lebenserinnerungen von Franz Beyerle, S. 142, Privatarchiv der Familie Beyerle.
641 Lebenserinnerungen von Franz Beyerle, S. 119, Privatarchiv der Familie Beyerle.
642 Lebenserinnerungen von Franz Beyerle, S. 119, Privatarchiv der Familie Beyerle.
643 Lebenserinnerungen von Franz Beyerle, S. 119, Privatarchiv der Familie Beyerle; Bonjour (1971), S. 620; Universitätsarchiv Freiburg, Sign.: C5 Nr. 62. Manuskript mit biographischen Notizen zu seiner Zeit in Basel. Beyerle erwähnt auch hier den Umgang mit Baseler Professoren und auch den musikalischen jour fix bei Frau Reitter.

waren hier vorwiegend Kollegen aus der Philologie: von der Mühll, Jachmann, Latte und Tschudi.[644] In der „Locanda Ticinese" traf man sich und diskutierte vornehmlich philologisch-sprachwissenschaftliche Themen, für die Beyerle ein besonderes Interesse entwickelte:

> *„Ich fand auf diese angenehme Weise Zugang zu den Fragestellungen und der ganzen Vorstellungswelt der Literaturhistoriker und fühlte mich in diesem Kreis wohl und zugehörig."*[645]

Die juristischen Kollegen vernachlässigte er keinesfalls: Er wurde Teilnehmer einer anderen, sich regelmäßig treffenden Juristen-Gesellschaft. An diesen abendlichen Treffen nahmen dann überwiegend, wenn nicht ausschließlich, Kollegen der juristischen Fakultät wie Wieland oder Simonius in der Gaststätte „Schlüsselzunft" teil. Dennoch war der Kontakt Beyerles zu den anderen Rechtswissenschaftlern der Fakultät nicht sehr eng. Man war nicht befreundet, obwohl man gut miteinander stand.[646] Außerdem nahm Beyerle unter der Leitung des Ethnologen Felix Speiser-Merian an einem „volkskundlichen Kränzchen" teil.[647]

Der Umgang mit der Jugend kam auch nicht zu kurz. Sie hatte ihren festen Platz in Beyerles Veranstaltungskalender: Fred Schmid - Beyerle nannte ihn eine „Basler Akquisition" - leitete den „Ring". Dies war eine Gruppe junger Leute, die sich in Abständen trafen, um Vorträge zu hören und zu diskutieren."[648]

Seinen Urlaub am Bodensee verbrachte Beyerle mit einem ganz anderen Freundeskreis. Auf der Insel Reichenau, Beyerles regelmäßigem Urlaubsziel, begleiteten ihn üblicherweise Hugo Picard und William Merker. Später kamen noch Hans Fehr, Hans Opikhofer und Gerhard Kallen hinzu.[649] Eine Begegnung aus dem Jahre 1925 sollte sich privat und beruflich auf das Leben Franz Beyerles auswirken. In diesem Sommer lernte Beyerle seine spätere Ehefrau während seines Ferienaufenthaltes auf der Reichenau kennen. Die aus Hannover stammende Erika

644 Lebenserinnerungen von Franz Beyerle, S. 137, Privatarchiv der Familie Beyerle.

645 Lebenserinnerungen von Franz Beyerle, S. 137, Privatarchiv der Familie Beyerle.

646 Lebenserinnerungen von Franz Beyerle, S. 138 Privatarchiv der Familie Beyerle.

647 Lebenserinnerungen von Franz Beyerle, S. 151, Privatarchiv der Familie Beyerle.

648 Lebenserinnerungen von Franz Beyerle, S. 164, Privatarchiv der Familie Beyerle. Beyerle berichtet, dass er unter anderem einen Vortrag über den Sinn und die Rechtmäßigkeit der Todesstrafe gehalten habe; hierzu Universitätsarchiv Freiburg, Sign.: C5 Nr. 76. Vortragsmanuskript „Von der Todesstrafe", Vortrag gehalten am 06.02.1926 im Baseler Jugendzirkel „Ring".

649 Lebenserinnerungen von Franz Beyerle, S. 157 ff., Privatarchiv der Familie Beyerle. Zu diesem Kreis gehörten noch Karl Ott und Otto Gruber.

Joswich, zu diesem Zeitpunkt 17 Jahre alt, wurde drei Jahre später, am 11. Februar 1928, in Basel seine Ehefrau.[650]

## III. Wirkungen der Basler Zeit

Kurz nach der Heirat verließ Beyerle Basel, da sich seine Ehefrau dort nicht einleben konnte.[651] Für Beyerle keine leichte, für seine Ehe aber notwendige Entscheidung:

> *„Ich kann nicht sagen, dass ich Basel gerne mit Greifswald vertauschte. Dafür verband mich viel zu viel mit dieser eigenartigen Welt. Aber ich hatte das Empfinden, dass es für unsere Ehe leichter war, an anderen Ort uns einzurichten (...). Und dies Empfinden hat mich nicht getrogen."*[652]

So liegt es nahe, dass Beyerle sein geschätztes Basel 1928 aus diesem Grund verlassen hat. Aus seiner Sicht gab es scheinbar keinen weiteren Grund. Er hatte sich privat wie auch wissenschaftlich erfolgreich etabliert.[653] Beyerle nahm einen Ruf nach Greifswald an, obwohl er Frankfurt

---

650 Lebenserinnerungen von Franz Beyerle, S. 175, Privatarchiv der Familie Beyerle. Über den Charakter und Menschen Erika Beyerle lässt sich in den erschlossenen und schriftlichen Quellen nichts finden. Zeitzeugen wie ihre Söhne Burkhart und Hatto Beyerle geben einen unterschiedlichen Eindruck wieder. Einigkeit herrscht bei der Beschreibung als dominanten Menschen, etwas nordisch unterkühlt und stets darauf bedacht, Beyerles öfters ausbrechenden Enthusiasmus bei gesellschaftlichen Anlässen zu bremsen. Beyerle war ein großer Freund von weinseligen Abenden. Außerdem hatte er den Ruf, dem anderen Geschlecht gerne nachzustellen. Seine Ehefrau versuchte daher, kontrollierend einzugreifen. So Burkhart Beyerle in einem Gespräch vom 10.08.2000 in Konstanz; Hatto Beyerle in einem Gespräch vom 18.07.2000 in Ronneberg/Hannover. So auch Claudieter Schott in einem Gespräch am 10.09.2003: „Seine Frau war sehr dominant."

651 Burkhart Beyerle in einem Gespräch vom 10.08.2000 in Konstanz; Hatto Beyerle in einem Gespräch vom 18.07.2000 in Ronneberg/Hannover: Der Vater nannte diesen Grund später für seinen Weggang aus Basel; auch hierzu: Lebenserinnerungen von Franz Beyerle, S. 175, 179, Privatarchiv der Familie Beyerle: „Das Einleben in Basel war (...) nicht leicht. (...). Der Zusammenhang mit der Fakultät war lose; (...). Man konnte an einen (...).geselligen Verkehr nicht denken", S. 175.

652 Lebenserinnerungen von Franz Beyerle, S. 178, Privatarchiv der Familie Beyerle.

653 Noch vor seinem Entschluß, die Schweiz zu verlassen, fehlte Beyerle eine Stimme zur Wahl zum Rektor der Universität Basel. Dies war für Beyerle eine Enttäuschung; so Günther Wüst in einem Gespräch vom 26.02.2001 in Mannheim.

am Main favorisiert hatte; die Fakultät kam jedoch mit ihrer Liste knapp 14 Tage zu spät.[654] Sein Wunsch nach einem Frankfurter Lehrstuhl sollte sich erst später erfüllen.

Bei seinem Abschied bezeichnete Beyerle Basel als seine „zweite geistige Heimat".[655] Dies zu Recht, denn die Basler Zeit hinterließ bei ihm tiefe Spuren.

## 1. Philologische Reaktionen auf Beyerles Methode

Dem kleinen und intimen Baseler Hochschulbetrieb hatte er es zu verdanken, dass er engere Kontakte zu anderen Fakultäten und Kollegen knüpfen konnte, die ihn in seiner wissenschaftlichen Sichtweise nicht unerheblich beeinflusst haben. Im Vordergrund standen hier - wie gezeigt - die Philologen, die in Beyerle den einen oder anderen Gedanken geweckt haben. Vor allem war der Philologe Franz Dornseiff mit seiner Methode prägend. Mit ihm hatte Beyerle viel Zeit verbracht. Dornseiff hatte schon damals eine eigene, unorthodoxe Auslegungsmethode, die der späteren Methode von Beyerle sehr ähnlich war. So war auch Dornseiff kein Vertreter der „starren" Übersetzungs- bzw. Auslegungsmethode. Er wollte Entwicklungen unter Berücksichtigung der aktuellen Sinndeutung einbeziehen. Dornseiff erläuterte seine Methode in der Einleitung eines von ihm publizierten Lehrbuches:

> *„Nichts liegt mir ferner, als die Verwendungsveränderungen der altgriechischen Wörter in der nachantiken Zeit zu bekämpfen und etwa zu predigen, man müsse sie richtig nach der alten Bedeutung verwenden. Die heutige wissenschaftliche Sprache hat Gewinn von dem gewordenen Zustand. Wörter einer lebendigen Sprache kann man im Kreis ihrer Sprecher nicht mit Beschlag belegen und willkürlich auf eine bestimmte Bedeutung festlegen."*[656]

654 Lebenserinnerungen von Franz Beyerle, S. 175, Privatarchiv der Familie Beyerle.

655 Lebenserinnerungen von Franz Beyerle, S. 179, Privatarchiv der Familie Beyerle.

656 Franz Dornseiff, Die Griechischen Wörter im Deutschen, (1950), S. 9. Auch wenn das Lehrbuch erst 1950 veröffentlicht wurde, also weit nach der Begegnung Dornseiffs mit Beyerle, so wird man dennoch im Vergleich mit Beyerles Beschreibung der Dornseiffschen Methode eine deutliche Übereinstimmung feststellen können. Ein Bruch der Dornseiffschen Methode liegt also nicht vor. Die Parallelen zu Beyerles Methode belegen hingegen eine gewisse Einflussnahme.

Dies zeigt eine unkonventionelle Übersetzungsmethode, die eine zeitgemäße Komponente der Sinndeutung enthält,- so wie sie später in Beyerles Werken wiederzufinden ist.[657] Noch seinem Sohn erklärte Franz Beyerle, als man auf seine Übersetzungsarbeiten zu sprechen kam, dass man das schriftlich Überlieferte nicht verkomplizieren dürfe. Man müsse sich in die Zeit des Schreibers versetzen und zeitgemäß, umgangssprachlich, logisch denken.[658] Nur so würde man sich vor Verfälschungen und Fehlinterpretationen schützen.[659]

Es war Dornseiff, der Beyerle in diese Richtung der unorthodoxen Übersetzung und Auslegung beeinflusste. Dornseiff löste sich von den Überlieferungen und suchte den Sinn gerade durch eigene Ermittlungen herauszuarbeiten:

> *„Ich war immer wieder von neuem erstaunt zu sehen, wie das interpretatorische Bestreben, von den Überlieferungen erst abzugehen, wenn es sich gar nicht mehr vermeiden läßt, weithin auf stärkste Ablehnung stieß. Ich dachte immer, das sei selbstverständlich und eine Forderung des gesunden Menschenverstandes."*[660]

Auch Beyerles Übersetzungen stießen bei klassischen Philologen auf teilweise heftige Kritik und Widerstand.[661] Diese waren der Auffassung, dass er durch eine zu freie Übersetzungsmethode den Sinngehalt und die

657 Hierzu 2. Teil 3. Kapitel II. 2.

658 Hatto Beyerle in einem Gespräch vom 18.07.2000 in Ronneberg/Hannover. Zustimmend Burkhart Beyerle in einem Gespräch vom 10.08.2000 in Konstanz.

659 Eine Auffassung, die teils bei klassischen Philologen auf heftige Kritik stieß, da man das sehr freiheitlich-unkonventionelle Auslegen von Texten für gefährlich erachtete; Schmidt-Wiegand in einem Gespräch vom 27.10.`01 in Marburg. Dies verursachte bei seinen Untersuchungen zur Lex Salica große Spannungen und führte letztendlich zum Bruch mit einer zur Mitentwicklung der Arbeit hinzugezogenen Philologin Ruth Schmidt–Wiegand: „Beyerle machte sich seine konkreten Vorstellungen wie es gewesen sein müsste, ich sollte es dann beweisen." Schmidt-Wiegand in einem Gespräch vom 27.10.`01 in Marburg.

660 Franz Dornseiff, Eine Rückschauende Bemerkung zum Verzeichnis meiner Schriften, in: „Festschr. Franz Dornseiff zum 65. Geburtstag", hrsg. von Horst Kusch (1953), S. 30.

661 Dies verursachte bei seinen Untersuchungen zur Lex Salica große Spannungen und führte letztendlich zum wissenschaftlichen Bruch mit der Philologin Schmidt–Wiegand, die Beyerle zur Mitwirkung herangezogen hatte: „Beyerle machte sich seine konkreten Vorstellungen wie es gewesen sein müßte, ich sollte es dann beweisen." So Schmidt–Wiegand in einem Gespräch vom 27.10.`01 in Marburg; Universitätsarchiv Freiburg, Sign.: C5 Nr. 30. Schriftwechsel Beyerles mit Schmidt-Wiegand, aus dem diese Spannungen deutlich werden.

Bedeutung verfälschen oder zumindest ungenau wiedergeben würde. Beyerle hingegen war der Meinung, dass nur eine freie Übersetzung aus dem Zusammenhang unter der Berücksichtigung der sozialen und gesellschaftspolitischen Umstände der Zeit des Urhebers zu einer wahren Sinndeutung kommen könnte.[662]

Ob nun seine oder die gegensätzliche Sichtweise die richtige ist, sei dahingestellt. Sicher ist, dass Beyerle durch Basler Gelehrte wie Dornseiff in seiner Methode beeinflusst wurde.

## 2. Anregungen durch das Schweizer Zivilrecht

Der „Abschied" vom Schweizer Zivilrecht fiel Beyerle nicht leicht, er hatte es aufgrund seiner freien Auslegung schätzen gelernt.[663] Es war die Allgemeinverständlichkeit der Normen fern jeder kompliziert subtilen Anwendungstechnik, die Beyerle beeindruckte. Er sah darin das Ergebnis eines Gesetzgebers, der sich dem Volk verantwortlich fühlt.[664] So wundert es nicht, dass es vor allem die Schweizer Rechtstradition und das Rechtsempfinden waren, welche er später in Deutschland vermissen sollte:

> *„Der Schweizer ist überhaupt kein Freund von Spitzfindigkeiten. Er findet, das Leben stelle die Probleme, nicht der Gesetzestext. Wer in der Beurteilung von Schwierigkeiten Lebenskenntnis und ein gesundes Urteil*

---

662 Hatto Beyerle in einem Gespräch vom 18.07.2000 in Ronneberg/Hannover; sowie Burkhart Beyerle in einem Gespräch vom 10.08.2000 in Konstanz.

663 Von dem volksnahen Charakter des Schweizer Rechts zeugt bereits die Entstehungsgeschichte des ZGB. Drei Viertel alle schweizer Kantone hatten bereits während des 19. Jahrhunderts ihre eigenen, mehr oder weniger vollständigen Zivilgesetzbücher hervorgebracht. Diese basierten streng auf den jeweiligen regionalen gesellschaftlich und wirtschaftlichen Bedürfnissen. Bemühungen, das gesamte Schweizerische Zivilrecht zu vereinheitlichen, scheiterten noch 1872 an dem Widerstand der Kantone. Nur das Handels- und das Wechselrecht wurde vom Bund geregelt. In einem langwierigen, die kantonalen Interessen berücksichtigenden Integrationsprozeß, der durch Zusammenstellungen kantonaler Regelungen, Teilentwürfen und Übernahmen gekennzeichnet war, wurde am 10.12.1907 in der Schlußabstimmung der Bundesversammlung einem Entwurf zum ZGB, der maßgeblich von Eugen Huber geprägt wurde, zugestimmt; hierzu Wilhelm Schönenberger und Gerhard Dilcher, Einleitung zum Schweizer ZGB, S. XXIX ff., in: ZGB, 41. Aufl.; Dilcher (2001), S. 241. Ein Anhänger dieses Entwurfs war Otto v. Gierke. Als das „Ideal einer volksverbundenen Kodifikation war ihm das Schweizer Zivilgesetzbuch Eugen Hubers (...)."

664 Universitätsarchiv Freiburg, Sign.: C5 Nr. 33. Vorlesungsmanuskript „Über Schweizerische Gesetzeskunst".

*zeigte, galt als Jurist. Man wich der wirklichen Aufgabe, die sozialen Belanggegensätze auszugleichen und das soziale Leben zu meistern, nicht aus und flüchtete nicht in die Kontroversen der Gesetzesauslegung. Da die Gesetzgebung – auch auf dem Boden des Zivilrechts – sehr viel knapper als in Deutschland ist, bleiben Lücken auf Schritt und Tritt. Man ist gewohnt, zu ihrer Ausfüllung auch die benachbarte Gesetzgebung vergleichsweise heranzuziehen: das deutsche BGB vor allem und die französischen Gesetze. Daher spielte das Studium und die Kenntnis beider schon auf der Universität eine gewisse Rolle. (...). Die Frucht dieser Arbeitsweise ist, dass die Juristen drüben von der immanenten Fragestellung ausgehen. (...). Man wendet sich dem Leben zu, nicht einem Schema. Und das Gesetz wird freier ausgelegt und gehandhabt, als bei uns.*[665]

Für Beyerle schien das Schweizer Zivilrecht mehr Kontakt zu den heimisch gewachsenen Strukturen zu halten. Es war hierdurch dem Volk verständlicher und letztendlich konfliktnäher. Deshalb weckte es in Beyerle offensichtlich den Vorsatz, eine Modifizierung des BGBs zu planen. Denn das BGB betrachtete er als zu dogmatisch, schematisch und hierdurch für ihn oftmals in seiner Abstraktheit zu lebensfremd. Später in Frankfurt am Main konkretisierte er seine Vorstellungen für eine Modifizierung des Deutschen Zivilrechts in seiner „Frankfurter Arbeitsgemeinschaft für Rechtserneuerung.“[666]

So beeinflusste die Basler Zeit Beyerle sehr stark: Kontakte zu Wissenschaftlern anderer Genres, Historikern und Philologen und Einblicke in das ZGB machten diese Zeit für Beyerle nachhaltig wertvoll. Die Erfahrungen in der Schweiz wirkten sich auf die Persönlichkeit und auch auf die wissenschaftliche Arbeit Beyerles aus. Als Baseler Ordinarius hatte sich Beyerle eingehend mit dem Schweizer Zivilgesetzbuch und dem Obligationenrecht befasst; er hat diese Gesetze zeitlebens dem BGB vorgezogen.[667] Besonders deutlich wurde dies in seinen Entwürfen zur Systematisierung des Deutschen Privatrechts[668], wobei ihm das ZGB als Vorbild galt.[669] So waren die Baseler Jahre auch aus Beyerles Sicht von besonders hohem Wert, „dort hätte ich bleiben sollen“, äußerte er sich später.[670]

---

665 Lebenserinnerungen von Franz Beyerle, S. 129, Privatarchiv der Familie Beyerle.

666 Hierzu 3. Teil 3. Kapitel III. 2.

667 Günther Wüst, In memoriam Franz Beyerle, in: JZ, H. 3 (1978), S. 118 ff.

668 Joachim Rückert, Die Historisierung der Rechtsgeschichte und ihre NS - Charakteristik als Wissenschaft mit Ideologie, in: ZNR, 15. Jg, 1993, Nr.1/2, S. 78 – 90; hier S. 86.

669 Hierzu 3. Teil 5. Kapitel III.

670 Thieme (1979), S. 21.

## 2. Kapitel Greifswald (1929 – 1930)

Beyerle verbrachte zwar ein Jahr in Greifswald; es zählte - wie er selbst meinte - „nicht zu den schlechtesten".[671] Denn in Greifswald traf er auf vertraute, befreundete Kollegen aus der Basler Zeit. Franz Dornseiff, der in Basel noch als Privatdozent tätig war, wirkte hier bis 1948 als Ordinarius der klassischen Philologie.[672] Nach seinem Fortgang verwaiste der Lehrstuhl in Greifswald.[673]

Sein Schüler Hans Thieme folgte Beyerle an die Ostsee. Dieser hatte sein Referendarexamen in Leipzig bestanden und trat nun am Greifswalder Amtsgericht seinen Vorbereitungsdienst zum Assessor an.[674]

Die beschaulichen und geordneten politischen Verhältnisse der Schweiz musste Beyerle nun mit den unruhigen Deutschlands tauschen.

### I. Heimkehr nach Deutschland – Rückkehr der Unsicherheit

Beyerle verbrachte über ein Jahrzehnt in der politischen Neutralität der Schweiz. Deutschland, in das er anschließend 1929 zurückkehrte, hatte sich seit seinem Verlassen, direkt nach dem ersten Weltkrieg, völlig verändert.

Seit dem 28. Oktober 1918 herrschte in Deutschland das parlamentarische Regierungssystem. Die Demokratie hatte ihren Einzug in Deutschland gehalten und sah sich sogleich Gegenströmungen aus allen Schichten der Bevölkerung ausgesetzt. Gegenüber dem neuen System herrschten generell Unsicherheit und Misstrauen. Die republikanische Regierungsform, die in Deutschland keine Tradition hatte, wurde eher distanziert toleriert als tatsächlich unterstützt.[675] Unter anderem lag das daran, dass sich die Staatsform geändert hatte, nicht aber - trotz aller Unruhen - die gesellschaftlichen Grundbestände.[676] Die „alten Eliten"

---

671 Lebenserinnerungen von Franz Beyerle, S. 181, Privatarchiv der Familie Beyerle.

672 Lebenserinnerungen von Franz Beyerle, S. 182, Privatarchiv der Familie Beyerle. Hierzu Friedrich Schubel, Universität Greifswald (1960), S. 75

673 Schubel (1960), S. 75; Wolfgang Wilhelmus u.a., Universität Greifswald 525 Jahre (1982), S. 74, 209.

674 Lebenserinnerungen von Franz Beyerle, S. 186, Privatarchiv der Familie Beyerle.

675 Ringer (1983), S. 65.

676 Fritz Fischer, Bündnis der Eliten. Zur Kontinuität der Machtstrukturen in Deutschland 1871 – 1945 (1985), S. 63 f.

wandten sich aus Angst vor Machteinbußen gegen das neue System.[677] Unter den Ablehnenden stand auch die Mehrheit der deutschen Hochschullehrer, die in der wilhelminischen Zeit zu ihren gesellschaftlich höherrangigen Stellungen und Positionen gelangt waren. Sie befürchteten eine Beschneidung ihrer Privilegien wie auch den Verlust von Macht und Einfluss durch die neue Regierungsform.

Der von einer Mehrheit in der Professorenschaft vehement vertretene und berühmte „Geist von 1914“ hatte ja nichts anderes bedeutet als die radikale Ablehnung all jener Prinzipien der westlich-liberalen Grundordnung, die nun Fundament der eigenen Grundordnung werden sollten.[678]

## 1. Beyerles Ansichten zur Weimarer Verfassung

Der Grundcharakter der Bismarckschen Verfassung wurde aufgegeben. Künftig würde das Reich nicht mehr von „verbündeten Fürsten mit verbündeten Bürokratien“ regiert werden, sondern von einer Koalition der Mehrheitsparteien im Reichstag und der von ihr bestellten Reichsregierung.[679]

Hugo Preuß, Professor des öffentlichen Rechts, in das Amt eines Staatssekretärs des Inneren berufen, wurde beauftragt, den Entwurf einer Reichsverfassung für die deutsche Nationalversammlung vorzubereiten.[680] Preuß galt als der „am weitesten links gerichtete Staatsrechtler des damaligen Deutschlands“.[681] Damit war er aber gerade nicht ein Repräsentant der herrschenden politischen Auffassung. Nach Vollendung des Werkes urteilte er später nüchtern, dass diese Verfassung nicht im „Sonnenglanz des Glückes geboren“ wurde.[682] Die Verfassung wurde nicht als „aus der Mitte des Volkes“ gewachsene angesehen, sondern als dem

---

677 Rosenberg (1988), S. 273 f.

678 Reinhard Rürup, Entstehung und Grundlagen der Weimarer Verfassung, in: Vom Kaiserreich zur Republik, hrsg. von Eberhard Kolb (1972), S. 23.

679 Rürup (1972), S. 218.

680 Willibald Apelt, Geschichte der Weimarer Verfassung, 2. Aufl. (1964), S. 56; Töpner (1970), S. 207, 210; Hagen Hof, Hugo Preuß (1860 – 1925), in: Deutsche Juristen aus fünf Jahrhunderten, 3. Aufl., hrsg. von Gerd Kleinheyer und Jan Schröder (1989), S. 212 f.

681 Hans Boldt, Die Weimarer Verfassung, in: Die Weimarer Republik 1918 - 1933, hrsg. von Karl Dietrich Bracher/ Manfred Funke/ Hans Adolf Jakobsen (1987), S. 47.

682 Rürup (1972), S. 218.

Deutschen Volk aufgezwungene Erfüllung des Versailler Vertrages.[683] Die Mehrheit des Volkes sprach von einem Friedensdiktat und nicht von einer souveränen Verfassung. Und dies, obwohl gemäß Art. 1 WRV der demokratische Staat garantiert wurde und Art. 17 WRV die organisatorischen Grundprinzipien einer parlamentarischen Demokratie verbindlich festlegte.[684]

Die Wissenschaft hatte nach wie vor eine hervorgehobene, wichtige Stellung im neuen Staat.[685] Die Mehrheit der Hochschullehrer brachte dies nicht dazu, sich für die Demokratie und damit für den neuen Staat einzusetzen. Eine Ausnahme hiervon war sicherlich Konrad Beyerle und mit wenigen Abstrichen auch sein Bruder Franz. Konrad Beyerle war seit 1919 als Mitglied der verfassungsgebenden deutschen Nationalversammlung an dem Verfassungsentwurf beteiligt.[686] Durch seine Mitwirkung an dem Artikel 153 wurde die Sozialbindung des Privateigentums als sozialistisches Element in der Verfassung verankert. Ebenso manifestierten sich sozialistische Einflüsse durch die im Arbeitsrecht eingeführte Unabdingbarkeit des Tarifvertrages und die nach Artikel 165 WRV vorgeschriebene Bildung von Betriebsräten.[687]

Demokratisch gesinnte Politiker wie Konrad Beyerle versuchten, die Verfassung im neuen Geist zu kommentieren, um diese so dem Volk näher zu bringen. Das Ziel war - wie Konrad Beyerle schrieb - : „deutsche Herzen erobern".[688]

> *„Die Nationalversammlung hat die Hoffnung nicht getäuscht, die auf ihre Einberufung gesetzt wurde. Sie setzte den innerpolitischen Kampf der Revolutionsparteien um die rechte Staatsform ein Ziel, denn ihre Beschlüsse verkörperten den Gesamtwillen der Nation."*[689]

683 Rürup (1972), S. 218.

684 Hierzu: Gerhard Anschütz, Die Verfassung des Deutschen Reiches vom 11. August 1919. Ein Kommentar für Wirtschaft und Praxis (1968), (Neudr. der 1. Aufl. von 1921), S. 129; hierzu Hans Boldt (1987), S. 50 ff.

685 Garantiert wurde diese in Art. 10 WRV, Art. 142 bis einschl. 149 WRV: „Kunst, Wissenschaft und Lehre sind frei." Hierzu: Anschütz (1968), (Neudr. der ersten Aufl. von 1921), S. 658 ff.; Ringer (1983), S. 66.

686 Hense (2001), S. 146 ff.

687 Boldt (1987), S. 59; Weimarer Reichsverfassung, RGBL. 1383; Karl Kroeschell, Die nationalsozialistische Eigentumslehre, in: Rechtsgeschichte im Nationalsozialismus: Beiträge zur Geschichte einer Disziplin, hrsg. von Michael Stolleis und Dieter Simon (1989), S. 48 f.

688 Konrad Beyerle, Die Verfassung des deutschen Reiches, in: Vorwort zum Reichsgesetzblatt Nr. 152 (1919).

689 Konrad Beyerle (1919), S. 8.

In diesem Punkt hatte sich Konrad Beyerle getäuscht, denn der „Gesamtwille der Nation“ war mittlerweile ein anderer. Zum Zeitpunkt der Verabschiedung der Verfassung entsprach die Zusammensetzung der Nationalversammlung längst nicht mehr der veränderten Wählerstimmung im Staat. Die politische Meinung des Volkes war schon auf einem neuen Kurs, gleichwohl aber nicht entsprechend repräsentiert! So stellt sich die Frage, inwieweit die verabschiedete Verfassung dem tatsächlichen, wirklichen Willen des Volkes entsprach, das die westlichen Elemente zu keiner Zeit akzeptieren wollte.[690]

Konrad Beyerle musste erkennen, dass die Verfassung vom 11.08.1919 wohl nicht lange Bestand haben sollte. Er sah in ihr einen unter äußerster Kraftanstrengung zustande gekommenen staatsrechtlichen Neubau, in dem große Chancen und Erwartungen für das Deutsche Volk ruhen würden.[691] Trotz aller demokratischen und sozialen Neuerungen war die Verfassung letztendlich eben „bloß“ das Produkt einer gescheiterten Revolution. Die wirkliche Verfassung eines Landes existiere nur in den tatsächlichen Machtverhältnissen.[692]

Franz Beyerle stand der Verfassung weitaus kritischer gegenüber als sein Bruder, nicht aber der Staatsform. Er wollte eine eigene Schöpfung, eine für die deutschen Verhältnisse zugeschnittene Verfassung und keine Rezeption von Bauteilen westlicher Modelle.

> *„Als mein Bruder Konrad in die Nationalversammlung gewählt wurde und in Weimar an der Ausarbeitung der Verfassung teilnahm und mir davon berichtete, gab ich meiner Enttäuschung darüber Ausdruck, dass man nichts Klügeres wisse als eine Kopie der westlichen Demokratien. Es war ja klar, dass dieses Instrument bei uns in Deutschland nicht funktionieren konnte. Demokratie: das hieß hier nicht Selbstbestimmung durch*

---

690 Von den Verehrern der Bismarkschen Verfassung wurde die Weimarer Verfassung ohnehin nicht angenommen und dies aus zweierlei Gründen: Erstens war diese doch mit ihren französischen (Verhältniswahlsystem), schweizerischen (Volksreferendum) und amerikanischen (Stellung des Reichspräsidenten) Elementen ein undeutscher Abklatsch. Des weiteren würde durch den Unitarismus in Form des „Einheitsstaates“ die Vormachtstellung Preußens beschnitten; hierzu Töpner (1970), S. 215. Zu dem Einfluß der westlichen Demokratien auf die Weimarer Verfassung, Boldt (1987), S. 52 f.

691 Konrad Beyerle (1919), S. 8; Töpner (1970), S. 222 f.

692 Ferdinand Lassalle, Ausgewählte Reden und Schriften 1849 - 1964. Vortrag über Verfassungswesen vom 16. April 1862, hrsg. von Hans Jürgen Friederici (1991), S. 99 f.; ebenso abgedruckt in: Ferdinand Lassalle, Über Verfassungswesen. Rede am 16. April 1862, Eva Reden Bd. 8, hrsg. von Sabine Groenewold (1993), S. 7 ff.

*ein Volk i. W. unabhängiger Leute, es hieß vielmehr, das Schicksal des Landes in die Hände der abhängigen Massen legen (...).“*[693]

Später sah man das gescheiterte „Experiment“ der ersten deutschen Republik ganz nach der Einschätzung Beyerles: als das klassische Beispiel für den misslungenen Versuch, das englische parlamentarische Regierungssystem unkritisch auf fremde Länder zu übertragen, ohne vorher geprüft zu haben, ob die Voraussetzungen für sein Funktionieren vorhanden sind.[694] Zudem war es für Franz Beyerle völlig unverständlich, wie man einen Verfassungsentwurf entwickeln konnte, ohne nur im Ansatz auf deutsche Ideale Rücksicht zu nehmen:

> *„Es war nicht schwer, (...) das Cliché von Hugo Preuß abzulehnen. Aber was an die Stelle dieser Asphalt–Ideologie setzen? Darüber mochten die nachdenken, die sich die Politik zur Aufgabe gestellt hatten. Sicherlich musste eine Anknüpfung an deutsche Vorbilder gesucht werden. Wir hatten sie im Ständestaat, hier mit monarchischer Spitze, und hatten sie in republikanischer Form beim deutschen Stadtstaat. Um diese Lösung mühten sich damals ein paar Verantwortungsbewusste. Aber Preuß hatte sein Cliché schon fertig (...).*[695]

Diese Kritik auf der höheren Verfassungsebene, fremde Strukturen zu übernehmen, ohne solche im eigenen Staat gewachsene und bewährte Modelle zu berücksichtigen, wiederholte sich später auf der zivilrechtlichen Ebene. Wie wir sehen werden, bekämpfte Beyerle die sture Übernahme des begriffsjuristischen, pandektischen Systems entschieden und forderte auch hier ein heimisch gewachsenes Recht. Franz Beyerle zeigte hier in seiner Kritik eine deutliche Konsequenz.

### 2. Die bildungspolitische Situation in der neuen alten Heimat

Die Situation an den Universitäten und die Stimmung unter den Professoren waren in diesen Zeiten alles andere als entspannt. An der gesellschaftlichen Reputation der Hochschullehrer hatte sich zwar nichts ge-

---

693 Lebenserinnerungen von Franz Beyerle, S.114, Privatarchiv der Familie Beyerle. Zur historischen Einordnung und Entstehungszeit des Zitats bzw. der Lebenserinnerungen siehe 1. Teil III.

694 Ernst Fraenkel, Deutschland und die westlichen Demokratien, 6. Aufl. (1991), S. 23.

695 Lebenserinnerungen von Franz Beyerle, S.114, Privatarchiv der Familie Beyerle.

ändert, sie gehörten nach wie vor zur Elite.[696] Befürchtungen, die Demokratie als „Herrschaft der Massen" könnte ihre gesellschaftliche Stellung gefährden, erwiesen sich als unbegründet.[697] Auch die von ihnen gesehene „Bedrohung" der Universitäten durch einen Ansturm der sozial schwachen Schichten blieb ebenfalls aus.[698]

So traten politische Absichten in den Hintergrund. Die meisten Professoren hatten ihren Anspruch auf ein politisches Gewicht aufgegeben.[699] Was aber nicht heißen soll, dass die Lage an den Hochschulen selbst unpolitisch war. Ganz im Gegenteil: Es entbrannte ein Streit zwischen den Befürwortern der Republik und denen, welche die neue Staatsordnung ablehnten. Letztere stellten die Mehrheit unter den Lehrkräften. Diese sahen das „Staatswohl" durch die parlamentarische Demokratie gefährdet. Man war für das Vaterland, aber gegen den Parteienstaat.[700] Der Parlamentarismus galt als unzuverlässig, da dieser allein durch seine Vertreter die Summe der vielen Einzelwillen repräsentierte. Daher musste er unberechenbar sein.[701] Zudem war diese Staatsform das Ergebnis eines verlorenen Krieges, allein schon deshalb könnte es dem Volk keine Einheit bringen.[702] Eine Minderheit der Hochschullehrer akzeptierte die neuen politischen Verhältnisse, um eine weitere Destabilisierung zu verhindern.[703] Diese so genannten „Vernunftrepublikaner" akzeptierten die neue Republik und ihre Verfassung; zwar nicht gerade begeistert, aber dennoch loyal.[704] Der „Zwang der historischen Notwendigkeit" war es, der sie zur Unterstützung veranlasste.[705]

---

696 Kurt Sontheimer, Die deutschen Hochschullehrer in der Zeit der Weimarer Republik, in: Deutsche Hochschullehrer als Elite 1815 – 1945. Büdinger Forschung zur Sozialgeschichte, hrsg. von Klaus Schwabe (1988), S. 215.

697 Bernd Faulenbach, Die Historiker und die „Massengesellschaft" der Weimarer Republik, in: Schwabe (1988), S. 226, 240.

698 Fritz Ringer, Das gesellschaftliche Profil der deutschen Hochschullehrerschaft 1871 - 1933", in: Schwabe (1988), S. 99.

699 Sontheimer (1988), S. 215.

700 Töpner (1970), S. 25; Schwabe (1988), S. 22 f.

701 Heinrich August Winkler, Der lange Weg nach Westen. 1. Bd. Deutsche Geschichte vom Ende des Alten Reiches bis zum Untergang der Weimarer Republik (2000), S. 463 f.

702 Fries-Thiessenhusen, Politische Kommentare deutscher Historiker 1918 - 1919 zur Niederlage und Staatsumsturz, in: Vom Kaiserreich zur Weimarer Republik, hrsg. von Eberhard Kolb. (1972), S. 349 f., 351, 353, 355 ff.

703 Bleuel (1968), S. 96; Töpner (1970), S. 212.

704 Michael Stolleis, Staatsrechtslehre zwischen Monarchie und Führerstaat, in: Wissenschaft und Nationalsozialismus, hrsg. von Steffen Harbordt (1983), S. 17.

705 Bleuel (1968), S. 99.

Überzeugte Demokraten waren aber selbst in diesem Lager kaum anzutreffen, eine Ausnahme machte hier sicher Konrad Beyerle,[706] mit ihm sein jüngerer Bruder Franz. Franz Beyerle musste schon bald feststellen, dass Demokraten an der Hochschule „gemiedene Leute" waren.[707] So standen die Verneiner des Weimarer Staates als eine Mehrheit denen gegenüber, die auf der Grundlage der gegebenen Verfassung wirken wollten.[708]

Die Hochschulen entwickelten sich zu den Hochburgen der Antidemokraten. Ausnahmen gab es nur wenige. Eine solche, die noch in Beyerles weiterem Leben eine größere Rolle spielen sollte, war die Universität in Frankfurt am Main.

## II. Die Greifswalder Kollegenschaft

Von seinen Kollegen an der Fakultät erwähnte Beyerle zuerst Holstein, dann den Strafrechtler Merkel und den Handelsrechtler Lange, weiterhin Bley, der über das Bürgerliche Recht und den Zivilprozess dozierte.[709] Mit einem anderen bereits bekannten Wissenschaftler aus seiner Basler Zeit, Erich Stampe, pflegte Beyerle engeren Umgang.[710] Stampe, ebenfalls Rechtshistoriker, lehrte in Greifswald bereits seit 1893. Er wurde 1924 zwar emeritiert, aber mit Rücksicht auf einen ungestörten Lehrbetrieb von der Fakultät in den Lehrbetrieb weiterhin aktiv eingebunden, indem er noch Jahre nach seiner Emeritierung Vorlesungen und Seminare hielt.[711]

Beyerle lernte Stampe bei einer Sitzung des besagten Juristenstammtischs in der Basler „Schlüsselzunft" kennen.[712] Für Beyerle verkörperte Stampe den „Hochschullehrer alten Stils": voller Ernst und innerer Würde. Er bewunderte sein großes soziologisches Verständnis für anstehende Rechtsfragen, was ihm - aus seiner Sicht - gegenüber seinen

---

706 Hense (2001), S. 87 ff.

707 Lebenserinnerungen von Franz Beyerle, S. 181, Privatarchiv der Familie Beyerle.

708 Töpner (1970), S. 29.

709 Lebenserinnerungen von Franz Beyerle, S. 182, Privatarchiv der Familie Beyerle.

710 Lebenserinnerungen von Franz Beyerle, S. 183, Privatarchiv der Familie Beyerle.

711 Irene Vorholz, Die Rechts- und Staatswissenschaftliche Fakultät der Ernst-Moritz-Arndt-Universität Greifswald. Von der Novemberrevolution 1918 bis zur Neukonstituierung der Fakultät 1992, Greifswalder Rechtswissenschaftliche Reihe, Bd. 9 (2000), S. 45 f.

712 3. Teil 1. Kapitel II. 2.

rein begriffsjuristischen Altersgenossen einen deutlichen Vorsprung gab.[713]

Mit den Juristen in der Greifswalder Fakultät waren die Nationalökonomen vereint, mit denen aber Beyerle keinen näheren Umgang pflegte.[714] Von den anderen Fakultäten nannte Beyerle den Chirurgen Pels-Leusden, Leiter der chirurgischen Klinik[715], als hervorragenden Gelehrten. Beyerle empfand ihn zwar als „streitbaren Deutschnationalen", hatte aber zu diesem trotz der politischen Differenzen ein gutes Verhältnis. [716] Weiterhin nannte Beyerle Degkwitz, den Leiter der Kinderklinik, und den österreichischen Philosophen Pichler. Zu beiden hatte er ein freundschaftliches Verhältnis.[717]

Den - aus Beyerles Sicht - mangelnden wissenschaftlichen Tiefgang an der eigenen Fakultät konnte er durch Umgang mit diesem Kreis auf privater Ebene ausgleichen.[718] Zudem hatten die Umgebung Greifswalds und die nordische Landschaft für Beyerle einiges zu bieten. Beyerle konnte hier seinem Hobby nachkommen: segeln auf der nahe gelegenen Ostsee. Außerdem fühlte sich seine Frau im Norden bedeutend wohler als zuvor in Basel. Beyerle empfand die landschaftlichen Vorteile als Entschädigung für die ihm weniger zusagende Universitätsstadt Greifswald:

> *„Der Blick über die Landzungen und Buchten hinweg auf die freie Ostsee war unbeschreiblich, nicht minder das Panorama (...). Das war wohl ein vollwertiger Ersatz für alles, was in der Kleinstadt Greifswalds dem geistigen Menschen abgehen konnte."*[719]

---

713 Universitätsarchiv Freiburg, Sign.: C5 Nr. 104. Trauerrede von Hans Thieme vom 26.10.1977. Thieme berichtete über das Verhältnis von Beyerle zu Stampe in Greifswald; Universitätsarchiv Freiburg, Sign.: C5 Nr. 58. Manuskript „Über methodische Affinitäten der Rechtswissenschaft" Beyerle beschreibt hier Stampe als „ernsten Sucher und Gestalter" einer zeitgemäßen Rechtsmethode und zeigt ihn damit als Mitstreiter einer Rechtsreform.

714 Lebenserinnerungen von Franz Beyerle, S. 184, Privatarchiv der Familie Beyerle.

715 Schubel (1960), S. 64.

716 Wolfgang Wilhelmus, Universität Greifswald 525 Jahre (1982), S. 36; Lebenserinnerungen von Franz Beyerle, S. 184, Privatarchiv der Familie Beyerle.

717 Lebenserinnerungen von Franz Beyerle, S. 184, Privatarchiv der Familie Beyerle. Zu den beiden Dozenten: Schubel (1960), S. 66.

718 Lebenserinnerungen von Franz Beyerle, S. 184, Privatarchiv der Familie Beyerle.

719 Lebenserinnerungen von Franz Beyerle, S. 185, Privatarchiv der Familie Beyerle.

Außer diesen landschaftlichen Vorzügen und dem für Beyerle angenehmen, wenn auch ihn nicht so beanspruchenden Universitätsleben hatte Greifswald wenig zu bieten. Die Stadt konnte für Beyerle die Lücke nicht füllen, die durch seinen Weggang aus Basel entstanden war.

## III. Erste Forderungen nach einer Rechtserneuerung

Schwierigkeiten bereitete ihm das Deutsche Privatrecht, das ihm aufgrund der zehnjährigen Entwöhnung fremd geworden war. Beyerle war mittlerweile ein Freund des schweizerischen Zivilrechts geworden, das er aus den besagten Gründen favorisierte.[720]

In Greifswald musste er sich wieder mit dem Deutschen Recht auseinander setzen. Und wieder kamen - wie in der Schweiz - Zweifel an der strengen Dogmatik sowie an der pandektistischen, begriffsjuristischen Enge des Deutschen Rechts. Bei der Pandektistik vermisste er die soziale Einbindung des Rechts und auch die Rücksichtnahme auf das heimisch gewachsene Rechtsverständnis.[721] Die Gemeinnützigkeit sah Beyerle als die wichtigste Aufgabe des Gesetzgebers:

> *„Gesetze geben heißt das soziale Leben ganz unmittelbar gestalten, es durch die Sollordnung des Rechts an einem ganz bestimmten Zielbild ausrichten. Soferne also der Gesetzgeber seiner Aufgabe bewusst ist, spricht er nicht in abstrakten Lehrsätzen; das soziale Leben selber soll im Grundriss des Gesetzbuchs sichtbar werden."*[722]

An den technischen Vorzügen der Pandektistik, die in weite Teile des BGB reichte, zweifelte Beyerle allerdings nicht. Beyerle bevorzugte ein lebensnäheres Recht, wie es die Schweizer anwendeten, da dieses heimisch gewachsene Strukturen berücksichtigte und hierdurch konfliktnäher war.[723] Zum Vergleich des Schweizerischen mit dem Deutschen Zivilrecht führte er aus:

> *„Das Schweizer Zivilrecht ist einfacher, gegenständlicher (dh. weniger begrifflich, als sachlich angelegt) und nicht nur besser systematisiert, sondern oft gesünder in den Lösungen. Das sich Zurückfinden ins BGB*

---

720 3. Teil 1. Kapitel III. 2.

721 Wüst (1978), S. 119.

722 Beyerle, Schuldenken und Gesetzeskunst, in: Ztschr. f. d. gesamte Staatswissenschaft 102 (1942), S. 217.

723 Lebenserinnerungen von Franz Beyerle, S. 129 f., 188; Diestelkamp (2000), S. 16.

*mit seiner abstrusen Juristensprache und seinen abstrakten Formulierungen fiel mir nicht leicht."*[724]

Die Beherrschung der Rechtssprache erachtete Beyerle als die wichtigste Aufgabe des Gesetzgebers. Sie sei keineswegs ein nur rein ornamentales Problem, sondern entscheidend für die Volksverbundenheit einer Rechtsordnung:[725]

> *„(...) die überkommene Zivilrechtssystematik bildet ihre Rechtsbegriffe irrig nach gewissen logischen Einteilungsarten, statt nach der sozialen Funktion des Rechts. Eine Gesetzgebung, die diese Sprache redet, wird daher von den Fragen abgelenkt, welche das Leben selber stellt."*[726]
> *„Die Rechtsordnung eines Volkes ist das normative Gehäuse, in dem sein Leben eingeschlossen ist."*[727]

Beyerle wollte nicht einsehen, dass man die aus römischen Rechtsquellen hervorgesprudelte Pandektistik mit ihrer dogmatischen Zuordnung an die Deutsche Kultur heranführte, die Lebenssachverhalte in das fremde Recht einzwängte, also dem Recht anpasste und nicht umgekehrt.

> *„Denn das gemeine Recht fußt wesentlich auf römischen Juristensprüchen, die eben Fallrecht sind. Statt einer Lebensordnung stehen Streitfälle und die dafür vorgesehenen Rechtsbehelfe zur Erörterung. (...) das Leben selbst ist im ewigen Fluß und ständiger Besonderung. Daraus fließt der Gegensatz von Starrheit und Nachgiebigkeit, von Generalisierung und Besonderung (...). Ein für die richterliche Rechtspflege bestimmter, wesentlich auf sie beschränkter Rechtsbau kann die Gesamtvorgänge unseres sozialen Lebens nicht einbeziehen."*[728]

Denn schon bei grenzwertigen Sachverhalten, die sich nicht konkret in bestimmte Rechtssätze ordnen ließen, trat nach Beyerles Vorstellung die ganze Unsicherheit des Systems zutage:

---

724 Lebenserinnerungen von Franz Beyerle, S. 188, Privatarchiv der Familie Beyerle.

725 Universitätsarchiv Freiburg, Sign.: C5 Nr. 103. Zeitungsbericht der Frankfurter Zeitung Nr. 528 vom Mittwoch den 17.10.1934 (S. 3) über einen Vortrag Beyerles zum „Auftakt zur Afrikanischen Forschungsexpedition". Vom Frankfurter Institut für Kulturmorphologie.

726 Universitätsarchiv Freiburg, Sign.: C5 Nr. 77. Vortragsmanuskript „Der Gesetzgeber." Der Vortrag wurde in Frankfurt am Main am 13.10.1934 gehalten.

727 Universitätsarchiv Freiburg, Sign.: C5 Nr. 58. Manuskript „Über methodische Affinitäten der Rechtswissenschaft."

728 Universitätsarchiv Freiburg, Sign.: C5 Nr. 58. Manuskript „Über methodische Affinitäten der Rechtswissenschaft."

*„Der große Trugschluß der Scholastik und ihres letzten weltlichen Schößlings, der Begriffsjurisprudenz, besteht ja darin, dass man mit Hilfe einer streng begrifflichen Sprache und Denkweise allen so unendlich mannigfaltigen Fällen des Lebens gerecht zu werden glaubte. Die Rechtssätze entstammen typischen Lagen und sie werden um so fragwürdiger in ihrer Geltung, je mehr sich ein einzelner Rechtsfall der Grenze zwischen diesem und einem anderen Typus nähert."*[729]

Beyerle verlangte nach einem verständlichen, sachlichen und vor allem auch volksnahen Recht:

*„Wenn der Rechtsphilosoph, dessen geschichtliche Einfärbung romanistisch ist und damit zwangsläufig der Pandektistik gegenüber aufgeschlossen ist, als die der Germanisten, die Lehren des Bürgerlichen Gesetzbuches vorträgt, bleibt dieses Gesetzbuch leidlich `en vigeur`.*[730] *Wir besitzen den wissenschaftlichen Kurzkommentar noch nicht, der weiter nichts bringt, als zu den zahllosen unoriginellen Paragraphen des BGB, die entsprechende Lehrmeinung der Pandektisten und die römische Quellenstelle. Und oft genug die Kontroverse, deren Austrag man für nötig hielt. Hätten wir diesen Kommentar, so würde jedem deutlich, wie sehr die Fragestellungen des Gesetzbuches von der Vergangenheit – und einer fremden noch dazu – ausgehen, statt von der deutschen Gegenwart vor 1900. Es ist zwar lehrmäßig geschickt und wirkungsvoll, Fragen wie die Pandektenlehre sie aus ihren Quellen las, als gegenwärtige Lebensfragen hinzustellen und damit die gesetzliche Lösung als die sachlich gegebene folgen zu lassen. Allein notwendig erhält der Lernende dabei den Eindruck, als sei dies der Weg des Gesetzgebers gewesen. Statt des so wünschenswerten Abstandes gegenüber einem volksfremden Rechtssystem erntet der Lehrer damit gläubige Hinnahme – und eine Juristengeneration tritt auf der alten Bahn mit frischem Marscheifer auf."*[731]

Mit seinem Verlangen nach einem „volksverständlichen" Recht traf Beyerle den rechtspolitischen Grundsatz der aufkommenden Nationalsozialisten, die diesen wiederum von den Deutschsozialisten übernommen hatten. Diese nutzen später die von germanistischen Rechtshistorikern - wie Beyerle - erkannte und verurteilte Undurchsichtigkeit des pandektistischen Systems als Argument, um das bestehende Deutsche Zivilrecht als ein volksfremdes Recht der „Gerissenen und Schlauen" abzuwerten,

---

729 Universitätsarchiv Freiburg, Sign.: C5 Nr. 78. Undatiertes und unvollständiges Vorlesungs- oder Vortragsmanuskript über mittelalterliche Rechtsentwicklung.

730 Wahrscheinlich ist „en vigueur", (frz.): in Kraft, gemeint.

731 Universitätsarchiv Freiburg, Sign.: C5 Nr. 102. Manuskript ohne Überschrift und Datum.

welches auf einem undeutschen Rechtsboden entstanden sei.[732] Dass es den Nationalsozialisten dabei nicht um praktische Gesichtspunkte wie die von Beyerle geforderte Rechtsverständlichkeit ging, sondern um einen politischen Feldzug gegen alles Undeutsche, wurde schon bald deutlich. Die anfänglich geäußerte Kritik Beyerles mündete später in das Bestreben, das Deutsche Privatrecht zu verändern.[733] Hierzu benötigte er aber eine gewisse wissenschaftliche Toleranz und ein liberales Denken, das er in Greifswald nicht vorgefunden hatte. Diese Voraussetzungen sollten sich in Frankfurt erfüllen.

Die politische Lage an der Greifswalder Universität wurde für Beyerle immer unerträglicher. Der Nationalsozialismus rückte mehr und mehr in den Mittelpunkt der politischen Wahrnehmung und intensivierte die Konflikte. Durch die politischen Reibereien wurden die Rektorwahl und die Vergabe von Ordinarien der Universität beeinflusst.[734] Die Einflussnahme erfolgte allerdings in beide Richtungen, d.h. zugunsten, aber auch gegen die Nationalsozialisten, je nach politischer Sympathie des Entscheidenden. Um gegen diese zunehmende Politisierung des Hochschulbetriebes aktiv zu werden, wurde von der Studentenschaft ein „Bund freiheitlicher Akademiker" gegründet, dem auch Professoren beitraten. Zu den Ersten gehörte Franz Beyerle.[735]

Abgestoßen von den politischen Querelen dachte Beyerle daran, einen Ruf nach Frankfurt am Main anzunehmen. Dort wollte man ihn auch gerne haben. Das Ministerium lehnte zuvor den Berufungsvorschlag Beyerles durch die Frankfurter Universität ab, da dies der Einzige war und man in Berlin keine „Einerliste" akzeptieren wollte. Für die Frankfurter Universität war die Entscheidung für Beyerle eindeutig.[736] Eine entsprechende Nachbesserung ebnete den Weg nach Frankfurt. Beyerle verließ Greifswald nahezu spurlos und nicht ungern.[737] Neben der liberalen At-

---

732 Peter Landau, Römisches Recht und deutsches Gemeinrecht. Zur Zielsetzung im nationalsozialistischen Parteiprogramm, in: Rechtsgeschichte im Nationalsozialismus, hrsg. von Michael Stolleis und Dieter Simon (1989), S. 16.

733 Rückert (1993), S. 86.

734 Lebenserinnerungen von Franz Beyerle, S. 191, Privatarchiv der Familie Beyerle.

735 Lebenserinnerungen von Franz Beyerle, S. 191, Privatarchiv der Familie Beyerle.

736 Hierzu Notker Hammerstein, Die Johann-Wolfgang-Goethe–Universität Frankfurt am Main. Von der Stiftungsuniversität zur staatlichen Hochschule, Bd. I. 1914 - 1950 (1989), S. 94 f; Bernhard Diestelkamp, Die Rechtshistoriker der Rechtswissenschaftlichen Fakultät der Johann Wolfgang Goethe - Universität Frankfurt am Main 1933 – 1945 (1989), S. 91.

737 Lebenserinnerungen von Franz Beyerle, S. 192, Privatarchiv der Familie Beyerle. Hammerstein vermutet zurecht, dass Beyerle Greifwald gerne verlassen haben dürfte,: Hammerstein (1989), S. 94 f.; hierzu Vorholz (2000), S. 251. Beyer-

mosphäre ihrer Hochschule lockte Beyerle die alte Reichsstadt mit ihrem historischen Umfeld und die Nähe zum süddeutschen Raum.[738]

## 3. Kapitel Frankfurt am Main (1930 – 1934)

Frankfurt wurde zu einem Dreh- und Angelpunkt seines akademischen Lebens.[739] Hier entwickelte sich eine Hochschule, die als eine der liberalsten des Landes galt, frei von Ressentiments und Schranken wissenschaftlicher Vorprägungen oder Schulen, wie sie an älteren deutschen Hochschulen existierten. Zudem war die Hochschule noch sehr jung; sie hatte erst 1914 ihre Eröffnungsfeier.[740]

Ganz im Sinne der Stifter, besonders durch den Bankier Wilhelm Merton und den damaligen Oberbürgermeister Franz Adickes, entstand eine liberale, experimentierfreudige, neue Wege beschreitende Lehranstalt.[741] Von dieser Atmosphäre wurden vornehmlich solche Hochschullehrer angezogen, die anderenorts aufgrund ihrer politischen Einstellung langsam unerwünscht wurden: Hans Otto de Boor, Arthur Baumgarten, Friedrich Giese, Karl Strupp, später Herrmann Heller und Franz Beyerle.[742] In dieser liberalen Atmosphäre sollte sich die fruchtbarste Zeit Beyerles entfalten.[743] Sein Interesse, das Deutsche Privatrecht zu reformieren, welches in Greifswald bereits klare Formen angenommen hatte, entflammte in Frankfurt endgültig.

---

le wird zwar noch in dem Lehrkräftespiegel der Universität Greifswald aufgeführt, aber es gibt keine Hinweise auf sein juristisches Wirken, was sicherlich auf den kurzen Aufenthalt zurückzuführen ist.

738 Lebenserinnerungen von Franz Beyerle, S. 192, Privatarchiv der Familie Beyerle.

739 Bernhard Diestelkamp in einem Gespräch vom 18.08.2000 in Kronberg i. Ts; Lebenserinnerungen von Franz Beyerle, S. 193 ff., Privatarchiv der Familie Beyerle. Nach Auskunft von Herrn Maaser M.A. (Universitätsarchiv Frankfurt am Main), dem ich an dieser Stelle für seine Bemühungen danken möchte, ist in Frankfurt selbst nur noch eine Hilfsakte zur Personalakte Beyerles vorhanden. Diese beinhaltet hauptsächlich Schriftverkehr zum Ableben von Beyerle (Todesanzeige, fakultätsinterne Bekanntmachung, Kondolenzschreiben und eine Erwiderung der Familie).

740 Bernhard Diestelkamp, Drei Professoren der Rechtswissenschaft in bewegter Zeit (2000), S. 16; Paul Kluke, Die Stiftungsuniversität Frankfurt am Main 1914 – 1932 (1972), S.151 ff.

741 Hammerstein, (1989), S. 17.

742 Hierzu Hammerstein (1989), S. 40.

743 Thieme (1979), S. 23; Diestelkamp (2000), S. 16.

## I. Die Frankfurter Fakultät und ihr Umfeld

Beyerle versuchte nun, neben seiner Lehrtätigkeit sein immerwährendes Interesse umzusetzen: die deutschrechtlichen Traditionen im Deutschen Privatrecht und die naturrechtliche Methodik und Offenheit der privatrechtlichen Dogmatik zu verbinden, so wie er sie in der Schweiz vorgefunden hatte.[744] Eigens hierfür gründete er später in Frankfurt eine „Arbeitsgemeinschaft für Rechtserneuerung", für die er zahlreiche Kollegen gewinnen konnte.[745] Die Frankfurter Verhältnisse waren für Beyerle nahezu ideal. Seinem Kollegen Karl Rothenbücher teilte Beyerle 1931 in einem Brief mit:

> *„In Frankfurt ist man bestrebt, eine Rechtsschule zu entfalten, der die Unbeschwertheit einer jungen Universität mit Tradition auch im guten Sinne zustatten kommt, an der man `zum Rechte, das uns geboren ist`, keinen so weiten Weg hat."*[746]

In wenigen Jahren entfaltete Beyerle hier eine besonders fruchtbare Wirksamkeit, die durch die Hinwendung zur neuen Privatrechtsgeschichte gekennzeichnet war.[747] Entscheidend für diese „goldenen Jahre" in Frankfurt, wie sie sich in seiner Erinnerung darstellten, war aber nicht nur diese beschriebene geistige Atmosphäre, sondern auch der Kontakt mit zahlreichen gleich gesinnten Kollegen und neuen Freunden.[748]

### 1. Der Lehrkörper

Beyerle hatte die Kollegen Lewald und Bruck als Romanisten und Vertreter des Bürgerlichen Rechts bereits an der Fakultät kennengelernt.[749] Neben dem Handelsrechtler Klausing gab es mehrere Praktiker wie Leh-

---

744 Diestelkamp (2000), S. 16.

745 Universitätsarchiv Freiburg, Sign.: C5 Nr. 43. Manuskript „Frankfurter Arbeitsgemeinschaft für Rechtserneuerung" mit Teilnehmerliste.

746 Universitätsarchiv Freiburg, Sign.: C5 Nr. 40. Brief an Karl Rothenbücher vom 23.02.1931; Thieme (1979), S. 23; Diestelkamp (2000), S. 16.

747 Kroeschell (1978), S. 8.

748 Erler (1980), S. 61; Thieme (1979), S. 23; Lebenserinnerungen von Franz Beyerle, S. 194, Privatarchiv der Familie Beyerle. Er bezeichnet hier die Frankfurter Jahre als die „schönsten unseres Lebens".

749 Lebenserinnerungen von Franz Beyerle, S. 194, Privatarchiv der Familie Beyerle.

mann, Saenger und Wertheimer.[750] Das Arbeitsrecht wurde von Hugo Sinzheimer vertreten, zu dem Beyerle schon bald ein freundschaftliches Verhältnis aufbaute.[751] Sinzheimer war seit 1903 Rechtsanwalt in Frankfurt, bekennender Jude, liberaler Sozialist und er wirkte zudem als Abgeordneter in der Nationalversammlung.[752]

Zivilprozess-, Römisches- und Bürgerliches Recht wurde von de Boor gelehrt, der ebenfalls rasch zu dem engeren Freundeskreis um Beyerle gehörte. De Boor hatte sich 1917 in Greifswald habilitiert, dozierte im weiteren Verlauf seiner wissenschaftlichen Karriere neben den bereits benannten Rechtsgebieten noch über Rechtsvergleichung und Urheberrecht.[753] Seine Arbeiten zum Urheber- und Verlagsrecht schätzte Beyerle sehr.[754] Wie Beyerle war auch de Boor bemüht, eine Rechtserneuerung des deutschen Zivilrechts zu ermöglichen.[755]

Den Lehrstuhl für das Strafrecht galt es, gerade neu zu besetzen. So wurde fast gleichzeitig - 1930 - mit Beyerle hierfür Arthur Baumgarten aus Basel berufen, der zudem auch noch das Ordinariat für Rechtsphilosophie übernahm.[756] Das Öffentliche Recht wurde von Friedrich Giese, den Beyerle bereits kannte, vertreten. Für den Bereich Völkerrecht war der Privatdozent Strupp zuständig.[757] Giese gehörte noch zu der Gründergeneration der Frankfurter Universität und war wie die Mehrzahl seiner Frankfurter Kollegen ein Anhänger der Weimarer Republik. Er galt als Vertreter einer liberalen und nationalen bürgerlichen Mitte.[758] Eine

750 Hierzu Diestelkamp (1989), S. 174. Lebenserinnerungen von Franz Beyerle, S. 194, Privatarchiv der Familie Beyerle.

751 Lebenserinnerungen von Franz Beyerle, S. 194, Privatarchiv der Familie Beyerle.

752 Hans- Peter Benöhr, Hugo Sinzheimer (1875 - 1945), in: Juristen an der Universität Frankfurt am Main, hrsg. von Bernhard Diestelkamp und Michael Stolleis, Nomos (1989), S. 67.

753 Karl Michaelis, Hans Otto de Boor zum Gedenken. Ansprachen und Reden gehalten bei der Gedächtnisfeier der Rechts- und Staatswissenschaftlichen Fakultät der Georg-August Universität zu Göttingen am 29. Juni 1956 (1957), S. 5.

754 Lebenserinnerungen von Franz Beyerle, S. 194, Privatarchiv der Familie Beyerle; Kluke (1972), S. 307.

755 Hierzu: Michaelis (1957), S. 27.

756 Wolgang Naucke, Arthur Baumgarten (1884 – 1966), in: Juristen an der Universität Frankfurt am Main, hrsg. von Bernhard Diestelkamp und Michael Stolleis (1989), S. 136; Lebenserinnerungen von Franz Beyerle, S. 220, Privatarchiv der Familie Beyerle.

757 Lebenserinnerungen von Franz Beyerle, S. 194, Privatarchiv der Familie Beyerle.

758 Michael Stolleis, Friedrich Giese ( 1882 – 1958 ), in: Juristen an der Universität Frankfurt am Main, hrsg. von Bernhard Diestelkamp und Michael Stolleis

weitere Professur sollte später auf persönlichen Einsatz Beyerles - als Dekan seiner Fakultät - durch Herrman Heller besetzt werden.[759] Ganz im Sinne dieses politisch-liberalen Geistes wurde diese Wahl von de Boor und Sinzheimer unterstützt.[760] Heller, wie Sinzheimer und Lewald Jude, gehörte zu den wenigen bekennenden Sozialdemokraten in der deutschen Professorenschaft.[761]

An dieser Stelle wird deutlich, welchen liberalen Kern und welche unideologisch-freiheitliche Gesinnung die Fakultät tatsächlich besaß. Mit Lewald, Sinzheimer und Heller hatte man jüdische Gelehrte an die Universität berufen; Letzteren noch am 15. März 1932. Dies war knapp vier Wochen vor der Wiederwahl Hindenburgs als Reichspräsident. Bei dieser Wahl am 10. April 1932 entfielen auf Hindenburg 50,3 % und auf Hitler bereits 36,8 % der Gesamtstimmen.[762]

Ungeachtet dieser Entwicklung hielt Beyerle an seinen jüdischen Kollegen und Freunden fest. Der Mensch selbst mit seinen Fähigkeiten - und nicht Rasse[763], Religion oder politisches Lager - stand bei ihm im Vordergrund.[764] Eine Einstellung, die Beyerle gerade für die Menschen in seinem Umfeld zu einer wichtigen, wenn nicht zur zentralen Figur in deren Leben werden ließ, die nach der Machtergreifung zum Opfer der nationalsozialistischen Ideologie wurden.

## 2. Der „Frankfurter Kreis“

Innerhalb der Universität entwickelte sich ein fakultätsübergreifender Kreis gleich gesinnter, liberaler Professoren, zu dem auch Beyerle gehör-

---

(1989), S. 117, 119; Kluke (1972), S. 154.

759 Lebenserinnerungen von Franz Beyerle, S. 195, Privatarchiv der Familie Beyerle.

760 Ilse Staff, Hermann Heller (1891 - 1933), in: Juristen an der Universität Frankfurt am Main, hrsg. von Bernhard Diestelkamp und Michael Stolleis (1989), S. 187, 190, f.; Hammerstein (1989), S. 143; Lebenserinnerungen von Franz Beyerle, S. 195, Privatarchiv der Familie Beyerle.

761 Staff (1989), S. 187; Stolleis, Giese (1989), S. 21.

762 Staff (1989), S. 191.

763 Gegen die Rassepolitik der Nationalsozialisten wehrte sich Beyerle deutlich, indem er die Rasse erst gar nicht als Kriterium akzeptierte: „Ein Volk sind wir, nicht Rasse“; Universitätsarchiv Freiburg, Sign.: C5 Nr. 68. Dieses Manuskript über die „Philosophie als Erkenntnis und Aufgabe“, undatiert, aufgrund inhaltlich-aktueller Bezüge zum Nationalsozialismus ist der Zeitraum der Urheberschaft zwischen 1933-45 anzusetzen.

764 Werner Maihofer in einem Gespräch vom 15.08.2000 in Überlingen/Bodensee.

te. In diesem Kreis konnte er sich menschlich und wissenschaftlich frei entfalten.[765] Dazu gehörten die bereits genannten Kollegen Sinzheimer, Lewald, de Boor und Baumgarten.[766] Eine bedeutsame Persönlichkeit für Beyerle wurde Kurt Riezler, der damalige Kurator der Universität in Frankfurt,[767] der Beyerle bald nahe stand.[768] Beyerle folgte damit ganz der Tradition seines Vorgängers Kurt Burchard, dessen Lehrstuhl er übernommen hatte, und der schon zu seiner Zeit ein freundschaftliches Verhältnis zu Riezler gepflegt hatte.[769]Es ist anzunehmen, dass Riezler Beyerles Berufung vorgeschlagen habe, denn Riezler warb bereits 1929 um Beyerle, als dieser gerade mit Greifswald seine Rückkehr nach Deutschland vollzogen hatte.[770]

Eine weitere Persönlichkeit im Umfeld Beyerles war Kurt Rheindorf, die rechte Hand Riezlers. Rheindorf war mit Platzhoff, einem Historiker, der später Rektor der Universität werden sollte, nach Frankfurt gekommen. Er verwaltete vorbildlich das studentische Stipendiatswesen.[771] Rheindorfs Arbeitsweise war durch schnelle, unbürokratische und unparteiische Hilfe geprägt, was ihm später unter der Herrschaft der Nationalsozialisten zum Vorwurf gemacht werden sollte.[772]

Weiterhin verkehrte Beyerle mit Friedrich Bruck, Gustav Boehmer, dem damaligen Privatdozenten Arnold Ehrhardt, Fritz von Hippel, Franz Wieacker, Leo Frobenius, Präsident des Institutes für Kulturmorphologie, und dem Verleger Klostermann.[773] Auch auswärtige Kollegen kehrten regelmäßig bei ihm ein: Otto Gradenwitz, Heinrich Mitteis und Claudius Freiherr von Schwerin.[774] Man traf sich meist bei Beyerle in seinem Haus am Sachsenhäuser Berg in der Gemündener Straße 30. Dort wurde dann heftig diskutiert, wissenschaftlich gestritten, aber auch philosophiert und

---

765 Erler (1980), S. 61; Thieme (1979), S. 23.

766 Baumgarten kannte er schon aus seiner Zeit in Basel, hierzu 3. Teil 1. Kapitel II. 1; Lebenserinnerungen von Franz Beyerle, S. 138, 195 f., Privatarchiv der Familie Beyerle.

767 Hammerstein (1989), S. 78f.

768 Lebenserinnerungen von Franz Beyerle, S. 203, Privatarchiv der Familie Beyerle.

769 Hammerstein (1989), S. 140.

770 Hammerstein (1989), S. 95.

771 Hammerstein (1989), S. 93, 449.

772 Hammerstein (1989), S. 93, 196 f.

773 Lebenserinnerungen von Franz Beyerle, S. 199, 201, Privatarchiv der Familie Beyerle; Thieme (1979), S. 23.

774 Thieme (1979), S. 23; v. Schwerin war ein heftiger Kritiker der Beyerleschen Habilitationsschrift, 2. Teil 4. Kapitel II. 2.a.

musiziert.[775] Später wird deutlich, wie wichtig der Frankfurter Umgang für Beyerle war:

> *„(...) die geistige Frische eines jungen Kreises doch unentbehrlich; in ihm mich mitteilen zu können war mir Lebensbedürfnis."*[776]

Später folgte Thieme Beyerle nach Frankfurt. Er bezog ein Zimmer in dessen Haus. Mit Thieme kamen jüngere Leute der Universität ins Haus; ein Zustand, den Beyerle stets begrüßte.[777] Noch lebendiger wurde es am 04.06.1930, als durch die Geburt seines Sohnes Burkhart der eigene Familienstammbaum gesichert wurde. Nach und nach zogen Freunde Beyerles in die Nachbarschaft, erst von Hippel, dann die Familie Eckhardt.[778] Das durch diese Umstände unterstützte geschlossene Auftreten dieses Kreises sorgte innerhalb der Fakultät für Unmut. Die Außenstehenden sahen in diesem Zirkel das eigentliche Machtzentrum der Universität, das zudem durch den Kurator gefördert wurde.[779] Riezler unterstützte durch eine klare, moderne Berufungspolitik eine wegweisende, wissenschaftlich-liberale Entwicklung der Hochschule, durch die ja auch Beyerle seinen Weg nach Frankfurt gefunden hatte.[780] Es liegt auf der Hand, dass diese homogene, tolerante Gruppe bei einer gegensätzlichen politischen Entwicklung auf Widerstand stoßen musste.

Vor allem Friedrich Klausing bezog gegen diese Entwicklung Stellung.[781] Das Verhältnis zwischen Klausing und Beyerle war ohnehin schlecht. Beyerle schätze zwar den Wissenschaftler Klausing als hochbegabten Juristen, der sich vor allem im Handelsrecht durch ein gewachse-

---

775 Erler (1980), S. 61; Kroeschell (1978), S. 8.

776 Lebenserinnerungen von Franz Beyerle, S. 201, Privatarchiv der Familie Beyerle.

777 Dass für Beyerle schon immer die Jugend eine wichtige Rolle spielte und er nicht selten den Umgang mit ihr anderem vorzog, davon berichtete beispielhaft Karl Kroeschell in einem Gespräch vom 05.02.2001 in Freiburg i. Br.

778 Lebenserinnerungen von Franz Beyerle, S. 201, Privatarchiv der Familie Beyerle.

779 Hammerstein (1989), S. 82; Hammerstein schreibt hier von dem „Riezler-Kreis" in Frankfurt. In der Schnittmenge des Freundeskreises um Beyerles und des Riezler-Kreises finden sich die meisten liberalen Hochschullehrer der Universität wieder, sodass es sich mit einzelnen Ausnahmen eigentlich um einen „Kreis" gehandelt haben dürfte.

780 Hammerstein (1989), S. 82 ff.

781 Lebenserinnerungen von Franz Beyerle, S. 201, Privatarchiv der Familie Beyerle; hierzu Hammerstein (1989), S. 40.

nes Können hervortat.[782] Deshalb wurde er von Beyerle als Mitarbeiter seiner ins Leben gerufenen Arbeitsgemeinschaft für Rechtserneuerung aufgenommen.[783] Mit dem Menschen Klausing konnte Beyerle hingegen wenig anfangen.

Die positive Einschätzung des Wissenschaftlers Klausing durch Beyerle wird deutlich, als Beyerle - im Zuge seiner Tätigkeiten als Dekan - Klausing davon abhalten wollte, 1932 einen Ruf nach Marburg anzunehmen, indem er in Berlin beim Kultusministerium für ein Bleiben Klausings warb. Beyerle bezeichnete ihn als „Meister des modernen Wirtschaftsrechts" und hob seine exzellenten Erfolge auf diesem Gebiet hervor. Doch dies war vergebens: Klausing verließ Frankfurt und ging nach Marburg. Die Frage, warum Klausing - ein Praktiker des Handelsrechts mit Kontakten in die Industrie – einen wirtschaftlich relevanten Standort wie Frankfurt mit dem ländlichen Marburg vertauschte, lässt sich vermutlich nur mit der starken Position Beyerles an der Universität erklären: Beyerles Fähigkeiten als Wissenschaftler und seine persönliche Art verschafften ihm schon bald eine gefestigte Führungsposition innerhalb der juristischen Fakultät.[784] Eine Tatsache, die für einen ehrgeizigen und egozentrischen Menschen wie Klausing nur schwer zu ertragen war. Friedrich Klausing[785] zeichnete sich durch ein überstarkes Geltungsbe-

---

782 Bernhard Diestelkamp, Friedrich Klausing (1887 - 1944), in: Juristen an der Universität Frankfurt am Main, hrsg. von Bernhard Diestelkamp und Michael Stolleis (1989), S. 174.

783 Universitätsarchiv Freiburg, Sign.: C5 Nr. 43. Teilnehmerliste der Arbeitsgemeinschaft für Rechtserneuerung. Klausing sollte hier - nicht zufällig - bei der Verteilung der Aufgabengebiete das der Rechtspolitik übernehmen.

784 Diestelkamp/ Klausing (1989), S. 176.

785 Diestelkamp: „Klausing hat in der NSDAP endlich die politische Heimat gefunden, die ihm die Deutsche Volkspartei 1932 nicht mehr bieten konnte. Sein über das unbedingt notwendige hinausgehendes Engagement bewies Klausing dadurch, dass er am 1. Oktober 1933 nicht nur in den ‚NS-Rechtwahrerbund' eintrat, sondern sich dort sofort zum Mitglied des Reichgruppenrats der Reichsgruppe Hochschullehrer machen ließ. Nach Überführung der ‚Stahlhelm' in die SA erhielt er den Rang eines Obersturmführers, auf den er immer besonders stolz war. Klausings extrem starkes Geltungsbedürfnis wurde im NS-Staat reichlich befriedigt. Er dankte es dem System mit einer Ergebenheit, die zu allem bereit war und selbst vor der Überschreitung der Grenze der Kollegialität nicht zurückscheute. Klausing trat sofort sehr aktiv für die ‚Reinigung' der Universität von Juden und Linken ein ... Sein Judenhaß mußte nicht erst durch die Nazis geschürt werden"; Diestelkamp (2000), S. 23ff. „Zuletzt trieb ihn sein ‚vitaler Tätigkeitsdrang', wie sein brennender Ehrgeiz in einer Beurteilung bezeichnet wurde, von seinem Frankfurter Wirkungsbereich fort, dessen Möglichkeiten er offenbar ausgeschöpft hatte"; Diestelkamp (2000), S. 24.

dürfnis mit einem ausgeprägten Hang zum Antisemitismus aus.[786] Dass dieses spätere Mitglied der SA und auch der NSDAP mit seinen geltungssüchtigen Neigungen unter dem Dekanat eines Humanisten wie Beyerle gebremst wurde, versteht sich von selbst; und damit konnte wohl Klausing nicht umgehen.[787] Die politischen Differenzen kamen gerade dann zum Tragen, wenn es um die Neubesetzungen von Lehrstühlen innerhalb der Fakultät ging. Denn während Klausing politisch-ideologische Kriterien voranstellte, ignorierte der Kreis um Beyerle diese bewusst.[788] Klausing sollte später unter anderen, für ihn günstigeren politischen Umständen wieder nach Frankfurt zurückkehren.

Die schlechte Erfahrung mit Klausing[789] blieb eine Ausnahme und konnte daher den Gesamteindruck Beyerles von seiner Fakultät keineswegs beeinträchtigen. Die zahlreichen freundschaftlichen Verhältnisse, der Austausch mit gleich gesinnten Gelehrten, ja die gesamte wissenschaftliche Atmosphäre ließen Beyerle weiter aufblühen.

## II. System- und Entwicklungsanalyse von Bürgschaft und Treuhand aus dem germanischen Recht

Gefördert durch seinen Freundes- und Kollegenkreis begann in Frankfurt am Main für Beyerle eine wissenschaftlich fruchtbare Zeit.[790] Bereits der Anfang in Frankfurt ist mit Beyerles Antrittsvorlesung erwähnenswert. Gegenstand dieses Vortrags war die Treuhand im Grundriss des deutschen Privatrechts.[791] Beyerle schloss sich mit diesem Vortrag an die

786 Diestelkamp/ Klausing (1989), S. 174. Weiterhin Diestelkamp/ Klausing (2000), S. 23; Lebenserinnerungen von Franz Beyerle, S. 195, Privatarchiv der Familie Beyerle.

787 Diestelkamp/ Klausing (1989), S. 176. Zur Charakterisierung Klausings: Helmut Heiber, Universität unterm Hakenkreuz, Teil II. „Die Kapitulation der Hohen Schulen“, Bd. 2 (1994), S 107 f.; Zu Klausings Persönlichkeit auch Hammerstein (1989), S. 142 f.

788 Hammerstein (1989), S. 143.

789 In einer Erklärung Rheindorfs vom 17.7.1946 zu den Vorkommnissen des Frühjahrs 1933 an der Frankfurter Universität sieht er Klausing als Urheber seiner Inhaftierung; hierzu Bundesarchiv Koblenz Nachlaß Rheindorf, NL 263 / 274 (Fol. 1 – 79); siehe auch 3. Teil 3. Kapitel IV.

790 Diestelkamp (1989), S. 154; Lebenserinnerungen von Franz Beyerle, S. 197, Privatarchiv der Familie Beyerle.

791 Beyerle, Die Treuhand im Grundriß des deutschen Privatrechts (1932). Siehe dazu Joachim Rückert, Kontinuität und Diskontinuität in der Treuhandforschung, in: Itenera Fiduciae. Trust and Treuhand in Historical Perspektive,

von ihm bereits 1919 in Basel gehaltene (aber erst 1927 veröffentlichte) Antrittsvorlesung über den „Ursprung der Bürgschaft“ an.[792] Schon in dieser Arbeit ließ Beyerle die Zusammenhänge zwischen Treuhand und Bürgschaft klar erkennen und setzte dort die Basis seiner späteren Untersuchung an.[793]

## 1. Untersuchung zur Entwicklungsgeschichte der Bürgschaft

Beyerles Untersuchungen zu der Entwicklungsgeschichte der Bürgschaft führten zu einer gänzlich neuen Bewertung dieser zentralen Rechtsfigur.[794] Er gelangte vor allem durch seine Auslegungs- und Herleitungsmethode, die sich von denen seiner Vorgänger auf diesem Forschungsgebiet erheblich unterschied, zu seinem auffallenden Ergebnis.[795]

Als Grundlage seiner Untersuchung benutzte er eine ungewöhnlich breite Quellenbasis.[796] Durch diese Vorgehensweise bekam Beyerle umfangreichen Zuspruch und Anerkennung, was ihm Selbstvertrauen und Ansporn für seine folgenden philologischen Exkursionen gab.[797]

---

hrsg. von Richard Helmholz, Reinhard Zimmermann, Berlin 1998, S. 417 – 426, hier S. 421 f.

792 Beyerle, Der Ursprung der Bürgschaft. Ein Deutungsversuch vom germanischen Recht her, in: ZRG GA Bd. 47 (1927), S. 567 ff. S.o. 3. Teil 1. Kapitel I; hierzu Lebenserinnerungen von Franz Beyerle, S. 126, Privatarchiv der Familie Beyerle.

793 Beyerle (1927), S. 604, 624. Vgl. dazu Rückert (1998), S. 422.

794 Rainer Eggert, Die Bürgschaft im süddeutschen Recht des späteren Mittelalters (1962), S. 11.

795 Beyerle (1927), S. 567. Beyerle verweist auf die Schriften von Partsch, Koschaker und v. Gierke, die er für seine Untersuchungen weitgehend herangezogen hatte.

796 Neben den frühen germanischen Volksrechten – hier besonders die altsalischen, die langobardischen, westgotischen – außerdem noch die burgundischen und die angelsächsischen Quellen; Beyerle (1927), S. 584. Gerade die Bürgschaftssätze der Lex Burgundiorum waren für Beyerles Entwicklungsmodell tragend. Sie wurden zum Eckpfeiler seines Gedankenaufbaus; Beyerle (1927), S. 590, 624. Für seine Ausführungen über die Denotation des Begriffs der Bürgschaft selbst zog Beyerle Quellen heran, die weit über dieses sprachliche Einzugsgebiet hinausgingen: die altnordische und babylonische Rechtssprache sowie die Terminologien aus der assyrischen und der altgriechischen Sprachkultur; Beyerle (1927), S. 600 ff.

797 Hierzu Ekkehard Kaufmann, Bürgschaft, in: HRG Bd. 1 (1971), Sp. 566: „ (...). Vom Scharfsinn einer ganzen Generation von Gelehrten erarbeitet und auch außerhalb der germanischen RG zur Herrschaft gelangt, wurde diese Lehre mit einem Schlag durch den glanzvollen und genialen Aufsatz von Beyerle `Der Ursprung der Bürgschaft` über den Haufen geworfenen“; H.R. Hagemann,

### a. Der Bürge im Entwicklungskonzept der herrschenden Lehre

Die ältere und damals herrschende Forschung leitete die germanische Bürgschaft allein aus pfandrechtlichen Gedanken ab.[798] Nach jenem Bilde stand der Bürge ursprünglich, wie die Geisel, an Pfandes statt.[799]

Die Geiselschaft[800] war die ursprünglichste Form der Haftung des Schuldners.[801] Traute der Gläubiger dem Schuldner nicht zu, zum Verfallstag bzw. bei Fälligkeit zu leisten, so nahm er ihn in Gewahrsam, um ihn dann bei Nichterfüllung zu verkaufen oder zu eigenen Zwecken zu verknechten,[802] abhängig von der Schuld, in einer „abdienenden Schuldknechtschaft".[803]

In dieser Tradition sah die von v. Amira begründete, später von v. Gierke zusammengefasste Lehre über „Schuld und Haftung", die Bürgschaft im germanischen Recht.[804] Bürge und Geisel schienen vom Grundgedanken her gleichgestellt. Wie die Geisel so stand auch der Bürge an Pfandes statt. Somit hätte die Entwicklung der Bürgschaft aus der Geiselschaft und damit aus der Gestalt des Pfandrechts ihren Ursprung genommen. Gegen diese vorherrschende Entwicklungsthese richteten sich Beyerles Ausführungen.

---

Vorwort zum Nachdruck von Franz Beyerles „Ursprung der Bürgschaft" (1971): "(...) „Mit seinem faszinierenden Versuch, Ursprung und Entwicklung einer ehedem zentralen Rechtsfigur neu zu deuten, erwies er sich als seinem großen Amtsvorgänger kongenial."

798 Kaufmann, Bürgschaft (1971), Sp. 565; Beyerle (1927), S. 581 f. Er nennt als Urheber und Vertreter dieser These Platner, Heusler, v. Amira, v. Gierke sowie Brunner und v. Schwerin. Als außerhalb der Germanistik stehende Gelehrte, die sich dieser Lehre angeschlossen hatten, nannte Beyerle noch Koschaker und Partsch.

799 Hagemann (1971), S. V; Beyerle (1927), S. 581.

800 Zur Erläuterung der Geisel: Peter R. Walliser, Geisel, in: Lexikon des MA. Bd. IV. (1989), Sp. 1176 ff. Die Geisel war Personalpfand. Die Geiselschaft oder die Vergeiselung war Hingabe einer Person in die Gewalt eines Forderungsberechtigten bzw. Gläubigers zum Zwecke der Sicherung. Diese persönliche Sicherheit zählt zu den Archetypen des Rechts. Als Pfand war die Geisel nicht Bürge und trat immer in den Gewahrsam des Gläubigers zum Zwecke der Sicherung. Unterblieb am Verfallstag die Leistung des Pflichtigen, hielt sich der Gläubiger in freier Willkür an den Geisel. Diesen konnte der Gläubiger sodann verkaufen, misshandeln oder töten.

801 Rudolf Hübner, Grundzüge des Deutschen Privatrechts (1930), S. 506 f.

802 Hierzu Hübner (1930), S. 507.

803 Hübner (1930), S. 507.

804 Hagemann (1971), S. VI.

### b. Umbruch durch Beyerles Entwicklungsmodell

Beyerle zweifelte aus mehreren Gründen an der Rechtsfigur einer solchen hypothekarischen Konstruktion: aufgrund der Bedeutung, des Zwecks und des Ursprungs. Sinn und Zweck eines hypothekarischen Pfandes unter Einsatz eines Dritten wären doch gewesen, dass der Schuldner sich ungezwungen und frei bewegen konnte, um letztendlich dadurch die Möglichkeit eingeräumt zu bekommen, die vom Gläubiger geforderte Leistung beschaffen zu können. Beyerle führte hierzu aus, dass genau diese Lücke schon aus dem germanischen Recht heraus in Form des so genannten „Einlagers" geschlossen wurde, welche zeitgleich mit den ersten Zeugnissen einer „hypotheca" ihren Einzug hielt.[805]

Die herrschende Auffassung - besonders vertreten durch v. Gierke - erkannte keinen grundsätzlichen Unterschied zwischen der Verbürgung für eigene Schuld und der Bürgschaft eines Dritten. Nur eine Selbstbürgschaft in der Form einer Drittbürgschaft war Gierkes Meinung nach eine Neuerung.[806] Beyerle aber sah genau hierin keinen Sinn, da er den Zweck einer Selbstbürgschaft in der Form einer Drittbürgschaft nicht erkennen wollte, wenn doch die Eigenbürgschaft bereits bekannt war.[807]

Zudem kritisiert Beyerle die mangelnde materielle Nachweisbarkeit dieser zu der Zeit weit verbreiteten Lehre einer Geiseltheorie in den germanischen Quellen.[808] Dagegen fand Beyerle schon frühgeschichtlich belegbare Formen der Bürgschaft.[809] Er unterschied in dem Entwicklungsgang der Bürgschaft zwischen den folgenden Bürgschaftstypen:

#### (1). Gestellungsbürgschaft

Die Gestellungsbürgschaft stellt nach Beyerles Entwicklungsmodell die älteste Form der Bürgschaft dar.[810] Ihre Wurzeln hätte die Gestellungsbürgschaft im Rechtsgang und hier in der Funktion einer „Sühnevermittlerin“.[811] Anwendung fände diese erste Bürgschaftsform bei folgendem Sachverhalt: Wenn der Schuldner, der zu einer Bußleistung verurteilt worden war, weder Geisel noch Sachpfänder anzubieten vermochte, dem

805 Beyerle (1927), S. 582.
806 Beyerle (1927), S. 583; Otto v. Gierke, Schuld und Haftung (1910), S. 59 f.
807 Beyerle (1927), S. 583 f.
808 Beyerle (1927), S. 582 ff.; Hübner (1930), S. 526.
809 Beyerle (1927), S. 585, 624 ff.
810 Beyerle (1927), S. 586.
811 Hübner (1930), S. 508.

Gläubiger aber dafür Sicherheit zu geben hatte, dass er sein Versprechen halten werde, die Schuld zu erfüllen, so konnte ihm, falls Aussicht auf baldige Beschaffung von Vermögenswerten vorhanden war, ein Dritter, dem der Gläubiger vertraute, diesen Schritt erleichtern, indem er vermittelnd als Bürge auftrat.[812] Die Bürgschaft bedeutete schließlich für den Schuldner einen vorläufigen Frieden und damit Schutz vor den Maßnahmen des oder der Gläubiger.[813]

Eine größere Rolle kam damit dieser Gestellungsbürgschaft im Fehde-Sühne-Verfahren zu, wenn der verurteilte Friedensstörer z.B. das Wergeld nicht gleich aufbringen konnte.[814] Durch die Bürgschaft hatte er als Schuldner Zeit gewonnen, ungefährdet die notwendigen Mittel aufzutreiben, um sich von den drohenden Repressalien frei zu kaufen.

Genau dies stellte Beyerle anhand einer philologischen Untersuchung unter Beweis.

### (2). Exekutionsbürgschaft

Eine Lösung für die Abdeckung des entstandenen Wagnisses wäre die eingeräumte Befugnis des Bürgen, auf das gesamte Vermögen des Schuldners zuzugreifen, um so durch Pfändung Vermögenswerte in die Hand zu bekommen, die er dem Gläubiger als Ersatz für die ausgebliebene Leistung zur Verfügung stellen konnte.[815] Beyerle erkannte in dieser Befugnis des Bürgen - im Falle der Nichtleistung zuerst in das Vermögen einzugreifen und erst dann die Person des Schuldners anzutasten - einen neuen Bürgschaftstyp. Die Exekutionsbürgschaft, die Beyerle wegen der eingeräumten Befugnis, in das Vermögen des Schuldners zu exekutieren (es zu pfänden) so nannte, fand er ursprünglich in der Lex Burgundionum.[816] Diese sollte das erhöhte Sicherheitsbedürfnis des Bürgen stillen.[817]

---

812 Beyerle (1927), S. 587 f.; Hübner (1930), S. 508.

813 Beyerle (1927), S. 623 f. In dem Sachtreuhänder des germanischen Rechtsgangs fand Beyerle das Gegenstück zum Gestellungsbürgen. Wie bei der Bürgschaft der Schuldner oder der Bedrohte seinem Verfolger, so wird auch hier die streitbefangene Sache bis zur endgültigen Entscheidung den Parteien entzogen und einem beidseitig verpflichteten Treuhänder übergeben. Dieser Sachtreuhänder wird in den Quellen oftmals als Bürge bezeichnet. Beide haben das gleiche rechtspolitische Ziel.

814 Hierzu Beyerle (1927), S. 588.

815 Beyerle (1927), S. 590; Hübner (1930), S. 510.

816 Beyerle (1927), S. 590, 632 f.

817 Beyerle (1927), S. 590 f.

Die persönliche Bewegungsfreiheit würde für den Schuldner zum dringenden Bedürfnis. Sie wäre Voraussetzung für ein möglichst schnelles Erbringen der ihn befreienden Leistung, aber auch Schutz vor der Vergeiselung und den damit zusammenhängenden einschneidenden Repressalien. Aus diesem Grund schien es zweckmäßig, aus der Gunst des Bürgen eine Rechtspflicht werden zu lassen.

### (3). Exekutorische Zahlungsbürgschaft

In der weiteren Entwicklung wurde eben dieser Aspekt berücksichtigt und der Bürge verpflichtet, dem Schuldner Bewegungsfreiheit zu garantieren. [818] In dieser schon fortschrittlicheren Bürgschaftsvariante versprach der Bürge dem Gläubiger, dass er ihm auf jeden Fall Erfüllung durch Sachwerte verschaffen würde, sei es mit Sachwerten aus der Habe des Schuldners, sei es mit solchen aus seinem eigenen Vermögen.[819] Der Bürge könnte die bestehende Unsicherheit mit einer erhöhten Einstandspflicht auffangen, da er ein enthaftendes Gestellungsrecht durch die eingeräumte Bewegungsfreiheit des Schuldners jetzt nicht mehr hätte.[820]

Damit war an die Stelle der früheren Doppelhaftung des Schuldners wahlweise in dessen Vermögen oder Person die staffelmüßige Haftung in das Vermögen des Bürgen, dann erst in das Gut des Schuldners, getreten.[821]

### (4). Entwicklungsergebnis: Die reine Zahlungsbürgschaft

Die Zahlungsbürgschaft stellt die letzte Stufe in Beyerles Entwicklungsmodell dar.[822] Nachdem das bisher noch bestehende Pfändungspfandrecht des Bürgen gegen den Schuldner fortfiel, wurde aus dem Exekutorischen ein reiner Zahlungsbürge, ein „bloßer Einständer".[823]

---

818 Beyerle (1927), S. 616 f.; Hübner (1930), S. 511.
819 Hübner (1930), S. 512.
820 Beyerle (1927), S. 592.
821 Hübner (1930), S. 512.
822 Beyerle (1927), S. 592 f.; Universitätsarchiv Freiburg, Sign.: C5 Nr. 93. Vorlesungsmanuskript Beyerles „Geschichte des deutschen Privatrechts“ II. Teil II. Abschnitt „Rechtsfiguren und Rechtstechnik“. Entwicklungsschema für Personen und Sachhaftung; Kaufmann , Bürgschaft, (1971), Sp. 567. Das Exekutionsrecht des Bürgen fällt (wegen des staatlichen Vollstreckungsmonopols) weg.
823 Beyerle (1927), S. 592; Hübner (1930), S. 512; Kaufmann, Bürgschaft (1971), Sp.

Erst bei der „reinen Zahlungsbürgschaft" wäre es der Bürge, der die Schuld für den Schuldner vorweg zu zahlen hätte, für diese folglich primär und nicht wie zuvor subsidiär einzustehen hätte. Der Bürge würde persönlich mit seinem ganzen Vermögen haften, an dem der Gläubiger sich durch Pfändung schadlos halten könnte. Im Falle der Insolvenz würde sogar der Bürge letztendlich körperlich haften, wenn auch die körperliche Haftung zunehmend an Bedeutung verlöre.[824] Der Bürge wiederum könnte zur Kompensation auf das ihm verbürgte Vermögen und die Person des Schuldners zurückgreifen.[825] Als Quelle dieser letzten Gestaltung der mittelalterlichen Bürgschaft deutete Beyerle das fränkische Recht mit dem dort eingeführten „Vollstreckungsmonopol der öffentlichen Gewalt".[826] Mit Beyerles Entwicklungsmodell, welches seinen Ausgangspunkt in der Figur der Gestellungsbürgschaft findet und den Bürgen zum Treuhänder des Gläubigers an dem Schuldner erscheinen lässt, wurde die herrschende Geiseltheorie schlüssig widerlegt. Erst bei der Zahlungsbürgschaft als fortschrittlichstem Bürgschaftsmodell erwüchse dem Gläubiger in der Bürgenhaftung ein Erfüllungsersatz, weitab jeglicher pfandrechtlicher Bedeutung. Überdies gelang es Beyerle, die rechtspolitischen Zusammenhänge zwischen der Bürgschaft und der Treuhand darzustellen und diese in den Quellen nachzuweisen.[827]

Mit seiner Deutung der älteren Gestaltungen der Bürgschaft (Gestellungs- und Exekutionsbürgschaft) als Treuhand des Bürgen am Schuldner legte er den Grundstein für seine folgenden Untersuchungen zur Treuhand.[828] Die Treuhand, nicht das Pfand, erkannte Beyerle im Endergebnis als Ursprung der Bürgschaft.[829] Im Übrigen wurde auch dieser Beitrag Beyerles von der Wissenschaft mit größtem Interesse und Anerkennung angenommen.[830]

---

567. Der Bürge wird dadurch zum Garanten, was Beyerle wohl mit dem Begriff des „Einständers" deutet.

824 Hübner (1930), S. 512 f.; Beyerle (1927), S. 614 f. Beyerle spricht von einer tendenziellen „Verwirtschaftlichung der Haftung". Es ist anzunehmen, dass wirtschaftliche Aspekte in dem Verfahren zunehmend in den Vordergrund traten und die stumpfe Vergeltung vermehrt ablösten.

825 Hübner (1930), S. 513.

826 Hübner (1930), S. 513.

827 Beyerle (1927), S. 623 f.

828 Beyerle (1927), S. 598, 604 f. Beyerle zeigte schon in seinen Untersuchungen zur Bürgschaft anhand von Rechtsausdrücken die Zusammenhänge mit der Treuhand auf.

829 Beyerle (1927), S. 624.

830 Universitätsarchiv Freiburg, Sign.: C5 Nr. 2. Korrespondenz. Unter anderem Schriftverkehr über Beyerles Arbeit zur Bürgschaftsentwicklung. Die üppige,

## 2. Systematisierungs- und Deutungsversuche der Treuhand

Nicht nur um seine Theorie zur Bürgschaftsentwicklung zu vervollständigen, nahm er sich der Entwicklung und der Bedeutung der Treuhand an.[831] Beyerle wollte den bereits angesetzten Bemühungen germanistischer Kollegen beistehen, der Treuhand zu einer eigenen Systematik im Deutschen Zivilrecht zu verhelfen.[832] Gleichwohl betonte Beyerle in einer handschriftlichen Einleitung zu seiner Antrittsvorlesung über die Treuhand, dass er sich nicht mit seinem Beitrag in die aufkeimende dogmatisch-rechtspolitische Erörterung einmischen wolle.[833] Mit einem „rechtshistorischen Geschütz" wollte er nicht in diesen modernen „Kampf" eingreifen.[834]

Im Mittelpunkt seiner Forschungsarbeit stand der Versuch, mögliche Strukturen treuhänderischer Regelungsinhalte früher deutscher Rechtsquellen aufzuzeigen.[835] Damit könnte der Nachweis erbracht werden, dass sich im Deutschen Recht eigenständige Regelungen zu „treu-

---

positive Resonanz in der Forschung lässt den Stellenwert dieser Arbeit erahnen. In einem Brief vom 18.05.1927 bewundert W. Schönfeld die „Klarheit des Aufbaus, die Weite des Blickes, die Schärfe der Begriffsbildung (...)." In einem Brief vom 11.05.1927 bekundete Mitteis aus Heidelberg seine „volle Zustimmung und Bewunderung." Karl Rauch, mittlerweile Ministerialdirektor, schrieb am 02.02.1927 über Beyerles Forschungsarbeit zur Bürgschaft in einem Brief: „(...). Ich betrachte die Arbeit vielmehr schon jetzt als das Beste, was Du bisher geschrieben hast. (...)." Nicht abschließend aufgezählt waren zudem noch E. His (Postkarte vom 13.05.1927), K.A. Eckhardt (Postkarte vom 29.04.1927), Bruck (Postkarte vom 03.05.1927), Koschaker (Postkarte vom 20.04.1927), Wackernagel (Schreiben vom 27.04.1927) und Feine (Postkarte vom 07.02.1927) von der Publikation überzeugt. Nicht wenige voll des Lobes und Bewunderung.

831 Lebenserinnerungen von Franz Beyerle, S. 223, Privatarchiv der Familie Beyerle.

832 Universitätsarchiv Freiburg, Sign.: C5 Nr. 91 u. 92. Systemvorschläge zum Deutschen Privatrecht Teil (A) und (B). Bei beiden Systemvorschlägen räumt Beyerle der Treuhand eine besondere Position ein. Bei (A) wird innerhalb des II. Abschnitts „Gewaltverhältnisse" „Treuhand und Stellvertretung" eingehend geregelt. Zur umfangreicheren Behandlung der Treuhand bei (B) ist anzumerken, dass der gesamte siebte Abschnitt des ersten Bereichs „Individualrecht" unter dem Gliederungspunkt „Fremdnütziges Tätigwerden" inhaltlich auf die Treuhand eingeht. In den §§ 18 ff. wird Typologie, Theorie und die rechtlichen Struktur der Treuhand behandelt.

833 Stadtarchiv Konstanz, Sign.: Bey. 5 N-W (Separata). Handschriftliche Notizen zu diesem Vortrag.

834 Stadtarchiv Konstanz, Sign.: Bey. 5 N-W (Separata). Handschriftliche Notizen.

835 Rückert (1998), S. 422.

händerischen" Sachverhalten entwickelt hätten. Beyerle hielt nach solchen Rechtsgestaltungen Ausschau, die von einem treuhänderischen Charakter wären und in den bereits früh entwickelten Rechtsordnungen auftauchten, weil sie offenbar immer wiederkehrenden Bedürfnissen entsprächen:[836]

> *„Wir brauchen Abstand von modernen Rechtsbegriffen; die Rechtsvergangenheit verlangt den ihr gemäßen systematischen Grundriss (...). (...), sowenig findet sich das Rechtswort Treuhand überall, wo wir ihr Wesen als vorhanden buchen".*[837]

Beyerle untersuchte die germanischen Rechtstexte nach Ausgestaltungen, die der Deckung von Regelungsbedürfnissen dienten, welche die Funktion einer treuhänderischen Norm ausfüllten, ohne dass sie begrifflich mit der Treuhand - neben den schon herausgearbeiteten Ausgestaltungen früherer Forschungsarbeiten - in Verbindung gebracht werden müsste.[838]

Den Rahmen, in dem die Treuhand rechtsgestaltende Wirkung entfalten müsste und zu suchen wäre, definierte Beyerle wie folgt:

---

836 Franz Beyerle, Die Treuhand im Grundriß des deutschen Privatrechts (1932), S. 5 ff.; Zu Beyerles Darstellung : Helmut Coing, Die Treuhand kraft privaten Rechtsgeschäftes (1973), S.1.

837 Beyerle (1932), S. 9, 19.

838 Beyerles Untersuchungen basierten zum Teil auf der Arbeit von Alfred Schultze, Die langobardische Treuhand und ihre Umbildung zur Testamentsvollstreckung (1895). (= Untersuchungen zur Deutschen Staats- u. Rechtsgeschichte Heft 49). Neudruck (1973). Schultze schuf die Theorie der germanistischen Treuhand, indem er diese im langobardischen Recht frei legte. Bei dieser Treuhandform handelte es sich regelmäßig um Übertragungen von Gut an dritte Personen mit der Weisung, sie nach dem Tod des Gebers an bestimmte Begünstigte weiter zu übertragen. Er interpretierte diese langobardischen Urkunden dahingehend, dass dem Dritten eine beschränkte dingliche Rechtsstellung übertragen wurde. Die Beschränkung sah er in einer auflösenden Bedingung, wonach das Recht bei Nichtausführung des erteilten Auftrages an den Auftraggeber zurückfiel. Aus dem historischen Material versuchte Schultze entsprechend der Theorie der historischen Schule die Dogmatik eines Institutes zu entwickeln. Die Eigenart der germanischen Treuhand glaubte Schultz darin zu finden, dass dem Treuhänder eine dinglich (durch eine Bedingung) beschränkte Rechtsmacht eingeräumt wurde. Hierzu Coing (1973), S. 49; Berücksichtigung fand auch die Arbeit seines Bruders Konrad Beyerle über die „Grundeigentumsverhältnisse und Bürgerrecht im mittelalterlichen Konstanz, Bd. I: Das Salmannenrecht (1900)."; Beyerle (1932), S. 5. Beyerle lobte diese Einzeldarstellungen zur Treuhandforschung zwar, vermisste aber eine grundsätzliche systematische Einordnung dieser Rechtsfigur, womit er gleichzeitig sein Aufgabenfeld definierte.

*„So bleibt der Grundgedanke aller Treuhandfälle der: fremde Belange an Personen, Sachen, an Vermögen, Rechtsbeziehungen wahrzunehmen. Die dafür eingeräumte Rechtsstellung des Handelnden ist das Mittel, der angestrebte Zweck fremder Belangwahrung das Wesen."*[839]

Da in dieser frühen Entstehungsphase das Handeln im fremden Namen - also die Stellvertretung - noch nicht möglich war, füllten die Treuhandfälle durch das Einräumen von Eigenrechten zugunsten des Handelnden – im Interesse des Vertretenen – diese Regelungslücke. Es war klar, dass es dabei Beyerle auf das Innenverhältnis von Treugeber und Treuhänder ankam.[840] Damit positionierte Beyerle die Treuhand in dem Wirkungsbereich der heutigen Stellvertretung und verlieh der Rechtsfigur damit eine gänzlich neue Bewertungsgrundlage in der Forschung.[841] Nach seiner Einschätzung wurde sie Teil der Grundstruktur des Deutschen Privatrechts.

### a. Treuhand als Grundform im Deutschen Privatrecht

Durch diesen neu entwickelten Stellenwert sah Beyerle in der Treuhand einen „Grundtyp persönlicher Verkettung", den er gleichrangig neben die beiden anderen ihm wesentlich erscheinenden Typen wie Synallagma und Gesamthand stellte.[842] Diese Dreiteilung umfasst nach Beyerles Auffassung die grundlegenden juristischen Regelungsbedürfnisse der Gemeinschaft:[843] Während der synallagmatische Vertrag den Leistungsaustausch der Parteien, welcher Art und in welcher Form auch immer, regelt, steht bei der Gesamthand der Zusammenschluss Einzelner - zwecks Konzentration von Kräften und Gütern zum Erreichen eines gemeinsamen Zieles - im Vordergrund:[844]

---

839 Beyerle (1932), S. 7; Coing (1973), S. 1. Zur sprachlichen Entwicklung des Begriffs der Treuhand: Clausdieter Schott, Der `Träger` als Treuhandform (1975), S. 54 ff.

840 Beyerle (1932), S. 8.

841 Beyerle (1932), S. 8; Hierzu Coing (1973), S. 51.

842 Universitätsarchiv Freiburg, Sign.: C5 Nr. 92. 1. Bereich Individualrecht. Absch. 7, § 20, S. 12. Beyerle (1932), S. 15 ff. Siehe dazu Rückert (1998), S. 421 f.

843 Beyerle (1932), S. 16 f.

844 Beyerle (1932), S. 17. Zum Verhältnis Treuhand und Synallagma: Universitätsarchiv Freiburg, Sign.: C5 Nr. 92. 1. Bereich Individualrecht, Abschn. 7 § 20, S. 13 f.

*„Der gegenseitige Vertrag ist das Feld gegenläufig-eigennütziger Belangwahrung. Hier sagt sich jeder: mea res agitur. (...). In Gesamthand äußert sich gleichläufig-eigennützige Belangwahrung. Ihre Losung müsste lauten: nostra, ergo et mea res agitur."*[845]

Ein grundsätzlicher Unterschied zwischen den letztgenannten Grundtypen und der Treuhand bestehe darin, dass der auftretende, handelnde Treuhänder im Interesse des Treugebers tätig werde:

*„Stehen beim Synallagma die Teile einander gegenüber, bei Gesamthand Schulter an Schulter, so steht bei der Treuhand der Geschäftsbesorger vor dem wahren Interessenten und an seiner Stelle. (...). In diesem Sinne ist Treuhand die vertretungsweise uneigennützige Belangwahrung. Ihr Stichwort lautet: tua res a me quasi mea agitur.*[846]

Was die Treuhand auf die gleiche Ebene wie Synallagma und Gesamthand hebe, ist die Innenseite dieser Rechtsfigur, die immer dann zum Tragen komme, wenn jemand aufgrund erteilter Vertrauensstellung und mit Rechtsmacht für einen anderen handele.[847]

Das Problemfeld der Treuhand erhält hierdurch eine ungeahnte Ausstrahlung in das Feld der Stellvertretung und dadurch eine gänzlich neue Bedeutung.[848]

### b. Resultat des Entwicklungsprozesses: Die unmittelbare Stellvertretung.

Noch in den frühen germanischen Volksrechten sah Beyerle kein Regelungsbedürfnis einer tatsächlichen Treuhandschaft, welche die Parteien bindet und Ansprüche begründet.[849] Allein der sakrale Zwang eines Treueversprechens und nicht die Folgen rechtlicher Bindung sei Antrieb der Parteien, ihren jeweiligen Pflichten nachzukommen.[850] In dieser Phase würden sich die belangvollen Formen der Personentreuhand entwi-

---

845 Beyerle (1932), S. 17 f. Hierzu Universitätsarchiv Freiburg, Sign.: C5 Nr. 92. 1. Bereich Absch. 7 § 20, S. 12.

846 Beyerle (1932), S. 19.

847 Beyerle (1932) S. 20.

848 Hierzu: Universitätsarchiv Freiburg, Sign.: C5 Nr. 92. 1. Bereich Individualrecht Abschn. 7 § 18 ff.; Beyerle (1932), S. 23. Siehe auch Rückert (1998), S. 422.

849 Beyerle (1932), S. 26 f.

850 Universitätsarchiv Freiburg, Sign.: C5 Nr. 82. Vortragsmanuskripte. Beyerle betont hier in einem Vortrag „Bilder aus dem bürgerlichen Lebens des Mittelalters" den hervorragenden Stellenwert der Treue als Ideal in dem sozialen Gefüge der Germanen.

ckeln, wie der gekorene Schutzherr (Muntmannschaft), Vormund und der bereits erörterte Gestellungsbürge.[851]

Später habe sich aus dem sakralen Zwang tatsächliche, durchsetzbare Rechtsfolgen gegen denjenigen entwickelt, der sein Gelöbnis bzw. Treueversprechen gebrochen habe. Mit dieser Umbildung entstand nach Beyerles Einschätzung die erste Stufe der Treuhand.[852] Beyerle setzte diese frühe germanische Rechtsform mit der römischen „fiducia" gleich.[853]

Die zweite Stufe der Treuhand lasse sich später aus dem langobardischen Recht entnehmen.[854] Dort würde die Übertragung von Gütern an dritte Personen mit der Weisung vollzogen, diese dann nach dem Tod des Übertragenden an bestimmte Personen oder Institutionen zu übergeben.[855] Mit dieser zweiten Entwicklungsstufe verknüpft stand für Beyerle das Institut der landrechtlichen Salmannschaft.[856]

In ihrer folgenden dritten Stufe löse sich die Treuhand von ihrem strengen sachenrechtlichen Bezug.[857] Diese neue, verselbstständigte Form bezeichnete Beyerle als „ideelle" Treuhand.[858]

Nach Beyerles Auffassung war es dieser fortschrittliche Entwicklungsgang, der die unmittelbare Stellvertretung auf den Plan der weiteren rechtlichen Ausgestaltungen rief.[859] Diese Regelung übernahm cha-

---

851 Beyerle (1932), S. 26; s.o. 3. Teil, 3. Kap. II. 1.b. (1).

852 Zum Treuegelöbnis und Haftung: Hübner (1930), S. 525 ff.

853 Beyerle (1932), S. 27. Da es sich bei der frühen germanischen, wie auch bei der römischen Treuhand um sachenrechtlich-dingliche Rechtsgestaltungen handelte; Coing (1973), S. 29 f. Aus der Theorie des fiduziarischen Treuhandgeschäftes wurde später die Sicherungsübereignung und die Sicherungszession entwickelt.

854 Schultze (1973), S. 37 ff.; Beyerle, Die Gesetze der Langobarden (1947). Die langobardischen Treuhandfälle hat Beyerle hier selbst herausgearbeitet. Eine Übersicht zu den Treuhandgeschäften im langobardischen Recht findet sich auf S. 492.

855 Beyerle (1932), S. 27; Beyerle, Die Gesetze der Langobarden (1947), S. 369.

856 Beyerle (1932), S. 33. Schott (1975), S. 79; Einen Überblick und eine komplexe Zusammenfassung über die Rechtsfigur des Salmannen in der Forschung liefert Karl Otto Scherner, Salmannschaft, Servusgeschäft und venditio iusta (1971), S. 6 ff.

857 Beyerle (1932), S. Die frühen Volksrechte kannten die rechtliche Ausgestaltung des Auftrags nicht; Universitätsarchiv Freiburg, Sign.: C5 Nr. 92. 1. Bereich Individualrecht Abschn. 7 § 19 S. 4, 4a. Hier sieht Beyerle als Formen der ideellen Treuhand Abspaltungen aus dem Auftrag (wie die Kommission und die Spedition).

858 Beyerle (1932), S. 28. Zu Beyerles Einordnung derselbe: Universitätsarchiv Freiburg, Sign.: C5 Nr. 92. I. Buch Individualrecht Abschn. 7 § 19 S. 4.

859 Beyerle (1932), S. 28 f.

rakteristisch die im deutschen Quellenkreis nicht geregelte Position des Auftrags (oftmals als Botenschaft bezeichnet) ein:

> *„Es sind Entwicklungsgesetze allen Rechts, die sich hier auswirken: gesteigerte Rechtssicherheit erlaubt sparsame Bindung, enger auf den Zweck begrenzte Rechtsmacht; reifere Anschauung vergeistigt rechtliche Beziehung, löst sie von äußerer Machtvollkommenheit. Demgemäß erscheint es – auf einem Punkte der Entwicklung – vorstellbar, dass einer über einen Gegenstand, ja über eine bloße Rechtsbeziehung verfügt, wiewohl er weder Treuhänder noch bloßer Bote ist. Und das Verkehrsbedürfnis drängt dazu."*[860]

War jemand mit einer derartigen Vollmacht ausgestattet, sei er weder Treuhänder noch Bote (beauftragt), er müsste zwingend Stellvertreter gewesen sein. Die Treuhand sei damit zur Ausgangs- und Grundlage fremdnütziger Interessenwahrung geworden.[861] Mit dieser Einschätzung ist Beyerle mit seiner Theorie einer Entwicklung der deutschen Treuhand als Ergebnis bei der unmittelbaren Stellvertretung angelangt.[862]

### c. Bedeutung der germanisch-deutschrechtlichen Treuhandforschung

Aufgrund der Forschungsarbeit von Alfred Schultze und dem später erschienen Beitrag von Beyerle wurde die Treuhand in das germanistische System des Deutschen Privatrechts aufgenommen.[863] Dort galt die Treuhand fortan als „Seitenstück und Ersatz" der unmittelbaren Stellvertretung.[864] Zuvor fehlte, selbst in den einschlägigen Publikationen des 19. Jahrhunderts zum Deutschen Privatrecht, der Begriff der Treuhand

---

860 Beyerle (1932), S. 28.

861 Universitätsarchiv Freiburg, Sign.: C5 Nr. 4. Manuskript „Deutsches Privatrecht" S. 6.

862 Beyerle (1932), S, 29. Neben der Beyerleschen Vertretungstheorie, welche die unmittelbare Stellvertretung als Entwicklungsergebnis, die gegen jene These stand, welche den Treuhänder als Verwalter, Träger eines Amtes, im eigenen Namen, also außerhalb der Stellvertretung wirken ließ (Amtstheorie), entwickelte 1951 Hans Dölle die Theorie des „neutralen Handelns" gerade für solche Regelungsbereiche, die Treuhänder, Vermögensverwalter und Testamentsvollstrecker, etc., abdeckten. Hierzu Hans Dölle, Neutrales Handeln im Privatrecht. Ein Beitrag zur Lehre von der Stellvertretung, in: Festschrift für Fritz Schulz Bd. II. (1951), S. 269 ff., 273, 280.

863 Siehe zur Treuhandforschung Rückert (1998), S. 417 ff.

864 Karl Otto Scherner, Treuhand, in: HRG Bd. 5. (1998), Sp. 341. Siehe dazu Rückert (1998), S. 422.

gänzlich.[865] Damit war es Beyerles Anstrengungen auf diesem Forschungsgebiet und der Vorarbeit von Schultze zu verdanken, dass eine vollkommen neue Bewertung dieser Rechtsfigur erfolgte.

Nicht zufällig sind dann auch in Beyerles Arbeit deutliche Ansätze von Angriffen auf die geltende, von den Pandektisten entwickelte Theorie des fiduziarischen Rechtsgeschäfts, was auf der römisch-rechtlichen Rechtsfigur der „Fiduzia“ basierte, zu erkennen.[866] Mit der Gewissheit, dass nunmehr auch die Germanen ihre eigene Treuhand entwickelt hätten, folgte schließlich die Bemühung einer Eingliederung dieser Theorie in das geltende Recht. Das Ergebnis einer solchen Integration müsste ein Kompromiss zwischen pandektischem System und germanischen Rechtsideen werden. Gerade gegen diese angestrebte Vermischung und Eingliederung germanisch-deutscher Entwicklungsergebnisse in ein römischrechtlich geprägtes pandektisches System wehrte sich Beyerle.[867]

> *„Allein man wird dem älteren deutschen Recht überhaupt nicht gerecht, wenn man es durch die Brille des gemeinen Rechts mit seiner Vorherrschaft der Verträge sieht. Es kennzeichnet die systematische Hörigkeit, in der die deutsche Privatrechtslehre sich seit Eichhorns Tagen zu der romanistischen Schwesterwissenschaft befand, dass dieser Unterschied der beiden Rechte so wenig klar empfunden wurde. Die Fülle obrigkeitlich oder einungsweise festgesetzter Schuldpflichten, wie sie die mittelalterlichen Quellen vor uns auftun, konnte freilich eine Zeit kaum fesseln, deren Losung `Freiheit von gesellschaftlicher, wirtschaftlicher Bindung` lautete. Man las für das Pandektenschema seine Quellen aus und täuschte damit ein deutsches Seitenbild von recht verschrobenen Aussehen vor. (...) die dingliche Formenwelt verschiedenster Schichten und Ordnungen zum Scheinreichtum eines sinnlos gehäuften Trödelladens aufgestapelt. Auf der anderen Seite hielt man für das Schuldrecht an der römischen Vertragslehre fest und sah nicht oder wollte nicht gewahren, dass unser Mittelalter seine Welt persönlicher Pflichten hauptsächlich ständisch oder genossenschaftlich und folglich satzungsweise gestaltete. Blieb diese reiche Formensprache unbeachtet, so war das deutsche Schuldrecht freilich herzlich arm (...).“*[868]

Ziel der Germanisten sei die Verdrängung der romanistischen Dogmatik gewesen, die ausschließlich aus römischen Rechtsquellen gespeist würde,

---

865 Coing (1973), S. 48. Gemeint ist das Werk von Runde, Deutsches Privatrecht (1827), 7. Aufl.

866 Entwickelt wurde die Theorie vom fiduziarischen Rechtsgeschäft von Ferdinand Regelsberger, hierzu Coing (1973), S. 47.

867 Rückert (1993), S. 83.

868 Beyerle (1932), S. 45.

aus dem Wirkungsbereich des Deutschen Privatrechts und hier natürlich speziell der Treuhandforschung.[869] Beyerle reduzierte seinen Anspruch vorerst von einem dominanten germanischen Recht auf ein solches mit „Beratungscharakter".[870] Auch Beyerle musste erkennen, dass ein Durchsetzten der germanischen Rechtsideen derzeit aussichtslos sein musste, wies aber stets auf deren elementare Bedeutung hin.[871]

> *„Wenn die Meisterwerke der Romantik und Gotik für den gegenwartsverwurzelten Baumeister trotz allen Abstands der Formensprache doch ein ewig Neues sind und bleiben: sollte nicht auch die lebensstarke Rechtskultur unseres Mittelalters wenigstens dem aufgeschlossenen Gegenwartsjuristen doch eine eindrucksvolle Lehre und ein oft genug entscheidender Fingerzeig für Zukunftswege werden können?"*[872]

Damit war der derzeitige Stellenwert der germanischen Rechtsquellen aufgezeigt. Der tatsächliche, rechtshistorische Erkenntniswert der deutschrechtlichen Treuhand blieb insgesamt zweifelhaft.[873] Denn eine tatsächliche, fühlbare Wirkung konnte die Lehre der deutschrechtlichen – germanischen Theorie nicht entfalten. Wenn auch die systematische Einteilung der Treuhand durchaus logisch und nachvollziehbar war, so war sie doch für den praxisorientierten Gegenwartsjuristen zu umständlich und daher untauglich:[874]

> *„Dieser Konstruktion*[875] *wird entgegen zu halten sein, dass sie außerordentlich erkünstelt ist. (...). Auch wird sie keineswegs den Bedürfnissen der Praxis gerecht."*[876]

---

869 Coing (1973), S. 47 f.

870 Neuen, bedeutenden Aufschwung erhielten die Germanisten mit der Machtergreifung der Nationalsozialisten, die eine Erneuerung des Zivilrechts zugunsten einer germanischen Basis forcierten; hierzu 3. Teil 3. Kapitel III.

871 Rückert (1998), S. 422.

872 Beyerle (1932), S. 48.

873 Scherner (1998), Sp. 342.

874 Coing (1973), S. 50. Gemeint ist hier die Konstruktion von Schultze einer bedingten Rechtsübertragung an den Treuhänder, d.h. dem Treuhänder (dem Salmann) wurde eine eigentümerähnliche Stellung eingeräumt; Beyerle (1932), S. 36 ff. Für Beyerle ergab die Konstruktion ebenfalls nur Sinn, wenn der Treuhänder wirklich Eigentum an dem Objekt erlangte. Aber es war - und hier liegt der Unterschied - kein abstraktes Eigentum, sondern eines, welches durch den Treuhandzweck beschränkt wurde. Beyerle prägte hier den Begriff des „kausalen" Eigentums.

875 Die Lehre von der germanischen Treuhand.

876 Heibrunn, zitiert nach Coing (1973), S. 50. Dieser Konstruktion wurde das fidu-

Letztendlich hat sich ein funktionaler Treuhandbegriff durchgesetzt, der den Anforderungen der Praxis entsprach und es ermöglichte, auch gerade nicht deutsche Erscheinungen zu erfassen:

> *„Eine Treuhand ist gegeben, wenn jemandem Rechte anvertraut sind, über die er selbst verfügen kann, die er aber nicht im eigenen Interesse, sondern im Interesse anderer Personen oder objektiver Zwecke ausüben soll. Der Treuhänder hält mithin Vermögensrechte im Rahmen eines besonderen Treueverhältnisses."*[877]

## 3. Weitere Aktionsbereiche an der Frankfurter Universität

Weiterhin verdienen die von Beyerle zu dieser Zeit in Frankfurt ausgerichteten Seminare besondere Erwähnung, da diese für ihn einen wichtigen Stellenwert einnahmen.[878]

Er führte zum ersten Mal ein „Deutschrechtliches Proseminar (Quellen, Literatur und Arbeitsweise)" durch. Dies diente der Vorbereitung zu den folgenden, unter seiner Leitung regelmäßig veranstalteten „Deutschrechtlichen Seminare".[879] Beyerle versuchte innerhalb dieser Seminare, seine Schüler in den Stoff und den damit zusammenhängenden Quellen- und Fragenkreis einzuführen. Nur selten ließ er hierbei, wie es sonst üblich war, über das bestehende Schrifttum referieren. Er sah es als seine Aufgabe an, seine Studenten an die Quellen selbst heranzuführen, um damit direkt an den Kernpunkt und die Problematik der Quellenexegese zu gelangen.[880] Ihm war wichtig, die Zusammenhänge zwischen Deutscher Rechtsgeschichte und dem Privatrecht aufzuzeigen.[881]

Auch die praktischen Belange der Studenten lagen Beyerle am Herzen. Im Hinblick auf die Juristenausbildung äußerte Beyerle sich 1932 engagiert in seinem Beitrag „Examensnot und Hochschulbildung" und

---

ziarische Rechtsgeschäft vorgezogen, da man schon Probleme bei der Formulierung einer entsprechenden Bedingung bei der Vertragsgestaltung bekam.

877 Coing (1973), S. 1.

878 Lebenserinnerungen von Franz Beyerle, S. 197 f., Privatarchiv der Familie Beyerle.

879 Diestelkamp (1989), S. 15; Vorlesungsverzeichnisse der Universität Frankfurt am Main: WS 1930/31, SS 1931, WS 1931/32, SS 1933, WS 1933/34, SS 1934.

880 Lebenserinnerungen von Franz Beyerle, S. 224, Privatarchiv der Familie Beyerle.

881 Beyerle strebte in seinen Vorlesungen grundsätzlich die Verkopplung von Rechtsgeschichte mit dem geltenden Recht an, hierzu Diestelkamp (1989), S. 89.

plädierte für ein reformiertes Jurastudium.[882] Vor allem das Heranzüchten von Rechtsspezialisten an der Universität zum Nachteil einer universellen Ausbildung hielt Beyerle für den falschen Weg. Hier war es einmal mehr die Schweiz, wie schon zuvor im Zivilrecht, die er hier als Vorbild sah:

> *„Es ist ein bequemer aber bedenklicher Ausweg, wenn zur Abwehr einer Überfüllung mit Juristen die positive Wissensschwelle fachlicher Art so hoch gelegt wird, dass die den Studenten den Zutritt zum geisteswissenschaftlichen Unterbau unseres Rechts versperrt. Ohne es zu wollen gefährdet diese Praxis unser Bildungsziel, wir sehen Referendare den Weg zur Universität suchen, um an Vertiefung und Weitung ihrer Bildung nachzuholen, was ihnen die Studienzeit nicht erlaubte. Während andererseits sich der Student schon bald mit Fragen unsrer Rechtsprechung müht, die füglich erst der Referendar zu lösen hatte (...). Was soll die Aufzucht eines Nachwuchses von Über-Referendaren, Über-Assessoren, wenn dabei unser höheres Ziel, Erziehung zu eigener Welt- und Wertschau, preisgegeben werden muss und wir unserem Volk statt geistiger Führer gerissene Spezialisten heranbilden. Wie lebensnah, vernünftig ist da die Schweiz! Was man am Schluss der Hochschulzeit dort fordert, ist ein Zuhaussein in den Hauptgesetzen, vor allem aber sicherem Judicium, die Scheidekunst des Rechts. Dort weiß man, dass man Kontroversen und Präjudizien aus jedem Kommentar entnehmen kann. (...). Dem jungen civis academicus dagegen lässt man Luft, sich auch in Nachbarfächern umzusehen."*[883]

Beyerle widmete sich nicht nur der Forschung oder den Belangen der Hochschule in Frankfurt. Wie sein Vater stand er für die Rechte der Armen und wirtschaftlich schlechter gestellten Menschen der Stadt ein.[884] In einem Brief regte Beyerle eine unentgeltliche Rechtsberatung für Mittellose durch die Universität an.[885]

Am 15.11.1931 wurde Beyerle die Mitgliedschaft in der wissenschaftlichen Gesellschaft an der Johann Wolfgang von Goethe-Universität zuerkannt, der er bis zu seinem Tod angehörte.[886]

---

882 F. Beyerle, Examensnot und Hochschulbildung, in: DJZ 37 (1932), Sp. 633 – 635.

883 Universitätsarchiv Freiburg, Sign.: C5 Nr. 106. Handschriftliches Manuskript zu einer Rede. (Antrittsrede). S. 19 f.

884 2. Teil 1. Kapitel I.

885 Universitätsarchiv Freiburg, Sign.: C5 Nr. 40. Brief vom 16.07.1933.

886 Erler (1980), S. 61.

## III. Der einbrechende Nationalsozialismus

In die von Beyerle so geschätzte Atmosphäre lebendiger Geistigkeit und Aufgeschlossenheit für soziale Belange brach 1933 die Gewalt eines totalitären und intoleranten Regimes ein.[887] Bereits im April 1933 begannen gewaltsame Demonstrationen gegen Juden und politisch Missliebige an den deutschen Hochschulen, welche dann in die berüchtigte Inhaftierungswelle zum „Schutz gegen die aufgebrachte Öffentlichkeit" mündeten.[888]

Auch Beyerle, der sich als Dekan noch 1932 für die Berufung eines weiteren jüdischen Gelehrten nach Frankfurt einsetzte, traf die plötzlich aufkommende Gewalttätigkeit unerwartet.[889] Es musste deshalb für die Frankfurter überraschend gewesen sein, da die Nationalsozialisten bislang kein Machtfaktor an der Universität waren. Noch am 30. Januar 1933 ergab eine Zählung des „Hochschulgruppenführers" des Studentenbundes, dass nur 35 Mitglieder zu verzeichnen waren, wovon gerade 8 – 10 aktiv waren, der Rest seien „Karteileichen".[890] Dieser kümmerliche Haufen sah sich sehr vielen jüdischen Studenten und einer Dozentenschaft gegenüber, die zu ca. 40 % jüdisch war.[891] Heller, Sinzheimer und andere jüdische Professoren waren auf diesen gesellschaftlichen Einbruch nicht vorbereitet, da er als zu unwahrscheinlich galt.[892] Ferner gab es in Frankfurt im Gegensatz zu den meisten anderen Hochschulen nicht nur eine Gruppierung auf der „rechten", sondern eine mindestens ebenso starke, gerade von Juden stark frequentierte, „linke" Seite; besonders bei den Soziologen, Politologen und bei den Juristen.[893] Frankfurt am Main

887 Diestelkamp (1989), S. 155.

888 Gerade auch in Frankfurt am Main, hierzu Hammerstein (1989), S. 271; Diestelkamp (1989), S. 83.

889 Lebenserinnerungen von Franz Beyerle, S. 205, Privatarchiv der Familie Beyerle. Er hatte sich für die Berufung Hermann Hellers eingesetzt.

890 Helmut Heiber, Universität unterm Hakenkreuz, Teil II. Die Kapitulation der Hohen Schulen, Bd. 2 (1994), S. 575.

891 Heiber (1994), S. 575 f.; Gerda Stuchlik, Goethe im Braunhemd. Universität Frankfurt 1933 – 1945 (1984), S. 90: Nachdem zwei Monate nach der Machtergreifung vergangen waren und keinerlei Veränderungen der Universitätsstrukturen in Frankfurt eingetreten waren, forderten nationalsozialistische Studenten die „Säuberung" der Universität besonders von den jüdischen oder jüdisch versippten Kommilitonen, aber auch des Lehrkörpers und der Verwaltung. Sie drohten andernfalls mit Aufruhr.

892 Diestelkamp, Juristen (1989), S. 155; Diestelkamp, Rechtshistoriker (1989), S. 82.

893 Stuchlik (1984), S. 66. Frankfurt entwickelte sich noch in den endzwanziger

stand nach dem Zensus von 1925 an der Spitze der von jüdischen Deutschen besiedelten Großstädte. Der jüdische Bevölkerungsanteil machte hier insgesamt 6,29 % aus, in Berlin waren es zum Vergleich nur 4,29 %.[894] Dieser Bevölkerungsteil stellte 68 % der Ärzte und 64 % der Anwälte in Frankfurt.[895] Diese Zahlen strahlten eine trügerische Sicherheit aus. Den immer stärker aufkommenden rechten Gruppierungen sollte der Campus aber nicht kampflos überlassen werden. Schon bald kam es zu Schlägereien zwischen radikalen Studentengruppen, die sich im Laufe der Zeit intensivierten.[896] Man versuchte zuerst, diese Vorgänge intern, also mittels akademischer Disziplinargerichtsbarkeit, zu regeln. Verhandlungsführer war der Dekan Beyerle mit Hilfe von Rheindorf[897], der sich schon als systematischer und unermüdlicher Arbeiter bei der Verwaltung des studentischen Stipendiatswesens einen Namen gemacht hatte.[898] Später aber wurde klar, dass es politische Einflüsse und tätliche Beihilfe von außen waren, die eine universitäts-interne Regelung nicht mehr zuließen. Einer solch explosionsartigen Entwicklung stand man hilflos gegenüber.

Es gab zwar schon im Vorfeld der Machtergreifung antisemitische Aktionen und offene Aggressionen auch gegen Sozialisten und anders politisch Denkende. Doch das volle Ausmaß der bereits vorhanden Gewaltbereitschaft gegen die Minderheiten entlud sich erst nach und nach durch die neue politische Führung. Am 07. April 1933 erließ die Reichsregierung das „Gesetz zur Wiederherstellung des Berufsbeamtentums“, das die Entlassung „nichtarischer“ und politisch missliebiger Hochschullehrer vorsah. Es brachte drastische personelle Veränderungen mit sich.[899] Durch dieses Gesetz sollten die Betroffenen nicht emeritiert, sondern nur pensioniert werden. Leidtragende dieser einschneidenden Regelung waren zumeist Professoren im Bekannten- und Freundeskreis um Beyerle.

---

Jahren zum „Zentrum der deutschen Soziologie“.

894 Michael H. Kater, Studentenschaft und Rechtsradikalismus in Deutschland 1918- 1933. Eine sozialgeschichtliche Studie zur Bildungskrise in der Weimarer Republik. Historische Perspektiven 1, hrsg. von Bernd Martin u.a. (1975), S. 147; Winkler (2000), S. 483.

895 Kater (1975), S. 148.

896 Hammerstein (1989), S, 164 f.

897 Hammerstein (1989), S. 165.

898 Hammerstein (1989), S. 93.

899 Karl Kroeschell, Rechtsgeschichte Deutschlands im 20. Jahrhundert (1992), S. 75; Hammerstein (1999), S. 91.

Hermann Heller wurde auf diese Weise pensioniert bzw. entlassen und emigrierte.[900] Er verstarb kurze Zeit später verbittert in Madrid.[901] Der von Beyerle geschätzte Hugo Sinzheimer machte die leidige Erfahrung, durch nationalsozialistisch gesinnte Studenten an der Durchführung seiner Vorlesungen gehindert zu werden.[902] Ebenso erging es Riezler.[903]

An dieser dunklen Stelle der Frankfurter Universitätsgeschichte meldete sich Klausing im April 1933 in Frankfurt am Main wieder zurück. Die neue politische Situation verschaffte ihm eine führende Rolle in der Fakultät.[904] Er selbst, mittlerweile der NSDAP zugehörig und Obersturmführer der SA, verstand sich als Vertreter des Systems. Er trat für die „Reinigung“ der Hochschule von Juden und politisch Missliebigen ein.[905]

Mit der Rückkehr Klausings war das Ende des Kreises um Beyerle gekommen. Aus dem Umfeld Beyerles wurden nach und nach Freunde wie auch Bekannte verhaftet. Auch Rheindorf war nicht mehr sicher. Dass die sich anbahnende Absetzung Riezlers gemeinsam mit der von Rheindorf erfolgte, ist keineswegs Zufall gewesen. Riezler hatte sich aufgrund seines Einflusses als Kurator und seiner Person, wie bereits erwähnt, Gegner geschaffen. Dazu kamen die Neider, die ihm seine Machtposition missgönnten.[906] Manchem konservativen Professor war Riezler ohnehin zu „links“, zu liberal und zu neuerungssüchtig.[907] Vor allem die nationalsozialistische Rechte hatte Riezler, der alles Internationale förderte und immer wieder „Nichtariern“ auf Lehrstühle half, von Anfang an als Symbolgestalt des verhassten Systems bekämpft.[908] Dabei handelte Riezler, wie das Beispiel der Berufung Hermann Heller zeigte, nicht isoliert. Vielmehr war es gerade Beyerle als Dekan seiner Fakultät, der eine solche Berufungspolitik unterstützte und vorantrieb.[909] Aber Riezler war

---

900 Kroeschell (1992), S. 75; Staff (1989), S. 198.

901 Stolleis (1983), S. 27; Staff (1989), S. 199; Hammerstein (1989), S. 227 f.

902 Stuchlik (1984), S. 82; Hammerstein (1989), S. 215. Auch Konrad Beyerle war seit 1930 den Anfeindungen nationalsozialistischer Studenten in München ausgesetzt, hierzu Hense (2001), S. 224 ff.

903 Stuchlik (1984), S. 82.

904 Diestelkamp, Klausing (1989), S. 177.

905 Diestelkamp, Klausing (1989), S. 177.

906 Hammerstein (1989), S, 196.

907 Hammerstein (1989), S. 196.

908 Hammerstein (1989), S. 196.

909 Heller wurde auf expliziten Wunsch von Beyerle an die Frankfurter Universität berufen, hierzu 3. Teil 3 Kapitel III. Hellers Berufung kam einer solchen von

zu geschickt und zu diplomatisch, um seinen Gegnern eine ausreichende Angriffsfläche zu liefern, die es gerechtfertigt hätte, ihn aus dem Amt zu drängen.[910] Diese bot eher Rheindorf, ebenfalls ein Freund Beyerles und Vertrauter Riezlers. Er hatte mit Riezler in der sozial brisanten Nichtordinarienfrage eng zusammengearbeitet.[911] Rheindorf lieferte den neuen Machthabern bald genug Gründe, gegen ihn vorzugehen.[912] Erhoben wurde vor allem der Vorwurf der bevorzugten Förderung von Juden und „Undeutschen" bei der Vergabe von Stipendien.[913] Rheindorf sollte über diesen Vorwurf zu Fall gebracht werden und mit ihm sein verantwortlicher direkter Vorgesetzter: Riezler.

Nach offensichtlich organisierten, gewaltsamen Demonstrationen gegen Riezler und Rheindorf wurden sie festgenommen und in „Schutzhaft" gebracht. Dies erfolgte auf Klausings Veranlassung.[914]

Durch das mutige Engagement Franz Beyerles wurden Riezler und Rheindorf aus dem Gefängnis entlassen. Beyerle konnte de Boor[915] dafür

---

Carl Schmitt zuvor. Schmitt galt im In- und Ausland als der Kronjurist des neuen Regimes, hierzu Klaus Schwabe, Deutsche Hochschullehrer und Hitlers Krieg (1936 –1940), in: Die deutschen Eliten und der Weg in den zweiten Weltkrieg (1989), S. 313; Notker Hammerstein, Antisemitismus und deutsche Universitäten 1871 - 1933 (1995), S. 97; Universitätsarchiv Freiburg, Sign.: C5 Nr. 68. Beyerles Anforderungen an eine geistige Elite formulierte er wie folgt: „Was wir brauchen sind (...), Gelehrte von einer Eigenwilligkeit, die der Eigenwilligkeit unserer politischen Ordnung gleichwertig zur Seite oder besser entgegen tritt, besser noch im Protest zum Staat als unter seinem Kommando (...).

910 Riezler hatte bereits eine glänzende Karriere im Dienste des Auswärtigen Amtes hinter sich und war unter anderem bei der nach dem Krieg in Moskau wieder eröffneten Deutschen Botschaft als Botschaftsrat tätig, siehe Karl Dietrich Erdmann, Kurt Riezler. Tagebücher, Aufsätze, Dokumente, Deutsche Geschichtsquellen des 19. und 20. Jahrhunderts, hrsg. von der Historischen Kommission bei der Bayerischen Akademie der Wissenschaften, Bd. 48 (1972), S. 100; Hammerstein (1989), S. 79.

911 Hammerstein (1989), S. 196.

912 Universitätsarchiv Freiburg, Sign.: C5 Nr. 40. Brief Beyerles an Rheindorf vom 21.05.1934. Beyerle beschwört Rheindorf, dass er sich doch zum eigenen Vorteil etwas zurückhalten soll.

913 Rheindorfs Objektivität bei der Vergabe der Stipendien sollte ihm nun zum Vorwurf gemacht werden, da nicht selten gerade begabte jüdische Studenten von ihm gefördert wurden, Heiber (1992), S. 83. Die Vorwürfe waren Förderung jüdischer und linker Studenten, Veruntreuung von Geldern, verbotener Umgang mit weiblichen Untergebenen und Vernichtung belastender Akten. Den gleichen Vorwürfen sah sich später Riezler ausgesetzt.

914 Bundesarchiv Koblenz Nachlaß Rheindorf, NL 263 / 374. Brief Rheindorfs an Beyerle; hierzu Diestelkamp, Juristen (1989), S. 155, 177.

915 De Boor, Rechtswissenschaftler und ein Freund Beyerles, schätzte die anfäng-

gewinnen, sein Feriendomizil in Bad Münster am Stein (Nähe Bad Kreuznach) als Unterschlupf für die beiden zur Verfügung zu stellen, um sie vor weiteren Zugriffen zu schützen.[916] Die Enthebung Riezlers und Rheindorfs aus ihren Ämtern konnte nicht verhindert werden.[917] Rheindorf erhielt zudem ein Aufenthaltsverbot für Frankfurt.

Ohne Lehrbefugnis und weitere finanzielle Mittel stand Rheindorf vor dem persönlichen Ruin. Beyerle half Rheindorf in dieser Lage. Er unterstützte ihn finanziell und bemühte sich bei anderen Hochschulen um eine Einstellung Rheindorfs.[918] Da dies problematisch war, erfolgten weitere regelmäßige finanzielle Zuwendungen von Beyerle an Rheindorf, um ihm zumindest eine Lebensgrundlage zu geben.[919]

Zwischen Beyerle und Klausing, der mittlerweile Dekan wurde, kam es zu heftigen Auseinandersetzungen, als dieser die unbequemen Professoren de Boor und v. Hippel wegen ihrer Einstellung zur NSDAP durch die Herbeiführung eines ministeriellen Erlasses und ohne neue Berufung aus Frankfurt weg versetzen ließ.[920] Beyerle warf Klausing un-

---

lich liberale Frankfurter Fakultät sehr; Hammerstein (1989), S. 48, siehe auch 3. Teil 3. Kapitel I. 2.

916 Diestelkamp schreibt zwar von einem „Schwarzwälder Feriendomizil seines Fakultätskollegen De Boor", hier irrt er aber; Diestelkamp (2000), S. 17.Dies wird besonders durch den Schriftwechsel zwischen Rheindorf und Beyerle ersichtlich. Rheindorf berichtet sehr genau von den Geschehnissen dieser Flucht nach Bad Münster am Stein. Dabei beschreibt er die Fluchtroute, die keinen Zweifel offen lässt; Bundesarchiv Koblenz Nachlaß Rheindorf, NL 263 / 193 (F. 1 – 208). Brief an Beyerle vom 10.07.1972.

917 Ein Versuch Riezlers, später noch einmal an der Frankfurter Universität Fuß zu fassen, scheiterte; obwohl das preußische Kultusministerium am 13. Juni 1933 feststellte, dass es keine Anhaltspunkte für eine Pflichtverletzung weder des Leiters der Studienhilfe noch des Kurators sehe; Hammerstein (1989), S. 212 ff., 214; Heiber (1992), S. 87.

918 Universitätsarchiv Freiburg, Sign.: C5 Nr. 40. Brief Beyerles vom 13. 07 .1933 und vom 26. 06 1935, in denen er sich jeweils für seine ehemaligen Frankfurter Kollegen einsetzte; Diestelkamp (2000), S. 17.

919 Universitätsarchiv Freiburg, Sign.: C5 Nr. 40. Brief Beyerles an Rheindorf vom 21.05.1934: „ (...). Wenn Du in Geldnot bist, der abzuhelfen in meiner Möglichkeit liegt, so laß mich bitte konkretes wissen. Wir haben keinen Überfluß; aber soviel, um jemanden in einer momentanen Verlegenheit auszuhelfen, ist immer noch zur Hand. (...)."; BA Koblenz Nachlaß Rheindorf NL 263 / 374. Brief von Rheindorf an Beyerle vom 09.12.1934. Rheindorf bedankt sich in diesem Schreiben für finanzielle Unterstützung.

920 Universitätsarchiv Freiburg, Sign.: C5 Nr. 40. Erklärung über die Vorfälle um de Boor und v. Hippel. De Boor und v. Hippel gehörten ebenfalls zu Beyerles engeren Freunden.

kollegiales Verhalten vor und stellte sowohl den privaten Umgang wie auch den „Grußverkehr" mit Klausing ein:

> *„Im Sommer 1934 wurden die dem nationalsozialistischen Rektor, wahrscheinlich aber auch dem juristischen Dekan Prof. Klausing wegen ihrer Einstellung zur NSDAP unbequemen Professoren de Boor und v. Hippel, ohne dass ein Ruf an sie ergangen oder ihrerseits auch nur darüber verhandelt worden wäre, durch ministeriellen Erlass von Frankfurt wegversetzt. Über diesen Akt kam es zu einer scharfen Auseinandersetzung zwischen Professor Beyerle und dem Dekan Professor Klausing (...)."*[921]

Die Verfolgungen und Zwangsmaßnahmen dauerten in Frankfurt weiter an und verschärften sich noch, bis anderthalb Jahre nach der „Machtübernahme" der neue Rektor der Universität Frankfurt, Walter Platzhoff, mitteilen konnte:

> *„Der alte Vorwurf, dass gerade unsere Universität eine Hochburg marxistisch-jüdischen Geistes sei, kann weiß Gott nicht mehr erhoben werden. Wohl an keiner anderen Universität ist die Säuberung so radikal vorgenommen worden wie gerade bei uns."*[922]

Für den Humanisten Beyerle war somit die Zeit des kollegialen, freundschaftlich-zwischenmenschlichen Umgangs vorüber. Er zog sich in seine wissenschaftliche Arbeit zurück und wurde - wie er selber sagte - „lichtscheu".[923]

## 2. Die Arbeitsgemeinschaft für Rechtserneuerung

Der Wissenschaftler Beyerle hegte weiterhin die alte Hoffnung, losgelöst von allen politisch-ideologischen Motiven, fernab jeglicher nationalsozia-

---

921 Universitätsarchiv Freiburg, Sign.: C5 Nr. 40. Sachverhaltsschilderung über den Weggang Beyerles aus Frankfurt. Es handelt sich hierbei um einen Schreibmaschinendurchschlag in DIN A 4 Format. Die Quelle ist nicht datiert. Auf der Kopfseite steht zentriert und unterstrichen „Erklärung". Die Unterzeichnenden, welche nicht ersichtlich sind, berichten über die Umstände des Weggangs Beyerles aus Frankfurt und versichern an Eides statt, dass dies nicht die Folge einer Disziplinarmaßnahme war.

922 Walter Platzhoff, Die Johann Wolfgang Goethe - Universität zu Frankfurt am Main. Rede vom 14. 11. 1934 anläßlich der feierlichen Rektoratsübernahme der Universität Frankfurt am Main, Frankfurt (1934), S. 5.

923 Bundesarchiv Koblenz Nachlaß Rheindorf, NL 263 / 374. Brief Beyerles an Rheindorf.

listischer Weltanschauung, eine Rechtserneuerung des Deutschen Privatrechts mit einer aufkommenden „Germanisierung" des Rechts durchführen zu können.

Beyerle und alle Anhänger eines germanisierten Rechts hatten jeden Grund, an eine „Verdeutschung" im großen Stil zu glauben, da sie ebenso von den Nationalsozialisten gefordert wurde. Unter dem totalitären Regime wurden unter anderem alte germanische Feiertage wiederbelebt: die Sommersonnenwende (21./22. Juni), die Wintersonnenwende und die Germanisierung von Weihnachten als das „Julfest".[924] Ferner lösten die Nationalsozialisten durch ihre einseitig nationalistische Rechtspolitik besonders unter den Germanisten eine wahre Reformeuphorie aus. Sie verachteten alle welsch-romanischen Einflüsse und forderten eine Rückkehr zu den germanischen „Idealen".

Dieser Reformdrang fand seinen Höhepunkt in der von Beyerle 1933/34 ins Leben gerufenen Frankfurter Arbeitsgemeinschaft für Rechtserneuerung.[925] Diese Arbeitsgemeinschaft bildete er aus Ordinarien, Nichtordinarien, Assistenten und älteren Studenten.[926] Diese Gründung war Teil seiner Vision einer Modifizierung des Deutschen Privatrechts durch eine Reaktivierung germanischer Rechtselemente, um dem Recht damit zu mehr Realitätsbezug zu verhelfen. Beyerle hielt zu dieser Zeit mehr denn je, bestärkt durch die Politik, an der Illusion fest, man könne die schon in den zwanziger Jahren diskutierten, von ihm stets mitvertretenen und immer wieder geäußerten Reformideen des Deutschen Rechts mittels des neuen Regimes letztendlich durchsetzen.[927] Beyerle hoffte auf eine Befreiung des Zivilrechts von der pandektistischen Begriffsenge und der positivistischen Methode. Diese Bemühungen hatten sogar bisweilen Vorrang vor seinen Interessen an der rechtshistorischen Forschung.[928]

---

924 Wolfgang Benz, Konsolidierung und Konsens 1934 – 1939, in: Das Dritte Reich im Überblick, hrsg. von Martin Broszat und Norbert Frei, 5. Aufl. (1996), S. 61.

925 Universitätsarchiv Freiburg, Sign.: C5 Nr. 43. Teilnehmerliste und Programm der Arbeitsgemeinschaft für Rechtserneuerung im WS 1933/34.

926 Universitätsarchiv Freiburg, Sign.: C5 Nr. 43. An dieser haben neben Beyerle als Initiator noch teilgenommen: Klausing, de Boor, Griese, v. Hippel, Schanz, Niemann, Ehrhardt, Forsthoff; Diestelkamp (2000), S. 17.

927 Diestelkamp (2000), S. 17; siehe 1. Kapitel: VI. 3. Beyerle empfand das Deutsche Privatrecht aufgrund seines pandektisch, dogmatischen Kerns schon während seiner Baseler Zeit dem Schweizerischen Privatrecht gegenüber als viel zu starr und deshalb als nachteilig.

928 Universitätsarchiv Köln, Sign.: Zug. 287/2. Brief Beyerles vom 8.11.1937 an Planitz, in dem er ihm mitteilte, dass er als Forscher die „Gegenwartsprobleme" der Rechtswissenschaft denen des „grauen Altertums" derzeit vorzuziehen gedenke.

## a. Die Reformbewegungen im Überblick

Es wäre zu einseitig, in dieser Zeit von einem ausschließlichen, wenn auch dominanten Stellungskampf der Germanisten gegen die Romanisten zu sprechen. Denn das Feld der verschiedenen aufkommenden Gruppierungen, die ihr Gewicht in die Waagschale zur Veränderung der bestehenden zivilrechtlichen Gesetzeslage werfen wollten, war in Wirklichkeit viel weiter. Es traten mannigfaltige Auffassungen von Gesetzesauslegungen und -anwendungen sowie Methoden gegeneinander an.

Zuerst ist in diesem Zusammenhang die historische Auslegungsmethode zu nennen, die zahlreiche Rechtsinstitute aus früherer Wissenschaft und Praxis, die in die neuen Gesetzeswerke übernommen wurden, im Sinne der Tradition interpretierte und hierbei den Wortlaut des Gesetzes nötigenfalls auch korrigierte. Diese Arbeitsmethode konnte jedoch auf lange Sicht nicht bestehen und musste zurücktreten, da die Kenntnis des früheren Rechtszustandes bei den Juristen mehr und mehr verloren ging! Diese Methode konnte daher den geistigen und sozialen Umwälzungen nicht mehr gerecht werden.[929]

Daneben steht die so genannte Begriffsjurisprudenz[930], die das Gesetz als deduktive Entfaltung bestimmter, vielfach überzeitlich verstandener Rechtsbegriffe auffasste, welche die Jurisprudenz im Gesetz nachzuweisen, nachzuvollziehen und in gewissem Umfange auch zur Korrektur des Gesetzes zu verwenden habe.[931] Nachteile der Begriffsjurisprudenz waren die mit ihr unweigerlich verbundenen Anforderungen, die an das wissenschaftliche System zu stellen waren, wie z.B. die Widerspruchsfreiheit und die Lückenlosigkeit, die auf die umfassende Kodifikation zu übertragen waren. Diese Methode geriet in den Mittelpunkt der Kritik von Beyerle.[932] So bemängelte er die durch die speziellen Rechtsbegriffe - besonders für einen Laien - hervorgerufene allgemeine Unverständlichkeit und die durch eine derartig abstrakte Regelung unweiger-

929 Michaelis (1957), S. 27.
930 Rückert (1993), S. 82 f.
931 Michaelis (1957), S. 23.
932 Universitätsarchiv Freiburg, Sign.: C5 Nr. 78. Unvollständiges Manuskript Beyerles ohne Datum: „Der große Trugschluß der Scholastik und ihres letzten weltlichen Schößlings, der Begriffsjurisprudenz, besteht ja darin, dass man mit Hilfe einer streng begrifflichen Sprache und Denkweise allen, so unendlich mannigfalten Fällen des Lebens gerecht zu werden glaubte (...).“ – Es handelt sich hierbei um ein handschriftliches Manuskript, das eindeutig von Franz Beyerle stammt.

lich fehlende Nähe zum Lebenssachverhalt.[933] Da die Begriffsjurisprudenz aufgrund der Verwendung äußerlich zeitloser abstrakter Begriffe den Tatsachen und den sich stetig verändernden Lebensverhältnissen nicht gerecht wurde, führte sie nicht selten zu lebens- und sachfremden Ergebnissen. Man musste unweigerlich das Gefühl bekommen, dass sich hierbei das Leben nach dem Recht richten müsse und nicht umgekehrt! Die soziale Wirklichkeit erschien als das bloße Sein im naturwissenschaftlichen Sinne, ohne eigenen Sinngehalt, als bloßes Objekt der gesetzlichen Normierung. So wurden allzu oft gesellschaftliche Tatsachen mit begriffsjuristischen Regelungsinhalten gleichgesetzt.[934]

Die soziologische Jurisprudenz hingegen forderte in ihrem Kern, das Recht in den Tendenzen zu finden, die sich im sozialen Recht selbst offenbarten. Die Interessenjurisprudenz hingegen verfolgte das Ziel, die praktische Funktion des Gesetzes in den Mittelpunkt der sozialen Interessenkonflikte zu stellen, um hierdurch direkt auf die sozial-gesellschaftlichen Problemkreise einwirken zu können.

Die Freirechtsbewegung[935] wiederum appellierte an das Rechtsempfinden des Richters als eigene Rechtsquelle, indem sie teils dem Gesetz den Gehorsam aufkündigte, teils die Zurückführung der konkreten Entscheidung auf allgemeine Gesetzesnormen überhaupt als Illusion bezeichnete und eigene, dem einzelnen Problemfall angepasste Lösungswege gehen wollte.

Eine weitere Bewegung wollte das Recht sowohl von allgemeinen Normen wie auch von systematisch-begrifflicher Konsequenz frei machen. Statt dessen wollte sie nur den Einzelfall sehen und das Recht als bloßes Fallrecht – besser bekannt unter dem englischen Begriff des „Case-Law“ – auf richterlichen Präjudizien aufbauen.[936] Beyerles befreundeter Kollege de Boor, selbst Mitglied der Frankfurter Arbeitsgruppe,[937] befasste sich besonders intensiv mit dem englischen „Case-law“ und war daher für rechtvergleichende Fragen innerhalb der Arbeitsgemeinschaft zuständig.[938] Wie Beyerle verwahrte sich auch de Boor vor der leeren Wi-

933 Universitätsarchiv Freiburg, Sign.: C5 Nr. 55. Vortragsmanuskript über „Naturrecht und Gesetzesrecht."

934 Michaelis (1957), S. 24.

935 Michaelis (1957), S. 23; Stolleis (1983), S. 16.

936 Michaelis (1957), S. 24; Schwab (1969), S. 63: Das englische Richterrecht eignete sich besonders, da es von dem Einfluss römischen Rechts „verschont“ blieb.

937 Universitätsarchiv Freiburg, Sign.: C5 Nr. 43. Teilnehmerliste der Frankfurter Arbeitsgemeinschaft.

938 Universitätsarchiv Freiburg, Sign.: C5 Nr. 43. Teilnehmerliste und Aufgabenverteilung der Arbeitsgemeinschaft für Rechtserneuerung.

derspruchslosigkeit formaler Begriffsreihen und der blinden Konsequenz einer ideologischen Rechtspolitik. Er forderte wie Beyerle: ein lebensnahes, praktisch orientiertes Recht schaffen.[939] Mit aller Deutlichkeit erklärte de Boor immer wieder, dass es auf das „Richtige im Sinne praktischer Gerechtigkeit ankomme".[940] Hierbei erkannte de Boor den Vorteil einer zeitgemäßen Anpassung der Rechtsprechung durch Präjudizienrecht auf die jeweiligen gesellschaftlichen Veränderungen und sozialen Belange. Das Recht, so sah es Beyerle, sollte mehr eine „Betriebsanleitung" für den Richter werden, der dann am Einzelfall, ohne zu stark gebunden zu sein, seinen Ermessensspielraum ausschöpfen könnte:[941]

> *„Zwar blieb der Richter an die vom Gesetz vollzogene Rangfolge der Werte gebunden. (...). Wenn die Interessenkomponenten anders laufen als das Gesetz unterstellt, reicht bloße Subsumtion des Tatbestands nicht aus. Hier, wie bei offener Gesetzeslücke hat der Richter schöpferisch Recht zu sprechen. (...). Statt der juristischen Konstruktion fremder Belangwahrung."*[942]

Dass bei der Anwendung eines Fallrechts nach dem Muster des englischen Case-Law ebenfalls Nachteile entstehen, war de Boor wie auch Beyerle klar: Durch die Akkumulation von Einzelentscheidungen entstehen zwangsläufig Unübersichtlichkeit oder ein möglicher Qualitätsverlust der Rechtsfortbildung durch eine zu hohe Arbeitsbelastung der Richter.[943] Einen weiteren Nachteil sahen die beiden in der Tatsache, dass die Bindung an das Präjudiz sich als starrer erweisen könnte als die Bindung an allgemeine Normen. Und weiterhin bemängelten sie, dass die jeweils anstehende Untersuchung, ob ein Fall nun unter ein Präjudiz fällt oder nicht, einen nicht zu unterschätzenden Aufwand darstellen würde.[944]

Dies machte de Boor 1934 in seinem Vortrag „Die Methode des englischen Rechts und die deutsche Rechtsreform" klar.[945] Er hielt ihn nicht zufällig in der Zeit, in der er als Mitglied der von Beyerle ins Leben

---

939 Michaelis (1957), S. 25.

940 Michaelis (1957), S. 25.

941 Günther Wüst in einem Gespräch vom 26.02.2001 in Mannheim.

942 Universitätsarchiv Freiburg, Sign.: C5 Nr. 75. Vortragsmanuskript: „Jurisprudenz als Wissenschaft." Die Vorträge wurden am 13.11.1932 in Frankfurt und am 10.02.1944 in Paris gehalten.

943 Beyerle besprach diese Nachteile später mit seinem Assistenten Wüst an der Freiburger Universität; Günther Wüst in einem Gespräch vom 26.02.2001 in Mannheim.

944 Michaelis (1957), S. 27.

945 Michaelis (1957), S. 27.

gerufenen Frankfurter Arbeitsgemeinschaft zur Rechtserneuerung Wirkung entfaltete.[946] Der Vortrag lief zwar auf eine klare Ablehnung des Gedankens hinaus, dass die Rechtsbildung durch Präjudizien oder auch vielfache Spezialgesetze der systematischen Methode der deutschen Gesetzgebung und deren Rechtsprechung überlegen sei. Er empfahl aber durchaus die Übernahme mancher englischer Grundsätze.[947]

Beyerle wie auch de Boor hatten mit ausländischen Rechtssystemen Fühlung aufgenommen und wollten die hier gewonnenen positiven Erfahrungswerte in das Deutsche Privatrecht umsetzen. Bei Beyerle war es, wie schon an anderen Stellen dargestellt, das Schweizer Zivilrecht, welches ihm in seiner lebensnahen, sachlichen, weniger begrifflichen und flexibleren Art in seinen Lösungen dem starren pandektistischen Deutschen Privatrecht überlegen schien.[948]

Ob nun das von Beyerle bevorzugte schweizerische oder das englische Recht zum Vergleich herangezogen wurde, das Ziel war gleich: Kritik an der vorbehaltlosen Übernahme des volksfremden römischen Rechts in das Deutsche Privatrecht und die hierdurch bedingte Beeinflussung der gesamten deutschen Rechtswelt zu üben.[949]

### b. Die Sternstunde der Germanisten in der Rechtswissenschaft

Das Verlangen der Germanisten nach einer Rechtserneuerung manifestierte sich schon bei der Geburt der Deutschen Rechtsgeschichte als Zweig der Historischen Rechtsschule zu Beginn des 19. Jahrhunderts. Es hat hier seinen Ursprung. Die Gründung der Deutschen Rechtsgeschichte als eine eigene Wissenschaft für sich geschah in bewusster Abgrenzung zur römischen Rechtsgeschichte. Als Grundlage und Leitmotive sollten unter anderem das germanische Gerechtigkeitsideal, die germanischen Gerechtigkeitsmaßstäbe und die im germanischen Recht immer wiederkehrenden Gestaltungsgedanken dienen. Hierzu sollte ein „unermesslicher Schatz nordischer Ur- und

---

946 Universitätsarchiv Freiburg Sig.: C5 Nr. 43. Teilnehmerliste und Aufgabenverteilung der Arbeitsgemeinschaft für Rechtserneuerung.

947 Michaelis (1957), S. 28.

948 3 Teil 1. Kapitel III. 2.

949 Michaelis (1957), S. 23; Georg Brun, Leben und Werk des Rechtshistorikers Heinrich Mitteis unter besonderer Berücksichtigung seines Verhältnisses zum Nationalsozialismus, Rechtshistorische Reihe, Bd. 83 (1990), S. 82 f.; Universitätsarchiv Freiburg, Sign.: C5 Nr. 102. Verschiedene ungeordnete Manuskripte. Beyerle äußerte sich hier zu den Nachteilen einer sturen Akzeptanz und Übernahme römischer Rechtsquellen.

cher Schatz nordischer Ur- und Erbweisheiten", der aus den älteren germanischen Rechtsquellen überliefert wurde, herangezogen werden.[950]

Das große Ringen der Germanisten und Romanisten um die Vorherrschaft in der rechtsgeschichtlichen Forschung schien sich nun mit der politischen Entwicklung zugunsten der Germanisten zu verändern, die mit der Übernahme des pandektistischen begriffsjuristischen Systems den Kampf um eine maßgebliche Beeinflussung des Deutschen Privatrechts eigentlich schon verloren glaubten! Beyerle kann sicher in die Reihe der Germanisten gestellt werden, die die Gunst der Stunde für eine Germanisierung des Rechts nutzen wollten. Allerdings mit dem Unterschied: Bei ihm stand nicht das „Völkische", sondern das Praktische über allem.[951]

Beyerle kritisierte das eitle, auf Reputation in der Wissenschaft angelegte Ringen mancher Vertreter der beiden Lager, das allein auf eine historische Wirkung zielte, ohne Lösungsansätze zu bieten:

> *„(...) man hat seit Savigny wieder in streng römischen Rechtsformen gedacht, gelehrt und Gesetze gemacht. Eine germanistische Rechtsschule hat daneben um die Geltung altdeutscher Rechtsgedanken gerungen, ohne den Vorsprung der Romanisten aufzuholen. Rückschau statt Gegenwartssinn in beiden Lagern!*[952]

Die Germanisten konnten nunmehr nach jahrzehntelanger Stellung an der Peripherie wieder in den Mittelpunkt rechtssystematischer Beachtung rücken. Sie traten aus dem Schatten ihrer romanistischen Kollegen, die sich unter anderem durch eine deutlichere Internationalität und Mehrsprachigkeit auszeichneten, während der Großteil ihrer germanistischen Kollegen von einem festen, engstirnigen Nationalismus geprägt war.[953]

---

950 Michael Stolleis, Gemeinwohlformeln im nationalsozialistischen Recht, Münchner Universitätsschriften der juristische Fakultät. Abhandlung zur rechtswissenschaftlichen Grundlagenforschung, Bd. 15 (1974), S. 13; Rückert (1993), S. 87.

951 Dass man hier strikt zwischen platten nationalsozialistischen Motiven und solchen Bestrebungen unterscheiden muss, die tatsächlich auf eine Reform zur Erlangung eines volksnäheren Rechts abzielten, zeigen schon die Teilnehmer dieser Bewegung, die dem Hitler-Regime nicht nahe standen, teilweise sogar zum Opfer der Machthaber wurden.

952 Universitätsarchiv Freiburg, Sign.: C5 Nr. 106. Handschriftliches Manuskript für eine Rede.

953 Schwab (1969), S. 58; Michael Stolleis, Die Rechtsgeschichte im Nationalsozialismus: Umrisse eines wissenschaftsgeschichtlichen Themas, in: Rechtsge-

Und eben dieser Nationalismus war der Schlüssel, wenn nicht sogar Voraussetzung jeglicher wirkungsvoller Hochschullehrertätigkeit.

### (1). Punkt 19 des Parteiprogramms der NSDAP

Die Grundlage für die Hoffnung auf eine Wiederbelebung germanischen Rechtsgedankenguts wie auch eine dahingehende Modifizierung des Rechts war das Parteiprogramm der NSDAP. Punkt 19 der insgesamt 25 Programmpunkte der NSDAP, vorgestellt am 24.02.1920 in München, beinhaltet die Forderung nach einer „Erneuerung" des deutschen Rechts. Wörtlich heißt es dort:

> *„Wir fordern Ersatz für das der materialistischen Weltordnung dienende römische Recht durch ein deutsches Gemeinrecht."*[954]

Hinter diesem Punkt 19 stand ein Denken, das eine Rechtslehre im Sinne der nationalsozialistischen Partei in drastischer Abkehr von bisherigen Traditionen forderte.[955] Es sollte eine revolutionäre Rechtsumgestaltung vorgenommen werden, bei deren Umsetzung alles beseitigt werden sollte, was im Laufe einer zweitausendjährigen Rechtsgeschichte eingeschleppt worden sei.[956] Man sprach - ganz im Geiste der Zeit - von einem Vernichtungsfeldzug gegen das römische Recht.[957]

Während dies ein deutliches Warnsignal für die Romanisten war, zumindest mussten diese fachlich misstrauisch werden, schien das „Dritte Reich" für die Germanisten die Erfüllung ihres vielfach geäußerten Wunsches nach einer Revitalisierung von Volksgemeinschaft und Führertum, von Genossenschaftsgedanken sowie von organischer Gliederung des Volksganzen und Volkstümlichkeit des Rechts zu sein.[958] Rechtsgeschichte als Geschichte des deutschen Rechtsdenkens wurde damit zur aktuellen nationalen Aufgabe.[959]

---

schichte im Nationalsozialismus, hrsg. von Michael Stolleis und Dieter Simon (1989), S. 5.

954 Walter Hofer, Der Nationalsozialismus. Dokumente 1933 – 45 (1994), S. 29; Landau (1989), S. 11.

955 Landau (1989), S. 11.

956 Landau (1989), S. 13.

957 Schwab (1969), S. 59.

958 Stolleis (1989), S. 6.

959 Stolleis (1974), S. 13.

Walther Merk, der sich ganz in diesem Sinne im Jahre 1934 mit seinem Aufsatz „Der Gedanke des gemeinen Besten in der deutschen Staats- und Rechtsentwicklung“ hervortat, erfasste diesen für die Germanisten günstigen Moment und erklärte: Die „Gegenwart müsse den Kampf gegen das römische Recht nochmals aufnehmen, die Rezeption rückgängig machen und zum germanischen Rechtsdenken zurückfinden“.[960] Beyerle nutzte die Gunst der Stunde:

> *„(...). Aufgrund des gewandelten politischen Gesellschaftsbildes und der dadurch bedingten neuen Gemeinschaftsordnung war nun eine gute Ausgangslage geschaffen worden, um die vormals als utopisch erachteten Forderungen der Germanisten nun endlich durchsetzen zu können.“*[961]

Beyerles Forderung nach mehr Volksnähe, im Sinne einer besseren Verständlichkeit des Rechts, schien damit der Erfüllung nahe. Der zuvor abgehobene, dem Volk mittlerweile befremdlich erscheinende Rechtsstand befand sich wieder vor seiner Eingliederung in die Volksgemeinschaft.[962]

> *„ (...). Der Stand ist wieder, was er einst im Mittelalter war: ein Stand im Rechtssinn, Glied im Volksgefüge, nicht nur soziale Schicht. (...). Die organische Verbindung einer fachlichen einwandfreien Erschließung, Ordnung, Handhabung des Rechts mit seiner Deutung aus unserem Lebensgefühl, seinem Volkshaften und Gemeinschaftswerten: dieses Zusammengehen von Verstand und Herz soll unseren Rechtsstand auszeichnen.“*[963]

Ziel dieses Angriffs ist das durch die Rezeption Römischen Rechts entstandene Begriffsjuristentum, welches in einem abgeschlossenen, kodifizierten System keimte und die Fachwissenschaft wie auch die geschulte Rechtspflege notwendigerweise auf den Plan rief. Das „Berufsjuristentum“ war damit geboren. Die ehrenamtlichen Rechtswahrer aus der Mitte des Volkes wurden durch Gelehrte ersetzt.[964] Die Zivilrechtslehre wan-

---

960 Walther Merk, Rechtserneuerung, in südd. Monatshefte 31 (1934) S. 261 (zitiert nach Stolleis (1974), S. 13).

961 Beyerle (1942), S. 212.

962 Franz Beyerle, Der Sinn des deutschen Rechtsstandes, in: DJZ 41 (1936), Sp. 597.

963 Beyerle (1936), Sp. 597.

964 Universitätsarchiv Freiburg, Sign.: C5 Nr. 55. Vortragsmanuskript über „Naturrecht und Gesetzesrecht.“ Der Vortrag wurde entweder am 22.08.1953 und oder am 12.03.1954 (beide Termine wurden auf dem Deckblatt vermerkt) im Rahmen einer Ansprache in Konstanz gehalten. Beyerle wies hier auf die Schwächen dieser Entwicklung zum „Berufsjuristentum“ hin. Zum einen bezeichnet Beyerle

delte sich zur „geistigen Macht“ und verlegte sich auf die „Flurbereinigung von Paragraphenfluchten“, wodurch sich ein „sonderbarer Hang zur Wortklauberei“ entwickelte.[965] Diesem Berufsjuristentum warf Beyerle blinden Gehorsam und kindliche Abhängigkeit vom Gesetzgeber, als „Wesen höherer Art“, vor.[966] Mit der nationalsozialistischen Forderung kam eine vermeintliche Wandlung.

Die Ersetzung des römischen Rechts durch ein deutsches Gemeinrecht sollte ein „dem Volke näheres Recht" bringen, mit dem es sich dann mehr identifizieren könne und das es - bedingt durch diese Lebensnähe - besser verstände. Um dies zu erreichen, sollten für eine Neugestaltung die deutschrechtliche Komponente der Rechtsordnung sowie die durch die Historische Schule verschüttete naturrechtliche Tradition herangezogen werden.[967]

### (2). Die Akademie für Deutsches Recht

Beyerles Bemühungen, germanisches Rechtsgedankengut und Traditionen zu reanimieren, passten damit reibungslos in das nationalsozialistische Konzept einer allgemeinen Germanisierung der Rechtslandschaft. Seine Anstrengungen blieben daher nicht unbemerkt. Beyerle wurde in die Akademie für Deutsches Recht berufen. Diese hatte bereits 1933 an einer „Erneuerung des bürgerlichen Rechts“ gearbeitet.[968] Geführt wurde sie von ihrem Präsidenten, Reichsrechtsführer Hans Frank.[969]

Beyerle gab innerhalb der Gruppe Rechtsgeschichte gemeinsam mit Herbert Meyer (dessen Platz in der Redaktion nach seinem Ableben von

---

die Geschlossenheit eines kodifizierten Rechtssystems als „Selbsttäuschung“, da dies nicht der zügigen sozialen Entwicklung der Gesellschaft gerecht werden könne. Zum anderen sieht er das sog. Berufsjuristentum für unfähig, auf soziale Fragen der Gesellschaft kompetent reagieren zu können, da dieses „gesetzbuchhörig“ sei und die anstehenden Probleme durch die „Brille gesetzlicher Begriffe und Rechtsfiguren“ sehe. Ohne gesetzliche Regelungen tritt Hilflosigkeit ein.“

965 Universitätsarchiv Freiburg, Sign.: C5 Nr. 75. Vortragsmanuskript: „Jurisprudenz als Wissenschaft.“ Die Vorträge wurden am 13.11.1932 in Frankfurt und am 10.02.1944 in Paris gehalten.

966 Universitätsarchiv Freiburg, Sign.: C5 Nr. 77. Vortragsmanuskript „Der Gesetzgeber.“ Der Vortrag wurde am 13.10.1934 in Frankfurt am Main gehalten.

967 Diestelkamp, Rechtshistoriker (1989), S 155.

968 Kroeschell (1992), S. 92.

969 Dietmar Willoweit, Deutsche Rechtsgeschichte und ‚nationalsozialistische Weltanschauung‘: das Beispiel Hans Frank, in: Rechtsgeschichte im Nationalsozialismus, hrsg. von Michael Stolleis und Dieter Simon (1989), S. 25 f.

Hans Planitz eingenommen wurde) und seinem ehemaligen Lehrer Karl Rauch – in der Schriftenreihe der Akademie für Deutsches Recht – die Reihe „Forschungen zum Deutschen Recht“ heraus. Beyerle war also nicht Mitglied der Ausschüsse, die tatsächlich an der Gestaltung des VGB beteiligt waren.[970] Eine tatsächliche Wirkung hinsichtlich einer Erneuerung des deutschen Rechts konnte Beyerle damit praktisch nicht entfalten. Der Forschungsarbeit der Gruppe „Rechtsgeschichte“ mangelte es daher an tatsächlicher Außenwirkung.

Auf der anderen Seite hätte es sicher keinen Sinn gemacht, wenn er sich gegen die Berufung gestellt hätte, da er zumindest noch am Anfang hoffen konnte, hier seine reformerischen Ideen wirksam umsetzen zu können.[971] Die von Frank gesetzte rechtspolitische Programmatik wurde in erster Linie durch Leitworte wie „Volk“ und „Rasse“ geprägt und stand dem antiindividualistischen Perfektionismus des „totalen Staates“ nahe.[972] Es ging also weniger um rechtsgestalterische Arbeiten als vielmehr um Politik und die Rechtfertigung der nationalsozialistischen Ideologie.

Beyerles eher blasse und ergebnislose Mitgliedschaft in der Akademie blieb dann auch die einzige - neben der im NS-Rechtswahrerbund - innerhalb einer nationalsozialistischen Organisation.[973]

### (3). Ansätze zu einem VGB und die Hochschulreform

Im Oktober 1937 hatte Justus Wilhelm Hedemann in einem Vortrag klargestellt, dass nur ein einheitliches Werk „zündende Kraft“ entfalten könne, dass nur ein „allumfassendes Zentralwerk“ zur Schau der Volkseinheit werden könne, in dem sich die Standpunkte der Rechtsgelehr-

970 Werner Schubert, Akademie für Deutsches Recht 1933 – 1945, Protokolle der Ausschüsse, Bd. III, 1 Volksgesetzbuch, Mitgliederliste der Verfasser der Teilentwürfe zum Volksgesetzbuch (1988), S.33 ff.

971 Bernhard Diestelkamp in einem Gespräch vom 18.08.2000 in Kronberg i. Ts.

972 Willoweit (1989), S. 27.

973 Universitätsarchiv Freiburg, Sign.: B 34 / 1055. Fragebögen der französischen Militärregierung (Entnazifizierung) vom 04.03.1946, vom 02.07.1945 und vom 03.10.1945. In diesen jeweils vier Seiten umfassenden Fragebögen mussten Angaben über Beruf, Einkommen sowie zu allen Aktivitäten, Mitgliedschaften und sonstigen Aktivitäten gemacht werden; Hans-Rainer Pichinot, Die Akademie für Deutsches Recht. Aufbau und Entwicklung einer öffentlich-rechtlichen Körperschaft des Dritten Reiches, (1981), S. 156 ff. (Anhang). Pichinot nennt Beyerle nicht einmal in seinem überarbeiteten Mitgliederverzeichnis der Akademie, was als weiteres Indiz für eine eher unbeeindruckende Mitwirkung in dieser Organisation gelten darf.

samkeit, der Staatsregie, des Richters und des Publikums wirkungsvoll vereinen können.[974] Um ein Zerfallen des Zivilrechts in Einzelgesetze zu verhindern, wurden sich die Rechtspolitiker schon bald einig, dass man eine einheitliche Kodifikation zur Regelung des Zivilrechts schaffen sollte, ein Großwerk in Form eines Volksgesetzbuches. Das Reichsjustizministerium war zwar grundsätzlich gegen den Entwurf eines VGB, aber der einflussreichste Jurist der Nationalsozialisten, Hans Frank, konnte sich durchsetzen und so begannen die Arbeiten zur Umsetzung der neuen Kodifikation.[975]

Der bereits im Vorfeld herb attackierte Allgemeine Teil des BGB, den man als Gipfel pandektistischer Konstruktionsjurisprudenz empfand, wurde nicht übernommen; er wurde ersatzlos gestrichen.[976] Folgendes System sollte bei dem VGB Geltung finden: ein Regelwerk aus sechs Büchern, denen Grundregeln vorausgeschickt werden. Im Einzelnen handelte es sich um die Bücher: „Der Volksgenosse", „Die Familie", „Das Erbe", „Vertrags- und Haftungsordnung (Schuldrecht)", „Die Eigentumsordnung" und „Das Recht der Vereinigungen".[977]

Beyerle stellte innerhalb der Frankfurter Arbeitsgemeinschaft eigene Vorschläge zum Entwurf eines Volksgesetzbuches vor.[978] Geplant war ein Gesetzeswerk, welches in sieben Bücher unterteilt werden sollte: „Der Kreis der Rechtsgenossen“ (I. Buch), „Das Volk“ (II. Buch), „Die Ordnung der Familie (III. Buch), „Recht der Persönlichkeit“ (IV. Buch), „Die allgemeinen Rechte und Pflichten der Rechtsgenossen; Haftung für Unrecht“ (V. Buch), „Ordnung des Rechtsverkehrs“ (VI. Buch), „Güterordnung“ (VII. Buch).[979]

Nahezu vorbildlich für den herrschenden Zeitgeist in der juristischen Sprache war die von Beyerle verfasste Einleitung zu dem Frankfur-

---

974 Justus Wilhelm Hedemann, Die Erneuerung des Bürgerliches Rechts, Vortrag gehalten im Oktober 1937. Erschienen 1938 in den Schriften der Akademie für Deutsches Recht. Gruppe Rechtsgrundlagen und Rechtsphilosophie, Nr. 7, mit Beiträgen von J.W. Hedemann, J. Binder, C. Freiherr von Schwerin, E.R. Huber, J. Jessen, W. Schmidt-Rimpler, H.C. Nipperdey und einem Vorwort von Frank. Abgedruckt in: Akademie für Deutsches Recht 1933 – 1945, Protokolle der Ausschüsse, Bd. III, 1 Volksgesetzbuch, hrsg. von Werner Schubert (1988), S. 397 ff., 405.

975 Kroeschell (1992), S. 92.

976 Schwab (1969), S. 63.

977 Schubert (1988), S. 39 ff.

978 Universitätsarchiv Freiburg, Sign.: C5 Nr. 5. Manuskript über „das deutsche Volksgesetzbuch“ und Sign.: C5 Nr. 43. Programm der Arbeitsgemeinschaft für Rechtserneuerung.

979 Universitätsarchiv Freiburg, Sign.: C5 Nr. 5, Nr. 43.

ter Entwurf des Volksgesetzbuches.[980] Beyerle machte sich hier die ganze Bandbreite des für diese Zeit so charakteristischen Vokabulars zu eigen, von den Termini wie „Heldenzeit“, „Gemeinschaft“, „Genossenschaft“, „Ritterlichkeit“, „Kampf und Tapferkeit“ bis „Häuptling“, „Gefolgschaftswesen“ und der „Treue als Rechtspflicht“.

Ob Beyerle an die Inhalte dieser polemischen Sprache tatsächlich glaubte und an diesen festhalten wollte, kann nicht mehr festgestellt werden. Wahrscheinlich wollte er mit dieser Rhetorik der Nationalsozialisten bewusst auf die Schwingungen dieser Zeit reagieren, um seine schon lange vor der Machtübernahme durch die Nationalsozialisten bestehenden Ideen einer Rechtsreform Realität werden zu lassen, bzw. diese nicht zu gefährden. Der Großteil der Hochschullehrer der Rechtsgeschichte übernahm Begriffe aus dem NS-Vokabular. Dies geschah aus Überzeugung oder, um sich für die Aufgabe der „Rechtserneuerung“ zu profilieren bzw. zu tarnen.[981] Sicher und ebenso nachvollziehbar ist das Motiv der Germanisten unter den Rechtshistorikern, dem neuen Regime sich als eine Erscheinung des ewigen deutschen Geistes und als historische Erfüllung urdeutschen Wollens zu offenbaren: Man wollte mit großen rechtspolitischen Aufgaben betraut werden.[982]

Aber nicht nur Germanisten, sondern auch Romanisten stimmten in den Chor derer ein, die sich das NS-Vokabular zu eigen machten. Dies zeigt, wie stark der Sog war, der die gesamte Sprache erfasste.[983] Beyerle stellte hier keine Ausnahme dar.

Dieser - noch in die Frankfurter Zeit zurückführende - Entwurf blieb nicht Beyerles letzter. Seine Vorstellungen über die Systematik eines VGB sollten sich im Laufe der Jahre ändern. Der letzte nachvollziehbare Entwurf Beyerles zu einer Neuordnung des Deutschen Zivilrechts zur Zeit des Nationalsozialismus stammte aus seiner Freiburger Zeit und zeigt ein gänzlich anderes Gesicht.[984]

Grundlage des Aufsatzes war ein systematischer Erneuerungsversuch Wieackers.[985] Beyerle übte Kritik an Wieackers Variante seiner Neugestaltung und fügte am Ende seines Beitrages einen Gegenvorschlag an.[986] Nach einer Einleitung, die sich inhaltlich mit der Rechtsanwen-

---

980 Universitätsarchiv Freiburg, Sign.: C5 Nr. 5, Nr. 43.

981 Stolleis (1989), S. 7.

982 Stolleis (1989), S. 8.

983 Stolleis (1989), S. 7.

984 Beyerle (1942), S. 253 ff.

985 Franz Wieacker, Zum System des deutschen Vermögensrechts, in: Leipziger wissenschaftliche Studien, H. 126, (1941).

986 Beyerle (1942), S. 212.

dung und der Rechtsteilhabe auseinander setzt, folgt das I. Buch: „Der Schutz von Volkstum, Heimat und Familie".[987] Das II. Buch: „Ordnung der Familie", III. Buch: „Der Volksgenosse als Persönlichkeit", IV. Buch: „Vermögensordnung", V. Buch: „Vermögensnachfolge von Todes wegen" und schließlich das VI. Buch: Schadensverhütung, Ersatz von Unrechts- und Gefährdeschäden", vervollständigten Beyerles Vorschlag zum VGB.[988]

Wieackers Reaktion auf die kritische Besprechung Beyerles lässt dessen Gewichtung in dieser Systemdebatte deutlich erkennen:

> *„Es ist ja viel mehr geworden als eine bloße Besprechung, und wenn irgend ein Verdienst in der ganzen Systemangelegenheit, so kann ich mir kecklich das zumessen, Sie mit Ihren eigenen höchst bedeutenden Vorschlägen zum Reden gebracht zu haben. So wenig ich jetzt nach dem ersten Lesen urteilen kann, es ist sicherlich das Wesentlichste, was im Lauf der ganzen VGB Aussprache bisher und lange vorher gesagt worden ist."*[989]

Wieacker nimmt Beyerles Kritik vorbehaltlos an:

> *„Einmal die eigentliche Kritik an meinen Vorschlägen; hier bin ich durch vieles glattweg widerlegt und überzeugt; z.B. was das Gesamtvermögen angeht u.ä. betrifft; in anderem auf erneute Besinnung zurückverwiesen."*[990]

Andere, kleinere Systematisierungsentwürfe Beyerles zum Deutschen Privatrecht ließen eine andere Struktur erkennen, denen allerdings für sich genommen sicher nicht die gleiche Gewichtung zukommen dürfte.[991] Neben Beyerles Bemühungen, eine Rechtserneuerung voranzutreiben, gab es eine Vielzahl von Kollegen und Arbeitskreisen, die sich dieser Aufgabe stellen wollten.

Entscheidende Arbeit an der Rechtserneuerung leistete seit 1934 eine Gruppe von jungen Professoren, die sich an der Kieler Universität zusammengefunden hatten und dort versuchten, eine neue Rechtswis-

---

987 Beyerle (1942), S. 253 f.

988 Beyerle (1942), S. 254 ff.

989 Universitätsarchiv Freiburg, Sign.: C5 Nr. 2. Brief von Wieacker an Beyerle vom 28.02.1942.

990 Universitätsarchiv Freiburg, Sign.: C5 Nr. 2. Brief von Wieacker an Beyerle vom 28.02.1942

991 Universitätsarchiv Freiburg, Sign.: C5 Nr. 39. Es handelt sich hierbei um verschiedene, in ihrer Einteilung divergierende, teils handschriftlich, teilweise in Maschinenschrift verfaßte Entwürfe ohne Erläuterungen.

senschaft im nationalsozialistischen Sinn zu begründen.[992] Den eigentlichen Kern der Kieler Schule bildeten die Zivilrechtler. Unter ihnen standen vor allem Karl Larenz, Wolfgang Siebert und der Germanist Karl August Eckhardt in erster Reihe.[993] Eine weitere Verbindung zu Kiel hatte Beyerle durch einen freundschaftlichen Kontakt zu dem Historiker Fritz Rörig, der zu dieser Zeit in Kiel lehrte.[994] Unter Eckhardt wurde die nach ihm benannte Studienreform von 1935 durchgeführt, die als die „schärfste Kampfansage" an die Technik, den Umfang und die Bedeutung des Bürgerlichen Gesetzbuches galt.[995]

Im Zuge dieser Reform wurde einmal mehr der allgemeine Teil des BGB scharf kritisiert, schließlich abgelehnt und die entsprechenden Vorlesungen an den Hochschulen abgesagt. Familien- und Erbrecht erhielten den Vorrang vor dem Recht des Güterumsatzes, mit dem sie inhaltlich nichts gemein hatten.[996] Das Verkehrsrecht wurde völlig abweichend vom BGB aufgebaut: Die Vertragslehre wurde auf den Schuldvertrag beschränkt, die rechtstechnische Zerlegung des gesamten Verkehrs- und Vermögensrechtes durch einen Längsschnitt nach der Art der Rechtsmacht in Schuld- und Sachenrecht wurde ersetzt durch einen Querschnitt durch den Gesamtbereich der Hauptgütergruppen und das Herausarbeiten der beiden Gegensätze wie „Boden" einerseits und „Ware und Geld" auf der anderen Seite.[997]

Urheber des Gedankens einer Neugestaltung des Deutschen Rechts waren diese Schulen oder Arbeitsgruppen aber nicht. Sie alle knüpften an die Linien einiger Pioniere dieses Gedankens an, besonders deutlich an jene von Otto v. Gierke.[998]

Die von den Germanisten ersehnten rechtspolitischen Aufgaben zur Erneuerung des Deutschen Rechts blieben aus. Mit ihren Bemühungen, germanische Grundwerte, Rechtsideen oder überhaupt germanisches Kulturgut aus dem deutschen Boden zu schürfen, stießen sie auf das Wohlwollen der nationalsozialistischen Staatsführung. Interesse und Anerkennung für diese Anstrengungen waren ihnen sicher, nicht mehr und nicht weniger. Das wird besonders deutlich, wenn man sich klar macht, dass das Verlangen der Germanisten nach einer tatsächlichen erneuern-

992 Kroeschell (1992), S. 83.
993 Kroeschell (1992), S. 83.
994 Universitätsarchiv Freiburg, Sign.: C5 Nr. 2. Brief von Rörig an Beyerle vom 26.09.1934.
995 Kroeschell (1992), S. 86.
996 Kroeschell (1992), S. 86.
997 Heinrich Lange, zitiert nach Kroeschell (1992), S. 86.
998 Brun (1990), S. 83.

den Umgestaltung und Modifizierung des geltenden Rechts nie vorgenommen wurde!

### 3. Das Scheitern der Reform

Bald musste den Reformern klar werden, dass der Prozess einer Rechtserneuerung von der politischen Führung nicht getragen bzw. unterstützt würde. Geschweige denn, dass die germanistischen Rechtshistoriker hierin eine tragende Rolle hätten einnehmen können. Zwar wiesen interne Vorgänge in der Akademie für Deutsches Recht manches interessante Detail auf, aber im Schrifttum sind nicht einmal deutliche Spuren eines Einflusskampfes zugunsten der Germanistik erkennbar.[999] Der Zeit der Hoffnung auf eine Sternstunde folgten Stunden der Ernüchterung. Deutlich stellte sich heraus, dass das Privateigentum an den Produktionsmitteln der Volkswirtschaft unabdingbar war; die Vertragsfreiheit konnte zwar auf das Minimale eingeschränkt werden, musste aber im Prinzip erhalten bleiben.[1000] Wer unter diesen Umständen gemeint hätte, das Bürgerliche Recht durch ein genossenschaftliches, deutsch-germanisches Recht ersetzen zu können, wäre ein hoffnungsloser Illusionist gewesen.[1001] Man kann daher wohl annehmen, dass die Mehrheit der Germanisten die Unmöglichkeit eines solchen Unterfangens erkannt hat und sich der unüberwindbaren Schwierigkeiten bewusst wurde, die einer Rechtserneuerung durch ein deutsch-germanisches Recht entgegenstanden.[1002]

Die Rechtsgeschichte blieb, wenn auch von der Studienordnung mehr berücksichtigt, weiterhin am Rande der praktischen Jurisprudenz; das historische Recht erhielt keine Wegweiserfunktion bei der Umwälzung des Rechts.[1003] Aus diesem Grund findet man auch keine germanistischen Rechtshistoriker in den Ausschüssen der Akademie für Deutsches Recht, die sich mit der Arbeit an der Rechtserneuerung unmittelbar befasst haben.[1004] Die Leitung der legislatorischen Vorarbeiten und die Führung in der Erneuerungsdiskussion wurden ganz überwiegend von Leu-

999 Schwab (1969), S. 64.
1000 Roderich Wahsner, Die Deutsche Rechtsgeschichte und der Faschismus, in: KJ (1973), S. 174.
1001 Wahsner (1973), S. 174.
1002 Wahsner (1973), S. 174.
1003 Schwab (1969), S. 64.
1004 Eckhardt war zwar ordentliches Mitglied der Akademie für Deutsches Recht, in den Ausschüssen hat er nicht mitgewirkt; Pichinot (1981), Anhang S. 156.

ten übernommen, die entweder überhaupt nicht historisch oder nicht germanistisch orientiert waren und denen es fern lag, ihre Arbeit mit einem engagierten Einstieg in die Rechtsgeschichte zu beginnen.[1005] Trotzdem leisteten einige Germanisten dem Regime wichtige Dienste. Sie erklärten den Nationalsozialismus als die Wiedergeburt des alten Deutsch-Germanischen Geistes auf dem Gebiet des Rechts, sie empfanden die Machtergreifung der Nazis als Befreiung des Volkes und der Nation von allen Überfremdungen. So verschafften sie dem Regime die Weihe der historischen Legitimation.[1006]

Die Nationalsozialisten aber hatten kein Interesse an einem Modellcharakter historisch germanischen Rechts, auch wenn noch so viele Juristen darum kämpften. Selbst wenn es auf Grundlinien beschränkt worden wäre und den technisch-wirtschaftlichen Wandel berücksichtigt hätte, widersprach es doch eklatant dem Bestreben der Machthaber, rechtliche Sachverhalte aller Art festzulegen, die das Regime hätten begrenzen können.[1007]

Im eigentlichen Sinne galt der Kampf der Nationalsozialisten weniger dem römischen Recht oder gar anderen „welschen" Einflüssen, es galt vielmehr dem Formalrecht an sich, dem fixierten, anspruchsbegründenden Recht. An die Stelle des „Formalrechts" sollte das „Lebensrecht" treten. Hier sollte Recht sein, was arische Menschen für Recht befinden und Unrecht sollte sein, was sie verwerfen.[1008] Einen juristischen Freifahrtsschein wollten die Nationalsozialisten erhalten und kein „besseres Recht". Deutlich wird dies in der Auslegungspraxis der Nationalsozialisten bei den Generalklauseln oder bei der von unbestimmten Rechtsbegriffen. Zuvor noch von Vertretern des nationalsozialistischen Gedankenguts als Einfallstore für Willkür, Milde, Weichlichkeit und Rechtsunsicherheit verachtet, erkannte man doch schon bald den Vorteil, solange ihre Anwendung vom nationalsozialistischen Geist getragen wurde.[1009]

Die nationalsozialistische Ideologie wurde damit in die Rechtsprechung getragen, so wie z.B. die von rassisch-ideologischen Grundsätzen durchdrungene „neue Sittlichkeitsanschauung"; ebenso wurden Rassegedanken auf dem Boden des bestehenden Rechts durch den Grundsatz von „Treu und Glauben" juristische Geltung verschafft.[1010]

---

1005 Schwab (1969), S. 65.

1006 Wahsner (1973), S. 175.

1007 Schwab (1969), S. 64.

1008 Schwab (1969), S. 65.

1009 Bernd Rüthers, Die unbegrenzte Auslegung. Zum Wandel der Privatrechtsordnung im Nationalsozialismus (1968), S. 215.

1010 Rüthers (1968), S. 226.

Es ging nicht um eine Verbesserung des Rechts zu praktischen Zwecken, wie Beyerle oder de Boor sich das vorgestellt hatten. Das erhobene Postulat dieser Forscher nach praktischer Gerechtigkeit und sachgerechter, teleologischer Begriffsbildung fand tatsächlich niemals Beachtung. Dass die politische Führung sich einzelne Forschungsergebnisse der Rechtshistoriker für ihre Sache dienlich machten, liegt auf der Hand. Hier fand in der Tat eine Einbindung dieser historischen Ansätze im geltenden Recht statt. Für Beyerle stellten diese Halbheiten keine Lösung dar. Seine Forderung war eine grundlegende Veränderung und nicht eine oberflächliche Vermischung. Eine Vermengung hatte nach Beyerles Ansicht den Sinn einer Alibifunktion.

Beyerle kritisierte in diesem Zusammenhang Karl Larenz, der in seinem Werk „Vertrag und Unrecht" eben eine solche - nach Beyerles Ansicht - kompromisshafte und dadurch nicht sehr wirkungsvolle Halblösung einer Rechtserneuerung vertrat, indem er die bestehende Rechtsordnung mit Ansätzen der neuen Bewegung durchsetzte:[1011]

> *„(...). Larenz bringt den Abstand der Rechtsgesinnung zwar fortwährend in Erinnerung. Der pandektischen Begriffssprache, dem Blickpunkt dieses Rechtssystems hat er sich nicht entziehen können. (...). Allein indem er derart neuen Wein zum alten gießt, bleibt das geistige Getränk doch nur Verschnitt. Und es bleibt auch bei den alten Schläuchen: der von keiner Schau unserer deutschen Lebensordnung her getrübten, abgezogenen Behandlungsweise. (...). Allein der Weg zu einem wirklich nationalen Rechtsgedanken führt schwerlich über diese Art, sich mit dem Rechtsstoff abzugeben."*[1012]

Nach Beyerles Auffassung musste jede nationale Rechtsordnung fragwürdig erscheinen, wenn man diese mit Ablegern einer fremden Rechtskultur verquickt oder das fremde System gar dem eigenen aufzwingt.[1013]

---

1011 Karl Larenz, Vertrag und Unrecht, (Grundlage der Rechts- und Wirtschaftswissenschaft, Reihe A.), hrsg. von G. Dahn, K.A. Eckhardt und E.R. Huber (1936 / 37). Im einzelnen Ralf Frassek, Von der völkischen Lebensordnung zum Recht. Die Umsetzung weltanschaulicher Programmatik in den schuldrechtlichen Schriften von Karl Larenz (1903 – 1993), Fundamenta Juridica, Hannoversche Beiträge zur rechtswissenschaftlichen Grundlagenforschung, Bd. 29, hrsg. von Jürgen Frank, Joachim Rückert (1994), S. 40 f., 137 ff. 143.

1012 Universitätsarchiv Freiburg, Sign.: C5 Nr. 66. Beyerle in einem Manuskript zur seiner Rezension über das Werk von Karl Larenz „Vertrag und Unrecht". Die Rezension selbst ist abgedruckt in ZstaatsW 98 (1938), S. 385 – 392.

1013 Universitätsarchiv Freiburg, Sign.: C5 Nr. 54. So Beyerle in einem Vortragsmanuskript „Das Problem des zeitlosen Rechts"; Universitätsarchiv Freiburg, Sign.: C5 Nr. 3. Deshalb verwahrt sich Beyerles in seinem Manuskript „Einleitende

Er vermisste offenbar einen tatsächlichen Neuanfang, eine Zäsur, einen juristischen Schlussstrich unter das alte Rechtssystem. Davon zeugt seine Kritik an Larenz, dass dieser sich nicht vollends von dem alten Recht gelöst hatte, indem er zu konservativ im bisherigen Recht verhaftet blieb.[1014] Nach Beyerles Vorstellung konnte nur eine völkische Lebensordnung, getragen vom organischen-funktionalen Denken die Begriffsjurisprudenz und Schulsystematik ablösen. Ein Kompromiss unter der Berücksichtigung politischer Motive war für ihn unfähig, eine wirkliche und vor allem nützliche Veränderung zu bringen. Nur wegen einzelner Verbesserungen oder Abänderungen „glauben wir auf dem Weg zu einem wirklich neuen Recht in gutem Marsch uns zu befinden."[1015] Beyerle unterstrich damit einmal mehr, dass er an die Zukunft einer solchen „Flickenlösung" nicht glaube.

Praktische Funktionalität, soziale Gerechtigkeit und ein volksnahes Recht waren Dreh- und Angelpunkt des Beyerleschen Ansatzes einer umfassenden Rechtserneuerung.[1016] Diese sollte sich ohne Rücksicht auf politische Momente entwickeln, hergeleitet aus der eigenen Rechtsvergangenheit und zum Vorteil einer zeitgemäßen Anwendbarkeit. Nicht umsonst wurde Beyerle von Hermann Schultze v. Lasaulx in einem Brief, der die Beantwortung eines Fragebogens zur Lage der Deutschen Rechtsgeschichte in der Zeit von 1932 – 1945 zum Gegenstand hatte, als einer der führenden rechtshistorischen Köpfe bezeichnet, der seine Forschung völlig unbeeinflusst von nationalsozialistischen Gedanken betrieben hätte.[1017]

Die Rechtserneuerung auf der Basis eines historisch-völkischen Rechts musste scheitern, weil jede Reform von vornherein zum Scheitern verurteilt war. Die Nationalsozialisten wollten überhaupt keine Reform, weil sie schon den Rechtsstaat als solchen ablehnten. Dieser musste mit dem Nationalsozialismus kollidieren, der die Idee der Verwerfung des liberalen Rechtsstaates zu seinen Basissätzen hervorhoben hatte.[1018] Staat

Bemerkungen zur Aussprache am Deutschen Rechtstag" vom 16.05.1939 gegen den Versuch Koschakers, das römische Recht als propädeutische Vorlesung aufzunehmen, um dieses damit als Fundament des deutschen Zivilrechts zu generieren. Dies wäre Beyerles Forderung nach Abstand zur Pandektistik zuwider.

1014 Hierzu Frassek (1994), S. 137, 143.

1015 Beyerle in ZstaatsW (1938), S. 392.

1016 Rückert (1993), S. 83.

1017 Hermann Schultze v. Lasaulx in einem Brief vom 09.02.1994, abgedruckt in: Die Deutsche Rechtsgeschichte in der NS-Zeit, hrsg. von Joachim Rückert und Dietmar Willoweit, (1995), S. 345.

1018 Michael Stolleis, Die Verwaltungsgerichtsbarkeit im Nationalsozialismus, in: „Justizalltag im Dritten Reich", hrsg. von Bernhard Diestelkamp und Michael

und Recht waren im Gegensatz zur liberalen Rechtstheorie nicht mehr getrennt. Richter als Staatsorgan und Rechtswahrer wurden von der Staatsleitung abhängig.[1019] Durch die Gleichschaltung von politisch bürokratischen und juristischen Strukturen verlor die Judikative ihre Eigenständigkeit. Urteile von deutschen Gerichten wurden, sollten sie nicht der Richtung der politischen Gesinnung entsprechen, kurzerhand „vom Tisch gewischt“ und durch administrative Anordnungen ersetzt.[1020]

Als später allen klar werden musste, dass es den Nationalsozialisten mit der Heranziehung und Reaktivierung germanischen Gedankenguts bzw. seinen Rechtssätzen nicht um eine Reformierung des Rechts zur Verbesserung der praktischen Anwendung und zur Schaffung von Rechtssicherheit wie auch Rechtsklarheit ging, sondern schlichtweg um durch die Assoziation der germanischen Art politisch motiviertes Handeln, um Unterdrückungsmaßnahmen und brutale Willkür zu rechtfertigen, standen viele dieser Erkenntnis hilflos und enttäuscht gegenüber. Beyerle machte da keine Ausnahme.

Ein Volksgesetzbuch wurde schließlich nicht verabschiedet, was wohl zum einen daran lag, dass die nationalsozialistische Rechtspolitik kein Verlangen danach hatte; zum anderen verhinderten die Wirren des sich stetig intensivierenden Krieges die Verabschiedung des Werkes.

## IV. Beyerle und der Nationalsozialismus – Weggang von Frankfurt

Beyerle bewegte sich am Anfang der nationalsozialistischen Ära, wie gezeigt, gefährlich am Rande dessen, was die neuen, in ihrer Intoleranz rigorosen Machthaber sich noch haben gefallen lassen. Sein schon beinahe dreist-mutiges und selbstloses Auftreten gegenüber den Vertretern der neuen Gewalt, als es um das Leben seiner engsten Freunde ging, sowie seine Versuche, die neue politisch-ideologische Strömung der Menschlichkeit und der Wissenschaft wegen, wenn auch vergeblich, aus der Frankfurter Fakultät heraus zu halten, bezeugen zum einen sein beherztes Handeln und zum anderen, dass sich Beyerle sicherlich zu diesem

---

Stolleis (1988), S. 26.

1019 Dieter Simon, Waren die NS-Richter „unabhängige Richter“ im Sinne des § 1 GVG?, in: Justizalltag im Dritten Reich, hrsg. von Bernhard Diestelkamp und Michael Stolleis (1988), S. 14.

1020 Bernhard Diestelkamp, Die Justiz nach 1945 und ihr Umgang mit der eigenen Vergangenheit, in: Justizalltag im Dritten Reich, hrsg. von Bernhard Diestelkamp und Michael Stolleis (1988), S. 133.

Zeitpunkt noch nicht klar war, wie gefährlich die Nazis in ihrer Entschlossenheit waren, alle Feinde und Gegner ihrer Bewegung zu vernichten. Dies änderte sich, als Röhm im April 1934 die „unbegreifliche Milde" Hitlers gegenüber den Reaktionären und das Versäumnis, nicht „rücksichtslos aufgeräumt" zu haben, tadelte und die zweite Revolution proklamierte. Unter dem Vorwurf, einen Putsch geplant zu haben, ließ Hitler Röhm und andere SA-Führer verhaften und anschließend erschießen.[1021] Einmal mehr fraß die Revolution ihre „eigenen Kinder". Unter den Opfern waren aber nicht nur SA-Führer oder andere Rivalen der Bewegung, sondern auch politisch Missliebige wie der Reichskanzler a.D. General von Schleicher, sein Vertrauter, Generalmajor von Bredow, und der Berliner Vorsitzende der Katholischen Aktion, Erich Klausener.[1022] Am 02. Juli befahl Hitler das Ende der „Säuberungsaktion", der im ganzen Reich Hunderte zum Opfer gefallen sein dürften. Unter ihnen befanden sich auch Unbeteiligte auf Grund von Verwechslungen.[1023] Opfer einer solchen Verwechslung wäre auch um ein Haar Franz Beyerle geworden, als er von einem Exekutionskommando abgeholt werden sollte.[1024] Nach einigem hin und her wurde klar, dass nicht Franz Beyerle gemeint war, sondern sein Bruder Konrad, der liberale katholische Politiker und Mitgestalter der Weimarer Verfassung.[1025] Konrad Beyerle hatte sich bereits 1923 öffentlich und gefährlich scharf gegen den Nationalsozialismus geäußert.[1026] Da Konrad Beyerle 1933 verstorben war, zog das zum „Abholen" bestimmte Kommando weiter und ließ einen vor Wut außer sich geratenen, aber auch letztendlich eingeschüchterten Franz Beyerle zurück.[1027] Diese einschneidende Erfahrung und die vorangegangenen Erlebnisse waren sicherlich für Beyerle prägend. Er wusste nun, dass jeder offene Widerstand gegen die Regierung lebensgefährlich war. Trotzdem beugte sich Beyerle nicht der Unmenschlichkeit des Regimes. Seine Hilfe wurde subtiler. Durch finanzielle Zuwendungen an Verfolgte oder Missliebige, die oftmals gleichzeitig seine Freunde waren und mit denen er stets in

1021 Martin Broszat und Norbert Frei (Hrsg.), Errichtung der Führerdiktatur: Röhm – Revolte und Tod Hindenburgs, Chronik: März – Juni 1934, in: Das Dritte Reich im Überblick, 5. Aufl. (1996), S. 225.

1022 Wolfgang Benz, Geschichte des Dritten Reiches (2000), S. 53.

1023 Benz (2000), S. 56.

1024 Burkhart Beyerle in einem Gespräch vom 10.08.2000 in Konstanz.

1025 Siehe 3. Teil Exkurs.

1026 Hense (2001), S. 224 ff. (IV. Teil 4.).

1027 Burkhart Beyerle in einem Gespräch vom 10.08.2000 in Konstanz; Hense (2001), S. 230. Die Gestapo hatte bereits versuchte, am Morgen des 26.04.1933 Konrad Beyerle abzuholen. Dieser war aber wenige Stunden zuvor nach einer Operation unerwartet verstorben.

Kontakt blieb, versuchte er zu helfen. Durch seine Persönlichkeit und Beziehungen aller Art verstand er, ihnen Unterstützung zukommen zu lassen.[1028]

Verwendet man die von Peukert vorgenommene Abstufung des Verhaltens von Menschen gegen die Machthaber im Dritten Reich, das von der Nonkonformität über Verweigerung und Protest bis hin zum Widerstand reicht[1029], so lässt sich in Bezug auf Beyerle Folgendes feststellen: Widerstand im tätlichen Sinn hat Beyerle bei seinem couragierten Einsatz, um Rheindorf und Riezler aus der Schutzhaft zu befreien, wohl nicht geleistet.[1030] Die Tatsache aber, dass Beyerle beiden zu einem geheimen Unterschlupf in Bad Münster verhalf, wo seine Kollegen vor weiteren Ausschreitungen geschützt waren, kommt dann doch dieser Zuordnungsstufe recht nahe. Später, noch im Jahr 1971, waren diese Ereignisse vom 01. April 1933 Gegenstand persönlicher Korrespondenz zwischen Rheindorf und „Rusticulus“ [1031] (Beyerle):

> *„Riezler am 01. April 1933. (...) Er wurde am Vormittag vor 09.00 Uhr `abgeholt`[1032] und – da er an einer schweren Bronchitis litt – in die Voß`sche (Hals – Nasen – Ohrenklinik) gebracht. (...) Jedenfalls bist Du sofort mit dem Wagen in die Klinik gefahren. Dort wollte man Dich nicht hereinlassen, weil ein SA-Mann am Eingang der Voß`schen Klinik stand und niemand in die Klinik lassen wollte, der nicht den entsprechenden Ausweis vorzeigte. (...) Als Du erschienst und nicht diesen SA-Mann mit einem Ausweis ausschalten konntest, fragte er Dich, wer Du seist. Deine Antwort: `Ich bin Schwerkriegsbeschädigter, Germane und Heide`. Der SA-Mann salutierte ob solcher Charakteristik und ließ Dich passieren. (...). Ich war nämlich auch inzwischen verhaftet worden, aber unter dem Stichwort Schutzhaft von Polizeibeamten, die von mir wegen dem vor meinem Haus Körnerwiese Nr. 5 randalierenden Haufen (...) geholt worden waren. Der Reviervorsteher, ein Pol. Hauptmann, wollte mich sofort wieder entlassen, da gegen mich kein Haftbefehl vorlag. Er ließ mich dann aber telefonieren und ich sprach mit Dir und erfuhr von Deiner bisherigen Aktion. Du hast mich dann nach einiger Zeit abgeholt und wir fuhren zu Riezler, um mit ihm die Lage zu besprechen. (...) Bei Riezler (...) wurde die Zimmertür aufgestoßen und hereinstürmte ein kleiner Zivilist*

---

1028 Bundesarchiv Koblenz Nachlaß Rheindorf, NL 263 / 374 (F. 1 - 79), Kurt Rheindorf bedankt sich in Briefen an Franz Beyerle für die u.a. finanziellen Zuwendungen (z.B. Briefe vom 09.12.1934; 20.01.1935; 14.05.1935; 29.12.1935).

1029 Detlev Peukert, Die Edelweißpiraten. Protestbewegungen jugendlicher Arbeiter im Dritten Reich, 2. erw. Aufl. (1988), S. 236.

1030 3. Teil 3. Kapitel III. 1.

1031 Beyerle gab sich als Humanist, seinen Freunden und Schülern Humanistennamen: Beyerle = kleiner Bauer = Rusticulus (lat.); Wüst (1978), S. 118.

1032 Abgeholt wurde Riezler von der „Geheimen Staatspolizei“ (Gestapo).

*und dann zwei große SS-Leute. Das zivile Wesen rief: `Prof. Riezler! Prof. Rheindorf! Sie sind verhaftet! (...). Riezler und ich wurden in eine total verschmutze Zelle gebracht und unserem Schicksal überlassen.*[1033] *(...) Sinzheimer saß schon seit Februar im Gefängnis. (...) Ich stieg dann herunter zu den Pförtnern und rief Dich an, schilderte die Lage. Du warst noch bei Frau Riezler und nach einiger Zeit (...) erschienst Du (...), um mit mir über die notwendigen Schritte zu unserer Freilassung zu sprechen. In diesem Gespräch erschien ein Zivilist und mischte sich in unser Gespräch ein, was Dich zu der Bemerkung veranlasste, Du möchtest nicht gestört werden. Die Reaktion kam prompt: Du wurdest aufgefordert, sofort das Gefängnis zu verlassen. Der Mann war nämlich `Direktor des Gerichtsgefängnisses` (...).“*[1034]

Riezler konnte schließlich das Gefängnis verlassen, nachdem man ihn gezwungen hatte, ein Dokument zu unterzeichnen, in dem er beantragen sollte, von allen Dienstgeschäften entbunden zu werden.[1035] Nachdem das Auswärtige Amt über die Verhaftung Rheindorfs informiert worden war, wo er offensichtlich ihm wohl gesonnene Helfer hatte, konnte auch er die Haftanstalt verlassen. [1036] Aber allen Beteiligten war klar, dass dies nicht von Dauer war. Die Gefahr, jeden Moment erneut verhaftet zu werden, war spürbar gegenwärtig. Nach Rheindorf wurde tatsächlich schon bald wieder gefahndet. Und jetzt war es Beyerle, der die Situation entschärfte. Er holte Rheindorf noch am Gefängnistor ab und versteckte ihn nach einer umständlichen Fahrt über Landstraßen, da man Straßenkontrollen ausweichen musste, in Bad Münster am Stein, wo de Boor ein Feriendomizil besaß.[1037] Draußen auf dem ruhigeren Land waren alle zunächst vor einer politischen Hetzjagd sicher.

1033 Unter den Mithäftlingen zumeist jüdische Ärzte und Rechtsanwälte, darunter auch Sinzheimer.

1034 Bundesarchiv Koblenz Nachlaß Rheindorf, NL 263 / 193 (F. 1 – 208). Brief an Beyerle vom 10.07.1972; Hierzu auch Heiber (1992), S. 84 ff.; auch Hammerstein (1989), S. 199 ff.

1035 Bundesarchiv Koblenz Nachlaß Rheindorf, NL 263 / 193; Hammerstein (1989), S. 202; Heiber, Bd. 1 (1992), S, 84 ff.

1036 Es stellte sich heraus, dass es sich hier um Heinz Bickendorf gehandelt haben muss, der mittlerweile Personalleiter der Gauleitung der NSDAP war. Dieser warnte Rheindorf anonym vor bevorstehenden Gewaltaktionen der Nazis. Bickendorf setzte sich in einem Bericht an den preußischen Staatskommissar für Rheindorf ein. Der Grund für Bickendorfs ungewöhnliche „Schützenhilfe“ für Rheindorf war klar: Dieser wurde selbst in schwerer Zeit von Rheindorf gefördert, als die Nazis noch unpopulär waren; Hammerstein (1989), S. 199. So auch Heiber (1992), S. 85.

1037 Bundesarchiv Koblenz Nachlaß Rheindorf, NL 263 / 193 (F. 1 – 208). Brief an Beyerle vom 10.07.1972 (Bl. 195 ff.).

Diese Fluchthilfe stellte den Höhepunkt Beyerles regimefeindlichen Verhaltens dar, wenn sich auch seine grundlsätzlich ablehnende Haltung kurzweilig in deutlichem Protest oder in Spott ausdrücken konnte.[1038]

Rheindorf wurde von Beyerle noch längere Zeit finanziell unterstützt[1039], da dieser nach einem ihm auferlegten Aufenthaltsverbot für Frankfurt am Main[1040] auch sonst keine den Lebensunterhalt sichernde Anstellung finden konnte. In einem Brief vom 26.06.1935 setze sich Beyerle erneut für Rheindorf ein:

> *„(...). In der Angelegenheit Rheindorf möchte ich auf Ihr freundliches Angebot zurückkommen und Sie bitten, Rheindorf zum 1. Juli nochmals (wie Sie anboten) M 300.- zukommen zu lassen, damit er seine Miete zahlen und sich notdürftigst über Wasser halten kann. Sodann bitte ich Sie, über den modus procedendi zur Erlangung eines Forschungsauftrages baldgefälligst Aufschluss geben zu wollen, damit ich alle erforderlichen Schritte unternehmen bzw. veranlassen kann. (...), es laufen unterdessen Versuche, für Rheindorf ein weiteres Forschungsfeld zu sichern. Aber es kommt um so mehr darauf an, für einige Zeit ihn erst mal über Wasser zu halten. Ich kenne die gravamina der Gestapo nicht. Aber ich kenne den Mann und weiß genau, was ich von ihm zu halten habe. (...). Wenn meine Bitte umsonst sein sollte, muss ich halt wieder einspringen. Ich bitte dann um baldgefl. freundliche Verständigung. Denn das nackte Leben rechnet unerbittlich mit dem Monatsersten.“*[1041]

---

1038 Stadtarchiv Konstanz, Sign.: Ec6. Brief der Schleswig–Holsteinischen Universitäts–Gesellschaft Kiel vom 13.12.1938 eingelegt in Eugen Wohlhaupters Werk „Rechtsquellen Schleswig-Holsteins“, I. Bd. (1938). Beyerle hatte dieses Schreiben kommentiert, indem er der nationalsozialistischen Grußformel des Verfassers handschriftlich beifügte „Mit treudeutschem Gruß, Ihr treudeutsches Rindvieh“; Universitätsarchiv Freiburg, Sign.: C5 Nr. 45. Brief vom 17.01.1937 an Leo Frobenius; Beyerle machte hier eine sarkastische Bemerkung über die nationalsozialistische Rassenideologie: „(...). Ich danke Ihnen sehr, dass Sie uns beide mit auf dem Kolonialball dabei haben möchten, und ich darf es meiner Frau, die gerade auf dem Thüringerwalde mit den Kindern zur Auskur der Grippe weilt, gar nicht sagen: so sehr würde sie sich wahrscheinlich freuen. Allein wenn sie nicht als Basutomädchen erscheint oder als Hawaianerin mit Blumen oder Bananen um die Huft, sonst aber dunkelfarbig (was wiederum aus Rassengründen Ärgernis erregen könnte), kommt uns der Spaß zu teuer.“

1039 Universitätsarchiv Freiburg, Sign.: C5 Nr. 40, Brief an Rheindorf vom 21. 05. 1934 in dem er wieder Rheindorf finanzielle Unterstützung zusagt.

1040 Hammerstein (1989), S. 202; Rheindorf hätte ohnehin in Frankfurt mit seiner Verhaftung rechnen müssen.

1041 Universitätsarchiv Freiburg, Sign.: C5 Nr. 40. Brief an Eckhardt vom 26.06.1935.

Zuvor schon setze sich Beyerle für seinen jüdischen Kollegen Ehrhardt ein, der ebenfalls zu Beyerles Frankfurter Kreis gehörte[1042] und Frankfurt verlassen musste.[1043] Für ihn versuchte Beyerle ein Ordinariat, bzw. einen Forschungsauftrag im Ausland zu erhalten:

> *„(...). Es handelt sich um unseren hiesigen Kollegen Ehrhardt. Er ist zwar Halb- oder Vierteljude, (...). Das Ende unserer Fakultät[1044] stellt aber sein Verbleiben in Frage. Ihn in Deutschland umzuhabilitieren dürfte unmöglich sein. Auch Rufe an solche Leute sind auf absehbare Zeit nicht zu erwarten. Deshalb kommen sie für eine auswärtige Berufung in Frage. Ehrhardt ist ein ausgezeichneter Romanist und hat eine treffliche kasuistische Phantasie, was ihm zum Lehrer besonders qualifiziert. (...). Ich kann nur sagen: die Innsbrucker könnten schwerlich einen besseren Romanisten finden, mit dem sie ihr Extraordinariat vollwertig besetzen können."*[1045]

Später, im Jahr 1955, berichtete Ernst Hirsch von dem Helfer Beyerle, dass dieser ihn bereits in den Anfängen der NS-Zeit vor Schaden bewahrte:

> *„Als ich am 30. März 1933 gegen Roland Freisler aufmucken wollte, der mich am Vorabend des Judenboykotts aufforderte, auf die Ausübung meines Richteramts zu verzichten, bewahrten Sie[1046] mich vor einem bösen Ende: Sie waren damals Dekan und machten mir klar, dass die Zeit zum Märtyrertum noch nicht reif sei. Wie recht hatten Sie (...)."*[1047]

Wo Beyerle nur konnte, stand er für seinen ehemaligen Frankfurter Kreis ein. Er tat dies ohne Rücksicht auf eigene Nachteile, wie die eigene derzeit schlechte finanzielle Situation. Später in Leipzig unterstütze er auch noch Gustav Boehmer, gegen den ein Dienststrafverfahren anhängig

1042 3. Teil 1. Kap. 2.

1043 Diestelkamp (1989), S. 95 ff.

1044 Gemeint ist hier die Frankfurter Fakultät.

1045 Universitätsarchiv Freiburg, Sign.: C5 Nr. 40. Brief vom 16.05.1934. An diese Bemühungen erinnert sich, wenn auch nicht im Einzelnen, Hans Thieme (1979), S. 23. In seiner Trauerrede (Universitätsarchiv Freiburg, Sign.: C5 Nr. 104) berichtete Thieme, dass sich die Witwe von Ehrhardt persönlich bei ihm für den Einsatz Beyerles bedankt hatte und ihm zwei Briefe aus dieser Zeit überreichte. Es handelt sich hier offensichtlich um einen dieser Briefe, aus denen unter der Sign. C5 Nr. 40 oben zitiert wurde.

1046 Gemeint ist hier Franz Beyerle.

1047 Universitätsarchiv Freiburg, Sign.: C5 Nr. 94. Jocus regit actum Bd. I. (1955), S. 90.

war.[1048] So war es mit Sicherheit für Beyerle nicht leicht mit anzusehen, wie seine letztendlich durch seinen Freundeskreis geprägte, so geschätzte freiheitlich-liberale Fakultät unter dem radikalen Regime zerbrach. Eine Übersicht über den Lehrkörper der NS-Zeit zeigt, dass von 355 Lehrpersonen 109 „beurlaubt" wurden, weil sie als „jüdisch" oder „jüdisch versippt" galten.[1049] Das waren 30,7 % der Dozenten – nach Berlin die zweithöchste Zahl an einer deutschen Universität.[1050] Weitere 16 Mitglieder des Lehrkörpers wurden aus politischen Gründen ausgeschlossen. Damit war fast ein Drittel der Dozenten von diesen Maßnahmen betroffen.[1051]

Unter den hiervon Betroffenen war ein Großteil Teilnehmer des Kreises um Beyerle, der sich somit mehr und mehr isoliert sah. Für die Universität bedeutete dies einen nachhaltigen Substanzverlust und zudem einen Bruch mit einer wichtigen, in solcher Art sonst nirgendwo gepflegten Hochschultradition: Die liberale, offene, in manchen Punkten linke Positionen vertretende Frankfurter Wissenschaftsauffassung, die bewusst Neuerungen gewagt hatte, selbst auf die Gefahr von Einbrüchen hin, konnte so - zumindest wie in der bisherigen Form - nicht mehr fortgesetzt werden.[1052] Die Universität wurde blasser, angepasster, den anderen Hochschulen ähnlicher.[1053] Der Gipfel der politisch motivierten Umwälzungen war indessen noch nicht erreicht. Es sickerte durch, dass das Ministerium die juristische Fakultät durch die konsequente Entlassung systemwidriger oder jüdischer Hochschullehrer eingehen lassen wollte, um auf diesem Weg durch die Schließung zusätzlich weitere unliebsame Forscher ausschalten zu können.[1054] Als Beyerle dies erkannte, wollte er der in Not geratenen Frankfurter Fakultät beistehen:

> *„Das Ministerium will die Frankfurter Juristenfakultät mit ihrer Studentenschaft eingehen lassen, unter diesen schmerzlichen Umständen kann ich die Fakultät nicht im Stich lassen."*[1055]

---

1048 Universitätsarchiv Freiburg, Sign.: C5 Nr. 59. Gutachterliche Äußerung über Gustav Boehmers `Einführung ins Bürgerliche Recht`: Beyerle wurde von dem Untersuchungsführer in diesem Dienststrafverfahren beauftragt zu untersuchen, ob sich Boehmer standeswidrig bzw. unwürdig verhalten hatte. Beyerle wies im Ergebnis alle Vorwürfe gegen Boehmer zurück.

1049 Hammerstein (1989), S. 220.

1050 3. Teil 3. Kapitel; Frankfurt stand als Großstadt an der Spitze der von jüdischen Deutschen besiedelten Großstädte.

1051 Hammerstein (1989), S. 220.

1052 Hammerstein (1989), S. 221.

1053 Hammerstein (1989), S. 221.

1054 Hierzu Diestelkamp (1989), S. 84.

1055 Universitätsarchiv Freiburg, Sign.: C5 Nr. 40. Korrespondenz aus der Frankfur-

Aber es nutze nichts, Beyerle konnte den Gang der Dinge nicht verhindern und entschloss sich gezwungener Maßen zu einem Wechsel. Sein Schüler Hans Thieme, Zeitzeuge der Geschehnisse in Frankfurt, beschrieb Beyerles Situation:

> *„Als hingegen im Herbst 1934 ein Ruf nach Leipzig erfolgte, musste er ihn annehmen – zu stark waren die Kräfte geworden, die der bisherigen Frankfurter Fakultät eine ganz andere Richtung geben wollten.“*[1056]

Während eines Abschiedsessens bei dem Frankfurter Verleger Klostermann zu Ehren Riezlers und anderer Opfer nationalsozialistischer Personalpolitik, an dem der Kern der Mitglieder des liberalen Gelehrten-Kreises um Riezler und Beyerle teilnahm, erklärte Beyerle dem Gastgeber Klostermann:

> *„Herr Klostermann, sehen Sie sich diese Gesellschaft noch einmal genau an. Sie werden in Deutschland einen solchen Kreis nicht mehr vereint sehen.“*[1057]

Beyerles Zeit in Frankfurt war abgelaufen. Unglücklich, aber nicht undankbar, nahm er den Ruf nach Leipzig an.[1058] Damit waren seine Zukunft als Hochschullehrer und der Broterwerb für seine Familie gesichert. Rheindorf versuchte seinem Freund Beyerle über die schwere Stunde des Abschieds hinwegzuhelfen, als er ihm hierzu schrieb:

> *„ `Man` sagte mir heute wieder, wer von Frankfurt wegkomme, habe das grosse Los gezogen. Unter uns: Frankfurt ist in dieser Form nicht mehr zu halten. Es ist eine Frage der Zeit, wann es zusammenbricht. Was dann bleibt bzw. kommt, weiss niemand. Jedenfalls soll jeder froh sein, der wegkommt.“*[1059]

Noch 1934, als Beyerle gerade dem Ruf nach Leipzig folgte, pries der mittlerweile von Nazi-Gnaden ernannte Dekan Friedrich Klausing dem Ministerium die Erfolge der Arbeitsgemeinschaft Beyerles beim „Neubau

---

ter Zeit; hier Briefe Beyerles vom 02.05.1934 und 20.05.1934.

1056 Universitätsarchiv Freiburg, Sign.: C5 Nr. 104. Thieme in seiner Trauerrede vom 28.10.1977.

1057 Zitiert nach Hammerstein (1989), S. 224.

1058 Universitätsarchiv Freiburg, Sign.: C5 Nr. 40. Briefe vom 02. und 20.05.1934; Thieme in C5 Nr. 104.

1059 Bundesarchiv Koblenz Nachlaß Rheindorf, NL 263 / 374 (F. 1 - 79). Brief Rheindorfs an Beyerle vom 06.09.1934.

des deutschen Rechts".[1060] Ob Klausing hierin ein tatsächlich ernsthaftes Verlangen zum Ausdruck bringen wollte, Beyerle zu halten, muss bezweifelt werden.[1061] Doch lässt diese Reaktion des eher feindseligen Klausings Beyerles überragende Rolle als Rechtshistoriker an der Frankfurter Fakultät und seine Sonderstellung als hervorragender Wissenschaftler erkennen. Wo sonst an einer deutschen Rechtsfakultät mag es damals eine Arbeitsgemeinschaft von Ordinarien, Nichtordinarien, Assistenten und Studenten gegeben haben?[1062] Nur eine Persönlichkeit wie Franz Beyerle vermochte, eine solche Integrationsleistung zu erbringen.[1063]

In einem Brief an das preußische Kultusministerium stellte Beyerle klar, dass ihm die Grundlage für ein Verbleiben in Frankfurt durch die politisch motivierte Wende in der Personalpolitik genommen wurde:

> *„Es gibt meines Erachtens nur zwei Aufgaben, die mein Hierbleiben trotz des Leipziger Rufs rechtfertigen würden. Einmal das Frobenius'sche Projekt einer Akademie für künftige Dozenten. Sodann eine juristische Arbeitsgemeinschaft der Dozenten, wie sie von uns im letzten Winter gegründet worden ist. In dieser Arbeitsgemeinschaft haben die Kollegen de Boor und v. Hippel eine so wesentliche Mitarbeit geleistet, dass bei ihrem Weggang, insbesondere bei der Besetzung der dadurch freigemachten Professuren mit Nichtariern oder mit Begriffsjuristen alter Schule an eine ersprießliche Weiterarbeit nicht zu denken ist (...).*[1064]

---

1060 Hammerstein (1989), S. 95.

1061 Klausing war sicher nicht ernstlich etwas daran gelegen, Beyerle an der Universität zu halten. Denn durch die von Klausing betriebene Zerschlagung des Freundeskreises um Beyerle hatte er ihm jede Grundlage genommen; hierzu Diestelkamp, Rechtshistoriker (1989), S. 103. Es klingt daher eher nach einer platten Retoure für Beyerles preisende Zeilen an des Ministerium, als Klausing aufgrund des mittlerweile übermächtigen Einflusses des Beyerle-Riezler Kreises - freilich noch vor der Machtergreifung und ohne Rückendeckung durch die Nazis - verbittert nach Marburg ging. Damals strengte Beyerle an, Klausing in Frankfurt zu halten, wusste aber auch, dass dieser unter den gegeben Umständen nicht bleiben würde.

1062 Diestelkamp, Rechtshistoriker (1989), S. 92.

1063 Diestelkamp, Rechtshistoriker (1989), S. 92.

1064 Bundesarchiv Koblenz Nachlaß Rheindorf, NL 263 / 374. Brief von Beyerle; ebenfalls Hammerstein (1989), S. 96; Diestelkamp, Rechtshistoriker (1989), S. 92 f. Beyerle spielt nicht nur auf die Versetzung der genannten Personen, sondern gerade auf die Vertreibung aller ihm nahestehenden Hochschullehrer an, die zugleich Teilnehmer seiner Arbeitsgemeinschaft waren. Hierdurch stellt er, wenn auch unterschwellig, klar, dass die ideologisch gesteuerte Personalpolitik der Wissenschaft im Wege steht. Und diese war Klausings Politik; vgl. hierzu: Universitätsarchiv Freiburg, Sign.: C5 Nr. 43. Manuskript „Frankfurter Arbeitsgemeinschaft für Rechtserneuerung" mit einer Teilnehmerliste.

Die Arbeitsgemeinschaft für Rechtserneuerung war tatsächlich das Zentrum seiner juristischen Interessen in Frankfurt. Mit ihrem Ende wurde Beyerles fruchtbarstes Tätigkeitsfeld trocken gelegt. In einem Abschiedsbrief an das Frankfurter Kuratorium sprach Beyerle von der „glücklichen Zusammenarbeit mit Fachkollegen im Geiste einer methodischen Rechtserneuerung, wie sie in Frankfurt im Werden war und dem Staat dienen sollte".[1065]

Jedoch hatte der Staat selbst Beyerle die Substanz entzogen, die er benötigte, um dort Wirkung zu entfalten. Durch die Zerschlagung seines Kreises nahm man ihm das Fundament, auf welchem er das Gebilde seiner Frankfurter Schule für eine Rechtserneuerung errichten wollte. Ferner schwebte über allem immer noch die Gefahr der Schließung der Universität. Dass am Ende die Frankfurter Universität doch nicht geschlossen wurde, ist wohl auf den Widerstand der Gauleitung gegen dieses Vorhaben zurückzuführen.[1066]

Die widrigen Umstände kamen für den liberalen Kreis aber einer faktischen Schließung gleich. Der schon vor 1933 im Lager der NSDAP stehende Rektor Krieck setzte die neuen Maßstäbe: Die Universität „werde nicht nur erhalten bleiben, sondern als vorbildliche nationalsozialistische Universität auf- und ausgebaut", sie war, wie Rheindorf richtig vermutete, damit für Liberale nicht mehr zu halten.[1067]

In aller Konsequenz konnte dann auch kein Angehöriger des Beyerle-Kreises den Lehrstuhl Beyerles übernehmen. Der in Frankfurt habilitierte Schüler Beyerles, Hans Thieme, hatte nicht nur mit Widerstand an der Universität zu rechnen, sondern auch mit entschiedenen Gegnern im Ministerium, was jede Anstrengung dahingehend unsinnig werden ließ.[1068] Die Wahl fiel daher einhellig auf Rudolph Ruth, der den neuen Machthabern zumindest „verträglich" erschien.[1069] Der Wunsch und der Drang „verträglichere" Gelehrte nach Frankfurt zu berufen, hatte allerdings seinen Preis. Durch den Wechsel von Beyerle zu Ruth trat für die deutsche Rechtsgeschichte in Frankfurt ein unübersehbarer Qualitätsverlust ein.[1070] Ruth war weder nach seinen

1065 Zitiert nach Diestelkamp (2000), S. 17; hierzu auch Hammerstein (1989), S. 96.

1066 Diestelkamp, Rechtshistoriker (1989), S. 83.

1067 Hammerstein (1989), S. 296; Schwabe (1989), S. 294, 300 ff. Zu den wenigen Hochschullehrern, die bereits vor 1933 Mitglieder der NSDAP gewesen sind, gehörte unter anderem der Erziehungswissenschaftler Ernst Krieck, der ein fanatischer NS-Anhänger war; Hammerstein (1999), S. 109. Zu Rheindorf: Bundesarchiv Koblenz Nachlaß Rheindorf, NL 263 / 374 (F. 1 - 79). Brief vom 06.09.1934.

1068 Hammerstein (1989), S. 336.

1069 Hammerstein (1989), S. 336.

lust ein.[1070] Ruth war weder nach seinen Fähigkeiten noch nach seinen eigenen Intentionen in der Lage, das Fach mit derselben Fachkompetenz und Verve zu vertreten wie sein Vorgänger.[1071]

Beyerle hingegen galt inzwischen bei den Nationalsozialisten als „politisch unzuverlässig", daher wurde sein Telefon abgehört.[1072] Von dem neuen Universitätskurator an der Frankfurter Universität wurde Beyerle als „ein Hindernis für die nationale Erziehung" bezeichnet.[1073]

Dass Beyerle nach dem Krieg in einen Entnazifizierungsausschuss berufen wurde, ist das Ergebnis seines regimefeindlichen Verhaltens während der nationalsozialistischen Diktatur.[1074] Eine Arbeit, der er sicher nicht gerne nachgegangen ist,[1075] die aber nötig war, um ein neues, friedliches Zusammenleben zu gewährleisten und ein Fundament für einen Neubeginn zu setzen. Gerade in der Zeit des Neuanfangs und in der Nachkriegszeit, von der später noch eingehend berichtet wird, wehrte Beyerle sich gegen vorschnelle Verurteilungen solcher Zeitgenossen, die dem Regime näher standen oder gar Anhänger desselben waren.[1076] Beyerle wurde weder während des Regimes noch in der Nachkriegszeit fanatisch, er wollte jeden Menschen für sich alleine beurteilen.[1077]

1070 Diestelkamp, Rechtshistoriker (1989), S. 103.

1071 Diestelkamp, Rechtshistoriker (1989), S. 103 f.

1072 Universitätsarchiv Freiburg, Sign.: B 24 250. Personalakte von Franz Beyerle. Beyerle wird hier vom Reichsdozentenführer als „unzuverlässig" eingestuft; Hatto Beyerle in einem Gespräch vom 18.07.2000 in Ronneberg/Hannover, sowie Burkhart Beyerle in einem Gespräch vom 10.08.2000 in Konstanz: Die Familie Beyerle erfuhr durch einen Zufall, dass sie abgehört werde, indem sie ein Freund darüber informierte, dass sich das Telefon nicht abstelle, wenn es eingehängt wurde. Seitdem stülpte man eine Teehaube über den Fernsprecher, um diesen zu isolieren.

1073 Thieme (1979), S. 23.

1074 Hatto Beyerle in einem Gespräch vom 18.07.2000 in Ronneberg/Hannover: Beyerle war dort Vorsitzender des Entnazifizierungsausschusses Freiburg, zuständig für den Bezirk Süd-Baden. Weitere Anhaltspunkte liefert hierzu: Justus Fürstenau, Entnazifizierung. Ein Kapitel deutscher Nachkriegspolitik, in: Politica, Abhandlungen und Texte zur politischen Wissenschaft, hrsg. von Wilhelm Hennis und Hans Meyer, Bd. 40 (1969), S. 64.

1075 Hatto Beyerle in einem Gespräch vom 18.07.2000 in Ronneberg/Hannover.

1076 Bundesarchiv Koblenz Nachlaß Rheindorf, NL 263 / 374. Brief Beyerles an Rheindorf vom 16.06.1961, in dem Beyerle Rheindorf ermahnt, nicht verbittert und ungnädig mit denen ins Gericht zu gehen, die ihm während der Diktatur das Leben schwer machten.

1077 Burkhart Beyerle in einem Gespräch vom 10.08.2000 in Konstanz.

Nach dem Krieg setzte sich Beyerle immer wieder mit dem Nationalsozialismus auseinander. Über allem stand die Frage: „Wie konnte es soweit kommen?“ In einem unveröffentlichten Manuskript geht Beyerle dieser Frage nach.[1078] Beschuldigungen wird man hier nicht finden, sondern eine nüchterne Analyse der damaligen Situation. Bemerkenswert ist die subtile Selbstkritik:

> *„Es gab zwei Möglichkeiten: entweder auszuwandern oder da zu bleiben. Ein ganzes Volk, eine Berufsklasse kann nicht auswandern. Daher braucht die Frage, ob auszuwandern Pflicht all derer war, die sich zum Märtyrer nicht berufen fühlten, gar nicht gestellt zu werden. Wohl aber kann die Frage aufgeworfen werden, ob freiwilliges Auswandern nicht Fahnenflucht vor dem Martyrium war, das den zurückgebliebenen Aufrechten bevorstand. Und jedenfalls kann der zurückkehrende Emigrant sich nicht (wie der der Hölle des KZ Entkommene) zum Sittenrichter über die Daheimgebliebenen aufwerfen. Er hat sich den bitteren Nachweis, dass er sich anders verhalten hätte, durch seine Flucht erspart. Man kann höchstens feststellen, dass Auswandern die sittliche Pflicht derjenigen Deutschen war, die sich zum Ausharren nicht berufen fühlten und denen eine Möglichkeit auszuwandern, ohne dass anderen gleichrangige oder höhere sittliche Pflichten dabei verletzt wurden, geboten war. (...).[1079]*

Diese Auffassung vertrat Beyerle im Übrigen schon während des Nationalsozialismus, als er sich gegen die Abwanderung von Systemfeinden äußerte:

> *„(...) den Mut zum Gegensatz, den Mut zur Tragik und damit den Mut zur Größe. Dieser Staat hat es verdient einen großen Gegner zu finden und nicht erbärmliche Emigranten. (...). Ich gehe einen gefährlichen Weg mit meinen Gedanken. Ob es der richtige ist oder ein Irrweg, das weiß ich nicht, ich weiß nur, dass er mein Schicksal ist (...).“[1080]*
> *„Nachdem man im Dritten Reich verblieb, bestanden zwei polare Möglichkeiten: Martyrium oder Kapitulation vor dem Terror durch Übertritt*

1078 Universitätsarchiv Freiburg, Sign.: C5 Nr. 36. Manuskript über „Die Beurteilung des Verhaltens der einzelnen Deutschen im Dritten Reiche (individualethischer Maßstab) ist von jener des deutschen Volkes eines ganzen (sozialethischer Maßstab) zu trennen.“

1079 Universitätsarchiv Freiburg, Sign.: C5 Nr. 36.

1080 Universitätsarchiv Freiburg, Sign.: C5 Nr. 68. Manuskript über die „Philosophie als Erkenntnis und Aufgabe“: undatiert, aufgrund inhaltlich-aktueller Bezüge zum Nationalsozialismus ist der Zeitraum der Urheberschaft zwischen 1933 - 45 anzusetzen. Aufgrund der Entwicklung dürfte Beyerle dies wohl kurz nach der Machtergreifung geäußert haben, da er später Freunden dazu riet, das Land zu verlassen.

*ins nationalsozialistische Lager. Eine kleine Schar Aufrechter ging den ersten, eine große Zahl den zweiten Weg. Zwischen beiden Polen gab es aber zahlreiche Zwischenlösungen. Man konnte der NSDAP fern bleiben und damit schlüssig zum Ausdruck bringen, dass man einzelne ihrer Programmpunkte oder auch ihren Standpunkt überhaupt nicht teilte. Je nach dem man sich in der Folge von jeder Äußerung fernhielt, die als Billigung der Partei verstanden werden konnte, oder aber in einzelnen Beziehungen sich dem amtlichen Stil anschloss, oder schließlich - trotz Nichtzugehör zur Partei - in ihrem Kurse schlechthin mitmarschierte, ergab sich für die Kartei das Bild eines politisch unzuverlässigen, eines nur bedingt zuverlässigen und eines unbedingt zuverlässigen Mannes. (...). Nachdem die Würfel gefallen waren, Hitler die Macht ergriffen hatte und damit - in äußerlicher Form - der Nationalsozialismus zur Ideologie des staatlichen Lebens geworden war, musste man suchen dort mitzutun, wo man guten Gewissens mittun konnte. (...). Verlegte man sich aber auf Gebiete, die diesen Widerstreit zwischen Gesetz und Gewissen nicht heraufbeschworen, so konnte man recht aktiv sein, ohne doch seine Gewissen zu belasten. Man kann dieses Verhalten ein aktives Ausweichen in die neutrale Zone nennen. (...) Meist war es unmöglich, die Grenze streng einzuhalten. Ganz allgemein gilt das von jeglicher Lehr- und Erziehungstätigkeit. Man mochte den jungen Leuten noch so viel echtes Ethos vermitteln: Gewisse Zugeständnisse waren unvermeidlich. Der Geschichtslehrer hatte den Siegeszug des Nationalsozialismus seinen Schülern zu schildern, der Rechtslehrer die Rassengesetzgebung vorzutragen. Man konnte das in einer Form tun, die durch ihren forcierten Zynismus oder innere Unbeteiligtheit den eigenen Standpunkt wenigsten erraten ließ. Aber auch das hatte seine Grenzen, wenn man nicht in das Räderwerk der politischen Verfolgung geraten wollte. Ganz sauber kam man sich dabei nicht vor. Unzweifelhaft haben alle, die sich nicht ganz beiseite hielten, die also gewisse Zugeständnisse machten, sich diese Nachgiebigkeit vorzuwerfen. Aber die Lage war dabei doch die: Angesichts des geübten Terrors war es verwunderlicher, dass man überhaupt Vorbehalte machte, als dass man da mittat, wo man - wenigstens im Ausgangspunkt - es verantworten zu können meinte. Andererseits gab man sich da einen gewissen Rückhalt, wo man um jeden Preis festbleiben musste. Die Verteidigung eines politisch Verfolgten z.B. hatte nur dann Aussicht auf Gehör, wenn der Verteidiger nicht von vornherein als unzuverlässig galt. Dem Ansinnen, bei Vergebung von Stipendien politische Aktivität statt sachliche Eignung entscheiden zu lassen, konnte man nur wirksam widerstehen, wenn man im übrigen nicht sich selbst politisch belastet hatte.*[1081] *Überhaupt erwies sich für alle im Dritten Reich Verbliebenen, die nicht (wie ein Landwirt oder Handwerker) ganz beiseite stehen konnten, insb. also für die Masse der Beamten der damit eingeschlagene Weg als dauerndes Ausgleichen*

1081 Beyerle spielt hier auf die Geschehnisse um Kurt Rheindorf an, dem schließlich gerade sein Verteilungssystem bei Stipendien bei der Frankfurter Universitätsverwaltung zum Verhängnis wurde, hierzu 3. Teil 3. Kapitel III. 1.

*zwischen Vorbehalt und dauernder Mitarbeit. Ohne dieses Verfahren hätte man kapitulieren oder den schweren Gang durch das politische Martyrium antreten müssen."*[1082]

Es war eben diese Gratwanderung, die in Beyerle schwere Konflikte ausgelöst haben musste: Ein Leben in der Gefahr, sich dem Menschen verachtenden Terror des totalitären Regimes auszusetzen, und die tiefe, meist heimliche Abneigung gegen eben dieses System. Und wiederum bedeutete es, ein Leben zu führen verbunden mit dem Drang des Gewissens, doch zu handeln, gebremst von der Angst vor drakonischen Sanktionen und getragen von dem eigenen elementaren Willen zu überleben.

Beyerle hatte noch zu Beginn des Dritten Reiches wenig Erfahrung mit diesem lebensgefährlichen „Akrobatenstück"; und es hätte sicher nicht viel gefehlt, und er wäre selbst Opfer geworden. Dies bezeugen die von den Nazis ergriffenen Abhörmaßnahmen gegen Beyerle. Und noch deutlicher wurde dies durch die Einschätzung der Machthaber über Beyerles politische Zuverlässigkeit, die aus deren Sicht nicht gegeben war.[1083]

Trotz des einbrechenden Nationalsozialismus in den Frankfurter Jahren, trotz des Scheiterns seiner Reformpläne, die eindeutig in dieser Zeit im Mittelpunkt seiner wissenschaftlichen Tätigkeit standen, und obgleich er am Ende mit ansehen musste, wie Freunde und Kollegen in Schwierigkeiten gerieten, nahm Frankfurt eine zentrale Position in seinen Lebenserinnerungen ein. Frankfurt war für Beyerle, wie er selbst formulierte, seine, „glücklichste Zeit", es waren die „schönsten Jahre seines Lebens".[1084]

## 4. Kapitel Leipzig (1934 – 1938)

Leipzig war für Beyerle sicher keine schlechte Wahl. Die Universität besaß vor Ausbruch des Zweiten Weltkrieges international einen guten Ruf und hohes Ansehen, was auch durch den ungewöhnlich hohen Prozent-

1082 Universitätsarchiv Freiburg, Sign.: C5 Nr. 36.

1083 Personalakte von Franz Beyerle, Universitätsarchiv Freiburg, Sign.: B 24 250. Beyerle wurde dort als „nicht zuverlässig" eingestuft.

1084 Lebenserinnerungen von Franz Beyerle, S. 194. Privatarchiv der Familie Beyerle; Bernhard Diestelkamp in einem Gespräch vom 18.08.2000 in Kronberg i. Ts.: Beyerle wies selbst bei den Feierlichkeiten zu seinem 80. Geburtstag in Freiburg deutlich darauf hin, dass die Frankfurter Jahre seine glücklichsten waren.

satz dort studierender Ausländer belegt wird.[1085] Die Mitglieder der juristischen Fakultät in Leipzig bereiteten Beyerle einen überaus herzlichen Empfang.[1086] Der wissenschaftliche Anspruch, das Renommee der Universität und die überaus freundliche Kollegenschaft sollten für Beyerle genügen, um sich dort persönlich wie fachlich gut zu entwickeln. Dennoch wurde Beyerle in Leipzig nie heimisch.[1087]

Die folgende Zeit in Sachsen wurde überwiegend von der Enttäuschung geprägt, an eine Rechtserneuerung geglaubt zu haben, die so nicht durchzuführen war, sowie durch die Umstände, die ihn zu einem Verlassen der Mainmetropole förmlich gezwungen hatten. Seine Freundschaft zu zahlreichen „Staatsfeinden" oder Juden, die er aufgeben musste oder nicht mehr öffentlich ausleben konnte, verfinsterte die folgende Zeit in Sachsen. Genannt seien hier vor allem: Ehrhardt, Sinzheimer, Rheindorf, Riezler, Lewald, Franz Jerusalem und auch sein bester Freund Hugo Picard aus Konstanz, der Sohn des einflussreichen Privatiers Salomon Picard. An seine Freundschaft zu Picard erinnerte sich Beyerle noch besonders in einem Brief, den er 1971 dem jüdischen Konstanzer Rechtsanwalt Erich Bloch übermittelte.[1088] Weitere freundschaftliche Beziehungen hegte Beyerle zu dem in Konstanz ansässigen Arzt Nathan Wolf, den Beyerle förmlich dazu zwingen musste, sich über die nahe Grenze in die Schweiz in Sicherheit zu bringen.[1089] Wolf kehrte gleich nach dem Krieg wieder nach Konstanz zurück.[1090]

Es ist den Konstanzern zu verdanken, dass es dort einen verhältnismäßig geringen Antisemitismus gab.[1091] Das ist gleichzeitig auch die Erklärung für die Tatsache, dass trotz der nahen Grenze zur Schweiz nur wenige jüdische Gemeindemitglieder aus Konstanz wegzogen oder auswanderten.[1092]

In Leipzig hingegen hatte es den Anschein, dass sich Beyerle dort überhaupt nicht integrieren wollte, nicht einmal den Versuch hierzu un-

---

1085 Herbert Helbig, Universität Leipzig, (1961), S. 75. Genannt werden vor allem Studenten aus Nordamerika, Skandinavien, Italien, Griechenland und den Balkanstaaten.

1086 Universitätsarchiv Freiburg, Sign,: C5 Nr. 40. Brief Beyerles vom 22.05.1934 an Geheimrat Schmidt über seinen freundlichen Empfang durch seine Kollegen und seinen hierdurch verheißungsvollen Antritt an der Fakultät in Leipzig.

1087 Thieme (1979), S. 24.

1088 Bloch (1996), S. 112 ff., 204.

1089 Hatto Beyerle in einem Gespräch vom 18.07.2000 in Ronneberg/Hannover. Wolf sah sich tatsächlich in Konstanz zu keiner Zeit wirklich gefährdet.

1090 Hatto Beyerle in einem Gespräch vom 18.07.2000 in Ronneberg/Hannover.

1091 Bloch (1996), S. 112.

1092 Bloch (1996), S. 112.

ternahm. Zu sehr war er noch von den letzten Geschehnissen beeindruckt: Die Zerschlagung seines Freundeskreises bis hin zur Verfolgung Einzelner in einer für Beyerle völlig fremden, ungeahnten und nicht nachvollziehbaren menschenverachtenden Art und Weise. Der sich hierdurch ergebende bittere Nachgeschmack dominierte, übertönte alle neuen Eindrücke. Die „politische Intoleranz und menschliche Skrupellosigkeit" der folgenden Jahre zwangen Beyerle, sich wissenschaftlich und innerlich zurückzuziehen.[1093] Nicht zuletzt, da er selbst Gefahr lief, mehr und mehr zum Ziel nationalsozialistischer Ermittlungstätigkeiten zu werden; das Telefon der Familie Beyerle wurde ohnehin bereits abgehört.[1094] Er konnte sich nach dem Ende der Frankfurter Zeit keine Auffälligkeiten mehr leisten. Beyerle suchte an seiner Stelle, wie es die Aufgabe aller im Lande Gebliebenen war, dem Recht zu dienen und seine Wissenschaft so weit wie möglich in vernünftige Bahnen zu lenken.[1095]

Im Wintersemester 1934/35 begann Beyerle seine Lehrtätigkeit an der Leipziger Hochschule mit der Vorlesung über Schuldrecht, allgemeiner und besonderer Teil, und leitete - wie schon zuvor in Frankfurt - ein „Deutschrechtliches“ Seminar.[1096] Es folgten im Verlauf seiner Lehrtätigkeit Vorlesungen über Deutsche Rechtsgeschichte, Genossenschaftsrecht, Wertpapierrecht und zur Privatrechtsgeschichte der Neuzeit. Hierzu veranstaltete Beyerle gemeinsam mit Wieacker ein Seminar und Übungen im Bürgerlichen Recht wie auch im Wirtschaftsrecht.[1097] Zu Beyerles Schülern während der Leipziger Jahre gehörten die späteren Professoren Gotthard Paulus (zuletzt München) und Dieter Pleimes (Straßburg), der später im Krieg fiel.[1098] Ein Lichtblick in dieser für Beyerle wohl eher tristen Zeit war die Tatsache, dass sein Freund Hans Otto de Boor ebenfalls in Leipzig lehrte.[1099] Der Rückzug aus dem gesellschaftlichen Leben in die wissenschaftliche Arbeit trug auch bald Früchte. Über weitere Aktivitäten Beyerles in Leipzig lässt sich aufgrund fehlender Anhaltspunkte und

1093 Thieme (1979), S. 24.

1094 Hatto Beyerle in einem Gespräch vom 18.07.2000 in Ronneberg/Hannover.

1095 Thieme (1979), S. 24.

1096 Universitätsarchiv Leipzig. Verzeichnis der Vorlesungen im Winterhalbjahr 1934 / 35. Ein Deutschrechtliches Seminar hatte Beyerle bereits zuvor in Frankfurt abgehalten, 3. Teil 3. Kap. II. 3.

1097 Universitätsarchiv Leipzig. Personalverzeichnis und Verzeichnis der Vorlesungen 1935-37.

1098 Beyerle, In memoriam Dieter Pleies, Theodor Mayer-Edenhausen, in: ZRG GA Bd. 63 (1943), S. 518 ff.; Thieme (1979), S. 24.

1099 Universitätsarchiv Leipzig. Personalverzeichnis und Vorlesungsverzeichnis Wintersemester 1936/37; Universitätsarchiv Freiburg, Sign.: C5 Nr. 104. Trauerrede von Hans Thieme vom 26.20.1977.

mangelnder Quellen nicht mehr viel ermitteln.[1100] Aus einiger Korrespondenz geht deutlich hervor, dass Beyerle in Leipzig unzufrieden war: In einem Schreiben an den Rektor der Universität verlangte Beyerle einen Dienstwagen, da die Straßenverhältnisse in Leipzig derart schlecht waren, dass er den Weg wegen seiner Kriegsversehrtheit unmöglich zu Fuß zurücklegen konnte.[1101]

Tatsächlich verschlechterte sich in Leipzig sein Gesundheitszustand zunehmend, sodass er schon bald gezwungen war, Vorlesungen ausfallen zu lassen. In einem anderen Schreiben berichtete Beyerle von seiner Angst, dass seine Kinder nicht den alemannischen, sondern den sächsischen Dialekt übernehmen könnten, und dass bereits Ansätze hierfür zur Sorge berechtigen würden und es somit schleunigst Zeit wäre, die Stadt zu verlassen.[1102]

Es darf ernsthaft bezweifelt werden, dass die Straßenverhältnisse in Leipzig in Verbindung mit seinem Kriegsleiden oder der sächsische Dialekt ausschlaggebend für einen Wechsel waren.[1103] Sicher ist hingegen, dass es für Beyerle eine glückliche Fügung gewesen sein muss, als man ihm 1938 den verwaisten Lehrstuhl von Walther Merk an der Universität in Freiburg angeboten hatte. Merk selbst konnte in Freiburg wenig Wirkung entfalten, da er bereits im zweiten Semester seiner Lehrtätigkeit im Breisgau verstarb.[1104]

Anders hingegen Merks berühmter Vorgänger und freundschaftlicher Bekannter Beyerles: Claudius Freiherr von Schwerin.[1105] Für Beyerle

---

1100 Überhaupt ist über die Leipziger Zeit nicht viel zu berichten, da zum einen dem Verfasser mit Schreiben vom 25.02.2000 seitens der Leitung des Universitätsarchivs in Leipzig mitgeteilt wurde, dass die Personalakte und ein nicht näher bezeichneter Nachlass 1945 den Bomben des Krieges zum Opfer gefallen ist. Zum anderen enden die Lebenserinnerungen Beyerles nach seiner Frankfurter Zeit. Helbig nennt zwar als Fakultätsangehörige u.a. Hans Otto de Boor, Karl Michaelis, Eberhard Schmidt, Hans Thieme, Franz Wieacker, Werner Weber, Paul Koschaker und Richard Schmidt, nicht aber Beyerle; Helbig (1961), S. 95 f.

1101 Universitätsarchiv Freiburg, Sign.: B24 250. Personalakte von Franz Beyerle: Entpflichtungsgesuch Beyerles an den Leipziger Rektor vorwiegend aus gesundheitlichen Gründen.

1102 Universitätsarchiv Freiburg: C5 Nr. 45. Brief vom 17.01.1937 an Leo Frobenius.

1103 Hatto Beyerle in einem Gespräch vom 18.07.2000 in Ronneberg/Hannover.

1104 Alexander Hollerbach, Juristische Lehre und Forschung in Freiburg in der Zeit des Nationalsozialismus, in: Die Freiburger Universität in der Zeit des Nationalsozialismus, hrsg. von Eckhard John, Bernd Martin, Marc Mück und Hugo Ott, Ploetz (1991), S. 100.

1105 Daher wird wohl Merk des öfteren als direkter Vorgänger Beyerles übergangen und in diesem Zusammenhang v. Schwerin genannt; wie bei Thieme (1979), S. 24 und Kroeschell (1978), S. 8. Zu Schwerins Stellung an der Freiburger Univerwar damit der lang ersehnte Schritt, in seine alemannische Heimat zurückzukehren, letztendlich vollzogen.[1106]

## 5. Kapitel Freiburg (1938 – 1952)

Die Rückkehr in den alemannischen Raum, dem er durch so viele Arbeiten verbunden geblieben war, war zugleich das Ende seines akademischen Zuges durch Deutschland. In Freiburg sollte er bis zu seiner Emeritierung im Jahr 1953 bleiben.

### I. Die Situation bis zum Ende des zweiten Weltkrieges

Die politischen Zustände an der Freiburger Universität dürfte Beyerle nach seiner Rückkehr im Vergleich zu seinen vorherigen Erlebnissen als „entspannt" empfunden haben. Sicher wurden dort, wie an allen anderen Universitäten, aufgrund der nationalsozialistischen Rassenerlasse jüdische oder „jüdisch versippte" Hochschullehrer zwangsweise entlassen; das galt in gleicher Weise für Systemgegner. Aber die Gesamtsituation schien trotzdem viel liberaler und entspannter, gerade im Umgang mit „ideologisch bedenklichen" Kollegen.[1107]

In gleicher Weise waren die Studenten in Freiburg bei weitem nicht so politisch aktiv wie es beispielsweise noch an der Frankfurter Universität der Fall war.[1108] Der nationalsozialistische Einfluss schien hier schwächer. Berlin war weit entfernt und die Grenze zu Frankreich und der Schweiz zu nah, um den für Freiburg so typischen weltoffenen Charakter

---

sität siehe Hans Thieme, Die germanistische Rechtsgeschichte in Freiburg, in: Aus der Geschichte der Rechts- und Staatswissenschaften zu Freiburg i.Br, hrsg. von Hans Julius Wolf (1957), S. 143; Beyerle hatte während seiner Frankfurter Zeit Kontakt zu v. Schwerin.

1106 Hatto Beyerle in einem Gespräch vom 18.07.2000 in Ronneberg/Hannover. Hatto Beyerle berichtete, dass sein Vater über den Wechsel nach Freiburg überglücklich war.

1107 Hierzu Hans Schneider, Die staatsrechtlichen Ereignisse 1932/33 aus der Sicht eines Freiburger Studenten, in: Freiburger Universitätsblätter, H. 100 (1988).

1108 Während in Frankfurt Studenten Vorlesungen von „systemwidrigen" Hochschullehrern boykottierten, bisweilen energisch störten, war dies in Freiburg nicht der Fall; hierzu: Hollerbach (1991), S. 93 f.; Schneider (1988), S. 75. Schneider schildert die Umstände am Beispiel von Pringsheim, der nach dem Krieg unter anderem auf Veranlassung Beyerles wieder nach Freiburg zurückkehrte; Günther Wüst in einem Gespräch vom 26.02.2001 in Mannheim.

mit der Engstirnigkeit der Nationalsozialisten tauschen zu können. Zudem kam noch der im badischen Raum nach wie vor bestehende Einfluss der katholischen Kirche. In diesem geistlich-freiheitlichen Klima fühlten sich dann auch die Verfechter des neuen, totalitären Systems nicht wohl. So stand die Universität in dem Ruf, sowohl „schwarz" als auch liberal zu sein.[1109]

Dies bestätigend ist die Äußerung des Reichsstudentenführers, man solle im Falle einer erfolgreichen Beendigung des Krieges die „ganze Universität Freiburg ausräuchern"![1110] Mit dieser Einschätzung hatte er aus seiner Sicht gar nicht unrecht, denn Freiburg wurde zu einem Zentrum eines versteckten geistigen Widerstandes gegen den Nationalsozialismus.

## 1. Widerstand an der Universität

Freiburg bot mit seinen traditionsreichen akademischen Zirkeln der verschiedensten Art und mit seinem regen Gemeindeleben beider Konfessionen einen abgeschotteten Meinungsaustausch. Dies waren besonders günstige Voraussetzungen für eine Kritik am Regime.[1111] Aufgrund der guten Kollegialität konnte sich die Freiburger Rechts- und Staatswissenschaftliche Fakultät zur einer Art „Naturschutzpark der liberalen Wissenschaft" entwickeln.[1112] Wenn es in Freiburg Anhänger der regimeloyalen „Neuen Rechtswissenschaft" gab, dann befanden sie sich in Unterzahl und waren isoliert.[1113]

In der juristischen Fakultät waren dies Gelehrte wie der Zivilrechtler Gustav Boehmer, ein vormaliger Befürworter der nationalen Erhebung von 1933 und Parteimitglied. Dieser trat aber bereits fünf Jahre später nach dem berüchtigten Judenpogrom 1938 wieder aus der NSDAP aus und wurde nun ein Kritiker des Regimes.[1114] Neben Boehmer hielten

1109 Thomas Schnabel, Die Universität Freiburg im Krieg, in: Die Freiburger Universität in der Zeit des Nationalsozialismus, hrsg. von Eckhard John, Bernd Martin, Marc Mück u. Hugo Ott (1991), S. 241.

1110 Zitiert nach: Schnabel (1991), S. 241.

1111 Ulrich Kluge, ‚Der Freiburger Kreis' 1938 – 1945, Personen, Strukturen und Ziele kirchlich-akademischen Widerstandverhaltens gegen den Nationalsozialismus, in: Freiburger Universitätsblätter, H. 102 (1988), S. 23.

1112 Kluge (1988), S. 23.

1113 Kluge (1988), S. 23.

1114 Hollerbach (1991), S. 101. Durch seine geäußerte Kritik begann sich schon bald die Gestapo für ihn zu interessieren.

viele andere Mitglieder der Fakultät Distanz zum Nationalsozialismus. Unter diesen war Fritz Freiherr Marschall von Bieberstein, der schon bald Mitglied des so genannten „Freiburger Konzils“ wurde.[1115] Das „Freiburger Konzil“ war die Reaktion auf die sinn- und skrupellose Gewalt der Nazis in der „Kristallnacht“ vom 09. November 1938. Einige hierüber schockierte und bestürzte Freiburger Gelehrte schlossen sich zusammen, um diesem barbarischen Treiben nicht mehr tatenlos zuzusehen.[1116] Themen dieses Konzils waren Fragestellungen über das Naturrecht, die christliche Ethik, die Nationalökonomie – unter dem Eindruck wachsender Pressionen des Staates – und das christliche Widerstandsrecht.[1117] Die „Geburtshelfer“ dieses Konzils waren Constantin von Dietze, Walter Eucken, Adolf Lampe und Gerhard Ritter. Später kamen weitere Gelehrte hinzu z.B. Gustav Mie, der bereits oben erwähnte von Bieberstein und Horch, sowie einige Pfarrer der Bekennenden Kirche.[1118] Aus diesem Freiburger Konzil entwickelte sich später der intimere „Bonhoeffer-Kreis“, der auch unter dem Namen Arbeitskreis „Freiburger Denkschrift“ bekannt wurde, in dem Carl Goerdeler und Dietrich Bonhoeffer mitarbeiteten.[1119] Das Freiburger Konzil tagte ungeachtet dieser Neugründung – bis zur Verhaftung von Lampe und von Dietze im September 1944 – weiter.[1120]

Eine weitere Stätte des Freiburger Widerstandes gegen die nationalsozialistische Gleichschaltung war die „Arbeitsgemeinschaft Erwin v. Beckerath“. Die Teilnehmer des einen Kreises waren oftmals zugleich Mitglieder oder zumindest Tagungsteilnehmer eines anderen Freiburger Widerstandskreises.[1121] Nicht unerwähnt darf der bedeutende Wirtschaftsrechtler Heinz Großmann-Doerth bleiben. Er war zwar nicht Akti-

---

1115 Hollerbach (1991), S. 103.

1116 Christine Blumenberg-Lampe, Das wirtschaftspolitische Programm der „Freiburger Kreise“, Volkswirtschaftliche Schriften, H. 208, hrsg. von J. Broermann (1973), S. 17; Christine Blumenberg-Lampe, Oppositionelle Nachkriegsplanung: Wirtschaftswissenschaftler gegen den Nationalsozialismus, in: Die Freiburger Universität in der Zeit des Nationalsozialismus, hrsg. von Eckhard John, Bernd Martin, Marc Mück und Hugo Ott (1991), S. 207; Kluge (1988), S. 26.

1117 Kluge (1988), S. 27.

1118 Blumenberg-Lampe (1973), S. 157; Kluge (1988), S. 26.

1119 Blumenberg-Lampe (1973), S. 158.

1120 Blumenberg-Lampe (1973), S. 21; Heiber (1991), S. 189 ff.

1121 Hierzu: Dagmar Rübsam und Hans Schadek, Der Freiburger Kreis. Widerstand und Nachkriegsplanung 1933 – 1945, Veröffentlichungen aus dem Archiv der Stadt Freiburg i. Br. (1990), S. 17. Die zentrale Verbindung zwischen diesen drei Kreisen hielten allein die Mitglieder der Kerngruppe: Euken, von Dietze, Lampe und Ritter; hierzu Kluge (1988), S. 20.

vist im organisierten Widerstand einer der Freiburger Kreise, machte aber als Liberaler und entschlossener Kritiker des Regimes von sich reden.[1122] Als Mitbegründer der „Freiburger Schule" war er der Wegbereiter der sich nach 1945 etablierten freiheitlichen Gesellschafts- und Wirtschaftsordnung.[1123] Großmann-Doerth wurde schon bald Vertrauter und Freund Beyerles. Als er nach schwerer Verwundung an der Ostfront am 05. März 1944 starb, hielt Beyerle bei einer bewegten Gedenkfeier der Freiburger Fakultät die Trauerrede.[1124]

An Nachwuchs mangelte es diesen Widerstandszellen nicht. Die Gegner der nationalsozialistischen Judenverfolgung verloren, sofern das nicht bereits geschehen war, ihre Gleichgültigkeit gegenüber den Unterdrückungen, unter denen ihre jüdischen Mitbürger seit 1933 zunehmend zu leiden hatten, und wurden aktiver.[1125]

Sicher wird man die Freiburger Universität generell nicht als Stätte des geistigen Widerstandes ansehen können, denn es gab natürlich auch Mitläufer und Befürworter des Systems an der Hochschule. Aber Freiburg entwickelte sich zum Ärger der Partei- und Politfunktionäre nie zu einer nationalsozialistischen Kaderuniversität.[1126]

Beyerle selbst wird man vergeblich in den Mitgliederverzeichnissen der Freiburger Widerstandskreise suchen, der Appetit an politisch motivierten Aktionen war ihm bereits vergangen.[1127] Nachweisbar ist jedoch eine Sympathie Beyerles zu diesen Kreisen, mit denen er Kontakt hielt.[1128] Er traf sich mit ausgewählten Kollegen und Bürgern der Stadt in einer so genannten „Meckerstube", einer kleinen Gastwirtschaft, wo man hinter verschlossenen Türen den Führerstaat kritisierte und nach Perspektiven suchte.[1129] An den Tischen dieser Treffen saßen dann auch zumeist Ge-

1122 Regimekritische Äußerungen von Großmann-Doerth, vor allem gegen die nationalsozialistische Judenpolitik, führten zu einem Dienststrafverfahren; hierzu Hollerbach (1991), S. 106.

1123 Hollerbach (1991), S. 105; Helmut Heiber, Universität unterm Hakenkreuz, Teil 1, Der Professor im Dritten Reich (1991), S. 188.

1124 Thieme (1979), S. 25; Hollerbach (1991), S. 106.

1125 Kluge (1988), S. 26.

1126 Dem Nationalsozialismus nicht gerade abgeneigt waren herausragende Lehrer wie Theodor Maunz oder der – zumindest 1933/34 - sehr umstrittene Freiburger Rektor Martin Heidegger.

1127 Hierzu Mitgliederlisten bei Blumenberg-Lampe (1973), S. 163 ff.; Dagmar Rübsam und Hans Schadek (Hrsg.) (1990), S. 17; Hatto Beyerle in einem Gespräch vom 18.07.2000 in Ronneberg/Hannover.

1128 Hatto Beyerle in einem Gespräch vom 18.07.2000 in Ronneberg/Hannover.

1129 Heiber (1991), S. 189.

lehrte, die gleichzeitig Mitglieder der Freiburger Kreise waren.[1130] Die „Meckerstube" war demnach Beyerles Schnittstelle zu den Widerstandskreisen. Allerdings kann derzeit der Nachweis nicht erbracht werden, ob sich Beyerle an den Diskussionen über mögliche christlich orientierte Alternativen zum Hitlerregime beteiligte, wie es das „Freiburger Konzil", der „Bonhoeffer Kreis" oder die „Arbeitsgemeinschaft Erwin v. Beckerath" taten. Deren Mitglieder wollten unter anderem mit der Ausarbeitung einer Denkschrift und Arbeitspapieren dem Nationalsozialismus entgegentreten.[1131]

Mögliche Spekulationen, Beyerle habe sich nicht beteiligt, da es sich in Freiburg hauptsächlich um christlich motivierten Widerstand gehandelt habe, sind haltlos. Beyerle war nie Gegner der Geistlichen selbst; im Gegenteil, Beyerle hatte zu keiner Zeit den Kontakt zu befreundeten Würdenträgern, wie den Erzbischof Gröber, abgebrochen.[1132] Eine gefährliche Verbindung, da auch Gröber von regimetreuen Beamten ins Visier genommen wurde. Denn der Erzbischof fiel von seiner anfänglichen Begeisterung für den „neuen Staat" ab und wurde in einer Stellungnahme vom 08.08.1940 von dem Ministerialdirektor Gärtner als größter „Feind der NSDAP und des NS-Staates" tituliert.[1133]

Die Beziehungen der Freiburger Kreise reichten bis in die Zellen des aktiven Widerstandes im Dritten Reich: die Gruppe Goerdeler, Beck und von Hassel. Die Drahtzieher dieses Freiburger Widerstandes hatten auch Verbindungen nach Berlin. Die bereits genannten Constantin von

---

1130 Heiber (1991), S. 189.

1131 Zur „großen Denkschrift" des „Freiburger Konzils" Klaus Schwabe, Der Weg in die Opposition: Der Historiker Gerhard Ritter und der Freiburger Kreis, in: Die Freiburger Universität in der Zeit des Nationalsozialismus, hrsg. von Eckhard John, Bernd Martin, Marc Mück und Hugo Ott (1991), S. 198 ff.; auch Kluge (1988), S. 20.

1132 Hatto Beyerle in einem Gespräch vom 18.07.2000 in Ronneberg/Hannover, wie auch Burkhart Beyerle in einem Gespräch vom 10.08.2000 in Konstanz; 2. Teil 2. Kapitel II. 3.

1133 Wolfgang Hug, Freiburger Katholiken im Widerstand, abgedr. in: Freiburger Forum, Nr. 12, September 1988, Widerstand im Dritten Reich, Freiburger Stadtkurier Verlagsgesellschaft, Freiburg (1988), S. 14; Gröber rief noch nach der nationalsozialistischen Machtergreifung zur Mitarbeit mit dem neuen Regime auf, später wurde er zum erklärten Gegner des Nationalsozialismus: Zu Gröbers politischer Entwicklung: Karl–Friedrich Müller, Das Jahr 1945 in Südbaden, aus der Reihe: Menschen und Strukturen, historisch – sozialwissenschaftliche Studien, Bd. 3, hrsg. von Heiko Haumann (1987), S. 308 ff.

Dietze und später Adolf Lampe wurden im September 1944 verhaftet, nachdem Goerdeler der Gestapo unter Folter die Freiburger Widerstandsstrukturen preisgegeben hatte.[1134]

Die Gefährlichkeit des aktiven Widerstandes dürfte den zu dieser Zeit bereits 59 Jahre alten Familienvater Beyerle abgeschreckt haben; hinzu kam noch seine grundsätzliche Distanz zur Politik. Beyerle hatte in Freiburg letztendlich den Ruf, zu den bedeutenden Bannerträgern der Germanistik zu gehören, der sich aber gegen politische Instrumentalisierung, gar gegen parteipolitischen Missbrauch, als gefeit erwies.[1135] Er galt als kritischer Kopf, war zu keiner Zeit Parteimitglied,- und er war sich der Gefahr und der Konsequenzen tätigen Widerstandes bewusst.

In dieser Zeit setzte sich Beyerle persönlich für den politisch missliebig gewordenen Karl Siegfried Bader ein. Baders Antrag zur Habilitation an der Rechts- und Staatswissenschaftliche Fakultät der Universität Freiburg in Breisgau vom 25.01.1941 war problematisch.[1136] Beyerle hatte seine Habilitation in seinem Erstgutachten vom 07.03.1941 unterstützt:[1137]

> *„Der Antrag auf Habilitation ist unter ungünstigen Umständen aber im Hinblick auf die Nennung Baders auf der Marburger Rechtshistorikerliste unaufschiebbar angebracht: unmittelbar vor seiner Einberufung zu den Fahnen konnte Bader nurmehr eine Gelegenheitsschrift als Manuskript vorlegen, durch die der Form genug geschehen soll. Sachlich stützt sich der Antrag auf sein ganzes bisheriges Schrifttum. Wenn irgendwo, ist dieser Weg in unserem Fall gerechtfertigt."*

Abschließend urteilt Beyerle:[1138]

> *„Eine Gesamtbeurteilung des Schrifttums Baders bestätigt nur den Eindruck, den schon die Dissertation erwecken musste. ... Über seine Eignung als akademischer Lehrer muss erst die Probevorlesung den Nachweis bringen. Dass er als Forscher berufen ist, steht aber jetzt schon (und schon lange) ausser allem Zweifel."*

---

1134 Rübsam u. Schadek (Hrsg.) (1990), S. 117, 123.

1135 Hollerbach (1991), S. 101.

1136 Vgl. Universitätsarchiv Freiburg, Sign.: B 110 Nr. 357. Akte über Karl Siegfried Bader.

1137 Universitätsarchiv Freiburg, Sign.: B 110 Nr. 357. Akte über Karl Siegfried Bader.

1138 Universitätsarchiv Freiburg, Sign.: B 110 Nr. 357. Akte über Karl Siegfried Bader.

Zudem hat Beyerle Schönke, den Dekan der Rechtswissenschaftlichen Fakultät, massiv gedrängt, ebenfalls Bader zu unterstützen. Daraufhin schrieb Schönke am 12.03.1941 an den Rektor der Universität:[1139]

> *„Die eingereichte Arbeit ist allein keine ausreichende Grundlage für die Habilitation. Die Fakultät beabsichtigt, ihn aber aufgrund seiner früheren Arbeiten im Zusammenhang mit der jetzt vorgelegten Arbeit zur Habilitation zuzulassen. Mit Rücksicht auf die besondere wissenschaftliche Persönlichkeit erscheint es der Fakultät angebracht, in diesem Falle von der Vorlage einer besonderen Habilitationsschrift, die allein die Grundlage der Habilitation bildet, abzusehen.“*

Auf diesen massiven Druck hin erklärte Wilhelm Süss, Rektor der Universität, dass Bader gemäß § 5 RHO von der Einreichung einer besonderen Habilitationsschrift befreit wird. Am 15.04.1942 wird Bader durch den Reichsminister für Wissenschaft, Erziehung und Volksbildung die Lehrbefugnis erteilt. Er erhält die Lehrbefugnis für Deutsche Rechtsgeschichte, Deutsches Privatrecht und Kirchenrecht. Diese Lehrbefugnis hat der dem persönlichen und massiven Engagement Beyerles zu verdanken.

### 2. Zerstörung der Freiburger Universität und ihre Schließung

Mit der Intensivierung des Krieges kamen die Bomben. Neben kriegswichtigen Zielen wurden auch zunehmend Städte bombardiert. Freiburg sollte da keine Ausnahme machen. Beyerle, der sich mit seiner Familie in einer kleinen Gemeinde bei Freiburg, in Kirchzarten, niedergelassen hatte, war zwar von dem schweren Bombenangriff auf Freiburg vom 27. November 1944 selbst verschont geblieben, wurde aber Augenzeuge des verheerenden Angriffs.[1140] Der Krieg traf die Albert-Ludwigs-Universität hart. Zu Beginn des Krieges wurde sie aufgrund ihrer besonderen Lage zum Feind für einige Monate geschlossen und am Ende des Krieges weitgehend zerstört.[1141] Dazwischen lag eine Zeit der Entbehrungen und der Ungewissheit. Das zentrale Problem war die Aufrechterhaltung eines geordneten Lehrbetriebes - in dem Zeitraum der Wiedereröffnung im Ja-

---

1139 Universitätsarchiv Freiburg, Sign.: B 110 Nr. 357. Akte über Karl Siegfried Bader.

1140 Lebenserinnerungen von Franz Beyerle, S. 1. Privatarchiv der Familie Beyerle. Zur Lage in der Stadt Freiburg: Müller (1987), S. 184 ff.

1141 Schnabel (1991), 221 f. Die Universität Freiburg lag in einem „Räumungsgebiet“, d.h. in vorderster Front.

nuar 1940 und der Zerstörung im November 1944 – insbesondere aufgrund der großen Zahl eingezogener Lehrkräfte.[1142] Einige Institute konnten durch die massiven Einberufungen nicht mehr besetzt werden: so das Seminar für internationales Privatrecht. Bei den Medizinern drohten, ganze Fachrichtungen lahm gelegt zu werden.[1143] Dies war für Beyerle, wie für alle anderen Hochschullehrer, keine angenehme Situation, da zudem die Studentenzahlen stetig stiegen. Die entstandenen Lücken wurden, so gut es ging, mit Lehraufträgen ausgefüllt. Bei den Juristen wurden vor allem Richter und Rechtsanwälte ersatzweise für Lehrtätigkeiten herangezogen.[1144]

Im Sommer 1944 verschlechterten sich die Studienbedingungen an der Universität zunehmend. Durch die Zunahme der Luftangriffe der Alliierten fielen immer mehr Vorlesungen aus und mussten dann mühsam in den Abendstunden nachgeholt werden. Ferner wurden Papier und Lehrbücher immer knapper.[1145] Schon bald begannen die ersten Auslagerungen aus der Universität, um Literatur und anderes Lehrmaterial vor drohender Zerstörung zu sichern.

Allen Beschränkungen und Hindernissen zum Trotz begann am 01. November 1944 das Wintersemester.[1146] Keine vier Wochen sollte es dauern, denn durch den gewaltigen Bombenangriff im November wurden große Teile der weitgehend ungeschützten Freiburger Innenstadt vernichtet. Dabei wurde auch die Universität getroffen, wobei Einrichtungen teilweise völlig zerstört wurden.[1147] Aber selbst nach diesem Angriff schlug noch Freiburgs akademisches Herz, zwar schwach, aber regelmäßig. So wurden Vorlesungen teilweise in den Wohnungen der Dozenten, teilweise in eigens für diesen Zweck angemieteten Räumlichkeiten abgehalten, um einen - wenn auch stark eingeschränkten - Lehrbetrieb zu ermöglichen. Am 28. Februar wurde letztendlich von dem Gauleiter Wagner die Einstellung des Vorlesungsbetriebes angeordnet. Vier Wochen später wurde Freiburg durch französische Truppen besetzt.[1148]

---

1142 Schnabel (1991), S. 227.
1143 Schnabel (1991), S. 228.
1144 Schnabel (1991), S. 228.
1145 Von dieser Materialnot zeugen auch die Arbeitsunterlagen und die persönlichen Aufzeichnungen Beyerles aus dieser Zeit im Universitätsarchiv Freiburg.
1146 Schnabel (1991), S. 238.
1147 Schnabel (1991), S. 238.
1148 Schnabel (1991), S. 240.

## II. Entnazifizierung und wiedergewonnene wissenschaftliche Freiheit

Die politisch-rechtliche Situation war direkt nach dem Krieg unsicher. Freiburg war besetzt. Und mit den französischen Besatzern kamen die vormals Besiegten. So herrschte vor allem Furcht vor Willkürakten, getragen von einer bestehenden Rechtsunsicherheit. Die Atmosphäre von Angst, Hass, Missgunst und Denunziation war deutlich zu spüren. Hinzu kam die schwierige Versorgungslage.[1149] Willkürliche Wohnungsbeschlagnahmungen und wilde Requisitionen kamen hinzu.[1150] Die Jagd auf Drahtzieher und Funktionäre des alten Regimes hatte längst begonnen. Öffentliche Einrichtungen, gerade auch Bildungsanstalten, mussten mit strengen Untersuchungen rechnen.

### 1. Die „Säuberung“ der Freiburger Universität

Die Plenarversammlung der Freiburger Universitätsprofessoren beschloss am 25. April 1945 den Neubeginn.[1151] Die Versammlung bestimmte die unmittelbare Wiederaufnahme des Rechtszustandes vor dem April 1933 bzw. der Führerverfassung für die Badischen Universitäten vom 21. August 1933.[1152] Dieser Rechtsakt ließ die Freiburger Universität als eine Körperschaft erscheinen, die frei von Nazigeist war. Mit der Folge, dass die nunmehr autonome Universität sich zumindest nicht direkt von den Rechtsvorschriften der Besatzungsmacht betroffen fühlen musste. Die Franzosen erkannten den Rechtsakt der Freiburger nicht an und verschärften so die Voraussetzungen der Wiedereröffnung.[1153]

Die Hochschule pochte auf ihre Privilegien und verwies auf die Tatsache, schon bei den Nationalsozialisten als Stätte des Widerstandes eingeordnet worden zu sein. Das allerdings ersparte der Universität nicht das Verfahren einer „politischen Säuberung“. Am 04. Mai 1945 wurde in

1149 Hugo Ott, Schuldig - mitschuldig – unschuldig? Politische Säuberungen und Neubeginn 1945, in: Die Freiburger Universität in der Zeit des Nationalsozialismus, hrsg. von Eckhard John, Bernd Martin, Marc Mück und Hugo Ott (1991), S. 246.

1150 Karl Siegfried Bader, Der Wiederaufbau. Tagebuch Juli 1945 bis Juni 1946, in: Gelb – rot – gelbe Regierungsjahre. Badische Politik nach 1945. Zugleich „Gedenkschrift zum 100. Geburtstag Leo Wohlebs (1888 – 1955), (1988), S. 59.

1151 Ott (1991), S. 245.

1152 Ott (1991), S. 245.

1153 Reinhard Grohnert, Die Entnazifizierung in Baden 1945 - 1949 (1991), S. 137.

einer Besprechung der Dekane beschlossen, dass die einzelnen Fakultäten die Mitglieder benennen sollten, die sich durch auffallende Tätigkeit für die Partei exponiert hätten. In einem Disziplinarverfahren würde dann über Verbleib oder Ausscheiden entschieden werden.[1154] Dies geschah, um einer Säuberung durch die Franzosen zuvorzukommen. Freiburg beschritt hier keinen Sonderweg. Das Vorlegen von eigenen Entnazifizierungskonzepten seitens öffentlicher Körperschaften war nicht ungewöhnlich, denn es fehlte der Französischen Militärregierung an einer zentralen Koordinierung.[1155]

Um die Wiedereröffnung voranzutreiben, wurde die politische Säuberung an der Freiburger Universität eingeleitet. Die Fakultäten bereiteten anhand eines Fragebogens ihre Eigensäuberung unter der Aufsicht der Franzosen durch. In diesem Fragebogen sollte die Zuordnung in drei Gruppen erfolgen: Denunzianten (weitgehend SD-Vertrauensleute) - Funktionäre (Dozentenbundführer und dergleichen) - Rektoren / Dekane; die Untersuchung der Amtsführung selbst wurde fürs Erste vertagt.[1156] Für Denunzianten, die weitgehend mit SD-Leuten gleichgesetzt wurden, war die Entfernung aus dem Lehrbetrieb vorgesehen.[1157] Die Besatzungsmacht richtete als Vertrauensgremium die Commission d` épuration ein, in die Dietze, Lampe und Ritter, mittlerweile aus der Haft befreit, einberufen wurden.[1158] Zur Beilegung von Kompetenzrangeleien wurden später noch der Rektor und der Prorektor der Universität in die Kommission eingebunden.[1159] Diese Kommission vermittelte nun zwischen den Führungsorganen der Hochschule und der französischen Militärregierung.

Nebenwirkungen des Verfahrens, wie konfessionelle Spannungen und Streitigkeiten zwischen Katholiken und Protestanten über eine Vormachtstellung an der Universität, hemmten allerdings den Neubeginn.[1160]

---

1154 Ott (1991), S. 246.
1155 Grohnert (1991), S. 64, 228.
1156 Grohnert (1991), S. 136 f.; Ott (1991), S. 248.
1157 Ott (1991), S. 248.
1158 Ott (1991), S. 249; Grohnert (1991), S. 137.
1159 Grohnert (1991), S. 138.
1160 Der preußisch-protestantische Geist, dem vorgeworfen wurde, dem Nationalsozialismus näher gestanden zu haben, sollte vertrieben werden. Dies stand im Gegensatz zu den Bemühungen des Erzbischof Gröber, der um einen Zusammenschluss der beiden Konfessionen bemüht war, hierzu Werner Köhler, Freiburg i. Br. 1945-1949. Politisches Leben und Erfahrungen in der Nachkriegszeit, in: Veröffentlichungen aus dem Archiv der Stadt Freiburg im Breisgau, Nr. 21 (1987), S. 68, 83; Paul-Ludwig Weinacht, Die Christliche Arbeitsgemeinschaft in Freiburg i. Br., in: Freiburger Universitätsblätter, H. 102 (1988), S. 57 f.

Franz Beyerle, der schon zur Zeit des nationalsozialistischen Regimes unter den eingeweihten Mitarbeitern der Hochschule den Ruf eines unbeugsamen Demokraten hatte, wurde als Mitglied in eine Entnazifizierungskommission berufen.[1161] Die hier zu verrichtende Tätigkeit missfiel Beyerle allerdings zusehends.[1162] Er beschränkte sich auf die Tätigkeiten eines „Vermittlers". Er hielt überhaupt nichts davon, seine Kollegen anzuklagen oder gar vorzuführen. Er wollte diesen vielmehr helfen, sich wieder in die Gesellschaft zu integrieren.[1163]

## 2. Die Wiedereröffnung der Hochschule

Am 17.09.1945 wurde die Eröffnungsfeier der Universität unter Anteilnahme der Dekane, des Erzbischofs von Freiburg und französischer Offiziere begangen. Vorerst wurde nur die Theologische Fakultät zugelassen.[1164] Im November folgten die philosophische und juristische Fakultät, sodass sich im Wintersemester 1945/46 1226 Studierende einschreiben konnten.[1165]

> *„Meine Damen und Herren, wir sind von dem Zustand der Besessenheit in den Zustand der Besetztheit geraten."*[1166]

Mit diesem Satz eröffnete Franz Beyerle seine erste offizielle Nachkriegsvorlesung. Sein Auditorium war eine Mischung aus heimgekehrten Wehrmachtsangehörigen, Flüchtlingen und Zivilisten. Unter diesen Kriegsheimkehrern war auch Werner Maihofer.[1167] Schon bald verdrängte

---

1161 Hatto Beyerle in einem Gespräch vom 18.07.2000 in Ronneberg/Hannover; Günther Wüst in einem Gespräch vom 26.02.2001 in Mannheim.

1162 Günther Wüst in einem Gespräch vom 26.02.2001 in Mannheim.

1163 Günther Wüst in einem Gespräch vom 26.02.2001 in Mannheim.

1164 Bader 1945 (1988), S. 44.

1165 Köhler (1987), S. 69.

1166 Franz Beyerle eingangs der ersten offiziellen Vorlesung an der Albert–Ludwigs-Universität in Freiburg i. Br. nach der Wiederaufnahme des Lehrbetriebes nach dem Zweiten Weltkrieg; zitiert nach Hatto Beyerle in einem Gespräch vom 18.07.2000 in Ronneberg/Hannover.

1167 Später selbst Professor der Rechte und Bundesinnenminister zur Zeit der Kanzler Brandt und Schmidt. Beyerle saß im Prüfungsausschuß seiner mündlichen Doktorprüfung (Rigorosum); Universitätsarchiv Freiburg, Sign.: C5 Nr. 98. Glückwunsch Hans Filbingers zum 90. Geburtstages. Filbinger, später Ministerpräsident Baden-Württembergs, promovierte bei Beyerle und gehörte ebenfalls zu den Nachkriegsschülern Beyerles.

ein unglaublicher Wissensdurst alle Zukunftsängste bei den Studenten. Dieser Wissensdrang prägte die Atmosphäre an der Universität direkt nach dem Krieg:

> *„Man kann sich gar nicht vorstellen, wie ausgehungert wir damals waren nach Bildung, nach Wissen, den dumpfen Militarismus mit seinen hohlen Phrasen endlich hinter uns zu lassen. Bücher, wann konnten wir schon mal in diesem Krieg ein Buch lesen? (...). Ich werde nie vergessen, wie ich diesen Spruch an der Außenwand unserer Aula immer und immer wieder gelesen habe, und wie er mich beflügelt hat, wie er mich förmlich in die Universität zog: `Die Wahrheit wird Euch frei machen`, wir wollten endlich die Wahrheit erkennen (...). Und so erging es den meisten von uns.“*[1168]

In seinem Manuskript „Läßt sich der jüngeren Generation nach der Ernüchterung durch zwei unglückliche Kriege ein neues Lebensideal hinstellen und wie kann es beschaffen sein?“ befasste sich Beyerle mit der Situation seiner Studenten nach dem Krieg.[1169] Er zeigt in diesem Manuskript, das nie veröffentlicht wurde, große Anteilnahme für die bestehende, schwierige Situation und versucht, durch Lösungsvorschläge zu unterstützen.[1170] Jedoch waren seine Vorlesungen bisweilen trocken. Lediglich sein gezielt eingesetzter Humor brachte Farbe in die Lehrveranstaltungen.[1171] In den Seminaren und Vorlesungen war es Beyerle wichtig, dass die Studenten nicht nur zuhörten, sondern sich mit kritischen Fragen beteiligten und damit zeigten, dass sie sich engagiert mit den Thematiken auseinander setzten.[1172] Beyerle waren seine Studenten wichtig. Mit ihnen war er lieber als mit seinen Kollegen zusammen.[1173]

In den Nachkriegsjahren hatte Beyerle vor allem wissenschaftlichen bzw. freundschaftlichen Umgang mit Karl Siegfried Bader und Otto Feger, dem späteren Freiburger Stadtarchivar.[1174] Besonders freundschaftlichen Umgang hatte er mit seinem Schüler Günther Wüst, der zu

---

1168 Werner Maihofer in einem Gespräch vom 15.08.2000 in Überlingen/Bodensee.

1169 Universitätsarchiv Freiburg, Sign.: C5 Nr. 53. Manuskript über „Läßt sich der jungen Generation nach der Ernüchterung durch zwei unglückliche Kriege ein neues Lebensideal hinstellen und wie kann es beschaffen sein?“

1170 Universitätsarchiv Freiburg, Sign.: C5 Nr. 53. Vor allem setzte Beyerle hier auf einen verantwortungsvollen Neuanfang der jungen Generation.

1171 Bernhard Diestelkamp in einem Gespräch vom 18.08.2000 in Kronberg i. Ts. und Günther Wüst in einem Gespräch vom 26.02.2001 in Mannheim.

1172 Günther Wüst in einem Gespräch vom 26.02.2001 in Mannheim.

1173 Bernhard Diestelkamp in einem Gespräch vom 18.08.2000 in Kronberg i. Ts. und Günther Wüst in einem Gespräch vom 26.02.2001 in Mannheim.

1174 Bader 1945 (1988), S. 36 ff., 42 ff.

Beyerles ersten Studenten nach dem Krieg zählte. Er habilitierte sich 1954 unter Beyerles Leitung für Zivil- und Handelsrecht.[1175]

An der Fakultät pflegte er freundschaftlichen Umgang mit Fritz von Hippel, Fritz Pringsheim und Ernst von Kämmerer. Aber auch die freundschaftliche, auf einer steten Konkurrenz basierende Beziehung zu Gustav Boehmer[1176] war ihm noch in der Nachkriegszeit wichtig und trug zu manch fruchtbarer Auseinandersetzung bei.[1177] Eine weitere Bereicherung für Beyerles Umgang waren Gelehrte wie Adolf Schönke, zu dem Beyerle gut stand, und Erik Wolf.[1178] Ein Freund aus Jenaer Tagen, Franz Jerusalem, wurde ebenfalls zur Freude Beyerles nach Freiburg berufen und lehrte dort.[1179]

Neben seinen Tätigkeiten am Lehrstuhl brachte sich Beyerle in einige wissenschaftliche Gesellschaften ein: Im Vordergrund stand das Alemannische Institut in Freiburg und das Institut für Geschichtliche Landesforschung des Bodenseegebietes in Konstanz, auch unter den Namen „Konstanzer Arbeitskreis" bekannt.[1180] Mit dessen Leiter Theodor Mayer verband Beyerle schon seit seiner Frankfurter und der darauf folgenden Leipziger Zeit eine stetige Freundschaft.[1181]

Teilweise fakultätsübergreifenden und wissenschaftlich fruchtbaren Umgang hatte Beyerle mit John Meier, Ernst Ochs, Gustav Boehmer sowie Hans Großmann-Doerth. Besondere Hervorhebung verdient die - schon 1931 zustande gekommene - Zusammenarbeit mit Rudolf Buchner und Ruth Schmidt-Wiegand bei den geplanten Quelleneditionen, zu denen sie die Erkenntnisse von Geschichtswissenschaft, Urkundenlehre und Philologie beizusteuern vermochten.[1182]

---

1175 Günther Wüst in einem Gespräch vom 26.02.2001 in Mannheim. Universitätsarchiv Freiburg, Sign.: B 17 Nr. 603. Quästurliste Franz Beyerles vom Wintersemester 1945/46. Wüst hatte sich hier für Beyerles Vorlesung eintragen lassen.

1176 Universitätsarchiv Freiburg, Sign.: C5 Nr. 104, Beyerle lernte ihn schon während seiner Frankfurter Zeit kennen. Hierzu Thieme in seiner Trauerrede vom 26.10.1977.

1177 Günther Wüst in einem Gespräch vom 26.02.2001 in Mannheim.

1178 Günther Wüst in einem Gespräch vom 26.02.2001 in Mannheim.

1179 Günther Wüst in einem Gespräch vom 26.02.2001 in Mannheim.

1180 Thieme (1979), S. 24.

1181 Thieme (1979), S. 24. Hiervon zeugt zudem einige Korrespondenz im Universitätsarchiv in Freiburg.

1182 Thieme (1979), S. 25. Schmidt-Wiegand in einem Gespräch vom 27.10.`01. Für die Philologin war die Arbeit mit Beyerle nicht einfach, da dieser von seinen Wortdeutungen bei der gemeinsamen Übersetzungsarbeit nicht abrücken wollte, die wiederum aus philologischer Hinsicht oftmals bedenklich waren.

## III. Beyerles Kritik am Zivilrecht nach 1945 und seine Systematik

Beyerles Bemühungen um eine Umgestaltung des Deutschen Zivilrechts brachen mit dem verlorenen Krieg und dem damit einhergehenden Ende der Nationalsozialisten nicht ab, was sein aufrichtiges Interesse an einer praktikablen Reform des Privatrechts, losgelöst von politischen Machtverhältnissen, unterstreicht.[1183] Beyerle verlangte noch in einem Vortrag am 02.06.1947 anlässlich des Konstanzer Juristentages nach einem Zivilrecht, welches „im Grundriss die soziale Ordnung in ihrer Ganzheit sinnvoll zeigt".[1184] Eine „Erneuerung aus eigener Kraft" und keine Totalübernahme fremder Kataloge, die in einem Denkzwang des aufgenommenen Systems mündet, war auch nach dem Krieg seine Forderung.[1185] Ein positives Beispiel einer solchen selbstständigen Rechtsreform sah er in dem Code Napoléon. Dieser war nicht die Rechtsordnung einer längst untergegangenen Welt, sondern eine Zusammenstellung im Stile der Pandekten.[1186] Beyerle hielt das französische Gesetzeswerk, ähnlich wie das ZGB der Schweiz, für zeitnah, aus einem Guss, plastisch in der Sprache und einfach in seinen Rechtsbegriffen.[1187] Auch im Sachenrecht zog Beyerle die Gesetze der Nachbarn als leuchtende Beispiele eines verständlichen Zivilrechts heran. Wieder sind es die Schweizer und Franzosen, denen er ein unkomplizierteres, weil weniger dogmatisch wie auch abstrakt und dadurch verständlicheres Regelwerk zuschreibt, wo der „schuldrechtliche Vertrag" vom „dinglichen Vertrag" nicht getrennt ist.[1188] Ziel seiner Kritik war die von Savigny aufgenommene Lehre vom dinglichen Vertrag.[1189]

---

1183 Universitätsarchiv Freiburg, Sign.: C5 Nr. 55. Beyerles stetige Forderung nach einem volksnahen und verständlichen (natürlichen) Recht findet sich, erneut erhoben, in einem Vortragsmanuskript aus dem Jahr 1955 wieder: „Verständnis für den Gegenstand" zu wecken, muss Ziel des gesetzten Rechts sein. Klare Sprache und ein Bezug zum Menschen und zum Staat müssen bestehen.

1184 Franz Beyerle, Rezeptionsvorgänge in Südwestdeutschland, in: Der Konstanzer Juristentag (1947), S. 219.

1185 Beyerle (1947), S. 222.

1186 Beyerle (1947), S. 223.

1187 Beyerle (1947), S. 223; Lebenserinnerungen von Franz Beyerle, S. 214, Privatarchiv der Familie Beyerle.

1188 Beyerle, Der dingliche Vertrag, in: Festschrift für Gustav Boehmer (1954), S. 172 f. Ein weiteres Beispiel vorteilhafter Rechtsschöpfung im Sachenrecht des ZGB fand Beyerle im Vergleich der Reallast des BGB mit der gleichartigen, aber dort klarer umgrenzten Grundlast des ZGB: Beyerle, Ertragsbeteiligung als dingliches Recht, in: JZ 10 (1955), S. 258.

1189 Beyerle (1954), S. 165; Wüst (1978), S. 119.

Die „psychologische" Aufspaltung des Vertrages in die Einigung der Parteien und in die sachenrechtliche Komponente der Übergabe bzw. Auflassung hielt Beyerle für künstlich und der Sache nicht dienlich:[1190]

> *„Man kann allenfalls verstehen, dass Savigny zu seiner Theorie gelangt ist. Sie aber heute festzuhalten, widerspricht dem freien Geist der Wissenschaft. Begreift man den Vertrag als Mittel autonomer Daseinsgestaltung ex fide bona, so ist für zwei selbständige Entschlüsse jedes Partners schlechterdings kein Raum. (...). (...) ohne die Abstraktionsthese v. Savignys wäre zwar nicht die Auflassung entfallen, wo sie die Rezeption überdauert hatte: das öffentliche Buch als Spiegel des Liegenschaftsverkehrs ließ sie erwünscht erscheinen. Wohl aber wären Auflassung und Eintragsbewilligung mit Antrag in eines verschmolzen. Eine Vereinfachung des Formalismus, die nur wohltätig wirken könnte."*[1191]

In einem handschriftlichen Systemvorschlag zum Deutschen Privatrecht, vermutlich als Vorlesungsmanuskript entworfen, hatte Beyerle seine Vorstellungen einer modernen zivilrechtlichen Neuordnung verfasst, aber nie publiziert.[1192] Bei dieser Quelle handelt es sich um mittels einer Schnur durch Lochungen zu einem Buch zusammengebundene DIN A 5 Seiten. Die Unterteilungen der einzelnen Abschnitte und Paragrafen erfolgte durch gleich große, stärkere Papptrenneinlagen. Die Quelle ist undatiert. Sehr wahrscheinlich wurde die Blattsammlung in den ersten Nachkriegsjahren verfasst. Nach einer ersten Schätzung dürfte der Zeitpunkt der Erstellung in den Jahren 1950 bis 1952 liegen.[1193]

Beyerle verdeutlichte in der Einleitung, worauf es ihm bei seiner Vorlesung ankam. Durch historische Bezüge zum geltenden Recht sollte den Studenten die Sinndeutung gegenwartsbezogener juristischer Regelungen vereinfacht werden. Durch die Herleitung und das Erkennen historischer Zusammenhänge wollte Beyerle seinen Studenten die Möglichkeit einräumen, sich von der Enge des begriffsjuristischen pandektistischen Systems zu befreien:

> *„Wir wollen und können in unserer europ. Geistigkeit auf geschichtliche Rückblicke und ein geschichtliches Verständnis nicht verzichten. (...). Ein*

---

1190 Beyerle (1954), S. 166 f.

1191 Beyerle (1954), S. 186, 175.

1192 Universitätsarchiv Freiburg, Sign.: C5 Nr. 92. Manuskript Deutsches Privatrecht B.

1193 Kai von Lewinski, Deutschrechtliche Systembildung im 19. Jahrhundert (2000), S. 244.

*Historiker, der ohne romantisches Pathos sich mit deutscher Vergangenheit befasst, will sich mit dem Juristen verbinden, der sich von einer Gebundenheit an §§ frei weiß (...).“*[1194]

Der Entwurf Beyerles zum Deutschen Privatrecht basiert auf der Einteilung in zwei Bücher. Das erste Buch regelt das „Individualrecht“, während sich das zweite Buch dem „Sozialrecht“ zuwendet.[1195]

Dieser Entwurf hat einen Vorläufer: Bei Beyerles Deutschem Privatrecht Teil A handelt es sich um ein gleich starkes, in nahezu gleicher Weise beschaffenes Buch.[1196] Allerdings macht dieser Entwurf nicht den gleichen systematischen und strukturierten Eindruck wie Teil B.[1197] Durchsetzt von Einschüben, Korrekturen und Abänderungen vermittelt es keinen in sich geschlossenen und vollendeten Eindruck.[1198] Wahrscheinlich handelt es sich hier um den Prototyp, der mehrfach korrigiert und endlich modifiziert wurde. Auch diese Quelle ist nicht datiert.[1199]

Ein anderes, in dem gleichen Stil zu einem Buch zusammengefügtes Vorlesungsmanuskript hat inhaltlich die „Geschichte des Deutschen Privatrechts“ zum Gegenstand. Dies stimmt zum Teil mit seinen Systemvorschlägen gerade dann überein, wenn Beyerle historische Ansätze in die Gegenwart retten will.[1200]

---

1194 Universitätsarchiv Freiburg, Sign.: C5 Nr. 92. Manuskript Deutsches Privatrecht B. Einleitung.

1195 Universitätsarchiv Freiburg, Sign.: C5 Nr. 92. Vorlesungsmanuskript Deutsches Privatrecht B.

1196 Universitätsarchiv Freiburg, Sign.: C5 Nr. 91. Manuskript Deutsches Privatrecht A.

1197 Universitätsarchiv Freiburg, Sign.: C5 Nr. 91 u. 92 im Vergleich. Hierzu schon Lewinski (2000), S. 244.

1198 Universitätsarchiv Freiburg, Sign.: C5 Nr. 91. Deutsches Privatrecht A. Vor allem verhindern die nachträglichen und unterschiedlichsten Einschübe von Blättern verschiedenster Größen, oftmals ohne erkennbaren Zusammenhang, eine klare Linie des Systemvorschlages.

1199 Aufgrund der äußerst sparsamen Materialverwendung (Doppelbeschriftung, Restpapierverwertung) und unterschiedlichster Papierzusammenstellungen liegt die Vermutung nahe, dass die Anfertigung unter Materialnotstand erfolgte und damit in den letzten Kriegsjahren in Freiburg entstanden sein dürfte.

1200 Universitätsarchiv Freiburg, Sign.: C5 Nr. 93. Geschichte des Deutschen Privatrechts. II. Teil II. Abschnitt „Rechtsfiguren und Rechtskreise“. Deutlich wird dies wieder bei der Treuhand, bei Teilen des Grundstücksrechts, beim Nachbarrecht, der Reallast, dem Grundpfandrecht und auch bei Teilen aus dem Familienrecht.

## 1. Gierkes Modell unter Einbeziehung naturrechtlicher Elemente

Mit seiner Unterteilung in Individual- und Sozialrecht knüpfte Beyerles Systementwurf an die Kritik Otto von Gierkes am Deutschen Zivilrecht an.[1201]

Gierke forderte schon lange zuvor ein verankertes Sozialrecht im Deutschen Rechtsgefüge.[1202] In diesem sah er die wirksamen Alternativen zu der zersetzenden und individualisierenden Grundhaltung der romanistischen Pandektistik.[1203] Gierke wollte bereits Ende des 19. Jahrhunderts die von ihm herausgearbeiteten Elemente der Sozialbindung und des Sozialen aus der deutschen Rechtsvergangenheit in eine moderne Zivilrechtsordnung einfließen lassen.[1204] Soziale Erfordernisse und ethische Grundsätze sollten nach Gierkes Vorstellung im geltenden Recht berücksichtigt werden.[1205] Er forderte damit - wie Beyerle - ein sozialeres Recht. Dies sollte sowohl den Bedürfnissen der Gemeinschaft als auch dem Individuum - losgelöst von den soziologischen Ansprüchen der Gesellschaft - zugute kommen.

Wohl mit diesem Vorbild vor Augen entwickelte Beyerle den Plan, zentrale Quellen der Privatrechtsgeschichte der früheren Neuzeit nach einer zeitgerechten Überarbeitung wieder heranzuziehen.[1206] Hierzu ge-

---

1201 Zu Gierkes Kritik und Reformvorstellungen: Christian-Matthias Pfennig, Die Kritik Otto von Gierkes am ersten Entwurf eines Bürgerlichen Gesetzbuches (1997), S. 162 ff.; Im Gegensatz zu Beyerle hatte v. Gierke einen geschlossenen Systementwurf nie vorgestellt.

1202 Otto von Gierke, Die soziale Aufgabe des Privatrechts. Vortrag vom 05. April 1889 in der juristischen Gesellschaft zu Wien, in: Deutsches Rechtsdenken H. 12 (1948). Die Bedeutung des Begriffs „Sozialrecht" hatte bei v. Gierke eine völlig andere Bedeutung als wir sie heute annehmen würden. Es handelte sich hier nicht um Regelungen zur Unterstützung bedürftiger Personen, sondern mit „Sozialrecht" meinte v. Gierke das Recht der Personenmehrheiten.

1203 Hans Schlosser, Grundzüge der Neueren Privatrechtsgeschichte (2001), S. 168f.

1204 Jan Schröder, Otto von Gierke (1841 – 1921), in: Deutsche Juristen aus fünf Jahrhunderten, 3 Aufl., Hrsg. von Gerd Kleinheyer u. Jan Schröder (1989), S. 97 f.

1205 Born (1991), S. 66.

1206 Universitätsarchiv Freiburg, Sign.: C5 Nr. 93. Vorlesungsmanuskript über die „Geschichte des deutschen Privatrechts". Hier werden im Teil II. des Skriptums unter der Überschrift „Rückblick" Beyerles Intentionen einer Belebung mittelalterlicher Quellen deutlich: durch die „(...) Herausbildung von Ordnungen, in denen ein besonderer Berufsethos ein Recht durchdringt. Neben das individualethische Denken einer forensischen Rechtsschau, die Rom u. s. Rechte eignet, tritt als Erbe des Mittelalters eine sozialethische Ordnungsweise."

hörten die Landrechte der früheren Neuzeit und die Polizeiordnungen.[1207] Nach Beyerles Auffassung würde man über einen Vergleich verschiedener gegenwärtiger und geschichtlicher Rechtsordnungen einen Einblick in gesellschaftliche, soziale Eigengesetzlichkeiten erhalten, was den Betrachter befähigen würde, seinen Blick für gute und schlechte juristische Problemlösungen zu schärfen.[1208] Mit dieser Rückschau forcierte Beyerle die Hinwendung zu einem gesellschaftlich verankerten Naturrecht als Navigationspunkt einer neuen Rechtskultur.[1209] Hierdurch sollte eben jene Volksnähe, jene Allgemeinverständlichkeit, eben ein „gemeinmenschliches Recht" und damit die Abkehr von den allzu begriffsjuristischen, individualisierenden Regelungsinhalten des BGB erreicht werden.[1210] Mit diesem Blick auf die gesellschaftlich – kulturellen Strukturen

---

1207 Beyerle, Forschungen zur neueren Privatrechtsgeschichte. Band 2., 1. Halbband: Reich und Territorien (1968) und 2. Halbband: Polizei und Landesverordnungen, hrsg. von Franz Beyerle und Hans Thieme (1969), Bd. I. (Die Stadt- und Landrechte der frühen Neuzeit) ist als ausgesprochen privatrechtliche Gesetzessammlung entstanden. Aufgabe des Polizeirechts war die Reglementierung des Gemeinwesens, wobei sich Polizei- und Privatrecht oftmals kreuzten; Universitätsarchiv Freiburg, Sign.: C5 Nr. 77. Vortragsmanuskript „Der Gesetzgeber" ,Vortrag vom 13.10.1934. Beyerle betonte schon zu dieser Zeit die Vorteile der Polizei- und Landesverordnungen aufgrund ihres naturrechtlichen Charakters, die auf der Basis der sozialen Ordnungen der Gesellschaft standen.

1208 Universitätsarchiv Freiburg, Sign.: C5 Nr. 80. Undatiertes, unvollständiges Manuskript über „Positivismus, Interessenjurisprudenz und Allg. Rechtslehre."

1209 Universitätsarchiv Freiburg, Sign.: C5 Nr. 55. Vortragsmanuskript „Naturrecht und Gesetzesrecht".

1210 Universitätsarchiv Freiburg, Sign.: C5 Nr. 55. Vortragsmanuskript „Naturrecht und Gesetzesrecht". Wobei Beyerle freilich klar war, dass eine allein naturrechtliche Lösung Utopie bleiben musste. Es sollten vielmehr jene Komponenten übernommen werden, die sich - wie das Präjudizienrecht - bewährt hatten, geformt aus der richterlichen Entscheidung; Universitätsarchiv Freiburg, Sign.: C5 Nr. 83. In einem Beitrag zu einer „Gerland Festschrift" (ohne Datum und Überschrift, unveröffentlicht) setzte sich Beyerle im Rahmen seiner naturrechtlichen Überlegungen mit Pufendorf und Grotius auseinander. Auf S. 2 folgt dann eine unvollständige, naturrechtlich eingefärbte Variante eines Systementwurfs zur neuen Zivilrechtssystematik. Diesem liegt folgende Einteilung zugrunde: I. Teil: Lebensordnung. A. Das Haus. I. Die Familie (Ehe / Kindschaft / Verwandtschaft), II. Der Einzelne (Rechtsgenosse / Ordnung der Fürsorge / Schutz der Persönlichkeit / Gestaltungsfreiheit), III. Teilnahme am Verkehr (Bedarfsdeckung / Hingabe von Gut; Schenkung, Vermächtnis, Stiftung), IV. Wohn- und Siedlungswesen (Die Wohnung; Miete, Wohnrecht / Das Heim; Eigenheim, Erbbau, Pacht, Heimstätte / Hausanteilschaft), V. Gut und Vermögen (Gebrauchsgüter / Rechtstitel / Das Vermögen / Sondervermögen), VI. Besitz und Kündbarkeit der Rechte.

und deren Belange sollte diese im Recht eine Verinnerlichung finden, anstatt eine Verwissenschaftlichung des Rechts zu betreiben.[1211] Historische Bezüge zu der von ihm vorgeschlagenen Reform des Deutschen Zivilrechts zeigte Beyerle in einem Vortrag über „Sozial- und Individualethos im Recht" auf.[1212] Schon in der mittelalterlichen Gesellschaft Deutschlands bestanden klare Ansätze einer kompromisshaften Wechselwirkung zwischen den Ansprüchen des Einzelnen und denen der Gemeinschaft zum Erhalt des Rechtsfriedens.[1213] Womit er seinen Systementwurf mit einer zusätzlichen, historischen Berechtigung ausstattete.

### 2. Hauptelemente des Entwurfs: Individual- und Sozialrecht

Die Teile I – II beinhalten insgesamt 28 Paragrafen.
Im ersten Teil „Individualrecht" stehen die ersten 19 §§. Beyerle legt seinem Entwurf folgende Normen zugrunde: Der Kreis der Rechtsgenossen; Persönlichkeitsrecht; Rechtssubstrat „Gut"; Zusammengesetzte Güter; Vermögen, Gesamtvermögen und Sondervermögen; Stiftungen; Eigentum; Leibzucht; Leihe, Grundlast und Dienstbarkeit; Rechtsnachfolge; Besitz und Grundbuch; Planwirtschaft und freier Markt; Unternehmen; Vertragsformen; Schutz öffentlichen Glaubens; Zahlungsordnung; Kreditordnung; Botschaft, Vertretung, Treuhand; Treuhandrecht.[1214]

Der zweite Teil „Sozialrecht" behandelt die restlichen neun Paragrafen (§§ 20 – 28): Eheformen und Eherecht; „Familiale" Fürsorge und Unterordnung; Eheliches Güterrecht unterteilt in A: Gütereinheit und Güterverbindung, B: Gütergemeinschaftsrechte; Erbengemeinschaft; Handelsgesellschaften zur gesamten Hand; Viehgemeindeschaft; Gesamthandtheorie; Personalverbände; Real- u. Kapitalverbände; Genossenschafts- (Körper) Theorie.[1215]

---

1211 Hierzu: Gustav Klemens Schmelzeisen, Quellen zur Neueren Privatrechtsgeschichte Deutschlands, Bd. 2, 1. Halbb. (1968), S 17.

1212 Universitätsarchiv Freiburg, Sign.: C5 Nr. 19. Vortragsmanuskript. Sozial- und Individualethos im Recht. Vortrag gehalten am 09.10.1947.

1213 Universitätsarchiv Freiburg, Sign.: C5 Nr. 19. S. 17 f. Was gleichsam eine erneute Kritik an dem stark individualisierenden, pandektischen System darstellte.

1214 Universitätsarchiv Freiburg, Sign.: C5 Nr. 93. Deutsches Privatrecht B. § 5 „Vermögen, Gesamtvermögen und Sondervermögen" enthält einen Exkurs zu „Lehen, Stammgüter und Fideikommisse. § 19 „Treuhandrecht" zeigt, dass Beyerle nach wie vor der Treuhand im Deutschen Privatrecht eine hervorgehobene Position einräumt. Er hält damit an den Ergebnissen seiner Treuhandforschung fest, hierzu 3. Teil 3. Kap. II. 2.

1215 Universitätsarchiv Freiburg, Sign.: C5 Nr. 93. Deutsches Privatrecht B. § 22 „E-

In diesem zweiten Teil seines Systementwurfs wurde der Einfluss v. Gierkes besonders deutlich, da Beyerle den Kern dessen Genossenschaftstheorie mit der Einbeziehung der Familie in das Recht der Personengemeinschaften wirksam umzusetzen versuchte. Mit der letzten Regelung, § 28 „Genossenschafts- (Körper) Theorie", fand v. Gierkes Lehre auch begrifflichen Einzug in den Entwurf Beyerles.[1216] Neben v. Gierkes Einfluss wurden die Einwirkungen des Schweizerischen Zivilrechts in seinem Konzept deutlich, besonders im § 22 „Eheliches Güterrecht".[1217]

## 6. Kapitel Beyerle als Emeritus

Nach langer, fruchtbarer Schaffensphase wurde Beyerle 1953 in Freiburg emeritiert.[1218] Als Nachfolger seines Lehrstuhls wurde, sicherlich zur Genugtuung und voller Zufriedenheit Beyerles, sein langjähriger Freund und Schüler Hans Thieme berufen.

In dieser Lebensphase wurde dann Beyerles Interesse an der Politik geweckt, als er sich für den Zusammenschluss von Baden und Württemberg einsetzte.[1219] Auch Jahre später geriet die Politik in den Mittelpunkt seiner an und für sich gänzlich unpolitischen Interessen, als er sich in einem Brief an das Mitglied des Bundestages Bechert wandte, und sich ve-

---

heliches Güterrecht" enthält einen Exkurs über: „Soziologische Würdigung des Ehegüterrechts".

1216 Universitätsarchiv Freiburg, Sign.: C5 Nr. 93. Deutsches Privatrecht B. § 28.

1217 Hinweise hierzu finden sich schon bei: Beyerle, Die fortgesetzte Gütergemeinschaft des schweizerischen ZGB, in: ZSR NF. 44 (1925), S. 355 ff., 358. Beyerle hatte sich schon während seiner Zeit in Basel mit dem derzeit aktuellen Thema einer „Fortgesetzten Gütergemeinschaft" im Familienrecht auseinandergesetzt. Das ZGB übernahm diese Regelung aus dem BGB unter Berücksichtigung heimatlicher Anschauungen. Das Ergebnis war eine „eigenständige" Gütergemeinschaft im ZGB. Der Vorteil der Schweizer Variante lag nach Ansicht Beyerles unter anderem darin, dass es sich hier um eine echte „Aufwandgemeinschaft" handelte und daher nicht so einseitig - wie im BGB - zugunsten des überlebenden Ehegatten gestaltet wurde. „Ist das Rechtsverhältnis dort mehr Konstruktion, so hier mehr wirkliche Gemeinschaft. Das ist in der gemeinschaftsfreundlichen Gesinnung des schweizerischen Gesetzgebers begründet."

1218 Universitätsarchiv Köln, Sign.: Zug. 278/2. Aus einer Postkarte Beyerles von 1952 an Hans Planitz wird deutlich, dass sich Beyerle nach dem Ruhestand gesehnt hatte: „Am 27.II. hat mich die Fakultät charmant abgefeiert. Ich genieße die Entpflichtung und atme auf."

1219 Burkhart Beyerle in einem Gespräch vom 10.08.2000 in Konstanz; Thieme (1979), S. 25.

hement gegen die Stationierung von Atomwaffen in Deutschland aussprach.[1220] Doch diese Ausflüge in die Politik blieben zeit seines Lebens Ausnahmen. Im Vordergrund stand auch noch im hohen Alter die Wissenschaft, - und hier die Rechtsgeschichte.

Für seine wegbereitenden Arbeiten und seine fruchtbaren Bemühungen um die Rechtsgeschichte erhielt er nun die verdiente Ehrungen. Mitgliedschaften in wissenschaftlichen Vereinigungen wurden ihm zuteil: Zu nennen sind hier die Straßburger wissenschaftliche Gesellschaft, die Akademie der Wissenschaften in Heidelberg sowie die Ehrenmitgliedschaft in der Allgemeinen Geschichtsforschenden Gesellschaft der Schweiz.[1221] Ehrungen im Allgemeinen und Festschriften im Besonderen waren Beyerle zeitlebens zuwider, weshalb Freunde und Kollegen des Rechtshistorikers ihm durch eine Reihe von „Juxfestschriften" huldigten.[1222] Auf der ganz nach Beyerle angelegten humorvollen Ebene berichteten die Verfasser von ihren Erfahrungen mit Beyerle oder stellten Bezüge zu seinen Forschungsgebieten und Arbeiten her, wobei sich nicht selten humorvolle Darstellung und ernsthafte Bewunderung verbanden. An diesen wirkten unter anderem H. Fehr, B. Meyer, F. Wieacker, A. Eckhardt, E.F. Bruck, F. Pringsheim, H.H. Jescheck, O. Feger, H. Thieme, G. Boehmer, G. Wüst, K. Kroeschell, Th. Mayer, R. Schmidt-Wiegand, E. Hirsch, G. Kallen und Cl. Schott mit.[1223] Hier werden Beyerles Neigungen und Eigenheiten aus der Perspektive seiner Freunde geschildert. Angefangen von seinen ersten Bestrebungen, sich dem Strafrecht zu widmen, seinen Arbeiten über die Freiburger Stadtrechtsgeschichte bis zu seinen letzten Forschungen zu den „Germanenrechten" und dem Privatrecht.

Hans Heinrich Jescheck schrieb über Beyerles anfänglich enge Beziehung zum Strafrecht:

> *„Unser hochverehrter Jubilar ist, wie wir zu wissen glauben, eigentlich durch einen Zufall zur Rechtsgeschichte gekommen. Für mich als Kriminalisten kann sich dieser natürlich nur als ein unglücklicher darstellen,*

1220 Universitätsarchiv Freiburg, Sign.: C5 Nr. 52. Brief Beyerles vom 30.03.1958 an K. Bechert (Mitglied des Deutschen Bundestages).

1221 Wüst (1978), S. 118; Thieme (1979), S. 25.

1222 Universitätsarchiv Freiburg, Sign.: C5 Nr. 94 „Jocus regit actum". Festschrift Parodie zu Beyerles 70. Geburtstag; Nr. 95 „Jocus regit actum" Band II. (75 Geburtstag); Nr. 96 „Jocus regit actum" Band III (80. Geburtstag); Nr. 97 „Jocus regit actum" Band IV. (85. Geburtstag); Nr. 98 „Jocus regit actum" Band V. (90. Geburtstag).

1223 Universitätsarchiv Freiburg, Sign.: C5 Nr. 94 „Jocus regit actum" Band I.-IV. (vgl. Fußnote 1204).

*denn wir verraten wohl kein Geheimnis, wenn wir sagen, dass unser Freund ursprünglich eine große Neigung für das Strafrecht gehabt und ernstlich daran gedacht hat, sich ihm gänzlich zu widmen.“*[1224]

Karl Kroeschell meinte zu Beyerles unorthodoxer Übersetzungsmethode innerhalb seiner Stadtrechtsforschung:

*„Der verehrte Jubilar hat sich in seiner ersten größeren Arbeit mit dem Stadtrecht von Freiburg i. Br. beschäftigt und damit der gesamten stadtrechtsgeschichtlichen Forschung bedeutende Impulse gegeben. Ihm sei darum auch dieser Versuch gewidmet, das Problem des Stadtgründers von Freiburg endgültig zu lösen. Dazu werden wir nur im Stande sein, wenn wir nicht am Buchstaben der Quelle kleben, wenn wir also nicht, wie es der Jurist nur allzu leicht tut, dem Satz anhängen ‚Quod non est in actis, non est in mundo'. Der Jubilar hat diesen Fehler nie begangen.“*[1225]

Fritz v. Hippel ging in einem seiner Beiträge auf die Forschungsarbeiten Beyerles zur Treuhand ein. Man kann sich des Eindrucks nur schwer verwehren, dass v. Hippel hier auf die Bemühungen Beyerles anspielte, diese unbedingt aus germanischen Wurzeln hervortreten zu sehen, als er dichtete:

*„Die Treuhand, die Du reichtest, war stets von rechter Art, obschon mit einem ‚Fusse' Germanien zugepaart.“*[1226]

Für sein Lebenswerk wurde Beyerle schließlich mit dem großen Bundesverdienstkreuz ausgezeichnet, welches er nur als Vertreter der gesamten Fakultät annehmen wollte.[1227] Wirkliche Freude bereitete ihm der von der Frankfurter Philosophischen Fakultät angetragene Ehrendoktor.[1228] Die Übergabe des goldenen Doktordiploms, das Beyerle zum 50. Jahrestag seiner Promotion von einer Gesandtschaft der Freiburger Universität,

---

1224 Universitätsarchiv Freiburg, Sign.: C5 Nr. 94 „Jocus regit actum“ Band I. (1955), S. 25.

1225 Universitätsarchiv Freiburg, Sign.: C5 Nr. 94 „Jocus regit actum“ Band II. (1960), S. 24.

1226 Universitätsarchiv Freiburg, Sign.: C5 Nr. 94 „Jocus regit actum“ Band I. (1955), S. 1.

1227 Universitätsarchiv Freiburg, Sign.: C5 Nr. 103. Zeitungsbericht (ohne weitere Angaben) über die feierliche Übergabe des großen Bundesverdienstkreuzes an Franz Beyerle durch den Oberbürgermeister der Stadt Freiburg Franz Knapp. Nach diesem Bericht bestand Beyerle darauf, die Ehrung als Vertreter für seine gesamte Fakultät anzunehmen; Thieme (1979), S. 25; Wüst (1978), S. 118.

1228 Kroeschell (1978), S. 9.

angeführt von seinem Freund und nunmehr Rektor der Universität Hans Thieme, überreicht bekam, stellte einen Höhepunkt für den Privatmann Beyerle dar.[1229]

Er selbst zog sich immer mehr aus dem Universitätsgeschehen zurück. Er ging vorerst nach Konstanz-Loretto in ein Haus, welches sein Sohn Burkhart als Architekt selbst errichtet hatte, und später in sein Ferienhaus in Wangen, hoch über dem Bodensee. Es war jenes Ferienhaus, das er während seiner Leipziger Zeit erbauen ließ.[1230] Solange seine Gesundheit es zuließ, nahm Beyerle noch an Veranstaltungen des Bodenseegeschichtsvereines, Rechtshistorikertagungen oder an Sitzungen des Theodor – Mayer – Institutes teil.[1231] Bis zuletzt verband ihn reger internationaler Schriftwechsel mit Kollegen und Freunden aus den verschiedenen Ländern; unter anderem Italien, Griechenland, England, USA, Israel und Japan.[1232] Für Beyerle bis zuletzt wichtig war der Kontakt zu seinen Freunden, die ihn noch bis in seine letzten Lebensjahre besuchten. Zu diesen gehörten vor allem Hans Thieme, Karl Kroeschell, Günther Wüst, Werner Maihofer, Hermann Nehlsen, Clausdieter Schott und Ruth Schmidt-Wiegand. Aus der Schweiz kamen noch Hugo Picard und Hans Fehr einige Male. Bis ins hohe Alter verband er die Pflege seiner Freundschaften mit der Fruchtbarkeit seines Schaffens.

Am 22. Oktober 1977 ist Franz Beyerle im hohen Alter von 92 Jahren friedlich entschlafen.

---

1229 Universitätsarchiv Freiburg, Sign.: C5 Nr. 100. Zeitungsartikel „Goldenes Doktordiplom für Professor Dr. Franz Beyerle" mit Photo (ohne Datum/wahrscheinlich vom Konstanzer Südkurier).

1230 Universitätsarchiv Freiburg, Sign.: C5 Nr. 45. Beyerle berichtete hierüber in einem Brief vom 17.01.1937 an Leo Frobenius.

1231 Günther Wüst in einem Gespräch vom 26.02.2001 in Mannheim; Thieme (1979), S. 26.

1232 Universitätsarchiv Freiburg, Sign.: C5 Nr. 49. Adressenliste. Bei dieser Quelle handelt es sich um eine handgeschriebene Liste über sechs Seiten von Personen, die nach dem Ableben von Franz Beyerle zu benachrichtigen sind. Unter anderem auch Dr. Karl A. Kroeschell, Richard Wagner Str. 62 in Freiburg i.Br. Hatto Beyerle in einem Gespräch vom 18.07.2000 in Ronneberg/Hannover; Thieme (1979), S. 26.

## Exkurs: Schlüsselfigur im Leben Franz Beyerles: Konrad Beyerle (1872 – 1933)

Zum Abschluss soll an dieser Stelle noch auf den Mann eingegangen werden, dessen Einfluss wir es vermutlich zu verdanken haben, überhaupt diesen Lebensweg Franz Beyerles darstellen zu können: Konrad Beyerle.

Welch wichtige, entscheidende Rolle im Leben von Franz Beyerle sein Bruder Konrad Beyerle spielte, wurde im Zuge des bereits beschriebenen Lebensweges immer wieder deutlich. Ihm war es zu verdanken, dass Franz sich gegen den Wunsch seines Vaters stellen konnte und die Rechtswissenschaften studierte. Denn ohne die materiellen Zuwendungen des älteren Bruders hätte dieses Unterfangen niemals durchgeführt werden können. Als dann schließlich aus seinem jüngeren Bruder ein Jurist geworden war, war es wiederum Konrad, der dem Juristen, der sich anfänglich dem Strafrecht zuwenden wollte, den notwendigen Anstoß gab, damit dieser sich der Rechtsgeschichte zuwandte, um letztendlich Rechtshistoriker und Hochschullehrer zu werden. Es waren Konrads Bekanntschaften wie Hedemann und Rauch, die Franz Beyerles Weg nach Jena ebneten und ihm dort seine Habilitation ermöglichten. Konrad Beyerle nahm entscheidenden Einfluss auf die Wahl des Promotions- wie auch des Habilitationsthemas. Und er unterstütze ihn bei beiden Arbeiten. Konrad Beyerle war Berater, Vertrauter und - aufgrund des erheblichen Altersunterschieds zu seinem jüngeren Bruder - ein Ersatz für den Vater.[1233]

Deshalb wählte Franz Beyerle als Student meist die Universitäten als Ausbildungsstätte, an denen bereits sein Bruder lehrte. Als Franz Beyerle aus ausbildungstaktischen Gründen ins Badische, nämlich an die Freiburger Universität wechseln musste, kehrte er spätestens zur Examensvorbereitung nach Göttingen und damit zu seinem Bruder zurück.

### I. Der Rechtshistoriker Konrad Beyerle

Schon als Jugendlicher interessierte sich Konrad Beyerle für die Vergangenheit und Geschichte seiner Geburtsstadt Konstanz und für die Umgebung des Bodensees.[1234] Er entdeckte Ostern 1888 - noch als Schüler - bei

1233 Hatto Beyerle in einem Gespräch vom 18.07.2000 in Ronneberg/Hannover, so auch Burkhart Beyerle in einem Gespräch vom 10.08.2000 in Konstanz/Bodensee.

1234 Stutz (1934), S. 320 ff., ebenso Ulrich Stutz, Nachrufe, 11. Würdigungen deuteinem Ferienaufenthalt im Radolfzeller Pfarrhaus im dortigen Archiv die bis dahin unbekannte Radolfzeller Markturkunde von 1100.[1235] Neben Archivbesuchen tätigte Konrad Beyerle mit seinem jüngeren Bruder auch eigenständige Ausgrabungsarbeiten.[1236] Eine frühe Entwicklung, die den Grundstein für ein anhaltendes Interesse an der rechtshistorischen Forschung legte.

Konrad studierte in München und Heidelberg die Rechtswissenschaften, wo er bei Richard Schröder promovierte.[1237] Die Rechtsgeschichte stand stets im Mittelpunkt seiner studentischen Interessen. Die Badische Historische Kommission beauftragte bereits 1895 Konrad Beyerle, der sich zu dieser Zeit schon durch kleinere Arbeiten ausgewiesen hatte, mit der Herausgabe des Konstanzer Stadtrechts, welches er bis zum Verlust der Reichsunmittelbarkeit 1548 zurückverfolgen sollte.[1238] Eine umfangreiche Aufgabe, die sich zeit seines Lebens nicht vollenden ließ. Im Zeichen dieses großen Projektes standen die folgenden Jahre. Schon 1896, bereits ein Jahr nach der Beauftragung durch die Badische Historische Kommission, berichtete er in einem größeren Vortrag auf der Tagung des Bodenseegeschichtsvereines über die Verfassungsentwicklung der Stadt im späteren Mittelalter.[1239] Ein weiterer Auftrag der Badischen Historischen Kommission liegt dem später publizierten Werk der „Konstanzer Ratslisten" zugrunde.[1240]

Seinen Neigungen folgend wollte Konrad Beyerle eine akademische Laufbahn als Hochschullehrer und Forscher einschlagen und nicht, wie sein Vater es hoffte, als Anwalt die väterliche Kanzlei übernehmen.[1241] 1902 wurde er zum außerordentlichen Professor an der Universität Freiburg ernannt.[1242] Noch im gleichen Jahr lehrte er in Breslau, 1903 in Göt-

---

scher Rechtshistoriker aus der Zeitschrift der Savigny Stiftung für Rechtsgeschichte (1966). Nach Konrad Beyerle ist aufgrund seiner Forschungsarbeiten eine Straße in Konstanz benannt worden.

1235 Hense (2001), S. 23; Stutz (1934), S. 320; Adolf Laufs, Badische Biographien. NF Band 1, hrsg. von Bernd Ottnad (1982), S. 48.

1236 Lebenserinnerungen von Franz Beyerle, S. 13, Privatarchiv der Familie Beyerle.

1237 Hense (2001), S. 26 ff.; Stutz (1934), S. 322.

1238 Hense (2001), S. 28; Laufs (1982), S. 49; Laufs (1977), S. 25; Stutz (1934), S. 322.

1239 Laufs (1982), S. 49.

1240 Laufs (1982), S. 49.

1241 Hense (2001), S. 26 ff.; Stutz (1934), S. 322.

1242 Universitätsarchiv Freiburg, Sign.: B 24 Nr. 249. Personalakte Franz Beyerle. Schreiben des Ministeriums für Kultus und Unterricht, No.: 40938, an den Senat der Universität Freiburg, in welchem Konrad Beyerle zum außerordentlichen Professor ernannt wurde; Hense (2001), S. 33 f.

tingen und ab 1918 in München, wo er bis zu seinem Tod blieb.[1243] Die meisten Stationen seiner Lehrtätigkeit sind uns schon durch die Studienplätze von Franz bekannt geworden, die bis auf München identisch waren. Zu seinen hervorzuhebenden Publikationen zählen - es sollen an dieser Stelle nur einige Beispiele genannt werden – unter anderem das bereits erwähnte umfangreiche Werk über die „Konstanzer Ratslisten“ aus dem Jahr 1898. Im Jahr 1900 veröffentlichte er den ersten Teil einer umfassenden Untersuchung: „Das Salmannenrecht“.[1244] Mehr als ein Ausgleich für die unvollendet gebliebene Edition des Konstanzer Stadtrechts bildet das voluminöse zweibändige Standardwerk über „Die Kultur der Abtei Reichenau“, das allen Schwierigkeiten der Inflation zum Trotz 1925 und 1926 veröffentlicht wurde.[1245]

1926 brachte er seine Edition des bayerischen Volksrechts heraus, der „Lex Baiuvarium“.[1246] Von seinen stadtrechtsgeschichtlichen Untersuchungen, die nicht Konstanz galten, gebührt den Studien über die andere, noch bedeutendere römische Bischofsstadt am Rhein – Köln – besondere Notiz.[1247]

Konrad Beyerle hat die Rechtsgeschichte, insbesondere die juristische Mediavistik, nicht allein als Fachschriftsteller und Rezensent vorangebracht, sondern auch als Organisator und als Herausgeber - insbesondere der Deutschrechtlichen Beiträge - mit vierzehn Bänden Forschungen und Quellen zur Geschichte des Deutschen Rechts gefördert.[1248]

So hat er neben der tätigen Mitgliedschaft in der Preußischen und in der Bayerischen Akademie der Wissenschaften, der Reichskommission für Deutsche Geschichte und der Badischen Historischen Kommission in den kulturellen und wissenschaftlichen Organisationen des katholischen Deutschland verantwortliche Führungspositionen übernommen, vor allem seit 1924 als Vizepräsident der Görres-Gesellschaft und als Leiter von deren Sektion für Rechtswissenschaft.[1249]

Mit dem von ihm gegründeten Seminar für bayerische und deutsche Rechtsgeschichte im Wittelsbach-Palais schuf er eine Forschungs-

---

1243 Hense (2001), S. 34 ff., 36 ff., 60 ff.; Laufs (1982), S. 48.

1244 Laufs (1982), S. 49; Stutz (1934), S. 324; Laufs (1977), S. 26.

1245 Laufs (1982), S. 49; Laufs (1977), S. 29; Stutz (1934), S. 333.

1246 Laufs (1982), S. 49; Laufs (1977), S. 30; Stutz (1934), S. 334.

1247 Universitätsarchiv Köln, Sign. Zug. 9/28. Schriftverkehr Konrad Beyerles u.a. mit dem Oberbürgermeister von Köln vom 08.03.1931, Konrad Adenauer, über finanzielle Unterstützung für die Forschungsarbeiten zum Kölner Stadtrecht; Laufs (1982), S. 49; Laufs (1977), S. 31; Stutz (1934), S. 329 ff.

1248 Laufs (1982), S. 49; Laufs (1977), S. 32; Stutz (1934), S. 329.

1249 Laufs (1982), S. 49; Stutz (1934), S. 336.

und Lehrstätte, die über die deutschen Grenzen hinaus die Rechtsvergangenheit anderer europäischer Staaten pflegte.[1250]

## II. Der christlich-katholische Politiker

Im Gegensatz zu seinem Bruder stand Konrad Beyerle der christlich-katholischen Weltanschauung seiner Eltern, insbesondere der des Vaters, nicht nur aufgeschlossener gegenüber, sondern übernahm diese vollständig und trat für diese ebenfalls politisch ein. Wie sein Vater Karl Beyerle, der sich stark und dauerhaft im gemeindlichen und politischen Leben seiner Heimat engagierte, wobei die katholische Kirche stets Fundament jeglicher politischer Motivation war[1251], fand auch Konrad Zugang zur Politik. Seine Schwester Maria ging ebenfalls in die Politik und wurde in den badischen Landtag gewählt.[1252]

Konrad Beyerle lebte nach den christlichen Leitsätzen seines Vaters und übertrug dessen Anstöße später als Konstanzer Wissenschaftler und christlicher Politiker in seinen weitaus größeren Wirkungskreis in den Reichstag.[1253] Während des ersten Weltkrieges war Konrad Beyerle Mitglied der politischen Abteilung beim Deutschen Generalgouvernement in Belgien und arbeitete dort als Referent beim Verwaltungschef in Flandern.[1254] Hier trat er politisch für die Interessen der aus seiner Sicht unterdrückten Flamen ein, unter anderem mit der Schrift: „Flanderns Wehklage – und wir? Ein flämischer Weckruf und ein deutsches Echo“, welche er anonym veröffentlichte.[1255]

Konrad Beyerle machte die „Flämische Sache“ zu seinem Hauptpolitikum während des Krieges.[1256] Seiner „Werbeschrift für Flandern und die deutsch-flämische Zukunft“, zu deren Urheberschaft er sich jedoch nur vertraulich innerhalb seines Kollegenkreises bekannte, folgte eine weitere Publikation.[1257]

---

1250 Laufs (1982), S. 50, Laufs (1977), S. 32; Stutz (1934), S. 336.

1251 Laufs (1977), S. 24; K. Beyerle (1917), S. 3, 4 ff.

1252 Gespräch mit Hatto Beyerle vom 18.07.2000 in Ronneberg/Hannover; Gespräch mit Burkhart Beyerle vom 10.08.2000 in Konstanz.

1253 Laufs (1977), S. 24.

1254 Hense (2001), S. 51 ff.; Laufs (1977), S. 34; Weisz (1970), S. 43.

1255 Hense (2001), S. 44 f., 46f.; Laufs (1977), S. 34; Bundesarchiv Berlin Sign.: N 2022/1. Nachlaß Konrad Beyerle, Schriften zur Förderung und Unterstützung der flämischen Unabhängigkeitsbestrebungen.

1256 Hense (2001), S. 44 ff.

1257 Laufs (1977), S. 35.

Seine politische Karriere begann mit dem Ende des Krieges und dem Revolutionsjahr 1918.[1258] Die Staatsumwälzung hatte er zwar nicht gewollt, aber er stellte sich auf den Boden der Tatsachen, um das Beste daraus zu machen.[1259] Bis dahin hielten sich seine wenigen politischen Bekenntnisse im Rahmen dessen, was von einem Hochschullehrer des Kaiserreichs zu erwarten war. In das politische Alltags- und Parteiengeschäft führten Konrad Beyerle letztendlich die Novemberereignisse des Jahres 1918.[1260] Als Mann der ersten Stunde nahm er am Aufbau der republikanischen Ordnung maßgebend teil.[1261] Er trat für die Bayerische Volkspartei ein, wurde Mitglied und schließlich Abgeordneter derselben in der Nationalversammlung.[1262]

Entschlossen verteidigte er das parlamentarische System vor extremen Strömungen der gerade aufkommenden Rechten, geführt von der Deutschnationalen Partei, gleichsam aber auch gegen die Verkünder des Klassenkampfes und der Sozialrevolution.[1263] Eine politisch-liberale Grundeinstellung, wie sie auch bei seinem Bruder zu finden war, der allerdings an der aktiven Teilnahme an der Politik nicht interessiert war. Extreme Tendenzen waren Konrad wie auch Franz Beyerle fremd. Beide, Konrad natürlich mit entsprechender Außenwirkung als Politiker, standen auf dem ausgeglichenen und ausgewogenen Fundament der politischen Mitte.

Einen festen Platz in der deutschen Verfassungsgeschichte hat sich Konrad Beyerle durch die Mitgestaltung an dem zweiten Hauptteil der Weimarer Verfassungsurkunde mit den Grundrechten und Grundpflichten erworben.[1264] Sein Verdienst lag „vor allem in der mühsamen und aufopfernden gründlichen Durcharbeitung des gesamten Stoffes mit der Lupe des Juristen und der Feder des formenden und prüfenden Redaktors".[1265]

Zusammenfassend ist zu erkennen, dass Konrad Beyerle ein vielbändiges rechtshistorisches Werk hinterlassen hat, das gültig und anre-

1258 Laufs (1977), S. 33.

1259 Laufs (1982), S. 50.

1260 Hense (2001), S. 66 ff.

1261 Laufs (1977), S. 35.

1262 Hense (2001), S. 68 ff.; Laufs (1977), S. 35, 36.

1263 Hense (2001), S. 92 ff., S. 224 ff.; Laufs (1982), S. 50.

1264 Bundesarchiv Berlin, Sign.: N 2022/1. Nachlaß Konrad Beyerles, Notizen zur Ausarbeitungen des Grundrechtsentwurf; Laufs (1982), S. 50; Adolf Laufs, Rechtsentwicklungen in Deutschland, 5. Aufl. (1996), S. 331; Hense (2001), S. 113 ff.

1265 Laufs (1982), S. 50.

gend geblieben ist. Als politischer Professor hat er entscheidend bei der Gründung der ersten deutschen Republik mitgewirkt und dies nicht nur durch seine Mitwirkung bei dem Entwurf eines Teiles der Weimarer Verfassung, sondern auch durch seine kritischen wie anregenden Beiträge in unzähligen Auseinandersetzungen im Reichstag.[1266] Mehr als die meisten seiner Kollegen war er dazu bereit, seinem Staate auch außerhalb des Hörsaales als Mann der ausgleichenden, maßvollen Mitte zu dienen und als „Anwalt" des demokratischen Rechtsstaates aufzutreten, um diesen gegen jede zersetzende Meinung zu verteidigen. Franz Beyerle dagegen wurde nachweislich nur selten politisch aktiv.[1267]

Konrad Beyerles Wirksamkeit fußte auf der durch das alemannische Vaterhaus angelegten Religiosität, die den Wissenschaftler, Abgeordneten und Publizisten trug.[1268]

---

1266 Hense (2001), S. 66 ff.

1267 Gespräch mit Burkhart Beyerle vom 10.08.2000 in Konstanz. Sein politisches Engagement beschränkte sich auf seine erwähnten Bemühungen gegen die Stationierung von Atomwaffen in der Bundesrepublik und für den Zusammenschluss von Baden und Württemberg.

1268 Laufs (1977), S. 47.

# 4. Teil Schlussbetrachtung

Wie ein roter Faden zog sich durch das Leben Franz Beyerles die Ablehnung fremdartiger Elemente und Wertekataloge, die aus seiner Sicht die ursprünglichen einheimischen Formen und Werte negativ beeinflussten.

Dies zeigt sich in seinem Konflikt mit der katholischen Amtskirche, die er strikt ablehnte. Der christliche Glauben, den er als zwanghaft zwischen Sündenwahn und ursachelosem Trost empfand, schreckte ihn ab. Prägend waren die damit zusammenhängenden Erfahrungen mit seinem Vater. Es war aber nicht die Religion an sich, an der er Anstoß nahm, sondern der von ihm so erlebte Zwang der christlichen Weltanschauung mit ihren psychologisch unterdrückenden Instrumenten. Diese Studie kam aber auch zu dem Ergebnis, dass Beyerle - entgegen der herrschenden Auffassung in der Literatur - kein Ungläubiger war. Er war Freidenker, konnte und wollte die christliche Kirche aufgrund ihrer metaphysischen Momente nicht akzeptieren und war doch nicht glaubenslos.[1269]

Gleich gelagerte Bedenken gegen ein scheinbar vollkommenes System hatte Beyerle auf verfassungsrechtlicher Ebene. Es war der Verfassungsentwurf für die Weimarer Republik, gegen den er große inhaltliche Bedenken äußerte. Teile aus unantastbar anmutenden Verfassungsmodellen demokratischer Staaten wurden da zusammengestellt, um diese Deutschland auf den Leib zu schneidern. Beyerle gab an Stelle einer solchen Übernahme fremder Konstruktionen einer eigenständigen Entwicklung den Vorzug. Für ihn konnte eine Grundordnung nur funktionieren, wenn sie den Charakter des Volkes berücksichtigte. Gerade dies vermisste er bei der Weimarer Reichsverfassung.[1270] Gleichartige Motive waren in seinem Kampf gegen eine zu bedenkenlose Übernahme römischen Rechts zum Nachteil einer heimisch gewachsenen deutschen Rechtskultur zu finden.[1271] Das Überstülpen des begriffsjuristischen pandektischen Systems wollte er nicht hinnehmen. Hier stand seine Forderung nach einem volksnahen und natürlich gewachsenen deutschen Recht im Vordergrund. Anregungen und Bestätigung fand er maßgeblich in der Schweiz.[1272] Seine Systemvorschläge zur Verbesserung des deutschen Zivilrechts aus einem naturrechtlichen Fundus zeugen noch heute davon.[1273] Seine Versuche auf diesem Gebiet blieben ohne Ergebnis, aber nicht ohne Wirkung. Generationen von Studenten lehrte er nach rechts

1269 2. Teil 2. Kapitel II. 3.
1270 3. Teil 2. Kapitel I. 1.
1271 3. Teil 2. Kapitel III; 3. Teil 3. Kapitel III. 2.
1272 3. Teil 1. Kapitel III. 2.
1273 3. Teil 5. Kapitel III.

und links zu blicken, zu vergleichen und nicht in einem juristisch blinden Gehorsam einem bestimmten System zu folgen.

Auch wenn die Nationalsozialisten Hoffnungen in ihm weckten, eine Rechtserneuerung zugunsten einer germanischen Rechtskultur zu vollziehen, stand er diesen nie nahe. Im Gegenteil, er hatte sie selbst zu fürchten, denn er war Demokrat und gänzlich unpolitisch. Aus diesem Grund spielten Rasse, Religion und Nationalität für Beyerle zu keiner Zeit eine Rolle. Der Mensch selbst stand bei ihm im Vordergrund. Das belegen persönliche Erfahrung im Familien- und im Freundeskreis, bzw. die Korrespondenz mit seinen Freunden und Kollegen, denen er in schwerer Stunde beistand. Sie waren ihm hierfür zeitlebens dankbar.

Innerhalb der rechtshistorischen Forschung hatte sich Beyerle bereits mit seiner Dissertation einen Namen gemacht. Seine Methode bei der Rekonstruktion der umstrittenen Freiburger Gründungsurkunde und das hierdurch gewonnene Ergebnis blieben 56 Jahre lang unumstritten.[1274] Mit dem Resultat seiner Habilitationsschrift stellte er sich gegen die herrschende Lehre und setzte mit seinem Ergebnis neue Maßstäbe.[1275] Gleiches gilt für seine Deutungsversuche von Treuhand und Bürgschaft im germanischen Recht.[1276] Nach seiner Bürgschaftstheorie musste, wie gezeigt, ein Umdenken stattfinden. Von nicht geringerer Bedeutung waren seine Arbeiten zu den frühen germanischen Volksrechten. Sprachliche Fantasie und historischer Weitblick prägten seine Deutungs- und Übersetzungsarbeiten. Hierdurch wollte er diesem eigentümlichen Forschungsgebiet etwas Farbe verleihen. Oftmals waren dann aber seine Denotationen und Herleitungen tatsächlich aus philologisch-wissenschaftlicher Sicht nicht mehr vertretbar. Außergewöhnlich war hierbei, was die Recherche zeigte, dass sich diese ungezwungene Methode Beyerles erst durch die Freundschaft zu einem Philologen entwickelte, zumindest aber maßgeblich davon beeinflusst wurde.[1277]

Beyerle hat sich in der rechtshistorischen Forschung zudem große Verdienste erworben als Wegbereiter und Anreger, der stets voller Ideen war und alleine hierdurch in der Wissenschaft neue Impulse setzte. Bruno Meyer schrieb hierzu, dass die „Weite seines Wissens, die Klarheit seines Denkens und die Zucht seiner Sprache“ den Nachfolgenden ein Vorbild sein könne.[1278]

---

1274 2. Teil Exkurs – Stadtrecht - I. 2.

1275 2. Teil Exkurs – Umwege - II. 2

1276 3. Teil 3. Kapitel II.

1277 3. Teil 1. Kapitel III. 1.

1278 Bruno Meyer, Franz Beyerle, in: Schriften des Vereins für Geschichte des Bodensees, H. 96 (1978), S. 7.

Eingangs der Arbeit habe ich erwähnt, dass Franz Beyerle kein Rechtshistoriker der „ersten Reihe“ war, sofern man Forschungsergebnisse und Wirkung innerhalb der Wissenschaft als konkreten Maßstab anwendet. Nimmt man den Menschen aber selbst als Kriterium, so wird man Beyerle sicher dem langen Zug seiner Kollegen voranschreiten sehen:

> *„Ein fröhlicher oder lebensfroher, unbekümmerter,*
> *aus allem Aberglauben, aus allen Verdummungen,*
> *klerikaler hier - politischer dort, frei gewordener, losgelöster Professor.*
> *Ein wirklicher Professor.“*[1279]

1279 Prof. Werner Maihofer, Bundesinnenminister a. D. in einem Gespräch vom 15.08.2000 über seinen Lehrer und Freund Franz Beyerle.

# Literaturverzeichnis


| | | |
|---|---|---|
| **ANSCHÜTZ**, Gerhard: | Die Verfassung des deutschen Reiches vom 11. August 1919. Ein Kommentar zur Wirtschaft und Praxis. | Berlin, Zürich, 1968. |
| **APELT**, Willibald: | Geschichte der Weimarer Verfassung. 2. Aufl. | München, 1964. |
| **BADER**, Karl Siegfried: | Stadtrecht und Bürgerfreiheit im alten Villingen. Vortrag vom 30.September 1951 bei der Tagung des Vereins für Geschichte und Naturgeschichte der Baar in Villingen. | Karlsruhe, 1952. |
| **BADER**, Karl Siegfried: | Der Wiederaufbau. Tagebuch Juli 1945 bis Juni 1946, mit einer Einführung versehen und kommentiert von Ulrich Weber, abgedruckt in Gelb – rot – gelbe Regierungsjahre. Badische Politik nach 1945. Zugleich Gedenkschrift zum 100. Geburtstag Leo Wohlebs (1888 – 1955). | Sigmaringendorf, 1988. |
| **BÄRMANN**, Johannes: | Die Städtegründungen Heinrichs des Löwen und die Stadtverfassung des 12. Jahrhunderts. | Köln, Graz, 1961. |
| **BÄRMANN**, Johannes: | Konrad Beyerle, in: Neue Deutsche Biographie. Band 2, hrsg. von der historischen Kommission der bayerischen Akademie der Wissenschaften. | Berlin, 1955. |
| **BEHN**, Richard: | Über die Voraussetzungen des Bürgerrechtserwerbs in den deutschen Städten des Mittelalters. | Göttingen, 1911. |
| **BELOW**, Georg v.: | Deutsche Städtegründungen im Mittelalter mit besonderem Hinblick auf Freiburg im Breisgau. | Freiburg i. Br., 1920. |
| **BELOW**, Georg v.: | Zur Deutung des älteren Freiburger Stadtrechts, in: Zeitschrift der Gesellschaft für Beförderung der Geschichts- Altertums-, und Volkskunde von Freiburg, dem Breisgau und den angrenzenden Landschaften. (ZGBGFrei). Band 36. | Freiburg i. Br., 1920. |
| **BELOW**, Georg v.: | Die Erneuerung der hofrechtlichen Theorie, in: Vierteljahresschrift für Sozial- und Wirtschaftsgeschichte, Band 20, 1927. | Stuttgart, 1927. |
| **BELOW**, Georg v.: | Über die Freiburger Vierundzwanziger und das Unternehmerkonsortium als Ratsursprung, in: Zeitschrift der Gesellschaft für Beförderung der Geschichts- Altertums-, und Volkskunde von Freiburg, dem Breisgau und den angrenzenden Landschaften. (ZGBGFrei). Band 39/40. | Freiburg i. Br., 1927. |

| | | |
|---|---|---|
| **BENÖHR**, Hans-Peter: | Hugo Sinzheimer (1875 – 1945), in: Juristen an der Frankfurter Universität. Hrsg. Von Bernhard Diestelkamp / Michael Stolleis. | Baden / Baden, 1989. |
| **BENZ**, Wolfgang: | Konsolidierung und Konsens 1934 – 1939, in: Das Dritte Reich im Überblick, hrsg. von Martin Broszat und Klaus Schwabe, 5. Aufl. | München, Zürich, 1996. |
| **BENZ**, Wolfgang: | Geschichte des Dritten Reiches. | München, 2000 |
| **BERGFELD**, Christoph: | Juristen – Biografien, in: ZNR, 22. Jg., 2000, S. 451 – 502. | Wien, 2000 |
| **BERGSDORF**, Wolfgang: | Wörter als Waffen. Sprache als Mittel der Politik. | Stuttgart, 1979. |
| **BERNSTEIN**, Eduard: | Die deutsche Revolution von 1918/19, hrsg. Heinrich August Winkler. | Bonn, 1998. |
| **BEYERLE**, Konrad: | Grundeigentumsverhältnisse und Bürgerrecht im mittelalterlichen Konstanz, Bd. I: Das Salmannenrecht. | Konstanz, 1900. |
| **BEYERLE**, Konrad: | Rechtsanwalt Karl Beyerle (1839 – 1915). Ein Bild aus dem politischen und geistigen Leben der Stadt Konstanz in den letzten fünfzig Jahren. Separatdruck aus den Schriften des Vereins für Geschichte des Bodensees, H. XLVI. | Konstanz, 1917. |
| **BEYERLE**, Konrad: | Die Verfassung des deutschen Reiches, in: Vorwort zum Reichsgesetzblatt Nr. 152, 1919. | 1919 |
| **BLATTMANN**, Marita: | Die Freiburger Stadtrechte zur Zeit der Zähringer, Veröffentlichungen aus dem Archiv der Stadt Freiburg im Breisgau, Hrsg. von Ulrich P. Ecker, Heiko Haumann, Hans Schadeck, Band 1 u. 2. | Freiburg, Würzburg, 1991. |
| **BLEUEL**, Hans Peter: | Deutschlands Bekenner. Professoren zwischen Kaiserreich und Diktatur. | Bern, München, Wien, 1968. |
| **BLEUEL**, Hans Peter, **KLINNERT**, Ernst: | Deutsche Studenten auf dem Weg ins dritte Reich. Ideologien, Programme, Aktionen 1918 – 1935. | Gütersloh, 1967. |
| **BLOCH**, Erich: | Geschichte der Juden von Konstanz im 19. und 20. Jahrhundert. 3. Aufl. | Konstanz, 1996. |
| **BLUMENBERG-LAMPE**, Christine: | Oppositionelle Nachkriegsplanung: Wirtschaftswissenschaftler gegen den Nationalsozialismus, in: Die Freiburger Universität in der Zeit des Nationalsozialismus, hrsg. von Eckhard John, Bernd Martin, Marc Mück und Hugo Ott. | Freiburg, Würzburg, 1991 |

| | | |
|---|---|---|
| **BLUMENBERG-LAMPE**, Christine: | Das wirtschaftspolitische Programm der `Freiburger Kreise`. Volkswirtschaftliche Schriften, H. 208, hrsg. von J. Broermann. | Berlin 1973. |
| **BÖHME**, Klaus: | Aufrufe und Reden deutscher Professoren im Ersten Weltkrieg. | Philipp Reclam jun. Verlag, Stuttgart, 1975. |
| **BOOCKMANN**, A.: | Fehde, Fehdewesen, in: Lexikon des Mittelalters, Bd. IV., Sp. 331 – 334. | Stuttgart 1989. |
| **BOLDT**, Hans: | Die Weimarer Reichsverfassung, in: Die Weimarer Republik 1918 – 1933, hrsg. von Karl Dietrich Bracher/ Manfred Funke/ Hans Adolf Jacobsen. | Düsseldorf, 1987. |
| **BONJOUR**, Edgar: | Die Universität Basel von den Anfängen bis zur Gegenwart 1460 – 1960. 2. Aufl. | Basel, 1971. |
| **BORN**, Erich: | Von der Reichsgründung bis zum Ersten Weltkrieg, in: Gebhardts Handbuch der deutschen Geschichte. Band 16., 14. Aufl. | München, 1991. |
| **BRACHER**, Karl Dietrich: | Die Auflösung der Weimarer Republik. Eine Studie zum Problem des Machtverfalles in der Demokratie. | Düsseldorf, 1984. |
| **BROSZAT**, Martin: | Der Zweite Weltkrieg: Ein Krieg der alten Eliten, der Nationalsozialisten oder der Krieg Hitlers?, in: Die deutschen Eliten und der Weg in den zweiten Weltkrieg, hrsg. von Martin Broszat und Klaus Schwabe. | München, 1989. |
| **BROSZAT**, Martin, **FREI**, Norbert (Hrsg.): | Errichtung der Führerdiktatur: Röhm – Revolte und Tod Hindenburgs (1934), Chronik: März – Juni, in: Das Dritte Reich im Überblick, 5. Aufl. | München, Zürich, 1996. |
| **BRUN**, Georg: | Leben und Werk des Rechtshistorikers Heinrich Mitteis unter der besonderen Berücksichtigung seines Verhältnisses zum Nationalsozialismus. Rechtshistorische Reihe, Band. 83 | Frankfurt am Main, New York, Paris, 1990. |
| **BUCHNER**, Rudolf: | Textkritische Untersuchungen zur Lex Ribuaria. Schriften des Reichsinstitutes für ältere deutsche Geschichtskunde (MGH 5). | Stuttgart, 1940, Nachdr. 1952. |
| **BURCHHARDT**, Lothar: | Naturwissenschaftliche Universitätslehrer im Kaiserreich, in: Deutsche Hochschullehrer als Elite 1815-1945. Büdinger Forschung zur Sozialgeschichte, hrsg. von Klaus Schwabe. | Boppard am Rhein, 1988. |

| | | |
|---|---|---|
| **BÜTTNER,** Heinrich: | Zum Städtewesen der Zähringer und der Staufer, in: Altständisches Bürgertum, Band 1., hrsg. von Heinz Stoob. | Darmstadt, 1978. |
| **COING,** Helmut: | Die Treuhand kraft privaten Rechtsgeschäfts. Schriften des Institutes für Arbeits- und Wirtschaftsrecht an der Universität Köln. Bd. 31. | München, 1973. |
| **CORDES,** Albrecht: | Stuben und Stubengesellschaften. Zur dörflichen und kleinstädtischen Verfassungsgeschichte am Oberrhein und in der Nordschweiz. | Stuttgart, Jena, New York, 1993. |
| **DICKMANN,** Fritz: | Die deutsche Friedensdelegation in Versailles und der Kriegsschuldartikel, in: Vom Kaiserreich zur Weimarer Republik, hrsg. von Eberhard Kolb. | Köln, 1992. |
| **DIESTELKAMP,** Bernhard: | Gibt es eine Freiburger Gründungsurkunde aus dem Jahr 1120? Ein Beitrag zur vergleichenden Städtegeschichte des Mittelalters sowie zur Diplomatik hochmittelalterlicher Städteprivilegien. | Berlin, 1973. |
| **DIESTELKAMP,** Bernhard: | Die Freiburger Gründungsurkunde von 1120. Zum Stand der Diskussion, in: Alemannisches Jahrbuch 1979 / 80, hrsg.: Alemannische Institut Freiburg / Breisgau. | Bühl/Baden, 1983. |
| **DIESTELKAMP,** Bernhard: | Die Justiz nach 1945 und ihr Umgang mit der eigenen Vergangenheit, in: Justizalltag im Dritten Reich, hrsg. von Bernhard Diestelkamp und Michael Stolleis. | Frankfurt am Main, 1988. |
| **DIESTELKAMP,** Bernhard: | Die Rechtshistoriker der Rechtswissenschaftlichen Fakultät der Johann Wolfgang Goethe- Universität Frankfurt am Main 1933 – 1945, in: Rechtsgeschichte im Nationalsozialismus. Beiträge zur Geschichte einer Disziplin, hrsg. von Michael Stolleis und Dieter Simon. | Tübingen, 1989. |
| **DIESTELKAMP,** Bernhard: | Friedrich Klausing (1887 – 1944), in: Juristen an der Frankfurter Universität, hrsg. von Bernhard Diestelkamp und Michael Stolleis. | Baden / Baden, 1989. |
| **DIESTELKAMP,** Bernhard: | Drei Professoren der Rechtswissenschaft in bewegter Zeit. | Mainz, 2000. |
| **DILCHER,** Gerhard Otto: | Otto von Gierke (1841 – 1921), in: Juristen, ein biographisches Lexikon, 2. Aufl., hrsg. von Michael Stolleis. | München, 2001. |
| **DITTMAIER,** Heinrich: | Die stabreimenden Ortsnamen auf –inghausen zwischen Rhein und Weser, in: Rheinisches Jahrbuch für Volkskunde,3. Jg. | Bonn, 1952. |
| **DÖLLE,** Hans: | Neutrales Handeln im Privatrecht. Ein Beitrag zur Lehre von der Stellvertretung, in: Festschrift für Fritz Schulz Bd. II. | Weimar, 1951. |

| | | |
|---|---|---|
| **DÖRING,** Herbert: | Der Weimarer Kreis, Studien zum politischen Bewußtsein verfassungstreuer Hochschullehrer in der Weimarer Republik. Bd. 10, hrsg. von Hans Albert. | Meisenhein am Gain, 1975. |
| **DÖRING,** Herbert: | Thesen zum fortschreitenden Zerfall der sozialhistorischen Voraussetzungen von Gelehrtenpolitik am Beispiel des sozialliberalen Flügels deutscher Hochschullehrer, in: Gelehrtenpolitik und politische Kultur in Deutschland 1830 – 1930. Referate und Diskussionsbeiträge, hrsg. von Gustav Schmidt u. Jörn Rüsen. | Bochum, 1986 |
| **DORNSEIFF,** Franz: | Eine Rückschauende Bemerkung zum Verzeichnis meiner Schriften, in: Festschr. Franz Dornseiff zum 65. Geburtstag, hrsg. von Horst Kusch. | Leipzig, 1953. |
| **DORNSEIFF,** Franz: | Die Griechischen Wörter im Deutschen. | Berlin, 1950. |
| **EGGERT,** Rainer: | Die Bürgschaft im süddeutschen Recht des späteren Mittelalters. | Frankfurt am Main, 1962. |
| **ENGEL,** Evamaria: | Die deutsche Stadt des Mittelalters. | München, 1993. |
| **ERDMANN,** Karl Dietrich: | Kurt Riezler. Tagebücher, Aufsätze, Dokumente, in: Deutsche Geschichtequellen des 19. und 20. Jahrhunderts, hrsg. von der Historischen Kommission bei der Bayerischen Akademie der Wissenschaften, Band 48. | Göttingen, 1972. |
| **ERDMANN,** Karl Dieter: | Der Erste Weltkrieg, in: Gebhardts Handbuch der deutschen Geschichte. Band 18, 11. Aufl. | München, 1999. |
| **ERLER,** Adalbert: | Hofrechtstheorie, in: HRG Bd. 2., Sp. 215 – 216. | Berlin, 1978. |
| **ERLER,** Adalbert: | Nachruf auf Franz Beyerle, in: Sitzungsberichten der wissenschaftlichen Gesellschaft an der Johann Wolfgang von Goethe Universität Frankfurt am Main. Band XVII. | Stuttgart, 1980. |
| **FAULENBACH,** Bernd: | Die Historiker und die \`Massengesellschaft\` in der Weimarer Republik, in: Deutsche Hochschullehrer als Elite 1815 – 1945. Büdinger Forschung zur Sozialgeschichte, hrsg. Klaus Schwabe. | Boppard am Rhein, 1988. |
| **FEGER,** Otto: | Das älteste Freiburger Stadtrecht im Rahmen der südwestdeutschen Städtegründung, in: Schau-ins-Land 81. | 1963 |
| **FISCHER,** Fritz: | Griff nach der Weltmacht, die Kriegszielpolitik des kaiserlichen Deutschland 1914/18. | Düsseldorf, 1984. |
| **FISCHER,** Fritz: | Bündnis der Eliten. Zur Kontinuität der Machtstrukturen in Deutschland 1871 – 1945. | Düsseldorf, 1985. |
| **FRAENKEL,** Ernst: | Deutschland und die westlichen Demokratien. 6. Aufl. | Frankfurt am Main, 1991. |

| | | |
|---|---|---|
| **FRASSEK,** Ralf: | Von der völkischen Lebensordnung zum Recht. Die Umsetzung weltanschaulicher Programmatik in den schuldrechtlichen Schriften von Karl Larenz (1903 – 1993), in: Fundamenta Juridica Hannoversche Beiträge zur rechtswissenschaftlichen Grundlagenforschung. Band 29, hrsg. von Jürgen Frank, Joachim Rückert u.a. | Baden – Baden, 1994. |
| **FRIES-THIESSENHUSEN, Karin:** | Politische Kommentare deutscher Historiker 1918-1919 zur Niederlage und Staatsumsturz, in: Vom Kaiserreich zur Weimarer Republik, hrsg. von Eberhard Kolb. | Köln, 1972. |
| **FUNKE,** Manfred: | Republik im Untergang. Die Zerstörung des Parlamentarismus als Vorbereitung der Diktatur, in: Die Weimarer Republik, hrsg. von Karl Dietrich Bracher/ Manfred Funke/ Hans Adolf Jacobsen. | Düsseldorf, 1987. |
| **FÜRSTENAU,** Justus: | Entnazifizierung. Ein Kapitel deutscher Nachkriegspolitik. Band 40 der Reihe Politica, Abhandlungen und Texte zur politischen Wissenschaft, hrsg. von Wilhelm Hennis und Hans Meyer. | Berlin u. Neuwied, 1969. |
| **GAUCH,** Peter (Hrsg.): | Schweizerisches Zivilgesetzbuch. 41. Auflage. | Zürich, 1996. |
| **GIERKE,** Otto v.: | Schuld und Haftung im älteren deutschen Recht. | Breslau, 1910. |
| **GIERKE,** Otto v.: | Die soziale Aufgabe des Privatrechts. Vortrag gehalten am 05.04.1889 in der juristischen Gesellschaft zu Wien. Abgedruckt in: Deutsches Rechtsdenken, H. 12. | Frankfurt am Main, 1948. |
| **GOTHEIN** | Wirtschaftsgeschichte des Schwarzwaldes und der angrenzenden Landschaften, Bd. I Städte- und Gewerbegeschichte. | 1892 |
| **GROHNERT,** Reinhard: | Die Entnazifizierung in Baden 1945 – 1949. | Stuttgart, 1991. |
| **GRÖNBECH,** Wilhelm: | Kultur und Religion der Germanen, Band 1, 12. Aufl. | Darmstadt, 1997. |
| **GROSS,** L.: | Rezension zu Franz Beyerles Typenfrage in der Stadtverfassung, in: Mitteilung des Institutes für Österreichische Geschichtsforschung, Bd. 48. | Köln, Graz, Wien, 1932. |
| **GRUBER,** Karl: | Südwestdeutsche Bürgerstädte, in: Zentralblatt der Bauverwaltung vereinigt mit Zeitschrift für Bauwesen. 57. Jg., H. 45. | Berlin, 1937. |
| **HAECKEL,** Ernst | Die Welträtsel: gemeinverständliche Studien über monistische Philosophie. 11. Aufl. (Nachdruck). | Stuttgart, 1984. |
| **HAGEMANN,** H.R.: | Vorwort zum Nachdruck von Franz Beyerles „Ursprung der Bürgschaft“ | Darmstadt 1971. |

| | | |
|---|---|---|
| **HAMM**, Ernst: | Die Städtegründungen der Herzöge von Zähringen in Südwestdeutschland. Mit 8. Abbildungen. Veröffentlichung des alemannischen Institutes Freiburg i. Br., Bd. 1. | Freiburg, 1932. |
| **HAMMERSTEIN**, Notker: | Die Johann Wolfgang Goethe- Universität Frankfurt am Main. Von der Stiftungsuniversität zur staatlichen Hochschule, Band I. 1914 – 1950. | Neuwied, Frankfurt, 1989. |
| **HAMMERSTEIN**, Notker: | Antisemitismus und deutsche Universitäten 1871 – 1933. | Frankfurt am Main, New York, 1995. |
| **HAMMERSTEIN**, Notker: | Die Deutsche Forschungsgemeinschaft in der Weimarer Republik und im Dritten Reich. | München 1999. |
| **HECKEL,** Wolfgang: | Galilei, Galileo, in: Metzler Philosophen Lexikon, 2. Aufl. | Stuttgart, Weimar, 1995 |
| **HEDEMANN**, Justus Wilhelm: | Die Erneuerung des Bürgerlichen Rechts, in: Akademie für Deutsches Recht 1933 – 1945, Protokolle der Ausschüsse, Bd. III., 1. Volksgesetzbuch. Teilentwürfe, Arbeitsberichte und sonstige Materialien, hrsg. von Werner Schubert. | Berlin, New York, 1988. |
| **HEIBER**, Helmut: | Universität unterm Hakenkreuz.<br>Teil I. Der Professor im Dritten Reich. | München, London, New York, Paris, 1991. |
| **HEIBER**, Helmut: | Universität unterm Hakenkreuz.<br>Teil II. Die Kapitulation der Hohen Schulen. Band 1. | München, London, New York, Paris, 1992. |
| **HEIBER**, Helmut: | Universität unterm Hakenkreuz.<br>Teil II., Die Kapitulation der Hohen Schulen. Band 2. | München, New Providence, London, Paris, 1994. |
| **HEINEMANN**, Ulrich: | Die Last der Vergangenheit. Zur politischen Diskussion der Kriegsschuld und Dolchstoßdisskusion, in: Die Weimarer Republik 1918 – 1933, hrsg. von Karl Dietrich Bracher / Manfred Funke / Hans Adolf Jacobsen. | Düsseldorf, 1987. |
| **HELBIG**, Herbert: | Universität Leipzig | Frankfurt am Main, 1961. |
| **HENSE**, Thomas: | Konrad Beyerle. Leben und Schaffen des katholischen Politikers. | München, 2001. |

| | | |
|---|---|---|
| **HIS**, Rudolf: | Die Geschichte des Deutschen Strafrechts bis zur Karolina. | München, 1967. |
| **HOF**, Hagen: | Hugo Preuß (1860 – 1925), in: Deutsche Juristen aus fünf Jahrhunderten, hrsg. von Gerd Kleinheyer und Jan Schröder. | Heidelberg, 3. Aufl., 1989 |
| **HOFER,** Walter: | Der Nationalsozialismus. Dokumente 1933- 1945, hrsg. und kommentiert von Walter Hofer. | Frankfurt am Main, 1994. |
| **HOLLERBACH**, Alexander: | Juristische Lehre und Forschung in Freiburg in der Zeit des Nationalsozialismus, in: Die Freiburger Universität in der Zeit des Nationalsozialismus, hrsg. von Eckhard John, Bernd Martin, Marc Mück und Hugo Ott. | Freibuer, 1991. |
| **HÜBNER**, Rudolf: | Grundzüge des Deutschen Privatrechts. | Leipzig, 1930. Neudr. (Nr. 2) der 5. Aufl. (1930), Aalen, 1982. |
| **HUG**, Wolfgang: | Freiburger Katholiken, in: Widerstand im Freiburger Forum, Nr. 12., September 1988, Widerstand im Dritten Reich. | Freiburg, 1988. |
| **JANSEN**, Christian: | Professoren und Politik: politisches Denken und Handeln der Heidelberger Hochschullehrer 1914 – 1935. | Göttingen, 1992 |
| **JOACHIM**, Hermann: | Gilde und Stadtgemeinde in Freiburg i. Br., zugleich: Festgabe für Anton Hagedorn. | 1906 |
| **JOHANEK**, Peter: | Handfeste, in: Lexikon des Mittelalters. Band IV, Sp. 1901 – 1902. | München, Zürich, 1989. |
| **KATER**, Michael: | Studentenschaft und Rechtsradikalismus in Deutschland 1918- 1933. Eine sozialgeschichtliche Studie zur Bildungskrise in der Weimarer Republik. Hrsg. von Bernd Martin, Hans Jürgen Puhle, Wolfgang Schnieder, Gottfried Schramm und Heinrich August Winkler, Historische Perspektiven, 1. | Hamburg, 1975. |
| **KAUFMANN**, Eckehard: | Acht, in: HRG Bd. 1., Sp. 25 – 36. | Berlin, 1971. |
| **KAUFMANN**, Ekkehard: | Bürgschaft, in: HRG Bd. 1., Sp. 565 – 569. | Berlin 1971. |
| **KAUFMANN**, Ekkehard: | Fehde, in: HRG Bd. 1, Sp. 1083 – 1093. | Erich Schmidt Verlag, 1971. |

| | | |
|---|---|---|
| **KAUFMANN**, Ekkehard: | Zur Lehre von der Friedlosigkeit im Germanischen Recht. Beiträge zur Rechtsgeschichte. Gedächtnisschrift für Hermann Conrad. Rechts- und Staatswissenschaftliche Veröffentlichungen der Görres-Gesellschaft. NF., H. 34. | Paderborn u.a., 1979. |
| **KAUFMANN**, Ekkehard: | Strafe, Strafrecht, in: HRG Bd. 4, Sp. 2011 – 2029. | Berlin, 1990. |
| **KLUGE**, Ulrich: | `Der Freiburger Kreis`1938 – 1945. Personen, Strukturen und Ziele kirchlich – akademischen Widerstandsverhaltens gegen den Nationalsozialismus, in: Freiburger Universitätsblätter, H. 102, 27. Jg., 1988. | Freiburg, 1988. |
| **KLUKE**, Paul: | Die Stiftungsuniversität Frankfurt am Main 1914 – 1932. | Frankfurt am Main, 1972. |
| **KÖHLER**, Werner: | Freiburg i. Br. 1945 – 1949. Politisches Leben und Erfahrungen in der Nachkriegszeit, in: Veröffentlichungen aus dem Archiv der Stadt Freiburg im Breisgau, Nr. 21. | Freiburg, 1987. |
| **KOLB**, Eberhard: | Die Weimarer Republik, hrsg. von Jochen Bleiken, Lothar Gall, Hermann Jakobs. Band 16, 4. Erg. Aufl. | München, 1998. |
| **KROCKOW**, Christian Graf von: | Über die Deutschen. | München, 2000. |
| **KROESCHELL**, Karl: | Franz Beyerle zum Gedenken, in: Freiburger Universitätsblätter, H. 59, 1978. | Freiburg, 1978. |
| **KROESCHELL**, Karl: | Die nationalsozialistische Eigentumslehre, in: Rechtsgeschichte im Nationalsozialismus. Beiträge zur Geschichte eine Disziplin, hrsg. von Michael Stolleis und Dieter Simon. | Tübingen, 1989. |
| **KROESCHELL**, Karl: | Friedlosigkeit, in: Lexikon des Mittelalters, Bd. IV., Sp. 930 – 931. | Stuttgart, 1989. |
| **KROESCHELL**, Karl: | Rechtsgeschichte Deutschlands im 20. Jahrhundert. | Göttingen, 1992. |
| **KRÜGER**, Dieter: | Gerhart v. Schulze – Grävernitz als liberaler Gelehrtenpolitiker (1890 – 1918), in: Gelehrtenpolitik und politische Kultur (1830 – 1930). Referate und Diskussionsbeiträge, hrsg. von Gustav Schmidt u. Jörn Rüsen. | Bochum, 1986. |
| **KUNNZMANN**, Peter: | Metzler Philosophie Lexikon, 2. Aufl, hrsg. Peter Prechtl und Franz Peter Burkhard. | Stuttgart, Weimar, 1999. |
| **LAHUSEN**, Johannes: | Göttingische Gelehrten Anzeigen 2, 1912. | Göttingen, 1912. |

| | | |
|---|---|---|
| **LANDAU**, Peter: | Römisches Recht und deutsches Gemeinrecht. Zur Zielsetzung im nationalsozialistischen Parteiprogramm, in: Rechtsgeschichte im Nationalsozialismus, hrsg. von Michael Stolleis und Dieter Simon. | Tübingen, 1989. |
| **LARENZ,** Karl: | Vertrag und Unrecht. Grundlage der Rechts- und Wirtschaftswissenschaften, Reihe A., hrsg. von G. Dahn, K.A. Eckhardt, E.R. Huber. | 1936/37 |
| **LASSALLE**, Ferdinand: | Ausgewählte Reden und Schriften, 1849 – 1964, hrsg. Hans Jürgen Friederici. | Berlin, 1991. |
| **LAUFS**, Adolf: | Konrad Beyerle, Leben und Werk, in: Gestalten und Probleme katholischer Rechts- und Soziallehre, hrsg. von Clemens Bauer und Alexander Hollerbach. | Paderborn, 1977. |
| **LAUFS**, Adolf: | Badische Biographien. NF. Band 1, hrsg. von Bernd Ottnad. | Stuttgart, 1982. |
| **LAUFS,** Adolf: | Rechtsentwicklungen in Deutschland. 5. Aufl. | Berlin, New York, 1996. |
| **LEWINSKI,** Kai v.: | Deutschrechtliche Systembildung im 19. Jahrhundert. | Frankfurt am Main, 2000. |
| **MECKL**, Wolfgang, **GERHARDT**, Volker: | Kant, Immanuel, in: Metzler Philosophen Lexikon. 2. Aufl. | Stuttgart, Weimar, 1995. |
| **MARTIN**, Claus-Peter: | Das Sühneverfahren vor dem Schiedsmann in Strafsachen. Kriminalwissenschaftliche Abhandlung Band 23, hrsg. Friedrich Geerds. | Lübeck, 1988. |
| **MAUERSBERG**, Jasper: | Ideen und Konzeption Hugo Preuß für die Verfassung der deutschen Republik nach 1919 und ihre Durchsetzung im Verfassungswerk von Weimar. Europäische Hochschulschriften, Bd./Vol. 1145. | Frankfurt am Main, Bern, New York, Paris, 1991. |
| **MAURER**, Heinrich: | Kritische Untersuchungen der ältesten Verfassungsurkunden der Stadt Freiburg i. Br., in: ZGO 40 NF 1 (1886). | Karlsruhe, 1886. |
| **MAUSFELD**, Rainer: | Wörterbuch der Kognitionswissenschaft, hrsg. von Gerhard Strube, Barbara Becker, Christian Freksa, Udo Hahn, Klaus Opwis, Günther Palm. | Stuttgart, 1996. |
| **MAYER**, Theodor: | Zur Frage der Stadtgründungen im Mittelalter, in: Altständisches Bürgertum, Band 1., hrsg. von Heinz Stoob. | Darmstadt, 1978. |
| **MICHAELIS**, Karl: | Hans Otto de Boor zum Gedenken. Ansprachen und Reden gehalten bei der Gedächtnisfeier der Rechts- und Staatswissenschaftlichen Fakultät der Georg-August Universität zu Göttingen am 29. Juni 1956. | Göttingen, 1957. |

| | | |
|---|---|---|
| **MINUTH,** Karl-Heinz (Bearb.): | Akten der Reichskanzlei. Die Regierung Hitler. Teil I 1933 – 1938. Band 1. | Boppard am Rhein, 1983. |
| **MITTEIS,** Heinrich: | Politische Prozesse des frühen Mittelalters in Deutschland und Frankreich. SB. Der Heidelberger Akademie der Wissenschaften, Jg. 1926/27, 3. Abh. | Heidelberg, 1927. |
| **MITTEIS,** Heinrich: | Rezension zu Julius Göbel jr.: Felony and misdemeanor. A study in the history of English Criminal Procedure. Vol. I. | New York, 1937. |
| **MITTEIS,** Heinrich, **LIEBERICH,** Heinz: | Deutsche Rechtsgeschichte, 19. erg. Aufl. | München, 1992. |
| **MÜLLER,** Karl–Friedrich: | Das Jahr 1945 in Südbaden. Aus der Reihe: Menschen und Strukturen, historisch – sozialwissenschaftliche Studien, Band 3, hrsg. von Heiko Haumann. | New York, Paris, Frankfurt am Main, Bern, 1987. |
| **NACHMANSOHN,** David: | Die große Ära der Wissenschaft in Deutschland 1900 bis 1913. | New York, 1979. |
| **NAUCKE,** Wolfgang: | Arthur Baumgarten, (1884 – 1966), in: Juristen an der Frankfurter Universität, hrsg. von Bernhard Diestelkamp, Michael Stolleis. | Baden-Baden, 1989. |
| **NEHLSEN,** Hermann: | Cives et milites de Friburg. Ein Beitrag zur Geschichte des ältesten Freiburger Patriziates, in: Schau-ins-Land Jahresheft 84/85, Breisgau-Geschichtsverein. | Freiburg i. Br., 1966/67. |
| **OTT,** Hugo: | Schuldig – mitschuldig – unschuldig? Politische Säuberungen und Neubeginn 1945, in: Die Freiburger Universität in der Zeit des Nationalsozialismus, hrsg. von Eckhard John, Bernd Martin, Marc Mück und Hugo Ott. | Freiburg, Würzburg, 1991. |
| **PATZE,** Hans: | Stadtgründung und Stadtrecht, in: Recht und Schrift im Mittelalter, hrsg. von Peter Classen. Aus der Reihe Vorträge und Forschungen, hrsg. vom Konstanzer Arbeitskreis für mittelalterliche Geschichte, Band XXIII. | Sigmaringen, 1977. |
| **PEUKERT,** Detlev: | Die Edelweißpiraten. Protestbewegungen jugendlicher Arbeiter im Dritten Reich, 2. erw. Auflage. | Köln, 1988. |
| **PFENNIG,** Christian – Matthias: | Die Kritik Otto von Gierkes am ersten Entwurf eines Bürgerlichen Gesetzbuches. | Göttingen, 1997. |
| **PICHINOT,** Hans–Rainer: | Die Akademie für Deutsches Recht. Aufbau und Entwicklung einer öffentlich- rechtlichen Körperschaft des Dritten Reichs. | Kiel, 1981. |
| **PLANITZ,** Hans: | Die Deutsche Stadt im Mittelalter. Von der Römerzeit bis zu den Zukunftkämpfen. | Wiesbaden, 1997. |

| | | |
|---|---|---|
| **PLATZHOFF**, Walter: | Die Johann Wolfgang Goethe-Universität zu Frankfurt am Main. Rede vom 14. 11. 1934 anlässlich der feierlichen Rektoratsübernahme der Universität Frankfurt am Main. | Frankfurt am Main, 1934. |
| **REGENBOGEN**, Arnim, **MEYER**, Uwe: | Wörterbuch der philosophischen Begriffe, hrsg. Arnim Regenbogen, Uwe Meyer, Johannes Hofmeister, Carl Michaelis und Friedrich Kirchner. | Hamburg, 1998. |
| **RIETSCHEL,** Siegfried: | Die älteren Stadtrechte von Freiburg i. Br., in: VSWG 3. | 1905 |
| **RIETSCHEL,** Siegfried: | Neue Studien über die älteren Stadtrechte von Freiburg i. Br. Mit einer vergleichenden Ausgabe der lateinischen Stadtrechtstexte des 13. Jahrhunderts, in: Festgabe für F. v. Thudichum; auch abgedruckt in: Die älteren Stadtrechte von Freiburg i. Br., in: VSWG 3, 1905. | 1907 |
| **RIETSCHEL,** Siegfried: | Rezensionen zu Beyerles Untersuchungen zur Geschichte der älteren Stadtrechte von Freiburg i. Br. und Villingen a. Schw., in: ZRG GA 31, 1910. | 1910 |
| **RINGER**, Fritz: | Die Gelehrten. Der Niedergang der deutschen Mandarine (1890 – 1933). | Stuttgart, 1983. |
| **RINGER**, Fritz: | Das gesellschaftliche Profil der deutschen Hochschullehrerschaft 1871- 1933, in: Deutsche Hochschullehrer als Elite 1815- 1945. Büdinger Forschung zur Sozialgeschichte, hrsg. von Klaus Schwabe. | Boppard am Rhein, 1988. |
| **RITTER**, Gerhard: | Die Niederlage des Militärs, in: Vom Kaiserreich zur Weimarer Republik, hrsg. von Eberhard Kolb. | Köln, 1972. |
| **RÖRIG**, Fritz: | Der XI. Historiker Tag, in: Historische Vierteljahrschrift, Bd. 13., S. 118. | Leipzig, 1910. |
| **RÖRIG**, Fritz: | Der Freiburger Stadtrodel. Eine paläographische Studie, in: Zeitschrift für die Geschichte des Oberrheins, hrsg. von der Badischen Historischen Kommission, NF, Band 26, H. 1. | Heidelberg. |
| **RÖRIG**, Fritz: | Die Gründungsunternehmerstätte des 12. Jahrhunderts, in: Altständisches Bürgertum, Band 1., Herrschaft und Gemeinverfassung, Hrsg. Heinz Stoob. | Darmstadt, 1978. |
| **ROSENBERG**, Arthur: | Entstehung und Geschichte der Weimarer Republik, hrsg. Kurt Kersten. | Frankfurt am Main, 1988. |
| **RÜBSAM**, Dagmar, **SCHADECK**, Hans (Hrsg.): | Der Freiburger Kreis. Widerstand und Nachkriegsplanung 1933 – 1945. Veröffentlichungen aus dem Archiv der Stadt Freiburg i. Br. | Freiburg 1990. |

| | | |
|---|---|---|
| **RÜCKERT**, Joachim: | Die Historisierung der Rechtsgeschichte und ihre NS-Charakteristik als Wissenschaft mit Ideologie, in: ZNR, 15. Jg, 1993, Nr.1/2, S. 78 – 90. | 1993 |
| **RÜCKERT**, Joachim: | Kontinuität und Diskontinuität in der Treuhandforschung, in: Itenera Fiduciae. Trust and Treuhand in Historical Perspektive, hrsg. von Richard Helmholz, Reinhard Zimmermann, S. 417 – 426. | Berlin 1998 |
| **RÜRUP**, Reinhard: | Entstehung und Grundlagen der Weimarer Verfassung, in: Vom Kaiserreich zur Weimarer Republik, hrsg. von Eberhard Kolb. | Köln, 1972. |
| **RÜTHERS**, Bernd: | Die unbegrenzte Auslegung. Zum Wandel der Privatrechtsordnung im Nationalsozialismus. | Tübingen, 1968. |
| **SAUER**, Wolfgang: | Das Scheitern der parlamentarischen Monarchie, in: Vom Kaiserreich zur Weimarer Republik, hrsg. von Eberhard Kolb. | Köln, 1972. |
| **SCHATTKKE**, Herbert: | Die Geschichte der Progression im Strafvollzug und der damit zusammenhängenden Vollzugsziel in Deutschland. Europäische Hochschulschriften , Reihe II, Rechtswiss., Bd./Vol. 202. | Frankfurt am Main u. a., 1979. |
| **SCHERNER**, Karl Otto: | Treuhand, in: HRG Bd. 5., Sp. 341 – 343. | Berlin, 1998. |
| **SCHERNER**, Karl Otto: | Salmannschaft, Servusgeschäft und venditio iusta. | Wiesbaden, 1971. |
| **SCHLESINGER**, Walter: | Zur Gründungsgeschichte von Freiburg. Vorträge zum Stadtjubiläum 1970, hrsg. von Wolfgang Müller. | Bühl/Baden, 1970. |
| **SCHLESINGER**, Walter: | Das älteste Freiburger Stadtrecht. Überlieferung und Inhalt, in: ZRG (GA) Bd. 83, S. 63 – 116. | Weimar, 1966. |
| **SCHLOSSER**, Hans: | Grundzüge der neuen Privatrechtsgeschichte, 9. Aufl. | Heidelberg, 2001. |
| **SCHMELZEISEN**. Gustav Klemens: | Quellen zur Neueren Privatrechtsgeschichte Deutschlands, Bd. 2, 1. Halbband. | Weimar, 1968. |
| **SCHMIDT-RIMPLER**, Walter: | Karl Rauch. Rede bei der Rechts- und Staatswissenschaftliche Fakultät der Universität Bonn am 17. Juli 1953 veranstalteten Gedenkfeier. | Bonn, 1953. |
| **SCHMIDT-WIEGAND**, Ruth: | Weichbild, in: HRG, Bd. 5., Sp. 1209 – 1212. | Berlin, 1998. |
| **SCHNABEL**, Thomas: | Die Universität Freiburg im Krieg, in: Die Freiburger Universität in der Zeit des Nationalsozialismus, hrsg. von Eckard John, Bernd Martin, Marc Mück, Hugo Ott. | Freiburg, 1991. |
| **SCHNEIDER**, Hans: | Die staatsrechtlichen Ereignisse 1932 / 33 aus der Sicht eines Freiburger Studenten, in: Freiburger Universitätsblätter, H. 100, 27. Jg., 1988. | Freiburg, 1988. |

| | | |
|---|---|---|
| **SCHÖNBERGER,** Wilhelm, **DILCHER,** Gerhard: | Einleitung zum Schweizer ZGB, in: ZGB, 41. Aufl. | München, 2001. |
| **SCHOTT,** Clausdieter: | Der \`Träger\` als Treuhandform. | Köln, Wien, 1975. |
| **SCHOTT,** Clausdieter: | Verzeichnis der Schriften von Franz Beyerle, in: Zeitschrift der Savigny- Stiftung für Rechtsgeschichte (ZRG), Germanistische Abteilung (GA). Band 97. | Wien, Köln, Graz, 1980. |
| **SCHRÖDER,** Richard, **v. KÜNSSBERG,** Eberhard: | Lehrbuch der deutschen Rechtsgeschichte. 7. Aufl. | Berlin, Leipzig, 1932. |
| **SCHRÖDER,** Jan: | Otto von Gierke (1841 – 1921), in: Deutsche Juristen aus fünf Jahrhunderten, hrsg. von Gerd Kleinheyer und Jan Schröder, 3., neu bearbeitet und erweiterte Aufl. | Heidelberg, 1989. |
| **SCHUBEL,** Friedrich: | Universität Greiswald. | Frankfurt am Main, 1960. |
| **SCHUBERT,** Werner: | Akademie für Deutsches Recht 1933 – 1945. Protokolle der Ausschüsse. Band III, 1. Volksgesetzbuch. Mitgliederliste der Verfasser der Teilentwürfe zum Volksgesetzbuch, Arbeitsberichte und sonstige Materialien, hrsg. von Werner Schubert, Werner Schmid, Jürgen Regge. | Berlin, New York, 1988. |
| **SCHULTZE v. LASAULX,** Hermann: | Brief zum Fragebogen zur Lage der Deutschen Rechtsgeschichte 1932 – 1945, in: Die Deutsche Rechtsgeschichte in der NS-Zeit, hrsg. von Joachim Rückert und Dietmar Willoweit. | Tübingen, 1995. |
| **SCHULTZE,** Alfred: | Zur Textgeschichte der Freiburger Stadtrechtsaufzeichnungen, in: Zeitschrift für die Geschichte des Oberrheins, hrsg. von der Badischen Historischen Kommission, NF, Band 28, H. 2. | Heidelberg, 1913. |
| **SCHULTZE,** Alfred: | Die langobardische Treuhand und ihre Umbildung zur Testamentsvollstreckung, in: Untersuchungen zur deutschen Staats- und Rechtsgeschichte, AF, H. 49. | Breslau (1895), Aalen, 1973. |
| **SCHWAB,** Dieter: | Zum Selbstverständnis der historischen Rechtswissenschaft im Dritten Reich, in: Kritische Justiz, Jg. 1969. | Baden/ Baden, 1969. |
| **SCHWABE,** Klaus: | Wissenschaft und Kriegsmoral. Die deutschen Hochschullehrer und die politischen Grundfragen des Ersten Weltkrieges. | Göttingen, Zürich, Frankfurt am Main, 1969. |

| | | |
|---|---|---|
| **SCHWABE**, Klaus: | Einleitung zu Rahmenbedingungen und Selbstdeutung des beruflichen Wirkens deutscher Gelehrter, in: Deutsche Hochschullehrer als Elite 1815 – 1945. Büdinger Forschungen zur Sozialgeschichte, hrsg. von Klaus Schwabe. | Boppard am Rhein, 1988. |
| **SCHWABE**, Klaus: | Deutsche Hochschullehrer und Hitlers Krieg (1936 – 1940), in: Die deutschen Eliten und der Weg in den zweiten Weltkrieg, hrsg. von Martin Broszat und Klaus Schwabe. | München, 1989. |
| **SCHWABE**, Klaus: | Der Weg in die Opposition: Der Historiker Gerhard Ritter und der Freiburger Kreis, in: Die Freiburger Universität in der Zeit des Nationalsozialismus, hrsg. von Eckhard John, Bernd Martin, Marc Mück und Hugo Ott. | Freiburg, Würzburg, 1991. |
| **SCHWERIN**, Claudius Freiherr v.: | Besprechung von Beyerles Entwicklungsproblem im germanischen Rechtsgang, in: ZRG GA, Bd. 36. | Weimar, 1915 |
| **SCHWERIN**, Claudius Freiherr v.: | Rechtshistoriker während dreier Epochen deutscher Geschichte (Rechtshistorische Reihe, Bd. 84). Dissertation Universität München 1990. | Frankfurt a.M., Bern, New York, Paris 1991. |
| **SCHWERIN**, Claudius Freiherr v., **THIEME**, Hans: | Grundzüge der deutschen Rechtsgeschichte. | Berlin, München, 1950. |
| **SCHWINEKÖPER**, Berent: | Beobachtungen zum Problem der Zähringerstädte, in: Schau-ins-Land Jahresheft 84/85 des Breisgau-Geschichtsvereins. | Freiburg i. Br., 1966/67. |
| **SCHWINEKÖPER**, Berent: | Zu den topographischen Grundlagen der Freiburger Stadtgründung, in: Freiburg im Mittelalter, Vorträge zum Stadtjubiläum 1970, hrsg. von Wolfgang Müller. | Freiburg, 1970. |
| **SCHMIDT-RIMPLER**, Walter: | Karl Rauch. Gedächtnisrede gehalten bei einer von der Rechts- und Staatswissenschaftlichen Fakultät der Universität Bonn am 17. Juli 1953 veranstalteten Gedenkfeier, in: Alma Marter. Beiträge zur Geschichte der Universität Bonn. Bd. 4. | Bonn, 1953. |
| **SIMON**, Dieter: | Waren die NS- Richter \`unabhängige Richter\` im Sinne des § 1 GVG?, in: Justizalltag im Dritten Reich, hrsg. von Bernhard Diestelkamp und Michael Stolleis. | Frankfurt am Main, 1988. |
| **SONTHEIMER**, Kurt: | Die deutschen Hochschullehrer in der Zeit der Weimarer Republik, in: Deutsche Hochschullehrer als Elite 1815 – 1945. Büdinger Forschung zur Sozialgeschichte, hrsg. von Klaus Schwabe. | Boppard am Rhein, 1988. |
| **SPRANDEL**, Rolf: | Markt, in: Lexikon des Mittelalters. Band VI., Sp. 308 – 311. | München, Zürich, 1993. |

| | | |
|---|---|---|
| **STAFF**, Ilse: | Hermann Heller (1891 – 1933), in: Juristen an der Frankfurter Universität, hrsg. von Bernhard Diestelkamp / Michael Stolleis. | Baden / Baden, 1989. |
| **STAHL**, Friedrich: | Der Versailler Vertrag vom 28. Juni 1919 als Instrument zur Ausbeutung, Erniedrigung und Schikanierung Deutschlands. Die Geschichte des Vertrages und seine Bestimmungen. | Leipzig, 1927. |
| **STOLLEIS**, Michael: | Gemeinwohlformeln im nationalsozialistischen Recht. Band 15 der Münchner Universitätsschriften – Juristische Fakultät. Abhandlungen zur rechtswissenschaftlichen Grundlagenforschung. | Berlin, 1974. |
| **STOLLEIS**, Michael: | Staatsrechtslehre zwischen Monarchie und Führerstaat, in: Wissenschaft und Nationalsozialismus, hrsg. von Steffen Harbordt. Eine Vortragsreihe des Fachbereichs Gesellschafts- und Planungswissenschaften der Technischen Universität Berlin. | Berlin, 1983. |
| **STOLLEIS**, Michael: | Die Verwaltungsgerichtsbarkeit im Nationalsozialismus, in: Justizalltag im Dritten Reich, hrsg. von Bernhard Diestelkamp und Michael Stolleis. | Frankfurt am Main, 1988. |
| **STOLLEIS**, Michael: | Friedrich Giese (1882 – 1958), in: Juristen an der Frankfurter Universität, hrsg. von Bernhard Diestelkamp / Michael Stolleis, S. 117 127. | Baden-Baden, 1989. |
| **STOLLEIS**, Michael: | Die Rechtsgeschichte im Nationalsozialismus: Umrisse eines wissenschaftlichen Themas, in: Rechtsgeschichte im Nationalsozialismus. Beiträge zur Geschichte einer Disziplin, hrsg. von Michael Stolleis und Dieter Simon. | Tübingen, 1989. |
| **STRAHM**, Hans: | Die Berner Handfeste. | Bern, 1953. |
| **STUCHLIK**, Gerda: | Goethe im Braunhemd. Universität Frankfurt 1933 – 1945. | Frankfurt am Main, 1984. |
| **STUTZ**, Ulrich: | Konrad Beyerle (1872 – 1933), in: ZRG GA Bd. 54 (1934), S. 319 ff. | Wien, Köln, Graz, 1934. |
| **STUTZ**, Ulrich: | Nachrufe, 11. Würdigungen deutscher Rechtshistoriker aus der Zeitschrift der Savigny Stiftung für Rechtsgeschichte. | Aalen, 1966. |
| **SYDOW**, Jürgen, von: | Bemerkungen zu den Anfängen des Städtewesens im südwestdeutschen Raum, in: Alemannisches Jahrbuch 1981/83, hrsg.: Alemannisches Institut Freiburg / Breisgau. | Bühl/Baden, 1984. |
| **TENBRUCK**, Friedrich: | Das Werk Max Webers. Gesammelte Aufsätze zu Max Weber, hrsg. von Harald Homann. | Tübingen, 1999. |
| **THEUERKAUF**, Gerhard: | Fronhof, in: HRG Bd. 1., Sp. 1309 – 1312. | Berlin 1971. |

| | | |
|---|---|---|
| **THEUERKAUF**, Gerhard: | Villikation, in: HRG Bd. 5. Sp. 919 – 923. | Berlin, 1998. |
| **THIEME**, Hans: | Friede und Recht im mittelalterlichen Reich. Leipziger Universitätsreden, H. 12. | Leipzig, 1945. |
| **THIEME**, Hans: | Die germanistische Rechtsgeschichte in Freiburg, in: Aus der Geschichte der Rechts- und Staatswissenschaften zu Freiburg i. Br, hrsg. von Hans Julius Wolf. | Freiburg, 1957. |
| **THIEME**, Hans: | Franz Beyerle, in: ZRG (GA) Bd. 96 (1979), S. 19 ff. | Wien, Köln, Graz, 1979. |
| **TÖPNER**, Kurt: | Gelehrte Politiker und politisierende Gelehrte. Veröffentlichungen der Gesellschaft für Geistesgeschichte. Band 5, hrsg. von H.J. Schoeps. | Göttingen, Zürich, Frankfurt am Main, 1970. |
| **TYRELL**, Albrecht: | Das Scheitern der Weimarer Republik und der Aufstieg der NSDAP, in: Das Dritte Reich im Überblick, hrsg. von Martin Broszat und Klaus Schwabe, 5. Aufl. | München, Zürich, 1996. |
| **VORHOLZ**, Irene: | Die Rechts- und Staatswissenschaftliche Fakultät der Ernst-Moritz-Arndt- Universität Greifswald. Von der Novemberrevolution 1918 bis zur Neukonstituierung der Fakultät 1992. Greifswalder Rechtswissenschaftliche Reihe, Band 9. | Köln, Berlin, Bonn, München, 2000. |
| **WALLISER**, Peter R.: | Geisel, in: Lexikon des Mittelalters, Bd. IV., Sp. 1175 – 1176. | München, Zürich, 1989. |
| **WASHNER**, Roderich: | Die Deutsche Rechtsgeschichte und der Faschismus, in: Kritische Justiz, H. 2. | Baden/ Baden, 1973. |
| **WEBER**, Max: | Das Tennenbacher Güterbuch (1317 – 1341). Bearb. Max Weber u.a. Veröffentlichungen der Kommission für geschichtliche Landeskunde in Baden – Württemberg, Reihe A, Quellen, 19. Band. | Stuttgart, 1969. |
| **WEINACHT**, Paul–Ludwig: | Die christliche Arbeitsgemeinschaft in Freiburg i. Br., in: Freiburger Universitätsblätter, H. 102, 27.Jg., 1988. | Freiburg, 1988. |
| **WEISZ**, Christoph: | Geschichtsauffassung und politisches Denken Münchner Historiker der Weimarer Zeit. | Berlin, 1970. |
| **WELTI**, Friedrich Emil: | Beiträge zur Geschichte des älteren Stadtrechts von Freiburg im Üechtland, Abhandlungen zum schweizerischen Recht, 25. | 1908 |
| **WELTI**, Friedrich Emil: | Die Rechtsquellen des Kantons Bern. Erster Teil Stadtrechte, Erster u. zweiter Band: Das Stadtrecht von Bern I und II. | Aarau, 1971. |
| **WIEACKER**, Franz: | Zum System des deutschen Vermögensrechts, in: Leipziger wissenschaftliche Studien, H. 126. | 1941 |

| | | |
|---|---|---|
| **WILDA**, Eduard: | Das Strafrecht der Germanen. Geschichte des deutschen Strafrechts. Bd. I. | Neudruck der Ausgabe von 1842, Aalen, 1960. |
| **WILHELMUS**, Wolfgang, u.a.: | Universität Greifswald 525 Jahre. | Berlin, 1982. |
| **WILLOWEIT**, Dietmar: | Deutsche Rechtsgeschichte und \`nationalsozialistische Weltanschauung\`: das Beispiel Hans Frank, in: Rechtsgeschichte im Nationalsozialismus, hrsg. von Michael Stolleis und Dieter Simon. | Tübingen, 1989. |
| **WINKLER**, Heinrich August: | Der lange Weg nach Westen. Erster Band. Deutsche Geschichte vom Ende des Alten Reiches bis zum Untergang der Weimarer Republik. | München, 2000. |
| **WINKLER**, Heinrich August: | Weimar 1918 – 1933. Die Geschichte der ersten deutschen Demokratie. | München, 1998. |
| **WOLF**, Erik: | Grosse Rechtsdenker der Deutschen Geistesgeschichte. 4. Aufl. | Tübingen, 1963. |
| **WÜST**, Günther: | In memoriam Franz Beyerle, in: Juristen Zeitung, H. 3., S. 118 f. | Tübingen 1978. |
| **ZANG**, Gert: | Konstanz in der Großherzoglichen Zeit. | Konstanz, 1994. |
| **ZIMMERMANN**, Wolfgang: | Geschichte der Stadt Konstanz, Bd. 3, Konstanz in der frühen Neuzeit. | Konstanz, 1991. |

# Anhang - Quellen[1280]

## I. Veröffentlichungen Franz Beyerles[1281]

1. Selbstständige Schriften, Editionen und Mitherausgaben

- Untersuchungen zur Geschichte der älteren Stadtrechte von Freiburg i.Br. und Villingen a. Schw. (Deutschrechtliche Beiträge V 1 1910) S. 1 – 234.
- Das Entwicklungsproblem im germanischen Rechtsgang (Deutschrechtliche Beiträge X 2 1915) S. 195 – 602. Das dritte Kapitel bereits 1913 als Habilitationsschrift (Jena) gedruckt unter dem Titel: Beweisverteilung im gerichtlichen Sühneverfahren der Volksrechte, 92 S.
- Die Treuhand im Grundriß des deutschen Privatrechts (1932), 48 S.
- Die Gesetze der Burgunden, Germanenrechte Bd. 10 (1936) XVI, 191 S.
- Quellen zur neueren Privatrechtsgeschichte Deutschlands, Bd. I 1 und 2 hrsg. u. bearbeitet von Wolfgang Kunkel, Hans Thieme und Franz Beyerle, (1936/38).
- Die Gesetze der Langobarden (1947), XVI, 508 S., Nachdruck 1962.
- Ortsnamen der Landnahmezeit und karolingische Personennamen als sozialgeschichtlicher Anschauungsstoff, in: Festschrift für Karl Haff (1950).
- Süddeutschland in der politischen Konzeption Theoderichs des Großen, in: Grundfragen der alemannischen Geschichte (1952).
- Beyerle, Franz – Buchner, Rudolf; Lex Ribvaria (MGH, Legum Sectio I, Tom III, Pars II) (1954), 217 S., Nachdruck 1965.
- Forschungen zum Deutschen Recht, hrsg. v. Franz Beyerle, Herbert Meyer und Karl Rauch.
- Arbeiten zur Rechtssoziologie und Rechtsgeschichte, hrsg. von Franz Beyerle und Karl Siegfried Bader.
- Forschungen zur neueren Privatrechtsgeschichte, hrsg. von Franz Beyerle und Wolfgang Kunkel, Bd. 1-5 (1954-1958).

2. Aufsätze, Vorträge und Miszellen

- Ein altes Konstanzer Bollwerk, in: Konstanzer Zeitung vom 15. Januar 1910.
- Die ewigen Renten des Mittelalters, in: VSWG (1911), S. 401 – 406.
  s. Friedrich Wielandt – Franz Beyerle, Die St. Leonhardtskapelle zu Landschlacht und ihre neuentdeckten Wandgemälde, in: Schau-ins-Land 38 (1911), S. 88 – 104 und 39 (1912), S. 25 – 36.
- Zur schwäbischen Rechtsgeschichte, in: VSWG 11 (1913), S. 607 – 610.
- Das älteste Breisacher Stadtrecht, in: ZRG GA 39 (1918), S. 318 – 345.
- Die Sprache des Gesetzgebers, in: Basler Nachrichten vom 25. Jan. 1922.
- Seelenwaage und Sündenregister, in: Ztschr. f. dt. Altertum 60 (1923) S. 230 – 232.

---

1280 Soweit bekannt und verfügbar wurden zur Literatur alle Angaben gemacht. Teilweise sind aber manche Angaben (vor allem Verlag, Ort und Jahr) nicht vermerkt. Sie können und werden daher nicht angegeben werden.

1281 Nach der nahezu vollständigen Bibliographie von Schott (1980), S. 298 ff.

- Ueber Normtypen und Erweiterungen der Lex Salica, in: ZRG GA 44 (1924), S. 216 – 261.
- Die Grundherrschaft der Reichenau, in: Die Kultur der Abtei Reichenau, hrsg. v. Konrad Beyerle, Bd. 1 (1925), S. 452 – 512.
- Die fortgesetzte Gütergemeinschaft des schweizerischen ZGB, in: ZSR NF. 44 (1925), S. 355 – 377.
- Zur Gründungsgeschichte der Abtei Reichenau und des Bistums Konstanz, in: ZRG Kann. 15 (1926), S. 512 – 531.
- Marktfreiheit und Herrschaftsrecht in oberrheinischen Stadtrechtsurkunden, in: Festgabe Paul Speiser (1926), S. 39 – 82 und in: Altständisches Bürgertum I., Wiss. Buchgesellschaft Darmstadt (1978), S. 39 – 76.
- Ulm und die Reichenau, ZGO 79 NF 40 (1926), S. 551 – 563.
- Der Ursprung der Bürgschaft. Ein Deutungsversuch vom germanischen Recht her, in: ZRG GA 47 (1927), S. 567 – 645; Nachdr. mit einem Vorwort H.-R Hagemann, Wiss. Buchgesellschaft Darmstadt (1971).
- Die Lex Ribuaria. Volksrechtliche Studien I, in: ZRG GA 48 (1928), S. 264-378.
- Eine Reichenauer Konventsliste aus der Zeit Abt Ruodmans (972-935), in: ZGO 81 N.F. 42 (1926), S. 382-399.
- Die süddeutschen Leges und die merowingische Gesetzgebung. Volksrechtliche Studien II, in: ZRG GA 29 (1929), S. 264 – 432.
- Reichenauer – Fragen (Miszellen), in: ZGO 82 NF 43 (1930), S. 330 – 340.
- Zur Typenfrage in der Stadtverfassung, in: ZRG GA 50 (1930), S. 1 – 114, auch als selbstständige Schrift: Weimar (1930), 114 S.
- Examensnot und Hochschulbildung, in: DJZ 37 (1932) Sp. 633 – 635.
- Zur Wehrverfassung des Hochmittelalters, in: Festschr. für Ernst Meyer (1932) S. 31 – 91.
- Weinkauf und Gottespfennig an Hand westdt. Quellen, in: Festschr. für Alfred Schulze (1934), S. 251 – 282.
- Das Gesetzbuch Ribvariens. Volksrechtliche Studien III, in: ZRG GA Bd. 55 (1936), S. 1 – 80.
- Vom Sinn des deutschen Rechtsstandes, in: DJZ 41 (1936), Sp. 597 – 601.
- Der Entwicklungsgedanke im Recht, in: Festschr. für Alfred Schulze (= Leipzig rechtsw. Studien 100, 1938), S. 229 – 249.
- Sinnbild und Bildgewalt im älteren deutschen Recht, in: ZRG GA Bd. 58 (1938), S. 788 – 807.
- Der andere Zugang zum Naturrecht, in: Deutsche Rechtswissenschaft, Vierteljahresschrift der Akademie für Deutsches Recht 4 (1939), S. 3 – 24.
- Der Anteil des Elsaß am Sieg der deutschen Stadtfreiheit, in: Oberrheinische Heimat, Jahresband 1940 „Elsaß“, hrsg. v. H. E. Busse, S. 289 – 308.
- Zum Problem der alamannischen Baaren, in: ZRG GA Bd. 62 (1942), S. 305 – 322.
- Schuldenken und Gesetzeskunst, in: Ztschr. f. d. gesamte Staatswissenschaft 102 (1942), S. 209 – 258.
- Gedenkrede auf Hans Großmann-Doerth: Gedenkrede bei der akademischen Feierstunde am 24.05.1944 im Kuppelsaal der Albert-Ludwigs-Universität Freiburg: Sonderdruck Freiburg, 27 Seiten (UB Freiburg).
- Bischof Perminius und die Gründer der Abteien Murbach und Reichenau, in: Zeitschrift für Schweizer Geschichte 27 (1947), S. 129 – 173.

- Rezeptionsvorgänge in Südwestdeutschland, in: Der Konstanzer Juristentag 1947, S. 219 – 229.
- Recezione di diritto nella Germania sud occidentale, in: Nuova Rivista di Diritto commerciale, Diritto dell `economia, Diritto sociale 1 (1947/48), S. 233 – 239. (Übersetzung von Rezeptionsvorgänge in Südwestdeutschland, 1947).
- Der „Arme Heinrich" Hartmanns v. Aue als Zeugnis mittelalterlichen Ständerechts, in: Kunst und Recht, Festgabe für Hans Fehr (= Arbeiten zur Rechtssoziologie und Rechtsgeschichte Bd. 1, 1948), S. 28 – 46.
- Der Tellotext von Disentis von 765, in: Jahresbericht der Hist.-Antiqu. Gesellschaft von Graubünden (1949), S. 5 – 58.
- Wortsinn und ursprüngliche Aufgabe der altfränkischen Rachinburgen, in: Angebinde für John Meier, hrsg. v. Friedrich Maurer (1949), S. 43 – 51.
- Frühgeschichte der westgotischen Gesetzgebung. Volksrechtliche Studien IV., in: ZRG GA Bd. 67 (1950), S. 1 – 33.
- Ortsnamen und Landnahmezeit und karolingische Personennamen als sozialgeschichtlicher Anschauungsstoff, in: Festgabe für Karl Haff (1950), S. 13 – 32.
- Das Formelbuch des westfränkischen Mönchs Markulf und Dagoberts Urkunde für Rebais a. 635, in: Dt. Archiv für die Erforschung des Mittelalters, Bd. 9 (1951), S. 43 – 58.
- Rast, Sattellöse, Sentenhart: Drei oberschwäbische Ortsnamen und ihr verfassungsgeschichtlicher Hintergrund, in: Festschrift für Ernst Ochs (1951), S. 63 – 72.
- Das frühmittelalterliche Schulheft vom Ämterwesen, in: ZRG GA Bd. 69 (1952), S. 1 – 23.
- Süddeutschland in der politischen Konzeption Theoderichs des Großen, in: Vorträge und Forschungen I., (1952), S. 65 – 81.
- Gutachten über die rechtliche Struktur der Murgschifferschaft zu Gernsbach in derem geschichtlichen Wandel und heutigen Zustand. Herausgegeben von der Murgschifferschaft. Druck: Ferd. Fetzer Nachf. Gernsbach (1953/54).
- Die Fratres de Friburch im St. Galler Verbrüderungsbuch, in: Schau-ins-Land 72 (1954), S. 11 – 16.
- Recht, Staat und Gesellschaft als Lehrfach der Schule, in: Festschrift zur Feier des 350jährigen Bestehens des Heinrich Suso-Gymnasiums Konstanz (1954), S. 7 – 18.
- Streifzüge durch die Libri confraternitatum, Protokoll des Konstanzer Arbeitskreises für mittelalterliche Geschichte Nr. 19 vom 13.03.1954.
- Zur Textgestalt und Textgeschichte der Lex Burgundionum, in: ZRG GA Bd. 71 (1954), S. 23 – 54.
- Der dingliche Vertrag, in: Festschrift für Gustav Boehmer (1954), S. 164 – 176.
- Sui contratti reali, in: Nuova Rivista di Diritto commerciale, Diritto dell economia, Diritto sociale 7 (1954), S. 234 – 244.
- Ertragsbeteiligung als dingliches Recht, in: JZ 10 (1955), S. 257 – 260.
- Das Formel-Schulbuch Markulfs, in: Verfassungs- und Landesgeschichte, Festschrift zum 70. Geburtstag von Theodor Mayer II., (1955), S. 365 – 389.
- Ein Konstanzer, nicht Bertold Schwarz Erfinder des Schießpulvers, in: ZGO 103 NF 64 (1955), S. 272 – 274.
- La Partecipazione agli utili come Diritto reale, in: Nuova Rivista di Diritto commerciale, Diritto dell economia, Diritto sociale 8 (1955), S. 121 – 127.

- Stammesrecht und Stamm, Protokoll des Konstanzer Arbeitskreises für mittelalterliche Geschichte Nr. 33 vom 19.- 22.04.1955, S. 56/57.
- Der Alamannen-Feldzug des Kaisers Constantinus II. von 355 und die Namengebung Constantia (Konstanz), in: ZGO 104 NF 65 (1956), S.225 – 239.
- Ist Bischof Martian von Konstanz der gleichnamige Bischof von Grado? Eine Auseinandersetzung mit dem Mailänder Rechtshistoriker Bognetti, in: Oberländer Chronik, Heimatblätter des Südkurier, Nr. 169, 7. November 1956.
- Zum Kleinreich Sigiberts III., und zur Datierung der Lex Ribuaria, in: Rheinische Vierteljahresblätter 21 (1956), S. 375 – 362.
- Das mittelalterliche Konstanz: Verkehrslage und wirtschaftliche Entwicklung, in: Syntagma Friburgense, Historische Studien, Hermann Aubin zum 70. Geburtstag (= Schriften des Kopernikuskreises Bd. I., 1956), S. 29 – 48.
- Das Kulturporträt der beiden alamannischen Rechtstexte: Pactus und Lex Alamannorum, in: Hegau 5 (1956), S. 93 – 108, und in: Zur Geschichte der Alemannen, Wissenschaftliche Buchgesellschaft Darmstadt 1975, S. 126 – 150.
- Die beiden Süddeutschen Stammesrechte, in: ZRG GA Bd. 73 (1956), S. 84 – 140.
- Das Burgkloster auf dem Hohen Twiel, in: Hohentwiel, Bilder aus der Geschichte des Berges, hrsg. von der Stadt Singen/ Hohentwiel durch Herbert Berner (1957), S. 136 – 147.
- Auf der Spur der reichenauischer Miniatoren, in: ZGO 105 N.F. 66 (1957), S. 325 – 327.
- Zur Namengebung „Bodensee" und „Bodman", in: Hegau 8 (1959), S. 149 – 156.
- Zum Siedlungsgrundriß des älteren Konstanz, in: Konstanzer Almanach 1960 (1959), S. 38 – 43.
- Stammesrecht und Reichsrecht in der merowingischen Gesetzgebung, Protokoll des Konstanzer Arbeitskreises für mittelalterliche Geschichte Nr. 71 vom 16. – 19.03.1959, S. 82 – 91.
- Aus Basels Aura academica (1918-1929), in: Schweizer Hochschulzeitung Sonderheft Universität Basel 1460-1960, 33 (1960), S. 159 – 174.
- Der Gesetzgeber im Merowingerreich, Protokoll des Konstanzer Arbeitskreises für mittelalterliche Geschichte Nr. 89 vom 10.06.1961.
- Das legislative Werk Chilperich I., in: ZRG GA Bd. 78 (1961), S. 1- 38.
- Die Malberg–Glossen der Lex Salica, in: ZRG GA Bd. 89 (1972), S. 1 – 32.
- Rezeption, Rezeptionsreife und Überwindung, in: ZRG GA Bd. 95 (1978), S. 115 – 120.
- Das Schicksal fremdstämmiger Bevölkerung des alamannischen Raumes aufgrund der Rechtsdenkmäler des frühen Mittelalters. Stadtarchiv Konstanz Separata Bey. 4 A-M

3. Nachrufe

- Heusler als Germanist, in: ZSR NF 41 (1922), S. 73 – 100.
- Heusler, Andreas, in: Biographisches Jahrbuch der Deutschen Akademien (1927), S. 137 – 142.
- Ernst Mayer, in: ZRG GA Bd. 53 (1933), S. XX – XXVIII.
- Ulrich Stutz, in: Schweizer Monatsheft für Politik und Kultur 18 (1938/39), S. 281 – 284.

- In memoriam Dieter Pleines, Theodor Mayer – Edenhausen, in: ZRG GA Bd. 63 (1943), S. 518 – 527.
- Karl Rauch, in: ZRG GA Bd. 70 (1953), S. XXXIII – L.
- In memoriam Hans Opikhofer, in: ZRG GA Bd. 71 (1954), S. 548 – 553.
- In memoriam Heinrich Freiherr von Minnigerode, in: ZRG GA Bd. 72 (1955), S. 459 – 462.
- Kunst und Recht Hans Fehr – Leben und Schriften, in: Bodenseebuch 39 (1964), S. 34 – 38.

4. Rezensionen

- Max Hafemann, Das Stapelrecht (1910), in: ZRG GA Bd. 31 (1910), S. 517 – 522.
- Carl Wilke, Das Friedegebot, ein Beitrag zur Geschichte des deutschen Strafrechts (1911), in: VSWG 10 (1912), S. 202 – 203.
- Hans Erich Feine, Der Goslarische Rat bis zum Jahre 1400 (Untersuchungen zur Deutschen Staats- und Rechtsgeschichte H. 120, 1913), in: ZRG GA Bd. 35 (1914), S. 578 – 581.
- Oberrheinische Stadtrechte, hrsg. v. der Badischen Historischen Kommission. Zweite Abt.: Schwäbische Rechte, H. 3: Neuenburg am Rhein. Bearbeitet von Walter Merk (1913), in: ZRG GA Bd. 35 (1914), S. 507 – 511.
- Tübinger Studien für schwäbische und deutsche Rechtsgeschichte Bd. 2, H. 3 (1910): Paul Wentzke, Geschichte der Stadt Schlettstadt und Karl Otto Müller, Zur Geschichte des peinlichen Prozesses in Schwaben im späten Mittelalter, in: VSWG 12 (1914), S. 607 – 610.
- Quellen zur Geschichte der Rezeption, hrsg., eingel. und bearb. von Guido Kisch (1919), in: Ztschr. für Thüringische Geschichte und Altertumskunde 33/1, S. 100 - 104.
- Jacob Wackernagel, Die Viehstellung (1923), in: ZSR NF 43 (1924), S. 181 – 185.
- Bruno Krusch, Die Lex Bajuvariorum (1924), in: ZRG GA Bd. 45 (1925), S. 416 – 457.
- Franz Jenny, Der öffentliche Glaube des Grundbuchs nach dem schweizerischen ZGB (1926), in: AcP 127 NF 7 (1927), S. 368 – 373.
- Konrad Borchling, Das Landrecht des Sachsenspiegels nach der Bremer Handschrift von 1342 (1925), in: ZSR NF 47 (1928), S 375.
- Viktor Ernst, Die Entstehung des deutschen Grundeigentums, in: Dt. Literaturzeitung 49 (1928), Sp. 1669 – 1676.
- Emil Goldmann, Neue Beiträge zur Geschichte des Fränkischen Rechts (Deutschrechtliche Beiträge Bd. XII. H. 1, 1928), in: ZRG GA BD. 49 (1929), S. 502 – 508.
- Philipp Heck, Die Entstehung der Lex Frisonium (1927), in: Dt. Literaturzeitung 50 (1929), Sp. 2408 – 2412.
- Ernst Mayer, Die oberdeutschen Volksrechte (1929), in: Dt. Literaturzeitung 50 (1929), Sp. 1979 – 1983.
- Alfred Schultze, Augustin und der Seelenteil des germanischen Erbrechts (1928), in: ZRG GA Bd. 50 (1930), S. 394 – 407.
- Philipp Heck, Die Standesgliederung der Sachsen im frühen Mittelalter (1927), in: Krit. Vierteljahresschrift 25 (1931), S. 3 – 12.
- Theophil Melicher, Der Kampf zwischen Gesetzes- und Gewohnheitsrecht im Westgotenreiche (1930), in: ZRG GA Bd. 51 (1931), S. 555 – 558.

- Elisabeth Rütimeyer, Stadtherr und Stadtbürgerschaft in den rheinischen Bischofsstädten (1928), in: ZGO 83 NF 44 (1931), S. 361 – 365.
- Martin Lintzel, Die Stände der deutschen Volksrechte, hauptsächlich der Lex Saxonum (1933), in: ZRG GA Bd. 54 (1934), S. 292 – 297.
- Karl Otto Müller, Altwürttembergische Urbare aus der Zeit Graf Eberhards des Greiners (1344 – 1392), Württembergische Geschichtequellen, hrsg. von der Württembergischen Kommission für Landesgeschichte, Bd. 23 (1934), in: ZRG GA Bd. 56 (1936), S. 477 – 489.
- Karl Larenz, Vertrag und Unrecht (1936/37), in: Ztschr. für die ges. Staatswissenschaft 98 (1938), S. 385 – 392.
- Erik Wolf, Große Rechtsdenker (1939), in: AcP 147 NF 27 (1941), S. 57 – 63.
- Heinrich Mitteis, Der Staat des hohen Mittelalters (1940), in: Dt. Literaturzeitung 63 (1942), Sp. 415 – 420.
- Felix Genzmer, Rache, Wergeld und Klage im altgermanischen Rechtsleben (1941), in: ZRG GA Bd. 62 (1942), S. 400 – 402.
- Oberrheinische Stadtrechte, Dritte Abt.. Elsässische Rechte III. Colmarer Stadtrechte. Bearbeitet von Paul Wilhelm Finsterwalder, 1. Bd. (1938), in: ZRG GA Bd. 62 (1942), S. 483 – 489.
- Friedrich Zeller, Das Verhältnis der Lex Bajuwariorum zum späteren bayerischen Recht, ein Beitrag zur Kritik des bayerischen Volksrechts. Diss. München (1941), in: Dt. Archiv für die Geschichte des Mittelalters 6/1 (1943), S. 257.
- Bader, Klewitz, Kraft, Maurer, Schäuble, Oberrheiner, Schwaben, Südalemannen, Räume und Kräfte im geschichtlichen Aufbau des deutschen Südwestens, hrsg. von Friedrich Maurer (1942), in: ZRG GA Bd. 64 (1944), S. 451 – 463.
- Heinrich Mitteis, Vom Lebenswert der Rechtsgeschichte (1947), in: Dt. Literaturzeitung 69 (1948), Sp. 458 – 460.
- Bündner Urkundenbuch, Hrsg. durch die Hist.–Antiqu. Gesellschaft von Graubünden. Bearbeitet von Elisabeth Meyer–Marthaler und Franz Perret, 1. Bd. 1. Lieferung: S. 390 – 377 (1947), in: ZRG GA Bd. 66 (1948), S. 560 – 563.
- Alfred Hueck, Das Recht der offenen Handelsgesellschaft, in: Deutsche Rechtszeitschrift (1947), S. 274.
- Louis Th. Maes, Vijv Euwen Stedelijk Strafrecht Bijbrage tot de Rechtsen Culturgeschiedenis der Nederlanden, in: Deutsche Rechtszeitschrift (1948), S. 326.
- Carl Schmitt, Die Lage der europäischen Rechtswissenschaft (1949), in: Archiv des öffentlichen Rechts 76 NF 37 (1950/51), S. 501 – 504.
- Bernhard Rehfeldt, Todesstrafen und Bekehrungsgeschichte (1942), in: ZRG GA Bd. 69 (1952), S. 426 – 438.
- Gertrud Schubart–Fikentscher, Unbekannter Thomasius (1954), in: JZ 10 (1955), S. 93.
- Karl August Eckhardt, Lex Salica (1953) und Pactus Legis Salicae (1954/55), (= Germanenrechte, NF, Westgermanische Rechte), in: Rhein. Vierteljahresblätter 21 (1956), S. 380 – 388.
- Eberhard F. Bruck, Kirchenväter und soziales Erbrecht (1956), in: HZ 184 (1957), S. 378 – 380.
- Bündner Urkundenbuch, Hrsg. durch die Hist.–Antiqu. Gesellschaft von Graubünden. Bearbeitet von Elisabeth Meyer–Marthaler und Franz Perret, 1. Bd. 1. 1947 – 1956, in: ZRG GA Bd. 74 (1957), S. 303 – 310.

## II. Ungedruckte Quellen

1. Nachlässe Franz Beyerles

a. Privatarchiv der Familie Beyerle (Lebenserinnerungen Franz Beyerles)
Die Lebenserinnerungen im Original befinden sich im Privatbesitz der Familie Beyerle. Zwei Kopien hiervon befinden sich im Besitz des Verfassers.

b. Privater Nachlass Franz Beyerles im Universitätsarchiv Freiburg i. Br.
Im Universitätsarchiv Freiburg befindet sich der private Nachlass Franz Beyerles von eine Ablagelänge von ca. 2,5 m. Die Unterlagen und Dokumente werden dort in blauen Umschlägen verwahrt und können nach Bestellung in einem Sonderlesesaal (4. Stock) eingesehen werden.

c. Privatbibliothek Franz Beyerles im Stadtarchiv Konstanz
Im 2. Stock des Stadtarchivs Konstanz ist die Privatbibliothek Franz Beyerles einsehbar. Diese besteht ca. 28 laufenden Metern. Sonderdrucke, Editionen und vereinzelter Schriftverkehr werden in Kästen (Sonderseparata) aufbewahrt.

2. Archive

a. Universitätsarchiv Freiburg
Sign.: B 24 Nr. 249 Personalakte Konrad Beyerle
Sign.: B 24 Nr. 250 Personalakte Franz Beyerle

Sign.: C5 (Nachlass Franz Beyerle)[1282]:

Nr. 2: Allg. Korrespondenz.[1283] Meist zu Veröffentlichungen von Beyerle. In der Reihenfolge der Zitierung:

- Brief von E. Weiss vom 03.05.1938.
- Postkarte von U. Stutz vom 05.10.1926.
- Postkarte von A. Schmidt vom 13.01.1927.
- Postkarte von R. Hübner vom 04.08.1926.
- Brief von Molitor vom 06.11.1926.
- Brief von F. Rörig vom 12.10.1926.
- Postkarte von E. His vom 22.10.1926.
- Postkarte von F. Rörig vom 07.04.1930.
- Brief von L. v. Winterfeld vom 01.02.1932.
- Brief von A. Schulte vom 31.01.1932.

---

1282 Der Nachlaß von Franz Beyerle wurde 1997 seitens des Universitätsarchivs Freiburg i. Br. von Georg Erb bearbeitet. An dieser sorgfältigen Katalogisierung orientiert sich das folgende Verzeichnis.

1283 Das gilt für die sämtliche, hier aufgeführte Korrespondenz aus dem Freiburger Universitätsarchiv. Oftmals handelt es sich um Durchschläge von Briefen Beyerles. Diese lassen dann bei einer meist gewählten, neutralen Anrede, keinen Adressaten erkennen. Bisweilen fehlt eine Datierung.

- Brief von K.H. Burkhardt vom 07.10.1925.
- Postkarte von P. Rehme vom 10.06.1928.
- Postkarte von v. Künßberg vom 21.06.1928.
- Brief von A. Schönfeld vom 18.05.1927.
- Brief von H. Mitteis vom 11.05.1927.
- Brief von K. Rauch vom 02.02.1927.
- Postkarte von K. A. Eckhardt vom 29.04.1927.
- Postkarte von Bruck vom 03.05.1927.
- Postkarte von Koschaker vom 20.04.1927.
- Brief von Wackernagel vom 27.04.1927.
- Postkarte von Feine vom 07.02.1927.
- Brief von F. Wieacker vom 28.02.1942.
- Brief von Rörig vom 26.09.1934.

Nr. 3: Manuskript: „Einleitende Bemerkungen zur Aussprache am Deutschen Reichstag"

Nr. 4: Manuskripte über „Deutsches Privatrecht" und „Deutsches Recht".

Nr. 5: Manuskript: „Das Deutsche Volksgesetzbuch."
Wahrscheinlich Gliederung einer Vorlesung.

Nr. 8: Vortragsmanuskript: „Rechtsformung aus dem Ethos der Stände."
Vortrag gehalten am 05.07.1957.

Nr. 9: Schriftverkehr mit Karl August Eckhardt zu Beyerles Ausgabe der Lex Ribvaria.
Brief Beyerles vom 14.01.1955.

Nr. 10: Vortragsmanuskript: „Die deutsche Zivilrechtslehre nach Kant am Scheidewege."

Nr. 11: Vortragsmanuskript: „Erinnerungen an Wilhelm Konrad Röntgen."

Nr. 15: Zwei Schreibmaschinenseiten mit biographischen Daten von Beyerle.

Nr. 19: Vortragsmanuskript: „Sozial- und Individualethos im Recht." Der Vortrag wurde am 09.10.1947 gehalten.

Nr. 23: Vortragsmanuskript: „Mittelalterliche Stadt." Der Vortrag wurde am 23.01.1927 in Basel gehalten.

Nr. 24: Korrespondenz: Brief an Frau Schaeffer.
- Brief Beyerles vom 30.11.1943.

Nr. 30: Schriftwechsel mit Ruth Schmidt – Wiegand zur Textanalyse und der geplanten Neuausgabe der Lex Salica.

- Brief Beyerles vom 16.03.1963.
- Brief Beyerles vom 04.11.1963.
- Brief Beyerles vom 28.03.1966.
- Brief Schmidt–Wiegands vom 22.03.1966.

Nr. 33: Manuskript: „Über Schweizerische Gesetzeskunst“, sowie eine Abhandlung zum Schweizer Recht.

Nr. 36: Manuskript: „Beurteilung des Verhaltens der Deutschen im Dritten Reich.“

Nr. 39: Systementwürfe für das Volksgesetzbuch.

Nr. 40: Schriftverkehr Beyerles (Meist Durchschläge von Briefen) aus der Frankfurter Zeit (1930-1934):
- Brief Beyerles vom 23.02.1931.
- Brief Beyerles vom 23.01.1931 an K. Rothenbücher.
- Brief Beyerles vom 16.07.1933.
- Brief Beyerles vom 21.05.1934 an K. Rheindorf.
- Brief Beyerles vom 13.07.1933.
- Brief Beyerles vom 26.06.1935.
- Brief Beyerles vom 16.05.1934.
- Brief Beyerles vom 02.05.1934.
- Brief Beyerles vom 20.05.1934.
- Brief Beyerles vom 22.05.1934 an Schmidt.

Nr. 43: Manuskript zur „Frankfurter Arbeitsgemeinschaft für Rechtserneuerung.“ Programm, Mitgliederliste und Aufgabenverteilung.

Nr. 45: Korrespondenz mit Leo Frobenius.
- Brief Beyerles vom 17.01.1937.

Nr. 47: Notizheft mit Aufzeichnungen über eine Reise nach England um 1913 anlässlich des Besuchs einer englischen Strafvollzugsanstalt.

Nr. 49: Adressenliste von Personen, die im Falle des Todes von Beyerle zu benachrichtigen waren. (Von Beyerle selbst zusammengestellt).

Nr. 50: Verschiedene Manuskripte Beyerles enthalten sind unter anderem aphorismenartige Texte. Insbesondere ein Manuskript über die „Religion“ vom 25.01.1925.

Nr. 52: Briefwechsel Beyerles mit Karl Becher MdB.
- Brief Beyerles vom 30.03.1958.

Nr. 53: Manuskript: „Läßt sich der jungen Generation nach der Ernüchterung durch zwei unglückliche Kriege ein neues Lebensideal hinstellen und wie kann es beschaffen sein?“

Nr. 54: Vortragsmanuskript: „Das Problem eines zeitlosen Rechts.“
Datiert auf den 03.02.1950.

Nr. 55: Vortragsmanuskript: „Naturrecht und Gesetzesrecht“, nach Aufschrift auf dem Deckblatt handelt es sich um eine „Konstanzer Ansprache“ mit dem 22.08.1953 und dem 12.03.1954 als Termindaten.

Nr. 58: Manuskript zum „Neubau unseres Rechtssystems“ und „Über methodische Affinitäten der Rechtswissenschaften.“

Nr. 59: Gutachten über Gustav Boehmers „Einführung ins Bürgerliche Recht“ innerhalb eines Dienststrafverfahrens gegen Boehmer.

Nr. 62: Biographische Notizen Beyerles aus seiner Basler Zeit (1918 – 1929).

Nr. 65: Schriftverkehr über Beyerles Arbeit „Zur Typenfrage der Stadtverfassung.“

- Brief v. L. v. Winterfeld vom 21.05.1933.
- Postkarte von Konrad Beyerle vom 21.05.1930.
- Postkarte von P. Rehme vom 29.05.1930.
- Brief von H. Mitteis vom 27.07.1930.

Nr. 66: Manuskript: „Schulsystematik, nicht völkische Lebensordnung.“

Nr. 68: Manuskript über „Die Philosophie als Erkenntnis und Aufgabe.“

Nr. 72: Korrespondenz mit A. Heusler.

Nr. 75: Vortragsmanuskripte „Jurisprudenz als Wissenschaft“.
Vorträge wurden gehalten in Frankfurt/M. am 13.10.1934 und am 10.02.1944 in Paris.

Nr. 76: Vortragsmanuskript: „Von der Todesstrafe.“
Der Vortrag wurde in Basel am 06.02.1926 gehalten.

Nr. 77: Vortragsmanuskript „Der Gesetzgeber“.
Der Vortrag wurde am 13.10.1934 in Frankfurt/M. gehalten. Zwei weitere Termine sind auf dem Manuskript vermerkt: 19.01.1935 und 20.01.1939.

Nr. 78: Unvollständiges Manuskript: „Mittelalterliches Recht.“

Nr. 80: Fragmentarisches Manuskript: „Positivismus, Interessenjurisprudenz und Allgemeine Rechtslehre“ mit Notizen.

Nr. 82: Vortragsmanuskript „Bilder aus dem Bürgerlichen Leben des Mittelalters" und Manuskript zur „Frühmittelalterlichen Rechtsordnung."

Nr. 83: Manuskript eines naturrechtlichen Beitrages für „Gerland Festschrift."

Nr. 89: Allgemeiner Schriftverkehr. Unter anderem mit Ruth Schmidt-Wiegand über Arbeiten zur Lex Salica und der Deutschen Forschergemeinschaft.

- Bericht Beyerles vom 09.12.1958 an die Deutsche Forschungsgemeinschaft.

Nr. 91: Handschriftliches Manuskript: „Deutsches Privatrecht A."

Nr. 92: Handschriftliches Manuskript: „Deutsches Privatrecht B."

Nr. 93: Handschriftliches Manuskript: „Die Geschichte des älteren deutschen Privatrechts."

Nr. 94 bis
Nr. 98: Festschrift Parodien ab Beyerles 70. Geburtstag. „Jocus regit actum" Bd. I. – V. Diese erschienen alle 5 Jahre bis zu seinem 90. Geburtstag.

Nr. 100: Zeitungsausschnitt zu Beyerles goldenem Doktordiplom.

Nr. 102: Pressemitteilungen über Beyerle. Unter anderem auch über Vorträge von Beyerle.

Nr. 103: Fragmentarische Manuskripte und Zeitungsausschnitte.

Nr. 104: Verschiedene Nachrufe aus der Presse über Beyerle, sowie die Ansprache von Hans Thieme zur Trauerfeier Franz Beyerles. Verschiedene Notizen über die Regelung des wissenschaftlichen Nachlasses und Korrespondenz hierüber.

Nr. 105: Korrespondenz Thiemes über den Verbleib des Beyerleschen Nachlasses.

Nr. 106: Vortragsmanuskript „Deutscher Rechtsgeschichte und Rechtskultur".

Nr. 108: Schriftverkehr Beyerles zu seiner Dissertation.

- Brief von Konrad Beyerle vom 27.02.1909.
- Brief von Konrad Beyerle 24.06.1910.
- Postkarte von R. Schröder vom 12.09.1910.
- Brief von Alois Schulte vom 23.10.1910.
- Brief von Alfred Schultze vom 31.12.1910.

Nr. 114: Verschiedene Korrespondenz.

- Brief Beyerles an U. Stutz vom 16.02.1918.
  Nr. 357: Bestand B 110
  Akte über Karls Siegried Bader, Rechts- und Staatswissenschaftlichen Fakultät der Universität Freiburg im Breisgau

b. Stadtarchiv Konstanz

- Sign. Bey. 4/25 (Separata):
  Korrespondenz zwischen Beyerle und dem Direktor des Freiburger Stadtarchivs Hamm vom 02.10.1929 und 23.11.1929.

- Sign. Bey. 5 N-W
  Handschriftliche Notizen Beyerles.

- Sign. Bey. Ec6
  Brief der Schleswig – Holsteinischen Universitäts-Gesellschaft Kiel vom 13.12.1938 mit einer handschriftlichen Kommentierung Beyerles. Eingelegt in Eugen Wohlhaupters „Rechtsquellen Schleswig – Holsteins" I. Bd. (1938).

c. Generallandesarchiv Karlsruhe.

Sign. 234 / 3243 – 3244. Personalakte Franz Beyerle.

- Studiennachweis zur Anmeldung für das erste juristische Staatsexamen vom 24.04.1906.
- Verschiedene Dienstzeugnisse Beyerles, insbesondere:
  Dienstzeugnis vom 13.09.1907.
  Dienstzeugnis vom 01.10.1909.
  Dienstzeugnis vom 28.02.1910.
  Dienstzeugnis vom 25.12.1911.
- Urkunde über die Ernennung zum Gerichtsassessor vom 13.03.1911.
- Gesuch Beyerles für eine Verwendung in einer Strafvollzugsanstalt zu Forschungszwecken vom 29.03.1911.
- Mitteilung an das Justizministerium über den Abbruch seiner Forschungsarbeiten im Strafvollzug vom 12.11.1911.
- Antrag auf einjährigen Urlaub an das Justizministerium zu Forschungszwecken (Anfertigen der Habilitationsschrift) vom 11.12.1911.
- Gesuch Beyerles vom 19.12.1912 um Entlassung aus dem Justizdienst.

d. Bundesarchiv Koblenz

Sign. 263/374. Nachlass von Kurt Rheindorf.
- Brief von Rheindorf an Beyerle vom 06.09.1934.
- Brief von Rheindorf an Beyerle vom 09.12.1934.
- Brief von Rheindorf an Beyerle vom 20.01.1935.
- Brief von Rheindorf an Beyerle vom 14.05.1935.
- Brief Beyerles an Rheindorf vom 23.05.1935.
- Brief von Rheindorf an Beyerle vom 29.12.1935.
- Brief von Rheindorf an Beyerle vom 16.06.1961.

e. Universitätsarchiv Frankfurt / Main

- Hilfsakte zur Personalakte Beyerles.

f. Bundesarchiv Berlin

- Bestand R 4901 (alt R 21) Reichsministerium für Wissenschaft, Erziehung und Volksbildung, Nr. 842, Bl. 75, 223.
- Bestand R 4901 (alt R 21) Nr. 10.001 Personalbogen Franz Beyerles.
- Nachlass Konrad Beyerle Sign. N 2022/1 – 94 (alt Be 8).

g. Universitätsarchiv Köln

- Sign. Zug. 287/2 Korrespondenz.
  - Brief Beyerles an Hans Planitz vom 08.11.1937.
  - Postkarte Beyerles an Planitz aus dem Jahr 1952.
  - Brief Beyerles an Planitz aus dem Jahr 1953.
- Sign. Zug. 306/1 Sitzungsprotokoll der juristischen Fakultät Köln vom 30.06.1919
- Sign. Zug 17/5912 Beschluss der juristischen Fakultät Köln vom 04.07.1919 Beyerle an die Fakultät zu berufen.
- Sign. Zug 9/28 Korrespondenz
  - Schriftverkehr Konrad Beyerles vom 08.03.1931 mit dem damaligen Oberbürgermeister von Köln Konrad Adenauer.

h. Universitätsarchiv Jena

- Sign. 1548/58-1958 (D 202 K 389). Vorgang zur Erteilung Beyerles der „venia legendi“ mit Gutachten von Eduard Rosenthal und Karl Rauch.

i. Staatsarchiv Basel

- Sign. FG. 2. Personalkarte Franz Beyerles für Dozenten der Universität Basel (CH) vom 03.03.1923.

j. Universitätsarchiv Leipzig

- Personal- und Vorlesungsverzeichnisse der Universität Leipzig vom Wintersemester 1933/34 – Wintersemester 1938/39.

## III. Zeitzeugen

a. Prof. Hatto Beyerle

(Befragung vom 18.07.2000 in Ronneberg/Hannover)

b. Burkhart Beyerle

(Befragung vom 10.08.2000 in Konstanz)

c. Prof. Werner Maihofer

(Befragung vom 15.08.2000 in Überlingen/Bodensee)

d. Prof. Bernhard Diestelkamp

(Befragung vom 18.08.2000 in Kronberg i. Ts.)

e. Prof. Karl Kroeschell

(Befragung vom 05.02.2001 in Freiburg i. Br.)

f. Prof. Günther Wüst

(Befragung vom 26.02.2001 in Mannheim)

g. Prof. Ruth Schmidt-Wiegand

(Befragung vom 27.10.2001 in Marburg)

h. Prof. Clausdieter Schott

(Befragung am 10.09.2003 in Zürich)

# IV. Abkürzungsverzeichnis

| | |
|---|---|
| a. D. | außer Dienst |
| a. Schw. | am Schwarzwald |
| Abb. | Abbildung |
| abgedr. | abgedruckt |
| Abh. | Abhandlung |
| Abt. | Abteilung |
| AF. | Alte Folge |
| ahd. | althochdeutsch |
| allg. | allgemein |
| Akad. | Akademie |
| Anm. | Anmerkung |
| Aufl. | Auflage |
| Ausg. | Ausgabe |
| Art. | Artikel |
| BA | Bundesarchiv |
| Bd. | Band |
| bearb. | bearbeitet |
| bes. | besonders |
| Bey. | Beyerle |
| BGB | Bürgerliches Gesetzbuch |
| Bl. | Blatt/Blätter |
| bzgl. | bezüglich |
| bzw. | beziehungsweise |
| CH | Schweiz |
| CV | Christliche Vereinigung |
| ders. | derselbe |
| d.h. | das heißt |
| dh. | das heißt |
| DIN | Deutsche Industrie Norm |
| Diss. | Dissertation |
| DJZ | Deutsche Juristen – Zeitung |
| Dr. | Doktor |
| dt. | deutsch(e) |
| erg. | ergänzt (e) |
| erw. | erweitert (e) |

| | |
|---|---|
| europ. | europäisch(e) |
| dt. | deutsch (e) |
| f. | folgende/für |
| ff. | fort folgende |
| Festschr. | Festschrift |
| GA | Germanistische Abteilung |
| ges. | gesammelte |
| Geschichtsf. | Geschichtsforschung |
| GLA | Generallandesarchiv |
| H. | Heft |
| Halbb. | Halbband |
| Hist.-Antiqu. | Historisch-Antiquarisch(e) |
| HRG | Handwörterbuch zur deutschen Rechtsgeschichte |
| Hrsg. | Herausgeber |
| hrsg. | herausgegeben |
| HZ | Historische Zeitschrift |
| i. Br. | im Breisgau |
| i. Ü. | im Üchtland |
| i. Ts. | im Taunus |
| insb. | insbesondere |
| Jg. | Jahrgang |
| JZ | Juristenzeitung |
| K. | Kasten |
| kann. | kanonisch |
| KJ. | Kritische Justiz |
| krit. | kritisch(e) |
| lat. | lateinisch |
| MA | Mittelalter |
| MGH | Monumenta Germaniae Historica |
| Mp. | Mappe |
| n. chr. | nach Christi Geburt |
| Nachdr. | Nachdruck |
| Nachf. | Nachfolger |
| Neudr. | Neudruck |
| NF | Neue Folge |
| NL | Nachlass |
| Nr. | Nummer |

| | |
|---|---|
| NSDAP | Nationalsozialistische Deutsche Arbeiterpartei |
| o.J. | ohne Jahr |
| o.O. | ohne Ort |
| o.w.A. | ohne weitere Angaben |
| Prof. | Professor(in) |
| Rechtsw. | Rechtswissenschaft |
| rechtsw. | rechtswissenschaftliche |
| Rez. | Rezension |
| RG | Rechtsgeschichte |
| RGBL. | Reichsgesetzblatt |
| Rhein. | Rheinische |
| RM | Reichsmark |
| Rn. | Randnummer |
| S. | Seite |
| SB. | Sitzungsberichte |
| SD | Sicherheitsdienst |
| Sign. | Signatur |
| s.o. | siehe oben |
| sog. | so genannt |
| Sp. | Spalte |
| SS | Sommersemester |
| süddt. | süddeutsch (e, en) |
| Ts. | Taunus |
| u. | und |
| u.a. | unter anderem/und andere |
| u.ä. | und ähnliches |
| UB | Universitätsbibliothek |
| UniA | Universitätsarchiv |
| Unveränd. | Unverändert (e) |
| Urkk. | Urkundenkompilationen |
| v. | vom/von |
| v.d.H. | vor der Höhe |
| Verf. | Verfasser |
| VGB | Volksgesetzbuch |
| vgl. | vergleiche |
| Vol. | Volume |
| VSWG | Vierteljahreszeitschrift für Wirtschaftsgeschichte |

| | |
|---|---|
| westdt. | westdeutsch |
| Wiss. | Wissenschaft |
| wiss. | wissenschaftlich (e) |
| WRV | Weimarer Reichsverfassung |
| WS | Wintersemester |
| z.B. | zum Beispiel |
| ZBauw | Zeitschrift für Bauwesen |
| ZGB | Zivilgesetzbuch der Schweiz |
| ZGBG | Zeitschrift für die Geschichte des Breisgau |
| ZGO | Zeitschrift für die Geschichte des Oberrheins |
| ZNR | Zeitschrift für neuere Rechtsgeschichte |
| ZRG | Zeitschrift für Rechtsgeschichte |
| Ztschr. | Zeitschrift |
| ZSR | Zeitschrift für Schweizerisches Recht |
| ZstaatsW | Zeitschrift für die gesamte Staatswissenschaft |

## RECHTSHISTORISCHE REIHE

Band 1 Studien zu den germanischen Volksrechten. Gedächtnisschrift für Wilhelm Ebel. Vorträge gehalten auf dem Fest-Symposion anläßlich des 70. Geburtstages von Wilhelm Ebel am 16. Juni 1978 in Göttingen. Götz Landwehr (Hrsg.) 1982.

Band 2 Hans Poeschel: Die Statuten der Banken, Sparkassen und Kreditgenossenschaften in Hamburg und Altona von 1710 bis 1889. 1978.

Band 3 Thomas Kolbeck: Juristenschwemmen, Untersuchungen über den juristischen Arbeitsmarkt im 19. und 20. Jahrhundert. 1978.

Band 4 Norbert Hempel: Richterleitbilder in der Weimarer Republik. 1978.

Band 5 Rolf Stratmann: Die Scheinbußen im mittelalterlichen Recht. 1978.

Band 6 Martin C. Lockert: Die niedersächsischen Stadtrechte zwischen Aller und Weser. Vorkommen und Verflechtungen. Eine Bestandsaufnahme. 1979.

Band 7 Joachim Rückert/Wolfgang Friedrich: Betriebliche Arbeiterausschüsse in Deutschland, Großbritannien und Frankreich im späten 19. und frühen 20. Jahrhundert. Eine vergleichende Studie zur Entwicklung des kollektiven Arbeitsrechts. 1979.

Band 8 Peter Bender: Die Rezeption des römischen Rechts im Urteil der deutschen Rechtswissenschaft. 1979.

Band 9 Friedrich Karl Alsdorf: Untersuchungen zur Rechtsgestalt und Teilung deutscher Ganerbenburgen. 1980.

Band 10 Dietmar Willoweit/Winfried Schich (Hrsg.): Studien zur Geschichte des sächsisch-magdeburgischen Rechts in Deutschland und Polen (Sammelband). 1980.

Band 11 Brigitte Hempel: Der Entwurf einer Polizeiordnung für das Herzogtum Sachsen-Lauenburg aus dem Jahre 1591. 1980.

Band 12 Klaus-Detlev Godau-Schüttke: Rechtsverwalter des Reiches. Staatssekretär Dr. Curt Joël. 1981.

Band 13 Rainer Polley: Anton Friedrich Justus Thibaut (AD 1772-1840) in seinen Selbstzeugnissen und Briefen. Teil 1: Abhandlung. Teil 2: Briefwechsel. Teil 3: Register zum Briefwechsel. 1982.

Band 14 Michael Wettengel: Der Streit um die Vogtei Kelkheim 1275-1276. Ein kanonischer Prozeß.1981.

Band 15 Otto Wilhelm Krause: Naturrechtler des sechzehnten Jahrhunderts. Ihre Bedeutung für die Entwicklung eines natürlichen Privatrechts. 1982.

Band 16 Helga Spindler: Von der Genossenschaft zur Betriebsgemeinschaft. Kritische Darstellung der Sozialrechtslehre Otto von Gierkes. 1982.

Band 17 Holger Otte: Gustav Radbruchs Kieler Jahre 1919 - 1926. 1982.

Band 18 Rüdiger Teuner: Die fuldische Ritterschaft 1510 - 1656. 1982.

Band 19 Gerhard Dilcher/Rudolf Hoke/Gian Savino Pene Vidari/Hans Winterberg (Hrsg.): Grundrechte im 19. Jahrhundert. 1982.

Band 20 Karl-Hans Schloßstein: Die westfälischen Fabrikengerichtsdeputationen - Vorbilder, Werdegang und Scheitern. 1982.

Band 21 Birger Schulz: Der Republikanische Richterbund (1921-1933). 1982.

Band 22 Engelbert Krause: Die gegenseitigen Unterhaltsansprüche zwischen Eltern und Kindern in der deutschen Privatrechtsgeschichte. 1982.

Band 23 Meent W. Francksen: Staatsrat und Gesetzgebung im Großherzogtum Berg (1806-1813). 1982.

Band 24 Gerd von Sonnleithner: Bearbeitung des Handelsrechts durch Ignaz von Sonnleithner in seinem "Leitfaden über das österreichische Handels- und Wechselrecht". 1982.

Band 25 Rudolf Palme: Rechts-, Wirtschafts- und Sozialgeschichte der inneralpinen Salzwerke bis zu deren Monopolisierung. 1983.

Band 26 Helen Bosshard: Pestalozzis Staats- und Rechtsverständnis und seine Stellung in der Aufklärung. 1983.

Band 27 Jens Jessen: Die Selbstzeugnisse der deutschen Juristen. Erinnerungen, Tagebücher und Briefe. Eine Bibliographie. 1983.

Band 28 Günter Martin Jensen: Das Domanium Waldeck. Die rechtliche Zuordnung eines Fürstenvermögens. 1984.

Band 29 Johann Heinrich Kumpf: Petitionsrecht und öffentliche Meinung im Entstehungsprozeß der Paulskirchenverfassung 1848/49. 1983.

Band 30 Sabine Frey: Rechtsschutz der Juden gegen Ausweisungen im 16. Jahrhundert. 1983.

Band 31 Dietrich Joswig: Die germanische Grundstücksübertragung. 1984.

Band 32 Andreas Baryli: Konzessionssystem contra Gewerbefreiheit. Zur Diskussion der österreichischen Gewerberechtsreform 1835 bis 1860. 1984.

Band 33 Gerhard Oberkofler: Studien zur Geschichte der österreichischen Rechtswissenschaft. 1984.

Band 34 Rudolf Lauda: Kaufmännische Gewohnheit und Burgrecht bei Notker dem Deutschen. Zum Verhältnis von literarischer Tradition und zeitgenössischer Realität in der frühmittelalterlichen Rhetorik. 1984.

Band 35 Jens Jensen: Die Ehescheidung des Bischofs Hans von Lübeck von Prinzessin Julia Felicitas von Württemberg-Weiltingen AD 1648-1653. Ein Beitrag zum protestantischen Ehescheidungsrecht im Zeitalter des beginnenden Absolutismus. 1984.

Band 36 Horst Schröder: Friedrich Karl von Savigny. Geschichte und Rechtsdenken beim Übergang vom Feudalismus zum Kapitalismus in Deutschland. 1984.

Band 37 Andreas Hatzung: Dogmengeschichtliche Grundlagen und Entstehung des zivilrechtlichen Notstands. 1984.

Band 38 Matthias Klasen: Das Billwerder Landrecht. Landrecht und Landgericht in den Hamburger Elbmarschen. 1985.

Band 39 Rainer Jamin: Aufbau, Tätigkeit und Verfahren der Auseinandersetzungsbehörden bei der Durchführung der preußischen Agrarreformen. 1985.

Band 40 Henry Winter: Teilschuld, Gesamtschuld und unechte Gesamtschuld. Zur Konzeption der §§ 420 ff. BGB - Ein Beitrag zur Entstehungsgeschichte des BGB. 1985.

Band 41 Hermann Eichler: Verfassungsbewegung in Amerika und Europa. 1985.

Band 42 Dagmar Bandemer: Heinrich Albert Zachariae. Rechtsdenken zwischen Restauration und Reformation. 1985.

Band 43 Eva-Christine Frentz: Das Hamburgische Admiralitätsgericht (1623-1811). Prozeß und Rechtsprechung. 1985.

Band 44 Karl Lillig: Rechtsetzung im Herzogtum Pfalz-Zweibrücken während des 18. Jahrhunderts. Ein Beitrag zur Geschichte der territorialen Rechtsbildung. 1985.

Band 45 Walter Weber: Die Entwicklung der Sparkassen zu selbständigen Anstalten des öffentlichen Rechts. Ein Beitrag zur Entwicklung des Anstaltsbegriffs im 19. Jahrhundert. 1985.

Band 46 Bärbel Baum: Der Stabreim im Recht. Vorkommen und Bedeutung des Stabreims in Antike und Mittelalter. 1986.

Band 47 Hans Popp: Die nationalsozialistische Sicht einiger Institute des Zivilprozeß- und Gerichtsverfassungsrechts. 1986.

Band 48 John Karl-Heinz Montag: Die Lehrdarstellung des Handelsrechts von Georg Friedrich von Martens bis Meno Pöhls. Die Wissenschaft des Handelsrechts im ersten Drittel des 19. Jahrhunderts. 1986.

Band 49 Volker D. Anhäusser: Das internationale Obligationenrecht in der höchstrichterlichen Rechtsprechung des 19. Jahrhunderts. 1986.

Band 50 Udo Beer: Die Juden, das Recht und die Republik. Verbandswesen und Rechtsschutz 1919-1933. 1986.

Band 51 Herbert Grziwotz: Der moderne Verfassungsbegriff und die "Römische Verfassung" in der deutschen Forschung des 19. und 20. Jahrhunderts. 1986.

Band 52 Ralf Conradi: Karl Friedrich Eichhorn als Staatsrechtslehrer. Seine Göttinger Vorlesung über "Das Staatsrecht der deutschen Bundesstaaten" nach einer Kollegmitschrift aus dem Wintersemester 1821/22. 1987.

Band 53 Dieter Dannreuther: Der Zivilprozeß als Gegenstand der Rechtspolitik im Deutschen Reich 1871 - 1945. Ein Beitrag zur Geschichte des Zivilprozeßrechts in Deutschland. 1987.

Band 54 Stephan Felix Pauly: Organisation, Geschichte und Praxis der Gesetzesauslegung des (Königlich) Preußischen Oberverwaltungsgerichtes 1875 - 1933. 1987.

Band 55 Rüdiger Schulz: Die Entstehung des Seerechts des Allgemeinen Deutschen Handelsgesetzbuches unter besonderer Berücksichtigung der Bestimmungen über die Reederei, den Schiffer und die Schiffsmannschaft. 1987.

Band 56 Reinhold Reis: Deutsches Privatrecht in den Weistümern der Zenten Schriesheim und Kirchheim. 1987.

Band 57 Jürgen Christoph: Die politischen Reichsamnestien 1918 - 1933. 1987.

Band 58 Gerhard Oberkofler/Eduard Rabofsky: Hans Kelsen im Kriegseinsatz der k.u.k.-Wehrmacht. Eine kritische Würdigung seiner militärtheoretischen Angebote. 1988.

Band 59 Arne Wulff: Staatssekretär Prof. Dr. Dr. h.c. Franz Schlegelberger. 1876-1970. 1991.

Band 60 Gerhard Köbler (Hrsg.): Wege europäischer Rechtsgeschichte. Karl Kroeschell zum 60. Geburtstag. 1987.

Band 61 Rüdiger Hütte: Der Gemeinschaftsgedanke in den Erbrechtsreformen des Dritten Reichs. 1988.

Band 62 Markus Göldner: Politische Symbole der europäischen Integration. Fahne, Hymne, Hauptstadt, Paß, Briefmarke, Auszeichnungen. 1988.

Band 63 Wolfgang Kröner: Freiheitsstrafe und Strafvollzug in den Herzogtümern Schleswig, Holstein und Lauenburg von 1700 bis 1864. 1988.

Band 64 Werner Gaile: Die Norder Theelacht. 1988.

Band 65 Karl v. Kempis: Andreas Gaill (1526 - 1587). Zum Leben und Werk eines Juristen der frühen Neuzeit. 1988.

Band 66 Wolf-Rüdiger Osburg: Die Verwaltung Hamburgs in der Franzosenzeit. 1811-1814. 1988.

Band 67 Christian Schudnagies: Hans Frank. Aufstieg und Fall des NS-Juristen und Generalgouverneurs. 1988.

Band 68 Otmar Jung: Senatspräsident Freymuth. Richter, Sozialdemokrat und Pazifist in der Weimarer Republik. Eine politische Biographie. 1989.

Band 69 Joachim Lohner: Das landeshauptmannschaftliche Gericht in Oberösterreich zu Beginn der Neuzeit. Eine Darstellung des oberösterreichischen Prozeßrechts am obersten Territorialgericht des Landes anhand der oberösterreichischen Landtafel.1989.

Band 70 Bernd Klemann: Rudolf von Jhering und die Historische Rechtsschule. 1989.

Band 71 Adalbert Langer: Männer um die österreichische Zivilprozeßordnung 1895. Zusammenspiel / Soziales Ziel. 1990.

Band 72 Robert-Dieter Klee: Die Landessuperintendentur Lauenburg. Ursprung und Entwicklung sowie Ende der Sonderstellung des Kirchenkreises Herzogtum Lauenburg durch die nordelbische Kirchenvereinigung. 1989.

Band 73 Heinrich Herrmann: Die Gehöferschaften im Bezirk Trier. 1989.

Band 74 Wilhelm Brauneder, Franz Baltzarek (Hrsg.): Modell einer neuen Wirtschaftsordnung. Wirtschaftsverwaltung in Österreich 1914 - 1918. 1991.

Band 75 Thomas Dreyer: Die "Assecuranz- und Haverey-Ordnung" der Freien und Hansestadt Hamburg von 1731. 1990.

Band 76 Bernhard Sendler: Die Rechtssprache in den süddeutschen Stadtrechtsreformationen. 1990.

Band 77 Brigitte Lehmann: Ehevereinbarungen im 19. und 20. Jahrhundert. 1990.

Band 78 Michael Sunnus: Der NS-Rechtswahrerbund (1928-1945). Zur Geschichte der nationalsozialistischen Juristenorganisation. 1990.

Band 79 Stefan Schulz: Die historische Entwicklung des Rechts an Bienen. (§§ 961 - 964 BGB). 1990.

Band 80 Gerhard Lingelbach, Heiner Lück (Hrsg.): Deutsches Recht zwischen Sachsenspiegel und Aufklärung. Rolf Lieberwirth zum 70. Geburtstag dargebracht von Schülern, Freunden und Kollegen, herausgegeben von Gerhard Lingelbach und Heiner Lück. 1991.

Band 81 Manfred Krohn: Die deutsche Justiz im Urteil der Nationalsozialisten 1920 - 1933. 1991.

Band 82 Angelika Kühn: Privilegierung nationaler Minderheiten im Wahlrecht der Bundesrepublik Deutschland und Schleswig-Holsteins. 1991.

Band 83 Georg Brun: Leben und Werk des Rechtshistorikers Heinrich Mitteis unter besonderer Berücksichtigung seines Verhältnisses zum Nationalsozialismus. 1991.

Band 84 Wolfgang Simon: Claudius Freiherr von Schwerin. Rechtshistoriker während dreier Epochen deutscher Geschichte. 1991.

Band 85 Friedrich-Carl Wachs: Das Verordnungswerk des Reichsdemobilmachungsamtes. Stabilisierender Faktor zu Beginn der Weimarer Republik. 1991.

Band 86 Jens-Uwe Petersen: Die Vorgeschichte und die Entstehung des Mieterschutzgesetzes von 1923 nebst der Anordnung für das Verfahren vor dem Mieteinigungsamt und der Beschwerdestelle. 1991.

Band 87 Ulrike Haibach: Familienrecht in der Rechtssprache. Die historische Entwicklung zentraler Ausdrücke des geltenden Familienrechts. 1991.

Band 88 Joern Christian Nissen: Die Beratungen des Seeversicherungsausschusses der Akademie für Deutsches Recht zu einem neuen Seeversicherungsgesetz (1934-1939). Ein Beitrag zur Entwicklung der allgemeinen Lehren des Seeversicherungsrechts unter besonderer Berücksichtigung des Handelsgesetzbuchs und der Allgemeinen Deutschen Seeversicherungs-Bedingungen 1919. 1991.

Band 89 Diethard Bühler: Die Entstehung der allgemeinen Vertragsschluß-Vorschriften im Allgemeinen Deutschen Handelsgesetzbuch (ADHGB) von 1861. Ein Beitrag zur Kodifikationsgeschichte des Privatrechts im 19. Jahrhundert. 1991.

Band 90 Gerhard Oberkofler: Die Vertreter des Römischen Rechts mit deutscher Unterrichtssprache an der Karls-Universität in Prag. Vom Vormärz bis 1945. 1991.

Band 91 Ulrich Andermann: Ritterliche Gewalt und bürgerliche Selbstbehauptung. Untersuchungen zur Kriminalisierung und Bekämpfung des spätmittelalterlichen Raubrittertums am Beispiel norddeutscher Hansestädte. 1991.

Band 92 Heinz Marcus Hanke: Luftkrieg und Zivilbevölkerung. Der kriegsvölkerrechtliche Schutz der Zivilbevölkerung gegen Luftbombardements von den Anfängen bis zum Ausbruch des Zweiten Weltkrieges. 1991.

Band 93 Kirsten Kraglund: Familien- und Erbrecht. Materielles Recht und Methoden der Rechtsanwendung in der Rechtsprechung des Oberappellationsgerichts der vier Freien Städte Deutschlands zu Lübeck. 1991.

Band 94 Reinhard Lorenz: Die politische und rechtliche Stellung des Proletariats in Preußen in der Zeit zwischen den Reformen und der Revolution 1848/49. 1991.

Band 95 Eric Hilgendorf: Die Entwicklungsgeschichte der parlamentarischen Redefreiheit in Deutschland. 1991.

Band 96 Hans J. Reiter: Die Handelsgesellschaft Villeroy & Boch von der Gründung 1836 bis zum Jahr 1878. 1992.

Band 97 Martin Johannes Heller: Reform der deutschen Rechtssprache im 18. Jahrhundert. 1992.

Band 98 Michael Kotulla: Die Tragweite der Grundrechte der revidierten preußischen Verfassung vom 31.01.1850. 1992.

Band 99 Michael Siefener: Hexerei im Spiegel der Rechtstheorie. Das crimen magiae in der Literatur von 1574 bis 1608. 1992.

Band 100 Andreas Ebert-Weidenfeller: Hamburgisches Kaufmannsrecht im 17. und 18. Jahrhundert. Die Rechtsprechung des Rates und des Reichskammergerichtes. 1992.

Band 101 Enno Bommel: Die Entstehung der Verwirkungslehre in der Krise des Positivismus. 1992.

Band 102 Ralph Steppacher: Die Berücksichtigung der bäuerlichen Postulate bei der Entstehung des ZGB und der Revision des OR. Ein Beitrag zur schweizerischen Kodifikationsgeschichte (1893 - 1912). 1992.

Band 103 Martin Fleckenstein: Die Todesstrafe im Werk Carl Joseph Anton Mittermaiers (1787 - 1867). Zur Entwicklungsgeschichte eines Werkbereichs und seiner Bedeutung für Theorie- und Methodenbildung. 1992.

Band 104 Jörn Eckert: Der Kampf um die Familienfideikommisse in Deutschland. Studien zum Absterben eines Rechtsinstitutes. 1992.

Band 105 Jörg Grotkopp: Beamtentum und Staatsformwechsel. Die Auswirkungen der Staatsformwechsel von 1918, 1933 und 1945 auf das Beamtenrecht und die personelle Zusammensetzung der deutschen Beamtenschaft. 1992.

Band 106 Andreas Rohde: Die Garantiehaftung des Vermieters und ihr Verhältnis zum Unmöglichkeitsrecht in dogmengeschichtlicher und modernrechtlicher Sicht. 1992.

Band 107 Tjark Siefke Kunstreich: Gesamtvertretung. Eine historisch-systematische Darstellung. 1992.

Band 108 Jürgen Krüger: Blindheit und Königtum. Die Blindheit des Königs Georg V. von Hannover als verfassungsrechtliches Problem. 1992.

Band 109 Wolfgang Putschek: Ständische Verfassung und autoritäre Verfassungspraxis in Österreich 1933-1938 mit Dokumentenanhang. Verfassung und Verfassungswirklichkeit. Mit einem Anhang: Denkschriften von Rechtsanwalt Dr. Erich Führer 1936/37. 1993.

Band 110 Klaus Hofmann: Die Verdrängung der Juden aus öffentlichem Dienst und selbständigen Berufen in Regensburg 1933-1939. 1993.

Band 111 Franz Kilger: Die Entwicklung des Telegraphenrechts im 19. Jahrhundert mit besonderer Berücksichtigung der technischen Entwicklung. Telegraphenrecht im 19. Jahrhundert. 1993.

Band 112 Wilhelm Brauneder (Hrsg.): Heiliges Römisches Reich und moderne Staatlichkeit. 1993.

Band 113 Thomas Heinrich: Das preußische Nichtehelichenrecht: Von der Aufklärung zur Reaktion. 1993.

Band 114 Gerald Kohl: Jagd und Revolution. Das Jagdrecht in den Jahren 1848 und 1849. 1993.

Band 115 Christian Schudnagies: Der Kriegs- oder Belagerungszustand im Deutschen Reich während des Ersten Weltkrieges. Eine Studie zur Entwicklung und Handhabung des deutschen Ausnahmezustandsrechts bis 1918. 1994.

Band 116 Elisabeth Bellmann: Die Internationale Kriminalistische Vereinigung (1889-1933). 1994.

Band 117 Julia Pfannkuch: Volksrichterausbildung in Sachsen 1945-1950. 1993.

Band 118 Jörg Offen: Von der Verwaltungsgemeinschaft des BGB von 1896 zur Zugewinngemeinschaft des Gleichberechtigungsgesetzes von 1957. 1994.

Band 119 Dorothee Kohlhas-Müller: Untersuchungen zur Rechtsstellung Theoderichs des Großen. 1995.

Band 120 Monika Rose: Das Gerichtswesen des Herzogtums Pfalz-Zweibrücken im 18. Jahrhundert. Ein Beitrag zur territorialen Gerichtsbarkeit im Alten Reich. 1994.

Band 121 Jörn Eckert / Hans Hattenhauer (Hrsg.): Bibel und Recht. Rechtshistorisches Kolloquium 9. - 13. Juni 1992 an der Christian-Albrechts-Universität zu Kiel. 1994.

Band 122 Robert Martin Mizia: Der Rechtsbegriff der Autonomie und die Begründung des Privatfürstenrechts in der deutschen Rechtswissenschaft des 19. Jahrhunderts. 1995.

Band 123 Walther Graf von Plettenberg: Das Fortleben des Liber Iudiciorum in Asturien/León (8. - 13. Jh.). 1994.

Band 124 Wolfgang Schulz: Das deutsche Börsengesetz. Die Entstehungsgeschichte und wirtschaftlichen Auswirkungen des Börsengesetzes von 1896. 1994.

Band 125 Frank Hagemann: Der Untersuchungsausschuß Freiheitlicher Juristen. 1949 – 1969. 1994.

Band 126 Andreas Rethmeier: "Nürnberger Rassegesetze" und Entrechtung der Juden im Zivilrecht. 1995.

Band 127 Edith Grether: Die Poesie der Throne. Die Juristen in der Fruchtbringenden Gesellschaft. 1995.

Band 128 Anna Bartels-Ishikawa: Der Lippische Thronfolgestreit. Eine Studie zu verfassungsrechtlichen Problemen des Deutschen Kaiserreiches im Spiegel der zeitgenössischen Staats. 1995.

Band 129 Jörg Schmidt: Otto Koellreutter 1883-1972. Sein Leben, sein Werk, seine Zeit. 1995.

Band 130 Christian Hattenhauer: Wahl und Krönung Franz II. AD 1792. Das Heilige Reich krönt seinen letzten Kaiser - Das Tagebuch des Reichsquartiermeisters Hieronymus Gottfried von Müller und Anlagen. 1995.

Band 131 Jutta v. der Decken: Das Seearbeitsrecht im Hamburger Stadtrecht von 1301 bis 1603. 1995.

Band 132 Detlev Schmidt: Die Reform des Rechts der Handelsvertreter von 1953. 1995.

Band 133 Gabi Roßdeutscher: Privatautonomie im Scheidungsrecht. Scheidungsbezogene Vereinbarungen in den letzten 200 Jahren. 1995.

Band 134 Harald Kahlenberg: Leben und Werk des Rechtshistorikers Walther Merk. Ein Beispiel für das Verhältnis von Rechtsgeschichte und Nationalsozialismus. 1995.

Band 135 Michael Steitz: Adelbert Düringer am Reichsgericht (1902-1915). Seine aktienrechtlichen Entscheidungen und sein Einfluß auf das Aktienrecht in Deutschland. 1995.

Band 136 Christian Becker: Beata Justorum Translatio. Juristen in schleswig-holsteinischen Leichenpredigten. 1996.

Band 137 Christoph Seiler: Vom Allgemeinen Landrecht zum Bürgerlichen Gesetzbuch. Dargestellt am Beispiel der höchstrichterlichen Judikatur zum kaufrechtlichen Sachmängelgewährleistungsrecht. 1996.

Band 138 Bernd Mayer: Die Vertrauensmännerausschüsse auf den preußischen Steinkohlegruben an der Saar. Entstehung und Wirken. Eine rechtshistorische Untersuchung. 1996.

Band 139 Rochus Scholl: Juden und Judenrecht im Herzogtum Pfalz-Zweibrücken. Ein Beitrag zur Rechtsgeschichte eines deutschen Kleinstaates am Ende des alten Reiches. 1996.

Band 140 Meike Bursch: Judentaufe und frühneuzeitliches Strafrecht. Die Verfahren gegen Christian Treu aus Weener/Ostfriesland 1720-1728. 1996.

Band 141 Markus Hillenbrand: Fürstliche Eheverträge. Gottorfer Hausrecht 1544 - 1773. 1996.

Band 142 Ulf Häder: Das gemeinschaftliche Oberappellationsgericht thüringischer Staaten in Jena. Ein Beitrag zur Geschichte des Gerichtswesens im 19. Jahrhundert. 1996.

Band 143 Andreas Bauer: Das Gnadenbitten in der Strafrechtspflege des 15. und 16. Jahrhunderts. Dargestellt unter besonderer Berücksichtigung von Quellen der Vorarlberger Gerichtsbezirke Feldkirch und des Hinteren Bregenzerwaldes. 1996.

Band 144 Christian Wirth: Der Jurist Johann Andreas Georg Friedrich Rebmann zwischen Revolution und Restauration. 1996.

Band 145 Stefanie Müller: Die Rechtsprechung des Hanseatischen Oberlandesgerichts zum persönlichen Eherecht in Hamburgischen Gerichtsfällen von 1879 -1900. 1996.

Band 146 Jean-Nicolas Morisset: Der Frachtvertrag in der *Ordonnance de la marine* von 1681. 1996.

Band 147 Dirk Lentfer: Die Glogauer Landesprivilegien des Andreas Gryphius von 1653. 1996.

Band 148 Wencke Mull: Die Haftung für Einsturzschäden nach den §§ 836-838 BGB in der Rechtsprechung des Reichsgerichts. 1996.

Band 149 Renate Zelger: Teufelsverträge. Märchen, Sage, Schwank, Legende im Spiegel der Rechtsgeschichte. 1996.

Band 150 Guido Kraß: Das Arrestverfahren in Frankfurt am Main im Spätmittelalter. 1996.

Band 151 F. Benedict Heyn: Die Entwicklung des Eisenbahnfrachtrechts von den Anfängen bis zur Einführung des Allgemeinen Deutschen Handelsgesetzbuches (ADHGB). 1996.

Band 152 Thomas Lang: Die Staats- und Verfassungslehre Carl Salomo Zachariaes. 1996.

Band 153 Michael Hebeis: Karl Anton von Martini (1726-1800). Leben und Werk. 1996.

Band 154 Gerald Hubert: Die Diskussion um die rechtliche Natur der Bizone in den Jahren 1947-1949. 1996.

Band 155 Christof Horn: Die Rechtsprechung des Reichsgerichts in Ehescheidungssachen der Jahre 1900 bis 1905. 1996.

Band 156 Hermann Nehlsen / Georg Brun (Hrsg.): Münchener rechtshistorische Studien zum Nationalsozialismus. 1996.

Band 157 Jan Otto Clemens Kehrberg: Die Entwicklung des Elektrizitätsrechts in Deutschland. Der Weg zum Energiewirtschaftsgesetz von 1935. 1997.

Band 158 Johannes Tradt: Der Religionsprozeß gegen den Zopfschulzen (1791-1799). Ein Beitrag zur protestantischen Lehrpflicht und Lehrzucht in Brandenburg-Preußen gegen Ende des 18. Jahrhunderts. 1997.

Band 159 Dietmar Olsen: Das kaufrechtliche Sachmängelgewährleistungsrecht des Code civil in der Rechtsprechung deutscher Gerichte im 19. Jahrhundert. Ein Beitrag zur Ablösung der Partikularrechte durch das BGB. 1997.

Band 160 Ulrich Bernhardt: Die Deutsche Akademie für Staats- und Rechtswissenschaft „Walter Ulbricht" 1948-1971. 1997.

Band 161 Claudia Susan Hoppe: Die Bürgschaft im Rechtsleben Hamburgs von 1600 bis 1900. 1997.

Band 162 Franz-Rudolf Ecker: Die Entwicklung des Bergrechts im Saarbrücker Steinkohlenrevier bis zum Ende des 18. Jahrhunderts. Ein Vergleich mit dem älteren deutschen Bergrecht. 1997.

Band 163 Anne Katrin Rückert: Politik und Privatrecht in der „konservativen Revolution". 1997.

Band 164 Gisbert Laube: Der Reichskunstwart. Geschichte einer Kulturbehörde 1919-1933. 1997.

Band 165 Nicolas Lührig: Die Diskussion über die Reform der Juristenausbildung von 1945 bis 1995. 1997.

Band 166 Regula Gerber Jenni: Die Emanzipation der mehrjährigen Frauenzimmer. Frauen im bernischen Privatrecht des 19. Jahrhunderts. 1997.

Band 167 Mischa A. Färber: Das gemeinschaftliche Testament in der höchstrichterlichen Rechtsprechung zum Allgemeinen Preußischen Landrecht und zum BGB. Ein Beitrag zur Ablösung der Partikularrechte durch das BGB. 1997.

Band 168 Catherine Antoinette Gasser: Philipp Lotmar 1850-1922. Professor der Universität Bern. Sein Engagement für das Schweizerische Arbeitsrecht. 1997.

Band 169 Lars Immisch: Der sozialistische Richter in der DDR und seine Unabhängigkeit. Der Versuch eines Rechtsvergleiches zum Unabhängigkeitsbegriff in der bundesdeutschen Rechtsordnung. 1997.

Band 170 Jessica Jacobi: Besitzschutz vor dem Reichskammergericht. Die friedenssichernde Funktion der Besitzschutzklagen am Reichskammergericht im 16. Jahrhundert, dargestellt anhand von Kameralisten. 1998.

Band 171 Ewald Hügemann: Die Geschichte des öffentlichen und privaten Mietpreisrechts vom Ersten Weltkrieg bis zum Gesetz zur Regelung der Miethöhe von 1974. 1998.

Band 172 Lutz Rentzow: Die Entstehungs- und Wirkungsgeschichte der Vernewerten Landesordnung für das Königreich Böhmen von 1627. 1998.

Band 173 Sabine Stürmer: Mühlenrecht im Herzogtum Pfalz-Zweibrücken während des 18. Jahrhunderts. Ein Beitrag zum Wirtschaftsrecht eines deutschen Kleinstaates im Alten Reich. 1998.

Band 174 Mario Bogisch: *Nemo testis in re sua*. Das Problem der Zeugnisfähigkeit bei der Anwendung der deutschen Zivilprozeßordnung von 1877. 1998.

Band 175 Rainer Oßwald: Pactane sunt servanda? Freiwilligkeit, Zwang und Unverbindlichkeitserklärungen im islamischen Vertragsrecht malikitischer Schule. 1998.

Band 176 Bettina Kern: Der preußische BGB-Entwurf von 1842. 1998.

Band 177 Inken Fuhrmann: Die Diskussion über die Einführung der fakultativen Zivilehe in Deutschland und Österreich seit Mitte des 19. Jahrhunderts. 1998.

Band 178 Annette Rieck: Der Heilige Ivo von Hélory (1247-1303). Advocatus pauperum und Patron der Juristen. 1998.

Band 179 Frank Bottenberg: Die Hamburgische Strafprozeßordnung von 1869. 1998.

Band 180 Matthias Krauß: Das kursächsische Postrecht von seinen Anfängen bis zum Ende des Alten Reichs. 1998.

Band 181 Torsten Schmidt: Die Entmündigung von den Anfängen des BGB bis zu ihrer Ablösung durch das Institut der Betreuung. 1998.

Band 182 Christian Nunn: Rudolf Müller-Erzbach. 1874-1959. Von der realen Methode über die Interessenjurisprudenz zum kausalen Rechtsdenken (Leben und Werk). 1998.

Band 183 Christian Ortloff: Das staatskirchenrechtliche System Wilhelm Traugott Krugs. Glaubens- und Gewissensfreiheit – eine Forderung der Vernunft. 1998.

Band 184 Christian Hattenhauer: Schuldenregulierung nach dem Westfälischen Frieden. Der sog. § *de indaganda* und seine Umsetzung im Jüngsten Reichsabschied (AD 1648 und 1654). 1998.

Band 185 Werner Schubert: Preußen im Vormärz. Die Verhandlungen der Provinziallandtage von Brandenburg, Pommern, Posen, Sachsen und Schlesien sowie – im Anhang – von Ostpreußen, Westfalen und der Rheinprovinz (1841-1845). 1998.

Band 186 Silvia Schumacher: Das Rechtsverhältnis zwischen Eltern und Kindern in der Privatrechtsgeschichte. 1999.

Band 187 Kai Sommer: Die Strafbarkeit der Homosexualität von der Kaiserzeit bis zum Nationalsozialismus. Eine Analyse der Straftatbestände im Strafgesetzbuch und in den Reformentwürfen (1871-1945). 1998.

Band 188 Jan Erik Backhaus: Volksrichterkarrieren in der DDR. 1999.

Band 189 Ralf Ruhnau: Die Fürstlich Thurn und Taxissche Privatgerichtsbarkeit in Regensburg. Ein Kuriosum der deutschen Rechtsgeschichte. 1999.

Band 190 Antonio Grilli: Die französische Justizorganisation am linken Rheinufer 1797-1803. 1999.

Band 191 Stephanie Kammerloher-Lis: Die Entstehung des Gesetzes über die religiöse Kindererziehung vom 15. Juli 1921. 1999.

Band 192 Jan Telp: Ausmerzung und Verrat. Zur Diskussion um Strafzwecke und Verbrechensbegriffe im Dritten Reich. 1999.

Band 193 Kurt von Pannwitz: Die Entstehung der Allgemeinen Deutschen Wechselordnung. Ein Beitrag zur Geschichte der Vereinheitlichung des deutschen Zivilrechts im 19. Jahrhundert. 1999.

Band 194 Sylvia Busch: Die Entstehung der Allgemeinen Gerichtsordnung für die Preussischen Staaten von 1793/95. Ein Beitrag zur Geschichte der Kodifikationsbewegung und der Reform des Zivilprozesses in Preußen im 18. Jahrhundert. 1999.

Band 195 Dirk Bieresborn: Klage und Klageerwiderung im deutschen und englischen Zivilprozeß. Eine rechtshistorische und rechtsvergleichende Untersuchung unter besonderer Berücksichtigung der Beeinflussung durch das römisch-kanonische Verfahren. 1999.

Band 196 Andreas Thier / Guido Pfeifer / Philipp Grzimek (Hrsg.): Kontinuitäten und Zäsuren in der Europäischen Rechtsgeschichte. Europäisches Forum Junger Rechtshistorikerinnen und Rechtshistoriker München 22.-24. Juli 1998. 1999.

Band 197 Franz Smola: Die Fürstlich Liechtenstein'sche Kunstsammlung. Rechtsfragen zur Verbringung der Sammlung von Wien nach Vaduz in den Jahren 1944/45. 1999.

Band 198 Frank Martin Krauss: Das geteilte Eigentum im 19. und 20. Jahrhundert. Eine Untersuchung zum Fortbestand des Teilungsgedankens. 1999.

Band 199 Matthias Frey: Die spanische Aktiengesellschaft im 18. Jahrhundert und unter dem Código de Comercio von 1829. 1999.

Band 200 Alexandra Gilde: Die Stellung der Frau im Reichsstrafgesetzbuch von 1870/71 und in den Reformentwürfen bis 1919 im Urteil der bürgerlichen Frauenbewegung. Eine Analyse ausgewählter Straftatbestände. 1999.

Band 201 Malte Dießelhorst / Arne Duncker: Hans Kohlhase. Die Geschichte einer Fehde in Sachsen und Brandenburg zur Zeit der Reformation. 1999.

Band 202 Jörg Hillmann: Territorialrechtliche Auseinandersetzungen der Herzöge von Sachsen-Lauenburg vor dem Reichskammergericht im 16. Jahrhundert. 1999.

Band 203 Carsten Engler: Die Kommanditgesellschaft (KG) und die stille Gesellschaft im Allgemeinen Deutschen Handelsgesetzbuch (ADHGB) von 1861. 1999.

Band 204 Vesta Hoffmann-Steudner: Die Rechtsprechung des Reichsgerichts zu dem Scheidungsgrund des § 49 EheG (EheG 1938) in den Jahren 1938-1945. 1999.

Band 205 Michaela Thiele: Die Auflösung von Arbeitsverhältnissen aufgrund Anfechtung und außerordentlicher Kündigung nach der Rechtsprechung des Reichsarbeitsgerichts (1927-1945). 2000.

Band 206 Peter Landau / Hermann Nehlsen / Mathias Schmoeckel (Hrsg.): Karl von Amira zum Gedächtnis. 1999.

Band 207 Marcus Flinder: Die Entstehungsgeschichte des Zivilgesetzbuches der DDR. 1999.

Band 208 Boris Franz Leo Bromm: Die Entstehungsgeschichte des Berufs des Handelsvertreters. Unter besonderer Berücksichtigung der Sozialgesetzgebung in den Jahren von 1871-1933. 2000.

Band 209 Winfried C. J. Eberstein: Das Tierschutzrecht in Deutschland bis zum Erlaß des Reichs-Tierschutzgesetzes vom 24. November 1933. Unter Berücksichtigung der Entwicklung in England. 1999.

Band 210 Patrick Deller: Der „nach dem Vertrage" vorausgesetzte Gebrauch (§ 459 Absatz 1 Satz 1 BGB). Eine kaufrechtliche Untersuchung unter Berücksichtigung rechtshistorischer wie rechtsvergleichender Grundlagen. 2000.

Band 211 Eckard Freiherr von Bodenhausen: Haftung des Geschäftsherrn für Verrichtungsgehilfen im Straßen- und Schienenverkehr. Eine Analyse der Entscheidungen des Reichsgerichts zu § 831 BGB (1900-1945). 2000.

Band 212 Birte Gast: Der Allgemeine Teil und das Schuldrecht des Bürgerlichen Gesetzbuchs im Urteil von Raymond Saleilles (1855-1912). 2000.

Band 213 Hansjörg Michael Huber: Koloniale Selbstverwaltung in Deutsch-Südwestafrika. Entstehung, Kodifizierung und Umsetzung. 2000.

Band 214 Ulf Björner: Die Verfassungsgerichtsbarkeit im Norddeutschen Bund und Deutschen Reich (1867-1918). Eine rechtshistorische Untersuchung über Gerichtsbarkeit im Spannungsfeld von Politik und Recht innerhalb der von Bismarck geschaffenen deutschen Bundesstaaten. 2000.

Band 215 Mathias Freiherr von Rosenberg: Friedrich Carl von Savigny (1779-1861) im Urteil seiner Zeit. 2000.

Band 216 Reinhard Binder-Krieglstein: Österreichisches Adelsrecht 1868-1918/19. Von der Ausgestaltung des Adelsrechts der cisleithanischen Reichshälfte bis zum Adelsaufhebungsgesetz der Republik unter besonderer Berücksichtigung des adeligen Namensrechts. 2000.

Band 217 Claudia-Regine Nerius: Johannes Lehmann-Hohenberg (1851-1925). Eine Studie zur völkischen Rechts- und Justizkritik im Deutschen Kaiserreich. 2000.

Band 218 Ludger Meuten: Die Erbfolgeordnung des Sachsenspiegels und des Magdeburger Rechts. Ein Beitrag zur Geschichte des sächsisch-magdeburgischen Rechts. 2000.

Band 219 Christoph Alexander von Wilcken: Die Reformbestrebungen zum Genossenschaftsgesetz in der Frühzeit der Bundesrepublik. Die Beratungen der Sachverständigenkommission zur Überprüfung des Genossenschaftsrechts 1954 bis 1958 und der Referentenentwurf von 1962. 2000.

Band 220 Verein Junger RechtshistorikerInnen Zürich (Hrsg.): ¿Rechtsgeschichte(n)? ¿Histoire(s) du droit? ¿Storia/storie del diritto? ¿Legal Histori(es)? Europäisches Forum Junger Rechtshistorikerinnen und Rechtshistoriker Zürich 28.-30. Mai 1999. 2000.

Band 221 Hans Christian Schüler: Die Entstehungsgeschichte der Bundesnotarordnung vom 24. Februar 1961. 2000.

Band 222 Nils-Eberhard Schramm: Die Vereinigung demokratischer Juristen (1949-1999). 2000.

Band 223 Silke Anke Torp: Das Rechtsverhältnis zwischen den Eltern und ihren Kindern. Dienstleistungspflicht, Aussteuer und Ausstattung. Eine Analyse der Rechtsprechung des Reichsgerichts und des Reichsarbeitsgerichts zu den Vorschriften der §§ 1616 bis 1625 des Bürgerlichen Gesetzbuches in der Zeit von 1900 bis 1945. 2000.

Band 224 Martin Jürgen Maaß: Die Geschichte des Eigentumsvorbehalts, insbesondere im 18. und 19. Jahrhundert. 2000.

Band 225 Stefanie Langer: Rechtswissenschaftliche Itinerarien. Lebenswege namhafter europäischer Juristen vom 11. bis zum 18. Jahrhundert. 2000.

Band 226 Ulrich Schmitz: Der Unterhaltsanspruch des nichtehelichen Kindes gegen seinen Erzeuger. Die rechtsgeschichtliche und dogmatische Entwicklung im deutschen Recht. 2000.

Band 227 Sebastian Günther: Friedrich Carl von Savigny als Grundherr. 2000.

Band 228 Henning Ibs: Hermann J. Held (1890-1963). Ein Kieler Gelehrtenleben in den Fängen der Zeitläufe. 2000.

Band 229 Matthias Rücker: Wirtschaftswerbung unter dem Nationalsozialismus. Rechtliche Ausgestaltung der Werbung und Tätigkeit des Werberats der deutschen Wirtschaft. 2000.

Band 230 Hendrik Sandmann: Die Entwicklung von Begriff und Inhalt des Wirtschaftchsrechts durch die Rechtswissenschaft in der Weimarer Republik. 2000.

Band 231 Sibylle Müller: Gibt es Menschenrechte bei Samuel Pufendorf? 2000.

Band 232 Karin Olechowski-Hrdlicka: Die gemeinsamen Angelegenheiten der Österreichisch-Ungarischen Monarchie. Vorgeschichte – Ausgleich 1867 – Staatsrechtliche Kontroversen. 2001.

Band 233 Johannes Mierau: Die juristischen Abschluß- und Diplomprüfungen in der SBZ/DDR. Ein Einblick in die Juristenausbildung im Sozialismus. 2001.

Band 234 Jörg Wolff (Hrsg.): Stillstand, Erneuerung und Kontinuität. Einsprüche zur Preußenforschung. 2001.

Band 235 Friedo Schröder: Die anwaltliche Tätigkeit während der nationalsozialistischen Herrschaft. Eine Analyse der anwaltlichen Argumentation in Zivilprozessen anhand der vorhandenen Prozeßakten der Landgerichte Frankenthal, Wiesbaden, Limburg und Frankfurt und der Handakten der *jüdischen Konsulenten* des OLG-Bezirks Frankfurt. 2001.

Band 236 Der Code pénal des Königreichs Westphalen von 1813 mit dem Code pénal von 1810 im Original und in deutscher Übersetzung. Herausgegeben und mit einer Einleitung versehen von Werner Schubert. 2001.

Band 237 Klaus Richter: Deutsches Kolonialrecht in Ostafrika 1885-1891. 2001.

Band 238 Kai von Lewinski: Deutschrechtliche Systembildung im 19. Jahrhundert. 2001.

Band 239 Alexander Herzog: Sittenwidrige Rechtsgeschäfte in der höchstrichterlichen Rechtsprechung aus den Jahren 1948-1965. 2001.

Band 240 Claudia Rönnau: Die Beratungen des Wasserrechtsausschusses der Akademie für Deutsches Recht zu einem Reichswassergesetz (1934-1941). Ein Beitrag zur Dogmatik der Begriffe *Gemeingebrauch* und *Sondergebrauch* in der Zeit des Nationalsozialismus. 2001.

Band 241 Momme Rohlack: Kriegsgesellschaften (1914-1918). Arten, Rechtsformen und Funktionen in der Kriegswirtschaft des Ersten Weltkrieges. 2001.

Band 242 Rolf Geyer: Der Gedanke des Verbraucherschutzes im Reichsrecht des Kaiserreichs und der Weimarer Republik (1871-1933). Eine Studie zur Geschichte des Verbraucherrechts in Deutschland. 2001.

Band 243 Felix Lorenz Benjamin Lehmann: Der Rote Adlerorden. Entstehung und rechtliche Grundlagen (1705-1918). 2002.

Band 244 Marc Ludwig: Der Pfändungsschutz für Lohneinkommen. Die Entstehungs- und Entwicklungsgeschichte der Vorschriften zum Schutz vor Lohnpfändung in Deutschland. 2001.

Band 245 Alexander Wachter: Dorfschule zwischen Pastor und Schulmeister. Zur Säkularisierung des niederhessischen Schulwesens im 19. Jahrhundert. 2001.

Band 246 Richard Scholz: Analyse der Entstehungsbedingungen der reichsgerichtlichen Aufwertungsrechtsprechung. Untersuchung unter besonderer Berücksichtigung der konservativen Geldpolitik der Reichsbank und der Inflationspolitik der Reichsregierung. 2001.

Band 247 Judith Laeverenz: Märchen und Recht. Eine Darstellung verschiedener Ansätze zur Erfassung des rechtlichen Gehalts der Märchen. 2001.

Band 248 Christina Schenk: Bestrebungen zur einheitlichen Regelung des Strafvollzugs in Deutschland von 1870 bis 1923. 2001.

Band 249 Nils Werner: Die Prozesse gegen die Landvolkbewegung in Schleswig-Holstein 1929/32. Ein Beitrag zur Justizkritik in der späten Weimarer Republik. 2001.

Band 250 Wolfgang Walter: Das Duell in Bayern. Ein Beitrag zur bayerischen Strafrechtsgeschichte. 2002.

Band 251 Jörn Eckert / Kjell Å. Modéer (Hrsg.): Geschichte und Perspektiven des Rechts im Ostseeraum. Erster Rechtshistorikertag im Ostseeraum 8.–12. März 2000. 2001.

Band 252 Jan Könighaus: Die Inauguration der Christian-Albrechts-Universität zu Kiel 1665. Symbolgehalt und rechtliche Bedeutung des Universitätszeremoniells. 2002.

Band 253 Andreas Görgen: Rechtssprache in der Frühen Neuzeit. Eine vergleichende Untersuchung der Fremdwortverwendung in Gesetzen des 16. und 17. Jahrhunderts. 2002.

Band 254 Ralf Schäfer: Die Rechtsstellung der Haigerlocher Juden im Fürstentum Hohenzollern-Sigmaringen von 1634-1850. Eine rechtsgeschichtliche Untersuchung. 2002.

Band 255 Regine Schmalhorst: Die Tierhalterhaftung im BGB von 1896. Die Entstehung und Änderung des § 833 BGB sowie eine Analyse der Rechtsprechung des Reichsgerichts bis 1908. 2002.

Band 256 Thomas Hense: Konrad Beyerle. Sein Wirken für Wissenschaft und Politik in Kaiserreich und Weimarer Republik. 2002.

Band 257 Christian Mahlmann: Die Strafrechtswissenschaft der DDR. Klassenkampftheorie und Verbrechenslehre. 2002.

Band 258 Henning Kahmann: Die Bankiers von Jacquier & Securius 1933–1945. Eine rechtshistorische Fallstudie zur "Arisierung" eines Berliner Bankhauses. Mit einem Geleitwort von John Kornblum. 2002.

Band 259 Volker Friedrich Drecktrah: Die Gerichtsbarkeit in den Herzogtümern Bremen und Verden und in der preußischen Landdrostei Stade von 1715 bis 1879. 2002.

Band 260 Andreas Klass: Standes- oder Leistungselite? Eine Untersuchung der Karrieren der Wetzlarer Anwälte des Reichskammergerichts (1693-1806). 2002.

Band 261 Wolfgang Eder: Das italienische Tribunale Speciale per la Difesa dello Stato und der deutsche Volksgerichtshof. Ein Vergleich zwischen zwei politischen Gerichtshöfen. 2002.

Band 262 Albrecht Cordes / Bernd Kannowski (Hrsg.): Rechtsbegriffe im Mittelalter. 2002.

Band 263 Thomas Hildebrandt: Die Brandenburgischen Provinziallandtage von 1841, 1843, und 1845 anhand ausgewählter Verhandlungsgegenstände. 2002.

Band 264 Jan Finzel: Georg Adam Struve (1619–1692) als Zivilrechtler. 2003.

Band 265 Björn Carsten Frenzel: Das Selbstverständis der Justiz nach 1945. Analyse der Rolle der Justiz unter Berücksichtigung der Reden zur *Wiedereröffnung* der Bundes- und Oberlandesgerichte. 2003.

Band 266 Nils Reichhelm: Die marxistisch-leninistische Staats- und Rechtstheorie Karl Polaks. 2003.

Band 267 Raik Schneider: Altrechtliche Personenzusammenschlüsse. Ihre Entwicklung unter besonderer Berücksichtigung des Rechts des Großherzogtums Sachsen-Weimar-Eisenach sowie der Herzogtümer Sachsen-Meiningen und Sachsen-Gotha. 2003.

Band 268 Anke Meier: Die Geschichte des deutschen Konkursrechts, insbesondere die Entstehung der Reichskonkursordnung von 1877. 2003.

Band 269 Stefan Jens Jordan: Leben und Werk des Tübinger Rechtsprofessors Wilhelm Gottlieb Tafinger 1760–1813. 2003.

Band 270 Stefanie Hubig: Die historische Entwicklung des § 23 ZPO. Zum Ursprung und Fortleben des Vermögensgerichtsstandes im deutschen Prozeßrecht des 19. Jahrhunderts. 2003.

Band 271 Michael G. Perband: Der Grundsatz der freien Beweiswürdigung im Zivilprozeß (§ 286 ZPO) in der Rechtsprechung des Reichsgerichts. 2003.

Band 272 Mathias Bouveret: Die Stellung des Staatsoberhauptes in der parlamentarischen Diskussion und Staatsrechtslehre von 1848 bis 1918. 2003.

Band 273 Barbara Széchényi: Rechtliche Grundlagen bayerischer Zensur im 19. Jahrhundert. 2003.

Band 274 Sylvia Scharfenberg: Die Entstehungsgeschichte des Beurkundungsgesetzes vom 28. August 1969. 2003.

Band 275 Urte Nesemann: Die schwedische Familiengesetzgebung von 1734 bis zu den Reformgesetzen von 1915 bis 1920 und deren Einfluss auf die Gesetzgebungsprojekte der Weimarer Republik. Unter besonderer Berücksichtigung der Rechtsstellung der Frau und des unehelichen Kindes. 2003.

Band 276 Alexandra Brück: Die Polizeiordnung Herzog Christians von Braunschweig-Lüneburg vom 6. Oktober 1618. 2003.

Band 277 Torsten Landwehr: Das Kommissionsgeschäft in Rechtswissenschaft, Gesetzgebung und Rechtspraxis vom 16. bis zum Ende des 18. Jahrhunderts. 2003.

Band 278 Tassilo Wilhelm Maria Englert: Deutsche und italienische Zivilrechtsgesetzgebung von 1933–1945. Parallelen in der Rechtsetzung und gegenseitige Beeinflussung unter besonderer Berücksichtigung des Familien- und Erbrechts. 2003.

Band 279 Tobias Prang: Der Schutz der Versicherungsnehmer bei der Auslegung von Versicherungsbedingungen durch das Reichsgericht. 2003.

Band 280 Thorsten Lieb: Privileg und Verwaltungsakt. Handlungsformen der öffentlichen Gewalt im 18. und 19. Jahrhundert. 2004.

Band 281 Michael Rühling: Das Ladenschlussgesetz vom 28. November 1956. Vorgeschichte, Entstehung des Gesetzes und weitere Entwicklung. 2004.

Band 282 Kathrin Nawotki: Die schleswigsche Deichstavengerechtigkeit. Vom 17. Jahrundert bis in die Gegenwart. Eine gewohnheitsrechtliche Superfizies an nordfriesischen Deichgrundstücken und ihre Entwicklung. 2004.

Band 283 Erik Nils Voigt: Die Gesetzgebungsgeschichte der militärischen Ehrenstrafen und der Offiziersehrengerichtsbarkeit im preußischen und deutschen Heer von 1806 bis 1918. 2004.

Band 284 Dorothea Riedi Hunold: Die Einführung der allgemeinen Wechselfähigkeit in der Schweiz in der zweiten Hälfte des 19. Jahrhunderts. Unter besonderer Berücksichtigung der politischen, wirtschaftlichen und sozialen Verhältnisse. 2004.

Band 285 Thomas Gergen: Pratique juridique de la paix et trêve de Dieu à partir du concile de Charroux (989–1250). Juristische Praxis der Pax und Treuga Dei ausgehend vom Konzil von Charroux (989–1250). 2004.

Band 286 Kathrin Bethkenhagen: Die Entwicklung des Luftrechts bis zum Luftverkehrsgesetz von 1922. 2004.

Band 287 Heiko Lüpkes: Die Verbrechen der Diener des Staats im Allgemeinen Landrecht für die Preußischen Staaten von 1794 und ihre Entwicklung zu den Vergehen und Verbrechen im Amte im Strafgesetzbuch für die Preußischen Staaten von 1851. 2004.

Band 288 Mirco Peter Hirsch: Von der Erbbescheinigung des Preußischen Rechts zum Erbschein des Bürgerlichen Gesetzbuchs. 2004.

Band 289 Bettina Günther: Die Behandlung der Sittlichkeitsdelikte in den Policeyordnungen und der Spruchpraxis der Reichsstädte Frankfurt am Main und Nürnberg im 15. bis 17. Jahrhundert. 2004.

Band 290 Seunghyeon Seong: Der Begriff der *nicht gehörigen Erfüllung* aus dogmengeschichtlicher und rechtsvergleichender Sicht. 2004.

Band 291 Steffen-Werner Meyer: Bemühungen um ein Reichsgesetz gegen den Büchernachdruck. Anläßlich der Wahlkapitulation Leopolds II. aus dem Jahre 1790. 2004.

Band 292 Ulrich Löffler: Instrumentalisierte Vergangenheit? Die nationalsozialistische Vergangenheit als Argumentationsfigur in der Rechtsprechung des Bundesverfassungsgerichts. 2004.

Band 293 Norbert Koch: Die Entwicklung des deutschen privaten Immissionsschutzrechts seit Beginn der Industrialisierung. Unter besonderer Berücksichtigung des Einflusses der höchstrichterlichen Rechtsprechung. 2004.

Band 294 Julius Ludwig Pfeiffer: Das Tierschutzgesetz vom 24. Juli 1972. Die Geschichte des deutschen Tierschutzrechts von 1950 bis 1972. 2004.

Band 295 Bert-Hagen Strodthoff: Die richterliche Frage- und Erörterungspflicht im deutschen Zivilprozeß in historischer Perspektive. 2004.

Band 296 Tim Kannewurf: Die Höfeordnung vom 24. April 1947. Entstehungsgeschichte und Einordnung in die Entwicklung des Anerbenrechts. 2004.

Band 297 Steffi Heine: Die Methodendiskussion nach Inkrafttreten des Bürgerlichen Gesetzbuches und die Gründung des Vereins *Recht und Wirtschaft*. 2004.

Band 298 Anne Marlene Simon-Holtorf: Geschichte des Familienwahlrechts in Frankreich (1871 bis 1945). 2004.

Band 299 Jürgen Busch: Das Germanenbild der deutschen Rechtsgeschichte. Zwischen Wissenschaft und Ideologie. Mit einem Vorwort von Herwig Wolfram. 2004.

Band 300 Jan Kohlmann: Der Marsch zu den Gräbern von Karl und Rosa. Geschichte eines Gedenktages. 2004.

Band 301 Christian Rainer Schlicht: Die kumulative Schuldübernahme in der Rechtsprechung des Reichsgerichts und in der zeitgenössischen Literatur. 2004.

Band 302 Hans Peter Glöckner: Positive Vertragsverletzung. Die Geburt eines Rechtsinstituts. 2004.

Band 303 João Manuel Azevedo Alexandrino Fernandes: Die Theorie der Interpretation des Gesetzes bei Francisco Suárez. 2005.

Band 304 René Funk: Die Wahlprüfung der volksgewählten Abgeordneten der Volksvertretungen im Frühkonstitutionalismus. Eine Untersuchung der Wahlprüfung in den Kammern der Abgeordneten des Großherzogtums Baden, des Königreichs Württemberg und des Großherzogtums Hessen. 2005.

Band 305 Carolin O'Sullivan. Die Ahndung von Rechtsbrüchen der Seeleute im mittelalterlichen hamburgischen und hansischen Seerecht (1301–1482). 2005.

Band 306 Martin Jürgens: Staat und Reich bei Ernst Rudolf Huber. Sein Leben und Werk bis 1945 aus rechtsgeschichtlicher Sicht. 2005.

Band 307 Florian G. Dürselen: Franz Beyerle (1885–1977). Leben, Ära und Werk eines Rechtshistorikers. 2005.

www.peterlang.de

Thomas Hense

# Konrad Beyerle

## Sein Wirken für Wissenschaft und Politik in Kaiserreich und Weimarer Republik

Frankfurt am Main, Berlin, Bern, Bruxelles, New York, Oxford, Wien, 2002.
273 S., zahlr. Abb.
Rechtshistorische Reihe. Bd. 256
Verantwortlicher Herausgeber: Hermann Nehlsen.
ISBN 3-631-38733-4 · br. € 51.50*

Als Rechtshistoriker, der sich intensiv mit den mittelalterlichen Stadtrechten befaßt hat, ist Konrad Beyerle wohlbekannt. In seiner Geburtsstadt Konstanz und im Bodenseegebiet, allen voran der Insel Reichenau hat er sich als Heimatforscher einen Namen gemacht. Weniger bekannt ist sein Wirken als Politiker. So war er als Mitglied der Bayerischen Volkspartei in der Verfassunggebenden Nationalversammlung in Weimar maßgeblich am Zustandekommen der Weimarer Verfassung, insbesondere dem zweiten Hauptteil über die Grundrechte beteiligt. Auch gehörte er bis 1924 dem ersten Deutschen Reichstag in einer bewegten Zeit an, da die junge Republik ernste Krisen zu bewältigen hatte. In dieser Biographie Konrad Beyerles wird seine politische Tätigkeit in den Vordergrund gestellt.

*Aus dem Inhalt*: Der Historiker · Der Politiker · Der Rechtslehrer und Publizist

FSC
www.fsc.org
MIX
Papier | Fördert gute Waldnutzung
FSC® C083411

Kolibri 360 GmbH
Ferdinand-Jühlke-Straße 7
99095 Erfurt, Deutschland
produktsicherheit@kolibri360.de

Druck:
CPI Druckdienstleistungen GmbH
im Auftrag der
Kolibri 360 GmbH
Ferdinand-Jühlke-Str. 7
99095 Erfurt